경제학을 리콜하라

경제학을 리콜하라

저자_ 이정전
1판 1쇄 발행_ 2011. 3. 31.
1판 2쇄 발행_ 2011. 4. 27.

발행처_ 김영사
발행인_ 박은주

등록번호_ 제406-2003-036호
등록일자_ 1979. 5. 17.

경기도 파주시 교하읍 문발리 출판단지 515-1 우편번호 413-756
마케팅부 031)955-3100, 편집부 031)955-3250, 팩시밀리 031)955-3111

값은 뒤표지에 있습니다.
ISBN 978-89-349-4908-4 03320

독자 의견 전화_ 031)955-3200
홈페이지_ www.gimmyoung.com
이메일_ bestbook@gimmyoung.com

좋은 독자가 좋은 책을 만듭니다.
김영사는 독자 여러분의 의견에 항상 귀 기울이고 있습니다.

이정전 지음

경제학을 리콜하라
recall
t h e   e c o n o m i c s
왜 경제학자는 위기를 예측하지 못하는가

김영사

경제학 교과서를 리콜해야 하는 이유

사회 과학의 여왕에서 불량품으로 전락한 경제학

사람들은 경제학을 흔히 '사회 과학의 여왕'이라고 부른다. 다른 어떤 사회 과학 분야보다도 과학적이고 체계적이기 때문이다. 그런가 하면 오래전부터 '경제학 제국주의 시대'라는 말도 나돌았다. 심하게 말하면, 경제학자들이 깡패처럼 남의 학문 영역으로 밀고 들어가서 온통 분탕질을 하고 있다는 것이다. 경제학자들은 사회학, 정치학, 범죄학, 법학, 가정학, 교육학 등은 물론이고 인문학과 예술 분야까지 밀고 들어가서 말뚝을 박았다. 그 결과 이제는 환경 경제학이니 범죄 경제학, 법 경제학, 결혼 경제학, 스포츠 경제학, 문화 경제학 등의 단어들이 그리 낯설지만은 않다. 요즈음 대학가 책방에 진열된 정치학 교과서들을 보면, 이것이 정치학 교과서인지 경제학 교과서인지 도대체 구분 안 되는 것들이 수두룩하다. 경제학 깡패의 시대임을 증명하듯이 몇 년 전에는 《경제학 제국주의》라는 책도 나왔다.[1] 책 제목부터 경제학자가 다른 학문 분야를 침범해서 식민지를 건설했다는 뜻을 담고 있다.

그 위세 좋던 경제학이 최근 들어 최악의 비판을 듣고 있다. 2008년 미국발 세계 경제 위기를 전혀 예측하지 못했기 때문이다. 세계 경제가

1930년대 대공황 이래 최대의 위기에 직면해 있었음에도 경제학계가 이를 전혀 예측하지 못했으니 비난받아 마땅하다. 미국발 세계 경제 위기로 우리나라 경제가 크게 흔들거릴 무렵 모 일간 신문의 시사 논평은 "미국에서나 우리나라에서나 이번 금융 위기를 예측하지 못했다. 진단도 처방도 시원스럽지 못하다. 그래서 사람들은 묻는다. 왜 경제학은 그렇게 무기력하냐고."라고 꼬집었다.[2] 이와 비슷한 논평들이 여러 언론 매체에서 일제히 터져 나왔다.

2010년 새 학기가 시작될 무렵 또 다른 어떤 일간 신문에는 "시대에 뒤처진 경제학 교과서를 리콜하라."는 제목의 기사가 실렸다.[3] 도요타 자동차도 리콜하는 판에 한물간 경제학 교과서는 왜 리콜하지 않느냐고 항의하는 내용이었다. 경제학이 하루아침에 사회 과학의 여왕에서 불량품으로 전락하고 말았다. 경제학이 이렇게 매도될 당시 한국경제학회 회장은 즉시 반박 논문을 발표했다.[4] 그는 논문에서 "금융 공학이라는 미꾸라지가 연못 물을 그렇게 온통 흐려놓을 줄은 몰랐다."면서 경제 위기를 예측하지 못했음을 솔직히 인정했다. 그러면서도 그는 "그렇다고 해서 경제학을 무용지물로 취급해서는 안 된다."는 말도 덧붙였다. 하지만 경제학의 기본 틀이 이번 경제 위기와 같은 비상 상황을 잘 예측하지 못하게 짜여 있기 때문에 근본적인 탈바꿈 없이는 과거의 실패를 반복할 뿐이라는 비판이 사실 경제학 내부에서도 오래전부터 꾸준히 제기되었다.

예측을 못했다는 것은 그렇다고 치자. 하지만 사후적으로나마 그런 세계 경제 위기가 왜 발생했는지 일목요연하게 설명할 수 있어야 하지 않을까? 그러나 그 원인을 놓고도 경제학자들은 전혀 한 목소리를 내지 못하고 있다.

흔히 경제학계는 크게 두 패로 나뉘어 있다고 말한다. 보수 성향의 경제학자 진영과 진보 성향의 경제학자 진영이 있다는 것이다. 경제학자들 사이에서는 민물 경제학fresh-water economics이냐 짠물 경제학salt-water economics이냐를 구분하기도 한다. 대체로 민물 경제학을 지지하는 학자들은 보수 성향, 짠물 경제학을 지지하는 학자들은 진보 성향의 학자들이다. 사실, 일반 국민이 보기에는 진보 성향의 학자라고 해 봐야 약간 진보적일 뿐이다. 민물이든 짠물이든 자본주의 시장을 옹호하고 있다는 점에서 경제학자들은 기본적으로 보수적이다.

오래전부터 이 두 진영은 실업 문제를 비롯한 여러 가지 경제 현안을 놓고 사사건건 날카로운 의견 대립을 해 왔다. 이번 세계 경제 위기에 관해서도 그렇다. 짠물 경제학자들은 자본주의 시장 그 자체에 하자가 있다고 말한다. 그들은 2000년대에 들어와서 미국의 부동산과 금융 시장이 탐욕스러운 졸부들의 잔치판이 되어 버렸다고 말한다. 어느 학자는 미국 금융 시장에서 졸부의 꿈이 이렇게 쉽게 이루어진 적은 금융 역사상 일찍이 없었노라고 개탄했다.[5] 투기 열풍으로 거품이 잔뜩 끼었던 부동산 시장의 붕괴, 그리고 그런 거품 위에서 외줄 타기를 하던 금융 시장의 붕괴, 이 두 가지가 겹쳐지면서 이번 경제 위기가 초래되었다는 것이다. 즉, 시장이 허용할 수 있는 범위를 넘어서 인간의 탐욕이 부풀려지다가 드디어 시장 전체가 파국에 이르게 되었다는 것이 짠물 경제학이 바라본 그간의 전말이다. 과거의 불황은 외부 충격의 탓인 경우가 많았다. 예컨대 1970년대 초 OPEC에 의한 석유 값 인상 파동 때가 그랬다. 하지만 2008년 세계 경제 위기의 요인은 바로 시장 내부에 있었다는 점에서 더 충격적이었다고 짠물 경제학자들은 말한다.

시장에 대한 규제의 완화가 부동산과 금융 시장의 파행에 한몫했다고는 하지만, 이 규제의 완화 역시 시장의 거센 압력 때문에 이루어진 것이었다. 실제로 1999년 이후 미국 금융 시장에서는 세 가지 중요한 규제 완화가 있었는데, 그 첫째가 일선 상업 은행의 투자 행위를 엄격히 규제하는 법의 철폐였다. 미국에는 상업 은행과 투자 은행이 있다. 상업 은행 고객들의 주된 관심 사항은 자신들이 예금한 돈의 안전이다. 반면에 투자 은행과 거래하는 주요 고객은 어느 정도의 위험을 감수하더라도 높은 수익을 올리고 싶어 하는 투기꾼들이다. 그러므로 투자 은행과는 달리 상업 은행에 대해서는 특별히 강한 규제가 필요하다. 그럼에도 불구하고 상업 은행과 투자 은행을 엄격하게 구분하는 법이 1999년에 철폐되었다. 이 법의 철폐에 이어서 신용 보증 제도에 대한 클린턴 정부의 규제 완화 조치, 대출 한도(이른바 leverage ratio)를 크게 완화하기로 한 미국증권거래위원회U.S. SEC의 2004년 결정이 시장에서 졸부들의 탐욕을 한껏 부풀리고 충족시키기 위한 조치가 되고 말았다.[6] 짠물 경제학은 이런 일련의 규제 완화가 결국 시장의 결점을 크게 증폭시키면서 이번 세계 경제 위기의 원인이 되었다고 본다.

한편, 민물 경제학자들은 시장 그 자체의 결함보다는 미국 정부의 잘못된 경제 정책을 탓한다. "금융 위기는 시장 경제의 문제가 아니라 이를 잘못 운영해서 발생한 문제"라는 전직 미국 재무성 장관의 발언은 민물 경제학의 입장을 잘 대변한다.[7] 클린턴 정부 이래로 미국 정부가 시중에 너무나 많은 돈을 푼 결과 시장에서 여러 가지 부작용이 발생했다. 부동산 경기의 과열도 그중 하나다. 이 부동산 경기 붐을 타고 경제 전체가 뜨겁게 달아올랐다. 그렇더라도 그냥 내버려 두었으면 시장에서 자연스럽게 진정되었을 터인데, 조급해진 미국 정부가 2004년부터 2005년까지 전격적으로 금리 인상을 단행했다. 2007년까지 높은 금리가 유지되면서 미국 주택 가격이 급락하기 시작했다. 결과적으로 이 금리 인상이 경기에 찬물을 끼얹으면서 금융권이 무너졌고, 이것이 경제 전체로 파급되면서 미국 경제의 붕괴로 이어졌다는 것이다. 말하자면, 시장은 멀쩡한데 정부가 쓸데없이 끼어들어서 경제를 망쳤다는 식이다.

왜 경제학자들은 경제 위기를 예측하지 못하는가?

사실, 경제학자들의 예측이나 설명이 형편없다는 비판은 어제오늘의 일이 아니다. 1930년대 세계 대공황이 터지기 10년 전, 하버드 대학 경제학자들은 주요 경제 동향을 예측할 목적으로 하버드경제연구회를 만들었다. 대공황이 터졌을 때, 이들은 경기 침체가 완만하게 진행될 거라고 예측했지만 극심한 불황은 계속되었다. 경기가 곤두박질할 때마다 이제 바닥을 쳤으니 곧 빠른 회복이 있을 것이라고 자신 있게 예측했고, 여러 가지 이유를 들어 번드럽게 설명했다. 그러나 그 예측은 번번이 빗나갔고, 결국 이 경제 연구회는 자진해서 문을 닫고 말았다. 경제학자 그 어느 누구도 대공황이 10년이나 계속되리라고는 상상하지 못했던 것이다.

예측력은 둘째 치고, 경제학자들은 일반 대중의 정서나 생각과는 아주 동떨어진 생뚱한 주장을 태연하게 늘어놓기 일쑤라서 빈축을 사기도 한다. 예를 들어 불황으로 실업률이 25%로 치솟았다고 하자. 그러면 사회 불안이 극도에 달하게 되고, 이런 상태가 지속되면 정권도 붕괴된다. 실제로 이런 살인적인 실업률이 1930년대에 미국에서 기록되었는데, 이 기간을 우리는 흔히 '세계 대공황'이라고 부른다. 루스벨트 대통령은 뉴딜 정책을 비롯한 각종 특단의 조치를 취했으며, 온 국민의 걱정과 정치권의 몸부림이 25%에 이르는 높은 실업률에 쏠려 있을 때 유독 경제학자들은 "나머지 75%는 직장에서 일하고 있는데 웬 호들갑인가?"라며 무덤덤한 태도를 취했다. 심지어 이들은 미국 정부의 뉴딜 정책에도 눈살을 찌푸렸다. 그러나 대공황과 같은 비상시국에는 대부분의 사람들은 왜 경기가 나빠졌으며, 왜 25%의 노동자가 일자리를 잃게 되었는가를 궁금해하지, 왜 75%의 노동자가 고용되었는지는 아무도 묻지 않는다.

오늘날에도 일반 서민의 생활고에 무심한 태도를 취하는 경제학자들이 적지 않다. 부동산 투기 문제로 전국이 아우성쳐도 대부분의 경제학자들은 대수롭지 않게 생각한다. 일부 보수 성향의 경제학자들은 투기가 좋은 것이라고 찬양까지 한다. 이들은 누군가 부동산 거품 이야기를 거론하기라도 하면 그런 것은 이 세상에 없다며 즉각 면박을 주곤 했다.

사실 수백 년의 긴 역사에서 경제학이라는 학문이 고질적 실업이나 부동산 투기 문제에 각별한 관심을 보인 기간은 극히 짧았다. 이런 문제는 오늘날 경제학원론 교과서에도 잘 나오지 않는다. 과거 한 시대를 풍미했던 케인스 경제학에 대한 관심이 최근 부쩍 높아지고 있는데, 그의 위대한 업적 중 하나는 일반 서민이 가장 걱정하는 25%에 경제학자들도 관심을 가지게 만들었다는 점이다. 정작 가장 절실한 관심사인 25%를 빼고, 나머지 75%만 떠드는 경제학은 결국 '앙꼬 없는 찐빵'이나 다름없다.

경제학은 매우 재미없는 과목이었다고 회상하는 사람들이 아주 많다. 일반 서민들에게 가장 절실한 문제인 25%는 제쳐놓고, 나머지 한가한 75%에 관해서만 지루한 설교를 들어야 했으니 학생들 역시 앙꼬 없는 찐빵을 먹는 기분이었을 것이다. 하지만 경제학자들은 그런 시시한 경제학을 아주 자랑스럽게 생각할 뿐만 아니라 일반 시민들이 왜 경제학의 기본 논리조차 이해하지 못하는지를 안타깝게 생각한다. 심지어 무식하다고 비난하기까지 한다. 요즈음 보수 성향의 인사들이 유난히 포퓰리즘populism이라는 단어를 자주 내뱉는데, 이는 일반 대중의 시장 원리에 대한 무식을 은근히 비꼬는 말이다. 그래서 경제학자들, 특히 보수 성향의 경제학자들은 일반 대중에 대한 경제 교육의 강화를 외치고 있다. 이들이 요구하는 경제 교육이란, 반기업 정서를 질타하고, 앙꼬 없는 찐빵과 같은 경제학의 기본 논리를 가르치는 교육이다.

초심으로 돌아가 고전을 다시 읽자

그러면 경제학이 왜 현실을 잘 예측하지 못하고 설명도 못하며 2008년 세계 경제 위기를 예측하지 못했을까? 물론 여러 가지 이유가 있겠지만 근원적으로 보면 인간에 대한 경제학의 비현실적 시각(비현실적인 인간관)을 우선 지목하지 않을 수 없다.

경제학에서 핵심이 되는 단어를 하나만 콕 집어내라고 한다면 그것은 아마도 '손익 계산'이나 '수지 타산'일 것이다. 경제학이 전제하는 인간은 얻는 것과 잃는 것을 꼼꼼히 비교한 다음 가장 이익이 되는 것을 찾아 선택하는 존재다. 이런 인간관은 경제학이라는 학문의 처음과 끝을 관통한다. 손익 계산을 잘 해야만 어떤 것이 최선인지를 알 수 있고, 따라서 합리적으로 행동할 수 있다. 경제학의 가장 기본적인 가정은 인간이 합리적으로 행동한다는 것이다. 바로 이런 인간관과 가정을 바탕으로 경제학은 시장에서 일어나는 현상뿐만 아니라, 시장 밖에서 일어나는 온갖 것들까지 설명하려고 든다. 그래서 경제학 깡패 시대라는 욕을 듣게 되었다.

뒤에서 자세히 살펴보겠지만, 언뜻 보아 경제학과 관련이 없어 보이는 여러 가지 사회적 현상들, 이를테면 범죄, 흡연, 이혼, 성매매 등에 관해서 경제학자들은 개인들의 손익 계산을 바탕으로 한 합리적 행동의 결과로 설명하는가 하면 실업이나 빈곤, 사채업, 장기 판매 등 경제적인 현상에 대해서는 일반인의 정서와 상당히 다른 설명을 내놓고 있다. 경제학자들의 이런 설명을 듣다 보면, 우선 떠오르는 의구심은 사람들이 실제로 그렇게 철저하게 손익 계산을 하면서 합리적으로 행동하는가이다. 요즈음 극성을 부리고 있는 성범죄가 과연 복잡한 손익 계산을 거친 합리적 행동일까, 고개를 갸우뚱하지 않을 수 없다. 아마도 많은 사람들이 자기 자신부터가 그렇지 않다고 생각할 것이다. 요즈음 신경 심리학자들이나 두뇌 과학자 등 첨단 분야 과학자들도 인간이 과연 그렇게 합리적으로 행동하는지를 의심케 하는 과학적 근거들을 무수히 많이 제시하고 있다. 70여 년 전 케인스도 이 불확실한 세상에서 일일이 손익 계산을 해가며 합리적으로 행동할 여지는 별로 많지 않다고 주장했다.

만일 첨단 과학자들의 주장이 옳다면 인간이 합리적으로 행동한다는 경제학의 가정은 비현실적인 가정이다. 사실, 이런 비현실적 가정이 경제학자들로 하여금 실로 오랫동안 우리의 현실을 직시하지 못하게 했으며 그래서 결과적으로 현실과 동떨어진 공리공담만 일삼게 되었다는 비판이 오래전부터 있었다. 2008년 세계 경제 위기를 경제학자들이 전혀 예측하지 못했던 가장 중요한 이유 역시 이들이 현실을 직시하지 못했기 때문이다. 비현실적 가정은 '경제학의 실패'를 낳는 중요한 요인이 될 수 있다.

과학자들의 수많은 반증에도 불구하고 왜 경제학자들은 인간이 합리적으로 행동한다는 가정을 고수할까? 만일 이 가정이 옳다면, 인간의 행태를 수학적으로 설명하는 것이 가능해진다. 그래서 실제로 100여 년 전부터 경제학은 고도로 수학화되었다. 요즈음 경제학계에는 수학을 이용하지 않은 논문은 아예 논문으로 인정하지 않는 분위기가 만연해 있다. 몇 년 전에 노벨경제학상을 받은 심리학자 대니얼 카너먼 D. Kahneman은 경제학회지에 연구 결과 논문을 수차례 보냈지만, 번번이 퇴짜만 당했다. 그 후 그는 주위의 권고를 받아들여, 해설을 줄이는 대신 수학방정식을 잔뜩 채워 넣어서 보냈더니 무난히 심사를 통과해서 발표되었다는 일화가 있다. 오늘날의 경제학자들은 너무 수학에 도취되어 현실감을 잃고 있다는 비판을 듣는다. 수학적 기교만 부리면서 현실적 내용이 빈약한 연구가 너무 많다는 자아비판이 경제학 내부에서도 제기될 정도다. 이런 수학화 현상을 꼬집은 우스갯소리가 있다. 경제학자와 물리학자가 논쟁을 벌이게 되었다.

경제학자: "물리학자들은 왜 그렇게 수학을 못합니까?"
물리학자: "경제학자들은 왜 그렇게 경제를 모릅니까?"

경제학자들은 수학도 일종의 언어라고 말하고 있지만, 우리의 일상 삶에서 수학 방정식으로 표현할 수 있는 부분이 과연 얼마나 될까? 수학적으로 설명할 수 없는 부분이 클수록 경제학자들은 우리의 현실과는 동떨어진 이야기를 하게 될 것이다. 설령 수학적으로는 설명할 수 없는 부분이 크지 않다고 하더라도 그것이 엄청난 회오리바람의 진원지가 된다면 1930년대 대공황과 2008년의 미국발 금융 위기와 같은 대형 사건이 경제학자들도 모르는 사이에 터지게 된다.

인간이 합리적으로 행동한다는 가정은 경제학의 핵심 가정이다. 경제학의 거의 모든 이론이 이 가정으로부터 나오는 것이기 때문에 만일 이 가정이 옳지 않다면 경제학의 많은 이론들이 와르르 무너진다. 그러면 경제학을 완전히 다시 써야 할지도 모른다. 수많은 경제학자들이 일자리를 잃을지도 모른다. 자본주의 시장의 정당성도 크게 흔들리게 된다.

자본주의 시장에서 결정되는 각종 가격은 거래 당사자들이 흥정한 결과다. 달리 말하면 거래 당사자들 사이에 합의된 사항이다. 아무리 합의된 사항이라고 하더라도 합리적인 사람들 사이에 합의된 것은 어느 정도 정당하다고 인정할 수 있지만, 비합리적인 사람들 사이에 합의된 것은 정당한 것으로 받아들이기가 곤란하다. 그러므로 인간이 합리적으로 행동한다는 가정이 흔들리면 자본주의 시장의 정당성이 흔들리고, 그러면 특히 민물경제학자들의 할 일이 많이 사라질 것이다. 자본주의 시장의 힘에 너무 매료된 결과 이들은 자본주의 시장을 옹호하는 일에 너무 얽매어 있기 때문이다.

세계 경제 위기가 터진 직후 2009년 7월 영국 여왕이 경제학 분야에서 영국 최고 명문 대학인 영국정경대LSE를 방문했을 때, 여왕은 이렇게 물었다.

"훌륭한 경제학자들이 많은데 그토록 심각한 세계 금융 위기를 왜 아무도 예측하지 못했는가?"

어느 경제학자가 대답했다.

"여왕 폐하, 경제학은 이제 망했습니다."[8]

어떻든 2008년 세계 경제 위기를 예측도 못하고 제대로 설명도 못했다는 비난이 쏟아지는 가운데 경제학이 이제 새롭게 태어나야 한다는 목소리도 높아가고 있다. 어떻게 새로 태어날 것인가? 놀라운 것은 오늘날 경제학자들로 하여금 경제학으로 밥벌이를 할 수 있게 해 준 과거 경제학 대가들이 경제학의 실패를 꾸준히 경고해 왔다는 사실이다. 다만 그동안 경제학자들은 그 경고를 외면한 채 자본주의 시장의 유지에 유리한 것들이나 자신의 밥벌이에 도움이 되는 것들만 귀담아 들었을 뿐이다.

1930년대 대공황 때만 하더라도 케인스는 경제학자들에게 정신 차리라고 질책하지 않았던가. 한동안 경제학자들이 이 질책을 받아들이는 듯한 시늉을 하더니 어느 때부터인가 외면해 버렸다. 그러다가 결국 대공황 때처럼 2008년에도 큰 실수를 범하고 말았다. 경제학의 실패를 경고해 왔던 대가들의 이야기를 다시 곱씹어 보면, 2008년 미국발 세계 경제 위기가 왜 발생했는지를 더욱 잘 이해할 수 있을 뿐 아니라 앞으로 경제학이 어떻게 탈바꿈해야 하는지 감을 잡을 수도 있다. 요컨대, 멀게는 애덤 스미스의 정신, 가깝게는 케인스의 정신으로 되돌아가서 경제학을 다시 써야 한다는 것이다.

그러면 이제 사회 현안에 대한 경제학자의 시각을 살펴보자. 이들의 생뚱한 주장은 일견 우습기까지 하지만, 곰곰이 생각해 보면 일리가 있는 것도 사실이니까. 그리고 나서 옛날 경제학 대가들의 경고를 들어 보자.

차례

제3장 애덤 스미스의 두 얼굴

제8장 케인스의 재림

제9장 케인스의 교훈

1장

경제학
교과서의
논리

recall
the economics

범죄 문제

범죄 행위는 합리적이다

우리 사회에서도 날이 갈수록 각종 범죄가 늘어나고 있다. 세계 최고의 선진국이요, 가장 선망의 대상이 되는 미국은 선진국 중에서도 범죄율이 가장 높은 나라 중 하나로 꼽힌다. 왜 이렇게 범죄가 기승을 부릴까? 경제학자들의 대답은 간단하다. 손익 계산을 해 본 결과 범죄가 아주 수지맞는 사업이라는 결론이 나왔기 때문이란다.

범죄를 저지르는 사람은 한편으로는 범행에서 얻을 이익을 생각해 보고, 다른 한편으로는 비용을 따져 본다. 범행에 필요한 자금과 시간, 그리고 검거될 확률, 그로 인해 당하게 될 손실 등을 비용으로 잡는다. 검거되었을 경우 당하게 될 손실도 다각도로 생각해 볼 것이다. 그냥 감옥에 갈 수도 있고, 경찰에게 뇌물을 주고 빠져나갈 수도 있으며, 비싼 변호사를 사서 낮은 형량을 받을 수도 있다. 이 모든 가능성을 놓고 득과 실을 비교해 본 다음 충분히 수지가 맞는다는 결론에 이르면 범죄자는 드디어 자신의 계획을 행동에 옮기게 된다는 것이 경제학자들의 주장이다.

물론 이런 손익 계산을 할 때는 모든 조건을 돈으로 환산해야 한다.

그래야 득과 실의 비교가 가능해진다. 이렇게 돈으로 환산된 손익 계산이 경제학의 기본을 이루고 있기 때문에 사람들이 경제학이라는 학문을 돈벌이에 대한 학문이라고 생각하게 되었는지도 모른다. 어떻든, 경제학은 이와 같이 범인들도 득과 실을 비교해 가면서 합리적으로 행동한다고 본다. 그런데 과연 그럴까?

심리학자들은 사람들이 그렇게 합리적으로 행동하지 못할 뿐만 아니라, 그렇게 행동하지도 않는다는 실험 결과를 무수히 제시하면서 경제학의 이런 주장이 옳지 않다고 말한다. 인간의 행동은 주로 감정의 지배를 받으며, 느낌에 따라 행동하다가, 잘 안 되면 그때 가서 잠시 생각을 해 보게 된다는 것이다. 감정이 먼저고 생각은 그 다음이라는 말이다. 예를 들어서, 교차로 신호등이 바뀌었는데도 꾸물대면 으레 뒤차가 빵빵대는데, 이때 대부분의 사람들은 우선 화부터 내기 마련이다. 왜 빵빵댔는지를 생각해 보면서 뒷사람의 행동을 이해하는 것은 그 다음의 일이다. 또한, 이상한 물체가 나타나면 대부분의 사람들은 그것이 무엇인지를 알아보고 생각해 보기도 전에 우선 겁부터 내기 마련이다.

최근 첨단 기법을 이용한 두뇌 과학자들이나 신경 심리학자들의 연구는 심리학자들의 오랜 주장이 옳다는 것을 과학적으로 입증해 주고 있다. 즉 대부분의 경우, 생각보다는 직감이나 기분에 따라 행동하도록 우리의 두뇌가 구조화되어 있다는 것이다. 따라서 범죄 행위뿐만 아니라 우리 일상 행동의 대부분은 기계적이거나 즉흥적으로 이루어진다. 범죄학자들에 의하면, 대부분의 범인들은 이것저것 계산할 틈도 없이 흥분한 상태에서 충동적으로 범죄를 저지른다. 강간범이 사전에 득과 실을 꼼꼼히 계산해 보고 나서 범행을 저지른다는 것은 믿기 어렵다. 이런 비판에도 불구하고 범죄를 연구하는 경제학자들은 자신들의 주장을 굽히

지 않는다.

아무튼, 경제학자들의 생각이 옳다고 치자. 그렇다면, 날로 늘어가는 범죄에 어떻게 대처할 것인가? 이에 대한 그들의 대답 역시 간단하다. 범죄가 수지맞지 않는 장사가 되게 만들면 그만이다. 예를 들어, 검거될 확률이나 형량을 대폭 높인다든가 하는 쪽으로 말이다. 말하자면, 치안을 강화해서 죗값을 확실하고 톡톡히 치르도록 만든다는 것이다. 하지만 미국의 경우 총기 규제나 치안 강화가 장기적으로 범죄율을 낮추는 데 그리 큰 효과가 없었다. 범죄를 줄이는 데에는 법을 지키려는 자발적 동기가 결정적인데, 형벌의 강화는 그런 동기를 약화시킬 수 있다. 사형 제도를 반대하는 사람들은 이 제도가 흉악 범죄를 줄이는 데 별 효과가 없었다고 주장한다. 게다가 경제학자의 범죄 이론에 결정적 흠집을 낸 아주 이상한 일이 미국에서 벌어졌다.

날로 높아만 가던 미국의 범죄율이 1990년부터 갑자기 놀라울 정도로 뚝 떨어지더니 그 상태가 장기간 계속되었다. 경제학자들은 범죄에 대한 단속이 강화된 결과라고 주장하고 싶었지만, 뚜렷한 증거를 찾을 수 없었다. 그저 일부 지역에서 총기 규제가 약간 강화되었을 뿐이었다. 경기가 좋아져서 범죄율이 그렇게 낮아졌다는 주장도 나왔지만, 역사적으로 보면 경기가 나빠지는데도 불구하고 범죄율이 높아지지 않는 경우도 많았다. 어떻든 경제학자의 범죄 이론뿐만 아니라 기존의 그 어떤 이론으로도 1990년대 미국의 범죄율 급락을 설명하지 못했다. 오직 한 이론만이 움직일 수 없는 증거로 이 이상한 현상을 정확하게 설명해 주었다. 유명한 '낙태 합법화 이론'이 바로 그것이었다.[1]

미국에서는 1970년대부터 낙태를 법적으로 허용하기 시작했는데, 허용 시기는 주마다 달랐다. 하지만 한 가지 사실은 분명하게 드러났다.

낙태를 법적으로 허용한 주에서만 15년 내지 20년 후에 예외 없이 범죄율이 뚝 떨어졌을 뿐만 아니라 낙태율이 높을수록 범죄율의 하락폭도 컸다. 반면에, 낙태를 허용하지 않은 주의 범죄율은 별 변화가 없었다.[2] 낙태의 합법화 시기가 주마다 달랐기 때문에 이것이 범죄율에 미치는 효과는 더욱더 두드러지게 나타났다. 이뿐 아니라 낙태의 합법화가 다른 선진국 사회의 범죄율을 낮추는 데에 크게 기여했음을 확실하게 보여 주는 연구 결과들도 나왔다. 그러면 왜 낙태의 합법화가 범죄율을 낮추게 되었을까? 낙태의 합법화는 혼외 출산을 감소시켰고, 혼외 출산의 감소에 따라 잠재적인 범죄자 집단의 규모가 크게 줄었기 때문이다.

혼외 출산아의 대부분은 부모가 원치 않는 아이들이다. 부모가 원치 않는 존재라는 사실처럼 아이들을 비참하게 만들고 비뚤어지게 만드는 것은 없다. 각종 연구와 통계에 의하면, 혼외 출산아들이 범죄를 저지를 확률이 정상적인 가정의 아이들보다 월등하게 높다. 이런 상관관계가 있기 때문에 혼외 출산이 감소하면 범죄율도 낮아진다. 실제로 서구 사회에서 혼외 출산을 감소시키는 데 가장 큰 효과를 본 정책은 낙태의 합법화였다.

성매매의 경제학

2008년 어느 용감한 경찰서장이 관할 구역 내 성매매 업소를 상대로 대대적인 소탕 작전을 지시해 큰 화제가 된 적이 있었다. 2009년 초반에는 성 상납을 강요하는 관행에 몰리다 끝내 자살한 어느 인기 여자 탤런트가 한동안 주요 언론 매체의 첫머리를 장식했다. 이어서 단속 경찰과 성매매 업소들 사이의 조직적 유착 관계가 줄줄이 폭로되었다.

성매매 문제, 어떻게 생각할 것인가? 아주 골치 아픈 문제다. 좀 오래

전 이야기이지만, 프랑스에서도 한때 이 문제로 온 나라가 시끄러웠던 적이 있었다. 프랑스 파리에는 공인된 매춘 지역(이른바 공창 지역)이 있었는데, 이 지역은 파리의 명소 중의 하나로 꼽히기도 했다. 이 공창 제도를 둘러싸고 뜨거운 논쟁이 벌어졌다. 한쪽에서는 성매매가 인권을 유린할 뿐만 아니라 부도덕하며, 나라 망신이니 당장 없애야 한다고 주장하는가 하면, 다른 한쪽에서는 금지의 현실적 어려움과 개인 선택의 자유를 내세우며 성매매 불법화를 반대했다.

두 진영의 주장이 팽팽히 맞서는 가운데 어느 경제학자가 수요-공급의 논리를 들고 나와 이 논쟁에 끼어들었다. 경제학이라고 하면 많은 사람들이 수요-공급 곡선을 떠올릴 것이다. 사실 수요-공급 이론은 경제학의 핵심이다. 그러나 수요와 공급은 각 개인과 기업이 손익 계산을 수행한 후 나타난 결과에 불과하다.

경제학자들이 늘 그렇듯이 프랑스의 공창 제도를 연구한 이 경제학자 역시 성매매를 중심으로 수요자와 공급자를 나누고 이들의 손익 계산이 어떤 식으로 이루어지는지를 살펴보는 순서로 연구를 진행했다. 이들 모두의 손익 계산에서 핵심은 화대花代(해웃값)이다. 수요자의 입장에서 보면 화대는 성행위를 즐기기 위해서 치러야 할 대가이다. 그러므로 각 수요자는 성행위의 즐거움과 화대를 비교하면서 얼마만큼의 성행위를 구매할 것인가를 결정한다. 이들의 손익 계산 결과를 전부 합친 것이 곧 성행위에 대한 시장의 수요이다.

공급자는 창녀를 중심으로 포주와 호객꾼 등으로 구성된 매춘 조직이다. 매춘 조직의 입장에서 보면 화대는 수입원이다. 각 매춘 업체는 화대와 공급 비용을 비교하면서 얼마만큼의 성행위를 공급할 것인가를 결정한다. 이들의 손익 계산 결과를 전부 합친 것이 성행위에 대한 시장의 공급이다. 그리고 시장의 공급과 수요가 균형을 이루는 수준에서 이른바 균형 가격으로서 화대가 결정된다.

이와 같이 화대라는 가격을 바탕으로 시장에서 성행위를 사는 사람들과 파는 사람들이 각자 손익 계산을 하고, 이 결과에 따라 행동한다. 가격이란 각 개인의 손익 계산에 필요한 모든 정보를 정리하고 요약한 객관적 지표다. 경제학이 말하는 시장의 핵심은 가격이다. 그렇기 때문에 가격을 매개로 거래가 이루어지면 시장이 형성되었다고 말한다. 한마디로 말하면 시장이란 가격을 매개로 거래가 이루어지는 방식이다. 가격이 없거나 분명하지 않으면 사람들이 손익 계산을 제대로 할 수 없고, 따라서 시장이 제 기능을 다할 수가 없다. 단순히 거래가 있었다고 해서, 또는 단순히 무엇을 주고받았다고 해서, 이것을 시장이라고 말하지는 않는다. 크리스마스 때에나 밸런타인데이에 많은 사람들이 광장에 모여서 애정의 표현으로 선물을 주고받는 것을 보고 시장이 섰다고 말하지 않는다. 그러나 정해진 가격 아래에서 성행위를 사고팔면 매춘 시장이 형성되었다고 말한다. 미국에는 돈을 받고 어린애를 낳아 주는, 이른바 대리모가 많다고 하는데, 몇 년 전에만 하더라도 공정 가격이 2만 달러 정도였다. 말하자면 자궁 임대 가격이 2만 달러라는 이야기다. 이 경우에도 자궁 시장 혹은 대리모 시장이 형성되었다고 말한다. 시장이란 그런 것이다.

만일 성매매를 법적으로 금지한다면 어떤 일이 벌어질까? 가장 눈에 띄는 변화는 매춘 조직의 지하화다. 달리 말하면 암시장이 형성된다는 것이다. 암시장도 엄연히 시장이다. 성매매 금지 조치로 수요는 위축되겠지만, 성욕은 인간의 가장 강한 욕구 중 하나이기에 매춘에 대한 수요는 없어지지 않는다. 인류의 역사가 이를 증명하고 있다. 성매매 불법화는 단지 매춘 시장에서 수요자와 공급자의 손익 계산, 특히 공급자의 손익 계산을 아주 복잡하게 만들 뿐이다.

매춘에 대한 수요가 존재한다는 것은 매춘 업체의 입장에서 보면 확실한 돈벌이가 있다는 뜻이다. 다만, 단속을 피해 가며 돈을 벌어야 한다는 부담이 있다. 예를 들면, 별도의 비밀 장소를 만들고, 감시원을 늘리고, 경찰 내부의 상황을 파악하기 위한 정보원을 고용하고, 단속 공무원에게 뇌물을 바쳐야 하는데, 이런 것들이 모두 비용으로 환산된다. 그러므로 성매매 불법화는 공급 비용을 종전보다 훨씬 더 비싸게 만든다. 결과적으로 매춘 시장에서 화대가 크게 오르면서 성매매는 감소한다. 그러나 성매매가 없어지는 것은 아니다. 파리의 공창 제도를 연구한 경제학자가 강조한 것은, 성매매 금지 조치가 매춘 시장에서 가격만 높여서 거래를 감소시킬 뿐 이를 근절시키지는 못한다는 점이다. 그렇다면 성매매 금지 조치의 본래의 취지가 퇴색되어 버린다.

과연 매춘 시장에서 성매매가 얼마나 감소하느냐는 단속을 얼마나 강력하게 실시하느냐에 달려 있다. 단속을 강력하게 실시하면 성매매는 줄어들겠지만, 문제는 막대한 돈이 든다는 것이다. 많은 단속 공무원이 동원되어야 하고, 이에 따른 장비와 시설이 추가되어야 한다. 유치장과 감옥이 더 많이 필요하고, 더 많은 판검사가 있어야 한다. 결국 이 모두가 국민의 세금으로 충당되기 때문에 단속을 강하게 할수록 국민은 그만큼 더 많은 세금을 내야 한다. 또 한 가지 빼놓을 수 없는 것은, 단속을 강화하면 강화할수록 단속 공무원에 대한 뇌물의 액수도 커질 것이며, 따라서 성매매 단속을 둘러싼 부정부패도 그만큼 커진다는 점이다. 마약 범죄에 대한 미국의 액션 영화들은 단속에 관련된 경찰과 공무원의 부정부패가 얼마나 뿌리 깊게 퍼져 있는지를 잘 보여주고 있다. 부도덕하다고 해서 성매매를 금지하면 부정부패라는 또 다른 부도덕이 뒷문으로 들어온다. 결국, 성매매 금지 조치에 대한 도덕적 논리도 퇴색된다.

경제학자는 성매매의 부도덕성이나 인권 유린, 나라 망신과 같은 추상적인 것에 대해서는 언급을 회피한다. 다만, 성매매 단속에 소요되는 막대한 비용, 그리고 단속 공무원의 부정부패 등의 사회적 손실을 고려할 때 과연 성매매 불법화가 그만한 가치가 있는지에 대해 파리의 공창 제도를 연구한 경제학자는 매우 회의적이었다. 여기에 덧붙여 이 경제학자는 매우 중요한 사회적 손실 한 가지를 추가적으로 부각시켰다. 성매매가 공인되어 있을 때 창녀들은 법적으로 정기 건강 검진을 받아야 영업을 계속할 수 있었다. 이 건강 검진 제도는 창녀들에게 저렴하게나마 의료 서비스를 제공할 뿐 아니라 성병의 확산을 방지하는 데에도 효과적이었다. 그러나 성매매가 금지되면, 매춘 조직이 불법화되기 때문에 창녀들은 공식적인 의료 서비스를 받을 수 없게 된다. 성매매 불법화는 결과적으로 성병의 급속한 확산을 초래하게 된다고 이 경제학자는 경고했다. 결론이 어떠하든 이 경제학자의 연구 논문은 수요-공급의 논리를 바탕으로 성매매를 둘러싼 사회적 이익과 사회적 손실을 체계적으로 잘 설명했다고 해서 옛날 미국 대학 경제학과 대학원생들이 읽어야 할 논문의 목록 속에 들어가 있다.

이렇게 매춘 행위를 수요-공급의 틀로 설명한다고 해서 경제학자들이 성매매를 지지하는 것은 아니다. 다만, 현실을 있는 그대로 설명하고, 그 득과 실을 철저하게 따져 보자고 주장할 뿐이다. 대체로 경제학자들은 시장에서 자연스럽게 전개되는 경제 활동에 대하여 정부가 억지로 규제하는 것을 반대한다. 시장은 자연 질서의 일부라는 생각이 이 학문의 시조인 애덤 스미스 이래로 경제학에 깊이 뿌리박고 있다. 자연 질서를 억지로 바꾸려는 조치는 별 효과도 없을 뿐만 아니라 많은 부작용을 낳기 때문에 혹 떼려다 혹 붙이기 일쑤다. 예를 들어서, 시장의 자연스러운 거래를 정부가 억지로 규제하면, 이것이 없어지지 않고 땅속으로 숨어들어 암시장이 형성되면서 오히려 더 사악해진다. 위에서 설명한 경제학자의 성매매 연구가 이를 잘 보여 준다. 마치 풍선의 한쪽을 누르면 다른 쪽이 튀어나오는 격이다. 정치가나 일반 대중은 이런 부작용을 너무 가볍게 생각하는 경향이 있다고 경제학자들은 불평하면서 시장의 원리를 이해시키기 위한 경제 교육의 필요성을 강조한다.

2
담뱃값 인상 논쟁

담뱃값의 경제학

2010년 여름, 담뱃값 인상을 놓고 찬반양론이 뜨거웠다. 대한의사협회는 "흡연으로 인한 우리나라의 건강 보험 급여비 지출액이 연간 2조 원을 넘기고 있다."며 흡연율을 줄이기 위해서 담뱃값의 대폭 인상이 필요하다고 주장했다. 이 협회는 흡연 관련 질환으로 인한 우리나라의 총 사회 경제적 비용이 10조 원 이상으로 추정된다는 주장도 덧붙였다.

복지부에 따르면 2010년 상반기 한국 남성 흡연율은 42.3%로 OECD 회원국 평균(28.4%)보다 훨씬 높았다. 게다가 청소년 흡연율은 세계 최고 수준이며, 여성 흡연율도 꾸준히 높아가고 있지만, 담뱃값은 OECD 회원국 중에서 가장 싸서 노르웨이의 20% 수준에 불과했다. 이처럼 가격이 너무 낮다는 점과 가격 인상이 흡연율을 낮추는데 큰 효과가 있다는 점을 들어 그들은 담뱃값 인상을 주장했다. 실제로 2002년과 2005년에 담뱃값 인상이 흡연율을 크게 낮추었다고도 한다.

하지만 담뱃값 인상에 반대하는 측은 이미 흡연율이 꾸준히 줄고 있으며, 가격 인상이 흡연율에 미치는 영향은 미미하다고 주장한다. 이들은 흡연율을 낮추기 위해서라면 다른 방법들도 얼마든지 있는데 굳이 가격 인상을 고집하는 저의가 무엇인지 의심했다. 계획대로 담뱃값을 2000원대에서 8000원대로 대폭 올린다면, 담배나 피우면서 시름을 달래야 할 가난한 사람들은 이제 그마저도 못하는 서러움을 당하게 된다. 그러니 불공평하다는 불만이 터져 나올 만하다.

담뱃값이나 담뱃세는 경제적인 문제다. 따라서 경제학자가 떠들어야 할 문제요, 그들의 이야기부터 들어 봐야 할 문제다. 실제로 담뱃세에 대한 경제학자들의 연구가 여러 편 있다. 그렇다면 실제로 경제학자들은 이 문제를 어떻게 생각하고 있을까?

담뱃값이나 담뱃세에 대한 연구들 중에서 아마도 가장 많이 알려진 것은 NBER(전미경제조사국) 소속 비스쿠시W.Kip Viscusi의 연구일 것이다. NBER은 90년의 역사를 자랑하는 미국 최고의 경제 연구 기관으로 노벨 경제학상을 받은 31명의 미국 경제학자들 중 무려 16명을 연구원으로 둔 곳이다.

세계 최고의 경제 연구소에 걸맞게 비스쿠시의 연구는 무척 치밀하고 논리적으로 수행되었다. 그의 연구는 우선 담뱃세의 부과가 왜 필요한지부터 짚어 보고 있다. 담뱃세를 부과한다는 것은 그만큼 담뱃값을 올린다는 뜻이다. 경제학 교과서대로, 비스쿠시는 흡연자들 역시 손익 계산을 철저히 한다고 가정했다. 흡연자는 우선 흡연으로부터의 즐거움을 계산할 것이다. 그 다음에는 질병(주로 폐암)에 걸렸을 때의 고통과 질병에 걸릴 확률을 생각해 볼 것이다. 이 고통에 확률을 곱하면 흡연으로 인한 기대 손실이 계산된다. 흡연자는 흡연으로부터의 즐거움과 기대 손실을 비교한 다음, 흡연 여부를 결정할 것이다. 흡연자들이 담배를 피우기로 결정했다면, 그 이유는 이와 같이 손익 계산을 해 본 결과 득이 실보다 더 크기 때문일 것이다.

바로 이런 식의 추론이 경제학자들의 전형적인 사고방식이다. 우리 주위의 흡연자들 중에서 과연 이런 식으로 손익 계산을 꼼꼼히 해 가며 담배를 피우는 사람이 얼마나 될까. 매년 1월 1일만 되면 담배를 끊겠다고 다짐하는 흡연자들이 새해에는 살을 빼겠다고 다짐하는 여성들만큼이나 많다. 이런 사람들도 과연 합리적인 사람들이라고 볼 수 있을까. 여러 가지 의문이 제기되지만, 어떻든 경제학자들의 사고방식에 따르면 흡연자의 흡연 행위는 아주 합리적인 행위라는 주장이 성립한다. 따라서 제삼자가 흡연자의 흡연에 대하여 가타부타 떠들 사항이 아니라는 것이 결론이다.

　다만, 흡연자가 생각하는 사망 확률이 과학적으로 증명된 것보다 상당히 낮을 수가 있다. 여기에는 그럴 만한 충분한 과학적 근거가 있다. 아주 위험한 직종에 종사하는 사람들을 조사해 본 과학자들에 의하면, 객관적 사고 확률이 엄연히 나와 있음에도 불구하고 의외로 이들은 자신의 직장이 그리 위험하지 않다고 생각하며, 따라서 사고 대비나 보험 들기를 게을리한다. 왜 그럴까? 심층 분석해 본 결과 그렇게 생각하는 것이 본인의 정신 건강상 이롭기 때문이라는 것을 알아낼 수 있었다. 자기 자신의 직장이 위험하다는 것을 의식하면서 일한다면 늘 불안에 떨어야 하기 때문이다. 우리 주위에서도 보면, 담배 피우는 사람들이 의외로 흡연의 위험을 가볍게 생각한다. "다른 사람들은 폐암으로 죽는다지만 설마 나야 괜찮겠지. 설령 폐암이 걸린다고 해도 어쩌겠어. 죽어야 한다면 죽어야지."라고 생각하며 흡연의 위해를 마치 남의 일 보듯 한다. 하긴 담배를 피우면 폐암에 걸려 죽는다는 것을 확신한다면 누가 감히 담배를 피울 것인가.

　만일 흡연자들이 실제로 담배의 해악을 대수롭지 않게 생각한다면,

이들은 담배를 과소비하게 된다. 경제학적으로 말하면 흡연자가 비합리적으로 행동하게 된다는 것이다. 따라서 흡연자로 하여금 오직 적정량의 담배만 피우도록 유도할 필요가 있는데, 이때 한 가지 효과적인 방법은 담뱃세를 부과하거나 담뱃값을 올리는 것이다.

담뱃세를 부과해야 할 중요한 이유가 한 가지 더 있다. 흡연자의 담배 연기가 다른 사람들의 건강에도 해롭다는 사실이 이미 과학적으로 밝혀졌듯이 흡연은 다른 사람들에게 피해를 주게 마련이다. 이런 간접흡연 피해뿐 아니라 다른 사람에게 불쾌감을 줄 수도 있다. 담배 연기 냄새나 흡연자의 몸에서 나는 꼬린 냄새를 싫어하는 사람들이 의외로 많기 때문이다. 그러나 흡연자들은 대부분 제삼자에게 미치는 이런 악영향을 무시하는 경향이 있다. 경제학자들은 이런 악영향을 외부 효과라고 부른다. 경제학적으로 말하면, 외부 효과를 무시한다는 것은 흡연자들이 사회적 적정 수준보다 더 많은 담배를 피운다는 뜻이다. 따라서 흡연자로 하여금 사회적으로 적정량만큼의 담배를 피우도록 유도하기 위해서는 담뱃세를 부과하거나 담뱃값을 올릴 필요가 있다.

흡연자는 애국자?

그러나 이런 담뱃세 부과의 필요성에 대한 이야기는 비스쿠시 연구에서 단순히 운을 떼기 위한 서두에 불과하다. 그의 연구는 담뱃세의 필요성이 너무 과장되어 있다는 주장을 거쳐 담뱃세를 오히려 인하해야 한다는 결론으로 이어진다. 비스쿠시는 많은 자료를 동원하면서 지난 수십 년 동안 담배 회사의 부단한 노력의 결과, 담배의 유해 물질 함유량이 크게 감소했음을 강조했다. 그래서 일반인들은 흡연으로 인한 사망률을 필요 이상 높게 생각하고 있다고 그는 주장한다. 만일 그의 주장이 옳다면, 그리고 사람들이 합리적이라면, 지금보다 담배를 오히려 더 많이 즐기도록 여건을 조성해 주어야 한다는 결론에 이르게 된다. 최소한 경제학적으로는 그렇다.

그렇다고 흡연이 무해하다는 것은 절대 아니며, 인간의 생명을 단축시키는 것은 확실하다고 보고, 비스쿠시는 이 점에 연구의 초점을 맞추었다. 현재 미국 정부는 국민의 보건·의료 서비스 제공에 막대한 재정을 투입하고 있다. 평균 수명이 늘어남에 따라 노인들에 대한 의료비 역시 급속도로 증가하고 있다. 식물인간 상태에서 단순히 생명을 연장하기 위해서 미국에서 한 해에 쓰이는 의료비가 천문학적 숫자에 달한다. 그러나 흡연은 인간 생명을 단축시키기 때문에 개인의 의료비 지출을 줄일 뿐 아니라 의료 서비스 관리에 투입되는 국가 재정의 규모도 크게 줄여 준다. 물론 흡연이 질병에 걸릴 확률을 높이고, 이로 인해 개인이나 국가가 부담하는 의료비도 늘어난다. 그러나 이에 비하면 생명 단축으로 인한 국가 재정 부담이 경감되는 정도가 훨씬 크다. 비스쿠시는 흡연이 국가 재정 감축에 어느 정도 기여하는지를 꼼꼼하게 계산했다. 이런 긍정적인(?) 효과까지 종합적으로 고려한다면 담뱃세를 올리기는커녕 오히려 내려야 한다고 비스쿠시는 결론짓고 있다. 이런 결론이 옳다면 흡연자는 나랏돈을 절약해 주는 애국자인 셈이다. 결론이야 어떻든 비스쿠시의 연구는 고도의 수학과 통계 기법을 이용하고 있어서 보통 사람들은 읽기도 힘들지만, 오늘날 경제학자들이 보기에는 우수한 논문의 요건을 잘 갖추고 있다.

비스쿠시의 연구와 매우 흡사한 연구가 또 있다. 담배 재벌 회사인 필립모리스Philip Morris가 경제 전문가에게 의뢰해서 수행한 담뱃세의 경제적 타당성에 대한 연구가 바로 그것이다. 이 연구의 내용은 2010년 한국에서 출간되어 베스트셀러가 된 《정의란 무엇인가》(마이클 샌델 지음)에도 소개되어 있다. 이 연구는 체코를 연구 대상으로 삼았는데, 체코에서는 담배가 아직도 인기일 뿐 아니라 사회적으로도 용인되고 있다. 이로 인해 의료 보건비의 증가를 우려한 체코 정부는 최근 담뱃세 인상을 고려했다. 담뱃세 인상을 막기 위해서 필립모리스사는 흡연이 체코 정부 예산에 미치는 영향에 대한 비용–편익 분석을 시도했다. 연구 결과, 정부의 입장에서 볼 때 흡연으로 인한 사회적 이익이 손실보다 더 큰 것으로 나타났다. 그 이유는 뻔하다. 비록 흡연자들은 생전에 많은 의료비를 초래하지만 이들은 빨리 죽기 때문에 정부가 노인을 위해서 지출하는 의료 보건, 연금, 주거 등의 비용을 크게 줄일 수 있기 때문이다. 이 연구는 담뱃세 세수와 흡연자의 조기 사망으로 인한 비용 절감 등 흡연의 긍정적 효과를 고려하면, 재정상의 순이익이 매년 1억 4700만 달러에 이른다고 추산했다.

과거 담배 제조 회사들은 흡연이 사람을 죽인다는 사실을 부정하기에 급급했다. 그런데 이제는 오히려 그것을 과장하고 있다. 필립모리스사의 연구에 의하면, 흡연으로 인한 사망자 한 명당 1227달러의 비용 절감 효과가 체코 정부에게 돌아간다. 금연 운동 단체들이 흡연으로 죽은 사람의 시체 발가락에 1227달러짜리 딱지를 붙인 광고를 내는 등 필립모리스사의 연구를 비난하고 조롱하는 여론이 비등해지자, 이 회사의 간부는 결국 이 연구가 인간의 존엄성을 무시했다고 공식 사과해야 했다.

정치가는 정말 국민을 위해 봉사하는가

정부는 담뱃값 인상으로 늘어난 수입을 국민의 보건을 위해서 잘 쓰겠다고 말하지만, 경제학자들에게 이 말은 별로 신빙성이 없다. 일반적으로 경제학자들은 시장에서 형성된 가격에 정부가 참견하거나 세금을 올리는 것에 대하여 매우 불쾌하게 생각한다. 특히 세금에 대해서는 강력하게 반발한다.

보통 사람들은 국민이 모아준 세금을 정부가 으레 잘 쓰겠거니 생각하지만, 경제학자들은 그렇게 생각하지 않는다. 복잡한 이론은 빼고 그냥 상식적으로 생각해 보자. 정부 관료의 입장에서 보면 국민이 모아준 세금은 일단은 공짜 돈이다. 피땀 흘려 번 돈은 아껴 쓰게 되지만, 공짜로 굴러온 돈은 누구나 헤프게 쓰게 마련이다. 경제학자들이 보기에 정부는 국민이 피땀 흘려 번 돈을 곶감 빼먹듯이 제멋대로 쓰는 경향이 있다. 최근 각종 국책 사업의 남발에 대한 세인의 우려만 보더라도 경제학자들의 이런 생각이 충분히 일리 있어 보인다.

정치에 관심이 많은 경제학자들, 이른바 정치 경제학자들은 정치가나 정부에 대해서도 손익 계산의 논리를 들이대고 있다. 일반 국민들은 정치가나 정부가 국민의 이익을 대변하며, 이를 위해서 봉사한다고 굳게 믿고 있지만, 이 정치 경제학자들은 이 믿음에 대해 단호히 고개를 가로젓는다. 이들에 따르면, 장바닥의 소비자나 기업처럼 정치가나 관료 역시 손익 계산에 따라 개인의 이익을 추구한다. 간단히 말해서 정치가나 관료의 행태는 장바닥 장사꾼의 그것과 별 차이 없다는 것이다. 다른 것이 있다면, 장사꾼은 공익을 들먹거리지 않지만, 정치가와 관료는 늘 국민의 이익을 앞세우면서 뒷구멍으로는 사익을 추구한다는 점이다. 정치경제학자들은 정부의 각 부처에 대해서도 똑같은 이야기를 한다. 즉, 정부의 각 부처는 국민의 이익이 아닌, 부처의 이익을 최우선적으로 추구한다는 것이다. 사실, 정부의 부처 이기주의를 질타하는 목소리가 우리의 언론 매체에도 심심치 않게 등장한다.

대체로 보면 경제학자들은 공익이라는 것을 부정한다. 경제학 교과서에도 공익이라는 말은 찾아보기 어렵다. 공익이 있다면, 그것은 개인의 이익을 합친 것에 불과하다. 그러므로 국민 각자가 자신의 손익 계산을 바탕으로 스스로 알아서 자신의 이익을 추구하게 내버려 두면 공익은 저절로 증진된다는 것이 경제학의 기본 입장이다. 따라서 별도로 공익이라는 것을 생각할 필요가 없다고 본다.

정치가나 관료의 행태가 장바닥에서의 소비자와 기업의 행태와 별 차이가 없다는 생각은 일찍이 미국 수도권 대학의 경제학자들 사이에 널리 퍼지면서 이른바 '공공 선택 이론'으로 발전했다. 쉽게 말해서 이 이론은 경제학의 기본 논리(이른바 수요-공급의 논리)를 이용해서 정치판을 분석하는 이론이다. 이 이론은 미국 수도권 경제학자들이 직접 자신들의 눈으로 보고, 귀로 듣고 관료들과 어울리면서 얻은 체험을 바탕으로 만들어진 것이어서 아주 현실적이다. 어떻든, 국민이 끊임없이 자신의 세금이 어떻게 쓰이는지 감시하고, 정치가와 정부가 무엇을 하는지 늘 감독하지 않으면, 이들은 곧장 자신들의 잇속만 챙기게 된다는 정치 경제학자들의 경고만큼은 우리가 귀담아들을 필요가 있다.

원래 경제학은 시장을 주요 연구 대상으로 삼는 학문이다. 그런데 공공 선택 이론가들은 왜 굳이 시장이 아닌 정치판을 주된 연구 대상으로 삼는 외도를 저질렀을까? 공공 선택 이론의 창시자로서 노벨 경제학상을 받은 뷰캐넌은 그 외도의 의도를 솔직히 밝히고 있다. 요컨대, 시장의 원리를 정치판에도 적용해 보자는 것이다.[3] 이런 외도를 한 끝에 약 반세기 전에 공공 선택 이론가들은 오늘날에 듣기에도 민망한 여러 가지 충격적인 제안의 보따리를 들고 나왔다. 그중 하나가 투표권의 판매를 허용하자는 제안이다. 우리가 흔히 보듯이 사회적인 이슈를 투표로 결정하는 경우 다수의 횡포가 우려된다. 투표에서 진 사람들은 일방적 손해를 감수해야 한다. 지난 여러 차례의 우리나라 대통령 선거에서 보수 진영과 진보 진영이 첨예한 대립을 보였는데, 이럴 때 진보 진영이 지지하는 후보가 대통령에 당선되면 보수 진영 사람들은 5년 동안 날마다 싫어하는 대통령의 얼굴을 보면서 울분을 삭여야 한다. 보수 진영이 지지하는 후보가 당선되면 그 반대의 현상이 일어난다.

만일 투표권을 자유로이 사고팔게 허용한다면 그렇게 일방적으로 손해 보는 사람 없이 모두가 이익을 얻게 된다고 공공 선택 이론가들은 주장한다. 예를 들어, 진보 인사가 유력한 대통령 후보라고 하자. 진보 인사를 대단히 혐오하는 사람들은 이 인사를 지지하는 사람들에게 충분한 대가를 주고 표를 매수한 다음, 자신들이 지지하는 보수파 인사에게 표를 몰아줘 그를 대통령에 당선시킨다고 하자. 진보 인사를 지지하던 사람들은 돈을 받아서 좋고, 그를 혐오하던 사람들은 자신들이 원하는 사람을 당선시켜서 좋다. 누이 좋고 매부 좋은 셈이다. 이와 같이 자발적 거래를 통해 이해 당사자 모두의 이익이 증진되는 것, 이것이 곧 경제학이 금과옥조로 삼는 시장 원리의 핵심이다. 투표권의 거래는 이런 시장의 원리를 최대한 활용함으로써 모두가 이익을 볼 수 있는 여지를 넓히는 방법이라는 것이 공공 선택 이론가의 제안 사유다.

3
가정 문제, 환경 문제, 실업 문제

높은 이혼율

선진국은 물론 우리나라에서도 이혼율이 나날이 증가하고 있는데, 이에 대해서도 경제학자들은 그럴듯한 주장을 늘어놓고 있다. 이혼의 주된 이유는 결혼 생활이 수지맞지 않기 때문이라는 것. 결혼 생활을 하면 분명히 좋은 점도 있고 불편한 점도 있다. 이렇게 좋은 점과 나쁜 점을 하나하나 꼽아 보고 계산기를 두드려 봐서 밑진다는 결론에 이르면 자연히 이혼하게 된다는 것이 경제학의 논리다. 그러므로 이혼율이 높아진 이유는 계산기를 두드려 본 결과 밑지는 결혼 생활을 하고 있다고 판단하는 부부가 늘어났기 때문이라고 주장한다.

또한 요즘 젊은이들이 결혼을 늦추거나 독신을 고집하는 이유는 결혼 생활이 별로 수지맞지 않는 장사라고 생각하기 때문이다. 자유주의와 개인주의의 큰 흐름을 타고 사람들이 점차 더 계산적이 되고 이기적으로 변하는 경향이 있다. 자유분방한 사람들은 결혼 생활이 개인의 자유를 속박하는 굴레라고 생각하며, 타산적인 사람들은 결혼 생활이 돈 먹는 하마라고 생각한다. 옛날 부부들은 가정 지키기를 의무로 생각하고 어려움을 참으면서 살았다는데, 왜 요즘 젊은 부부들은 결혼 생활에 대해 계산기를 자주 두드리게 되었을까? 왜 믿지는 결혼 생활이 갑자기 늘어났을까? 그러나 경제학자들은 이렇게 근원적인 문제까지는 생각하지 않는다.

결혼을 할 것인가 말 것인가, 이혼을 할 것인가 말 것인가를 순전히 개인의 손익 계산에 의거해서 결정하다 보니 가정의 형태도 무척 다양해져, 편부모 가정, 청소년 가장 가정, 재혼 가정, 계약 결혼 가정, 단순 동거 가정, 동성애 가정, 독신 가정 등이 나타났으며, 이것이 세계적 추세이기도 하다. 한 가지 재미있는 것은 이러한 가정 형태의 다양화를 매우 걱정스럽게 보는 사람들이 있는가 하면 긍정적으로 보는 사람들도 있다는 것이다. 동일한 현상에 대해서 '가정 해체의 가속화'라든가 '결손 가정의 증가'라는 부정적 표현이 있는가 하면, '가정 형태의 유연화'라든가 '열린 가정의 증가'라는 부드러운 표현도 있다.

부부와 자녀로 이루어진 전통적 가족 이외에도 현실적으로 존재하는 다양한 형태의 가정을 있는 그대로 받아들이고 능동적으로 대처하자는 주장이 여성 운동 단체들 사이에서 힘을 얻고 있다. 이런 주장에는 각 개인이 독신으로 살든 말든, 결혼하든 이혼하든, 재혼하든 계약 결혼을 하든, 그것은 전적으로 그의 합리적 결정에 맡겨야 하며, 또한 그렇게 하는 것이 개인의 자유를 신장하는 길이라는 생각이 담겨 있다. 높은 이혼율을 포함하여 가정 형태의 다양화는 개인의 자유가 크게 신장되었음을 반영하는 현상이라고 볼 수도 있다.[4] 아마도 이와 같이 가정 형태의 다양화에 대한 견해가 크게 엇갈리다 보니 높은 이혼율이나 급속한 가정 해체에 대하여 정부 차원의 대책을 강구하기도 좀 어정쩡한 것 같다. 그러나 같은 가정 문제라도 저출산의 문제에 대해서는 걱정하는 목소리가 훨씬 크다. 당장 우리 경제의 경쟁력에 큰 타격을 주기 때문이다.

경제학적으로는 저출산의 이유도 간단하다. 자녀를 갖는 데 따르는 비용이 크기 때문이다. 자녀 출산으로 인한 즐거움에 비해서 양육비와 시간 제약 등의 부담이 너무 크다는 것이다. 그렇다면 저출산 문제는 어떻게 풀어야 하는가? 이는 자녀 양육에 따른 경제적 부담을 줄이기 위해 탁아소를 세우고, 자녀 양육 보조금을 지급하고, 출산 휴가를 강제적으로 실시하는 등의 대책을 마련하면 된다. 그리고 이 대부분이 결국은 정부가 나서서 해야 한다. 정부가 가정의 뒤치다꺼리까지 맡아야 하는 것이 요즘 세상이다. 그만큼 세금도 더 많이 내야 한다. 옛날에는 아이 돌보기나 산후 조리는 가정이 해야 할 일이었고, 친척이나 이웃 등이 거들어 주었다. 사실 이런 것들을 통해서 가족애라든가 따뜻한 인간관계가 형성되었고, 인간다운 삶을 느낄 수 있었다.

어떻든 경제학자들은 가정 형태의 다양화라든가 저출산의 문제가 상당 정도 경제적 요인에 의한 것이며, 따라서 경제학적으로 얼마든지 설명이 가능하다고 말한다. '결혼 경제학'이라든가 '결혼 시장'이라는 단어가 그런 경제학자들의 생각을 잘 요약해 주고 있다.[5] 돈 많고 학력 높은 남자나, 예쁘고 섹시한 여자는 결혼 시장에서 좋은 상품이고, 따라서 잘 팔린다. 요즈음의 젊은 여자들은 살을 빼기 위해서 굶기를 밥 먹듯 하고, 예뻐 보이기 위해서 얼굴 등을 성형하는 데 서슴지 않는다. 경제학자들이 보기에 이 모든 것이 결혼 시장에서 자신의 상품 가치를 높이기 위한 몸부림이다.

이타심의 경제학

개인의 합리적 계산을 존중하는 경제학적 사고방식이 가정 해체나 가족 유연화를 정당화하는 방향으로 원용될 여지는 많지만, 그렇다고 경제학자들이 이를 전적으로 지지하는 것은 아니다. 양친 부모가 자식을 기르는 정상적 가정의 중요성을 강조하는 경제학 연구도 있다. 미국 시카고 대학 베커 교수의 이타심에 대한 연구가 그중 하나이다. 그에 의하면 부모가 자녀를 기르는 정상적 가정은 이타심의 산실이다. 정상적인 가정에서 부모는 이타심을 가지고 가족 모두의 복지를 염두에 두면서 헌신적으로 가정을 꾸려 나간다. 원래 전통적 가정이란 그런 것이 아닌가. 부모의 사랑 어린 보살핌이 가족 구성원들의 다양한 요구를 적절히 충족시킨다. 이런 상황에서는 가족 구성원 그 어느 누구도 이기적으로 행동해 봐야 소용없다. 예를 들어 형이 제 욕심만 생각하고 동생을 꼬여서 만 원을 뺏었다고 하자. 그러면 부모는 동생의 용돈을 만 원 올려 주는 대신 형의 용돈을 만 원 삭감할 것이다. 결과적으로 형은 얻는 것이 없다. 따라서 형은 이기적으로 행동할 필요성을 느끼지 않을 것이다.

반대의 경우를 생각해 보자. 동생이 불량배들에게 용돈을 뺏겨서 울고 있다고 하자. 이것을 보고 측은하게 생각한 형이 동생을 도와주기 위해서 동생에게 만 원을 주었다. 그러면 부모는 그 형이 기특해서 용돈을 만 원 이상 올려줄 것이다. 결국 이타적으로 행동하는 것이 이익이다. 형뿐만 아니라 가족 구성원 모두가 이타적으로 행동하게 된다. 가정이란 보통 이런 것이다.

이런 예는 부모가 가족 구성원 모두를 위해서 헌신적으로 봉사하면, 가족들은 자신들도 다른 가족들에게 이타적으로 행동하게 된다는 것을 우리에게 시사한다. 듣고 보면 지극히 상식적인 이야기다. 경제학자들이 늘 그렇듯이 베커 교수 역시 이런 상식적인 이야기를 복잡한 수학을 이용해서 하나의 정리定理로 정리했다. 이 정리가 유명한 '불량아 정리'

이다.[6] 만일 부모가 이타적으로 행동하지 않으면 어떻게 될까? 불량아 정리와 나란히 베커 교수가 증명한 '시기심에 대한 정리'가 이 궁금증을 풀어 준다. 만일 부모가 가족들을 위해서 헌신적으로 봉사하지 않는다면(다시 말해서 이타심의 중심축이 없다면), 가족들 사이의 시기심이나 이기심은 가족 전체의 공멸을 초래한다는 것이다. 베커 교수는 이 정리에 "불량한 부모는 자녀를 불량하게 만든다."는 보충 설명을 달면서 정상적인 가정에서는 이타적으로 행동하는 것이 합리적이라고 말한다. 그는 경제학의 이론적 틀을 가지고도 이타심을 얼마든지 설명할 수 있음을 보여줬다.

베커 교수는 경제학의 지평을 크게 넓혔다는 공로로 노벨 경제학상을 받았다. 이타심에 관한 그의 이론을 사회 전체에 확대 적용하면, 소수의 중요한 사람만 이타적으로 행동하면 사회 전체도 잘 돌아갈 수 있다. 다시 말해서 우리 모두가 이타적일 필요는 없으며, 오직 사회 지도층만 헌신적으로 국민을 위해서 일하면 충분하다는 것이다.

잘못된 손익 계산과 환경 오염

1980년대 경제학자들이 환경 오염 문제에 대해서 발언하면 모두들 신기하게 생각했다. 1990년대 초, 환경 문제를 경제학적으로 다룬 《녹색 경제학》이라는 책이 처음 나왔을 때, 여러 주요 일간 신문들이 크게 소개했을 정도다. 그러나 여전히 많은 학자들, 특히 자연 과학자들은 환경 문제에 대한 경제학자들의 연구에 뜨악해한다. 환경 오염은 어디까지나 자연 현상에 관한 것인데, 경제학자들이 대자연에 대해서 무엇을 안다고 환경 문제를 떠들 수 있느냐는 반응이었다. 물론, 자연 과학자들의 이런 시큰둥한 반응에는 충분히 일리가 있다. 이들이 보기에 경제학자들은 대자연의 그 복잡 오묘함과 신비함을 제대로 알지도 못하면서 환경 문제에 대해 이래라 저래라 흰소리만 하는 경박한 사람들이다.

그러나 경제학자들은 자연 과학자들을 두고 세상 물정 모르는 순진한 사람들이라고 나무란다. 환경 오염은 경제 활동의 결과라는 엄연한 사실을 자연 과학자들이 간과하고 있다는 것이다. 경제 활동은 경제학의 본령에 속한 것이다. 그러므로 경제 활동이 환경 오염의 주된 원인이라고 한다면, 환경 문제는 당연히 경제학의 연구 대상이 된다. 실제로 환경 문제가 본격화되기 훨씬 이전인 1세기 전부터 서구에서는 환경 문제에 관심을 가지고 연구한 경제학자들이 있었다. 그들에 의하면, 환경 오염이 심해지는 근본적인 이유는 환경을 오염시키는 행위가 돈벌이에 아주 유용하기 때문이다. 수도권 2000만 시민의 상수원인 팔당 근처를 가 보면 러브호텔이니 고급 레스토랑, 매운탕집 등 수없이 많은 업소들이 강가에 다닥다닥 붙어서 영업 중이다. 물론, 이들 모두 손익 계산을 한 후 충분히 수지가 맞는다고 판단했기 때문에 영업을 하고 있을 것이다.

경제학자들은 이들이 어떤 식으로 손익 계산을 하느냐에 주목한다. 이 업소들이 마구 방출하는 폐수가 상수원을 더럽히는 원인이 되고, 그래서 수도권의 2000만 시민들이 더러운 물을 마시게 되는 엄청난 피해가 발생한다. 그러나 이들이 손익 계산을 할 때는 오직 자신들의 호주머니에 들어오는 수입과 나가는 비용만 따져볼 뿐 그런 수질 오염 피해는 아랑곳하지 않는다. 수질 오염 피해도 엄연히 사회적 손실이다. 이렇게 엄연히 존재하는데도 개인의 손익 계산에서는 무시되는 제삼자의 피해를 경제학자들은 외부 효과라고 부르며, 환경 오염 문제는 외부 효과의 문제라고 말한다.

요컨대, 환경 문제는 각 개인들의 잘못된 손익 계산이 누적된 결과라는 것이다. 그렇다면, 환경 문제에 대한 해결책은 경제학자의 입에서 자동적으로 나온다. 즉, 올바른 손익 계산을 하도록 바로잡는 것이 환경 문제를 해결하는 근원적인 방법이다. 이른바 경제적 인센티브를 이용한 방법이다. 예를 들어서, 한강의 오염으로 인해서 수도권 2000만 시민이 당하는 피해를 추정하고, 이를 바탕으로 업소들이 배출하는 폐수에 대하여 톤당 만 원을 징수한다고 해 보자. 그러면 폐수 배출량에 이 요금을 곱한 만큼 폐수 배출 업소의 호주머니에서 돈이 나가게 되므로 이들은 이 요금을 손익 계산에 포함시키지 않을 수 없다. 이 요금을 배출 부과금이라고 하는데, 폐수를 많이 배출할수록 납부액은 비례해서 증가하기 때문에 각 업소는 자신의 폐수 배출량을 적정 수준으로 줄여야 한다. 어떤 식으로 폐수 배출량을 줄일 것인지는 전적으로 각 업소들이 알아서 할 사항이다. 영업 규모를 줄일 수도 있고, 물을 덜 이용하는 새로운 기법을 도입할 수도 있고, 폐수 처리 시설을 설치할 수도 있다. 어떻든 그래서 폐수 배출량이 줄어들었다면, 이것은 결과적으로 각 업소들이 제삼자의 수질 오염 피해를 더 이상 무시하지 않고 자신의 계산서에 충분히 반영해서 영업한 것이나 진배없다. 배출 부과금의 징수와 같이 경제적 인센티브를 이용한 방법은 폐수뿐만 아니라 예컨대 각종 중금속이나 대기 오염 물질을 포함한 여러 가지 환경 오염 물질에 폭넓게 적용될 수 있다.

그러나 경제학자들이 즐겨 제안하는 이 해결책은 현실을 너무 단순하게 생각하는 먹물의 탁상공론이라는 비판을 받는다. 이 해결책은 각 배출 업소가 어떤 환경 오염 물질을 언제, 어떻게, 얼마만큼씩 배출하는지를 비교적 정확하게 파악하고 있음을 전제한다. 다시 말해서 모든 배출 업소의 환경 오염 물질 배출 양태를 훤하게 파악하고 있어야 한다는 것인데, 이것이 결코 쉽지 않다. 그 많은 배출 업소들을 상대로 배출량을 일일이 조사하는 것 자체가 방대하고 어려운 일이기도 하다. 다시 말해서 돈이 많이 드는 방법이다. 배출 업소들은 나름대로 온갖 은밀한 방법으로 환경 오염 물질의 배출을 은폐하기 때문에 그 양태를 파악하기는 더욱더 힘들다. 예를 들어서, 큰비가 오고 난 다음 날이면 강이나 호수의 물고기 떼죽음에 대한 기사가 언론 매체에 자주 등장하는데, 이는 배출 업체들이 비가 내리는 야밤중에 독성 폐기물을 배출하기 때문이다. 그렇다면, 폭풍우 속에서 밤새도록 수많은 폐수 배출 업체들을 일일이 감시해야 하는데, 그 돈이 만만치 않다.

윤리학자나 환경 운동가들이 배출 부과금에 대해 제기하는 큰 불만은 이른바 도덕 불감증에 관한 것이다. 배출 부과금을 납부한 상수원 오염 업체들은 돈을 냈으니 폐수를 배출해도 좋다고 생각하게 된다. 다시 말해서 환경을 오염시킬 권리를 돈으로 샀다고 생각하게 된다는 것이다. 결과적으로 환경 오염 업체들은 아주 떳떳한 마음으로 환경을 오염시키고 파괴하게 된다. 돈만 내면 그만 아니냐는 사고방식이 퍼지게 되면 장기적으로 환경 오염은 더 심해질 수 있다. 오히려 역효과를 낸다는 것이다.

유아원에 대한 심리학자의 재미있는 실험 결과가 이런 주장을 뒷받침한다. 저녁의 정해진 시간에 부모들이 유아원에 와서 맡겨 놓은 아이들을 데리고 가야만 직원들도 퇴근할 수 있는데, 시간을 잘 지키지 않는 부모들이 늘 있어서 골칫거리였다. 이 문제를 해결하기 위해서 늦게 아이를 찾으러 오는 부모에게는 벌금을 부과했다. 그런데 시간을 지키지 않는 부모의 수가 줄기는커녕 오히려 종전보다 더 크게 늘어났다. 심리학자가 그 이유를 추적한 결과, 돈만 내면 되는데 좀 늦으면 어떠냐는 태도가 부모들의 행동을 바꾸었다는 것이다. 유아원 직원들에게 폐를 끼쳐도 미안한 마음을 느끼지 않게 되었으니 시간을 지키지 않는 부모의 수가 늘어날 수밖에 없었던 것이다. 결국 유아원은 벌금 제도를 폐지했다. 모든 것이 원래 상태로 돌아갔으니 시간을 지키지 않는 부모의 수도 종전처럼 감소해야 한다. 그러나 실제로는 시간을 지키지 않는 부모의 수는 별로 감소하지 않았다. 시간 약속을 지키지 않는 것에 대한 미안한 마음 자체가 이미 사라져 버렸던 것이다. 말하자면, 부모들이 이미 뻔뻔스러워졌다는 것이다. 이 실험은 '돈만 내면 그만'이라는 금전 만능주의적 사고방식에 일단 젖으면 그 다음에는 이것이 좀처럼 지워지지 않는다는 교훈을 주었다.

경제학자들은 배출 부과금 제도에서 한발 더 나아가 아예 환경을 오염시킬 권리를 법적으로 인정하고, 공식적으로 시장에서 이 권리를 사고팔게 허용하는 이른바 '배출권 거래 제도'를 제안하여 환경 윤리학자와 환경 운동가들을 아연 실색케 했다. 환경 보전론자나 환경 운동가들은 지구 온난화가 지구상에서 인류를 멸망시킬 가능성이 가장 높은 재앙이라고 보고 있다. 지구 온난화의 주된 원인은 이산화탄소의 대량 배출인데, 특히 화석 연료의 이용이 이산화탄소의 주된 배출원으로 꼽히고 있다. 경제학자들의 주장은 이 이산화탄소를 배출할 권리를 인정해 주고, 그 권리를 국제 시장에서 자유롭게 사고팔 수 있게 하자는 것이다. 이런 주장을 반영하여 국제적으로 실시되고 있는 제도가 바로 '탄소 배출권 거래 제도'이다.

배출권 거래 제도가 본격적으로 실시되면, 이제 돈만 있으면 얼마든지 환경을 오염시킬 권리를 살 수 있다는 생각이 더 널리 유포될 우려가 있다. 그런 가운데 금전 만능주의가 기승을 부리고, 환경 문제를 대수롭지 않게 생각하는 풍조가 만연함으로써 인류의 생존이 더욱더 위태로워 지지 않을까하고 환경 윤리학자나 환경 운동가들은 무척 걱정한다.

사람들이 돈에 대한 욕심을 가지고 있어야 열심히 일하게 되고, 그래 야 자본주의 시장 경제가 발전한다고 생각하는 경제학자들은 금전 만능 주의 풍조를 대수롭지 않게 생각하는 경향이 있다. 대체로 보면, 경제학 자들은 제도가 인간성 그 자체에 큰 영향을 준다는 사실을 간과한다. 그 러나 시장이라는 제도가 인간을 점점 더 이기적으로 생각하고 행동하게 만들며 금전 만능주의를 확산시킨다면 이 제도를 유지하는 비용을 더 비싸게 만들 수도 있다.

당신의 생명 가치는?

환경 문제에 관해서 경제학자들이 경제적 인센티브 방법을 강력하게 추 천하고 있음에도 불구하고 실제로 미국과 우리나라를 비롯한 대부분의 나라에서는 경제적 인센티브 방법보다는 환경 오염 행위를 법적으로 규 제하는 방법을 훨씬 더 많이 이용하고 있다. 물론 경제학자들은 여러 가 지 이유를 들어서 이 방법에 반대한다. 그중의 한 가지 이유는 법적 규 제가 경제적으로 타당성이 없다는 것이다.

보건 및 환경 관련 법적 규제의 주목적은 물론 인간의 생명을 구제하 는 것이다. 보건 및 환경 규제로 인한 사회적 이익의 8-90%가 생명 구 제의 이익이라고 한다. 그러니 보건 및 환경 규제의 경제적 타당성을 검 토하자면 필히 인간의 생명을 돈으로 환산하는 작업부터 거쳐야 한다.

대부분의 보통 사람들은 인간의 생명이 무한한 가치를 가지고 있다고 생각하고 있으며 또한 그렇게 믿고 싶어 한다. 그러나 경제학자들은 그 렇게 생각하지 않는다. 사람들이 말은 그렇게 하면서도 실제로는 마치 인간의 생명에 일정 금액의 가격이 매겨져 있는 것처럼 행동한다는 것이다. 각종 보험 회사들은 열심히 생명의 가치를 계산해 놓고 나서 정작 사고가 발생하면 그 계산된 금액을 지불하며, 받은 사람도 별 말 없이 돈을 챙겨간다. 생명을 앗아간 각종 참사가 벌어질 때마다 보상금을 놓고 관계 기관과 유가족들 사이에 힘겨운 흥정이 벌어지지만 결국 일정 금액에 합의하게 된다.

우리나라에서는 한 사람 생명의 가치가 평균 약 6억 원 정도이다. 이 금액은 대략 소득 창출 능력, 즉 일생 동안 벌 수 있는 소득을 근거로 해서 계산된 것이다. 돈을 벌 수 있는 능력은 사람에 따라 달라지기 때문에 생명 가치도 사람에 따라 달라진다. 고소득층이나 젊은 층, 남성의 생명 가치는 높고, 저소득층이나 노인, 여성의 생명 가치는 낮게 나타난다. 한 국제 연구소의 계산에 의하면, 한 사람의 생명 가치가 고소득 국가에서는 150만 달러, 중소득 국가에서는 30만 달러, 저소득 국가에서는 10만 달러이다.[7]

2000년도 경제학자들이 계산해 낸 미국인의 생명 가치는 평균 약 600만 달러이다. 당시의 환율로 계산하면 평균적으로 미국인 생명의 가치는 대한민국 국민의 10배에 이른다. 같은 미국 사람이라도 성별에 따라 달라지는데, 여성의 생명 가치는 1300만 달러이고 남성의 생명 가치는 260만 달러다. 미국 여성의 가치는 미국 남성의 6배 가까이 된다. 이렇게 여성의 가치가 남성보다 더 높게 평가된 이유는 경제학자들이 특별히 여성을 더 좋아해서가 아니다. 대체로 여자들이 남자들보다 겁이 더 많기 때문이다.

미국인의 생명 가치 600만 달러는 위험에 대한 미국인들의 행태를 바탕으로 추정된 것이다. 대부분의 사람들은 위험한 것을 싫어하고 안전한 것을 좋아한다. 직장에도 위험한 직장이 있고 안전한 직장이 있다. 위험한 직장보다는 안전한 직장을 더 선호하는 것은 인지상정이다. 위험한 일을 시키려면 위험에 대한 충분한 보상(위험 수당)을 지불해야 한다. 대체로 보면 위험한 직종일수록 급여 수준이 높다. 사망률 1%당 연봉 600만 원이 더 높아진다고 하자. 그렇다면 사람들이 사망률 1%와 600만 원의 위험 수당을 맞바꾼다는 이야기이다. 달리 말하면, 1%의 죽을 확률에 대하여 600만 원의 위험 수당을 요구한다는 것이다. 그렇다면 100% 죽을 확률에 대해서는 6억 원을 요구한다는 이야기다. 그러면 사람들이 자신의 생명에 6억 원의 가치를 부여했다고 볼 수 있지 않으냐고 경제학자들은 말한다.

미국인의 생명 가치 600만 달러는 이런 식으로 계산해서 미국 직장인들이 요구하는(정확하게 말하면, 요구한 것처럼 보이는) 위험 수당의 평균값이다. 생명의 가치를 추정하는 경제학자들은 사람들이 이와 같이 사망률과 위험 수당을 비교해 가면서 원하는 직장을 자유롭게 선택한다고 가정한다. 이런 가정 아래 미국의 직종별 연봉수준에 대한 자료와 직종별 사망률에 대한 자료를 통계적으로 비교 분석한다. 그러면 사망률이 1% 높아질 때 평균적으로 미국 직장인들이 얼마나 더 많은 보수를 받는지를 알아낼 수 있다. 이 금액이 곧 미국인들이 요구하는 평균 위험 수당으로 간주된다. 이 평균 위험 수당으로부터 미국인의 생명 가치가 추정된다. 대체로 보면 여성들은 남성보다 위험을 훨씬 더 두려워하기 때문에 여성 직장인들이 요구하는 평균 위험 수당은 1300만 달러로 남성 직장인들이 요구하는 위험 수당의 6배에 가까운 높은 금액이다.

이렇게 600만 달러나 1300만 달러라는 숫자가 계산된 경위를 듣고 나면 아마도 많은 사람들이 의아하게 생각할 것이다. 우선, 여러 개의 직장을 놓고 사망률과 위험 수당을 꼼꼼히 비교해 본 다음 원하는 직장을 자유롭게 선택한다는 경제학자들의 기본 가정부터 이상하게 생각할 것이다. 그렇게 손익 계산을 한 다음 마음에 드는 직장을 선택하는 사람들이 과연 얼마나 될 것인가. 아마도 대부분의 사람들은 직장별 사망률은커녕 직종별 사망률조차 잘 모를 것이다. 더욱더 이상한 것은, 미국에서조차 대부분의 사람들에게 직장을 자유롭게 선택할 여지가 별로 없다는 것이다. 여러 개의 직장을 놓고 계산기를 두드려 본 다음 마음에 드는 일자리를 고를 수 있는 특권을 가진 사람이 도대체 이 세상에 몇 사람이나 될 것인가. 대부분의 보통 사람들은 와서 일해 보라고 불러 주는 직장이 나타나면 달려가기 바쁘다. 그런 비현실적 가정(여러 개의 직장을 놓고 죽을 확률과 위험 수당을 꼼꼼히 비교해 본 다음 원하는 직장을 자유롭게 선택한다는 가정) 아래 추정된 생명 가치가 과연 얼마나 현실적인 값인가는 끊임없는 논쟁의 대상이다.

더 근원적인 비판도 제기된다. 그런 가정 아래 경제학자들이 추정한 값은 통계 놀음에 불과하다는 것이다. 그것은 잘 해야 죽은 사람의 유가족에 대한 위로금의 성격을 가지는 것이지 참된 생명의 가치는 아니다. 예를 들어서 우리나라의 경우 생명의 가치가 평균 6억 원이라고 하는데, 이 값은 죽은 사람에 대한 위로금이지 산 사람의 생명 가치는 아니라는 것이다. 6억 원을 줄 터이니 죽어 주겠느냐고 물었을 때 선뜻 그러마라고 대답하는 사람이 과연 얼마나 있을 것인가. 설령 이 제안을 받아들인다고 해도 그 사람의 생명 가치가 6억 원이라고 볼 수는 없다. 이 6억 원은 그 사람이 자기 자신에게 부여한 가치일 뿐이다. 다른 사람들, 예컨대 배우자나 직계 가족 그리고 그를 사랑하는 친구들이 그 사람에게 부여하는 가치가 빠져 있다.

이와 같이 생명의 가치 추정에 엄청난 난관이 있음에도 불구하고 일단 6억 원 혹은 600만 달러라는 숫자가 계산되어 나오면, 이 숫자들이 마구 통용되기 시작한다. 수많은 공공사업의 경제적 타당성 검토에서 이 숫자들이 마치 검증된 것인 양 제멋대로 인용된다. 생명의 가치에 대한 추정치가 근본적 문제를 안고 있다면, 이를 바탕으로 이루어진 국책사업의 경제적 타당성 검토 역시 근본적 문제를 안게 된다. 그럼에도 불구하고 이 600만 달러라는 생명의 가치를 이용하면 미국 환경 규제 대부분을 없애 버려야 한다는 신자유주의 경제학자들의 주장이 강력한 설득력을 가지게 되며, 나아가서 미국의 환경부도 문을 닫아야 한다는 결론이 나오게 된다. 생명 가치에 대한 숫자는 많은 문제를 안고 있음과 동시에 이와 같이 엄청난 파괴력을 가진 숫자이기도 하다.

놀기를 선택한 사람들

이상에서 살펴보았듯이 경제학자들은 일견 경제학과 거리가 먼 것처럼 보이는 사회 문제도 열심히 다루는 반면, 응당 진지하게 다루어야 할 것 같은데도 잘 다루지 않는 문제도 있다. 실업 문제가 바로 그것이다. 케인스가 등장하기 전만 해도 경제학은 매우 오랫동안 실업 문제를 거의 다루지 않았다. 지금도 경제학의 주류를 이루고 있는 민물 경제학은 실업 문제를 대수롭지 않게 다룬다. 왜 그럴까? 민물 경제학자들은 실업자의 대부분이 자발적으로 그렇게 되었다고 본다. 진짜 일하고 싶은데 일자리가 없어서 놀고 있는 사람은 거의 없다는 것이다. 달리 말하면, 그들은 실업자들이 거의 대부분 자기들이 좋아서 실업을 선택한 사람들이기에 굳이 정부나 경제학자들이 신경을 쓸 필요가 없다고 본다.

이런 주장 역시 철저하게 수요-공급의 이론에 바탕을 두고 있다. 한쪽에는 노동을 공급하는 노동자들이 있으며, 다른 한쪽에는 노동에 대한 수요자로 기업이 있다. 이들 모두 자신의 손익 계산에 따라 노동 공급량과 노동 구매량(수요량)을 결정한다. 이들의 손익 계산에 있어서 핵심은 객관적 지표인 노동의 가격, 즉 임금이다.

노동자의 입장에서 보면 임금은 소득이다. 일을 많이 하면 이에 비례해서 많은 소득을 올릴 수 있지만, 그 대신 놀거나 낮잠 자는 시간을 줄이는 고통을 감수해야 한다. 즉, 여가를 희생해야 한다는 것이다. 따라서 노동자는 돈을 쓰는 재미와 여가의 즐거움을 비교한 다음 하루에 몇 시간 일할 것인가를 결정한다. 여가를 중요하게 생각하는 사람은 짧은 시간만 노동할 것이고, 소득을 중요하게 생각하는 사람은 오랜 시간 노동할 것이다. 이런 손익 계산을 바탕으로 각 노동자가 합리적으로 결정한 노동 시간을 전부 합친 것이 총 노동 공급량이다.

한편, 기업의 입장에서 보면 임금은 비용이다. 이 임금을 치르고 노동자를 고용했을 때, 기업의 최우선 고려 사항은 이 노동자가 기업의 수익에 얼마나 기여할 것인지를 나타내는 노동 생산성이다. 기업은 이 노동 생산성과 임금을 비교한 다음 몇 시간의 노동을 구매할 것인지를 결정한다. 이런 손익 계산을 바탕으로 각 기업이 합리적으로 결정한 노동 구매량을 전부 합친 것이 곧 총 노동 수요량이다.

경제학 교과서에 의하면 총 노동 공급량과 총 노동 수요량이 균형을 이루는 수준에서 시중 임금이 결정된다. 이런 논리에 따르면, 실업자는 임금보다는 여가의 가치를 훨씬 더 높게 생각하기 때문에 일하기보다는 차라리 놀기를 선택한 사람들이다. 달리 말하면 여가의 가치에 비해서 임금이 너무 낮다고 생각하기 때문에 여가를 선택한 자발적 실업자들이라는 것이다. 설령, 비자발적 실업이 있다고 해도 그것은 예외적이요 일시적일 뿐이라고 민물 경제학자들은 생각한다. 비자발적 실업자들이 진정 합리적이라면, 언젠가는 결국 이들도 낮은 임금을 감수하지 않을 수 없기 때문이다. 따라서 시간이 지나면 실업 문제는 시장에서 자연스럽게 해결된다고 그들은 말한다.

민물 경제학자들은 이런 논리를 연장해서 가난 역시 개인의 선택 사항이라고 본다. 즉, 가난한 사람은 천성적으로 게으르거나 혹은 소득보다는 여가를 중요하게 생각하는 까닭에 노동을 적게 하기로 작정했다는 것이다. 일을 조금하면 소득도 낮을 수밖에 없지만, 자기가 좋아서 가난해지기로 작정한 사람을 어떻게 할 수는 없다고 그들은 생각한다. 따라서 실업과 마찬가지로 가난에 대해서도 경제학자가 특별히 관심을 가질 필요가 없다는 태도다. 다만, 오직 극소수의 좌파 경제학자들이나 실업 문제 혹은 빈곤 문제를 주된 연구 대상으로 삼고 있다.

최근 우리나라에서는 대학 졸업생들의 실업률이 너무 높아서 큰일이라고 많은 사람들이 걱정한다. 왜 이들의 실업률이 높을까? 이에 대해 이들이 힘들고Difficult, 더럽고Dirty, 위험한Dangerous, 이른바 '3D 업종'을 기피하기 때문이라는 주장을 흔히 듣게 된다. 이 3D 업종의 산업에서는 만성적으로 일손이 모자라서 외국인 노동자를 대거 고용하고 있다. 이런 판에 이들 대학 졸업생들이 눈높이를 조금만 낮추면 얼마든지 일자리를 찾을 수 있다고 민물 경제학자들은 주장한다. 대학 졸업생들을 포함한 모든 노동자들이 낮은 임금을 감수한다면 비자발적 실업이란 있을 수 없다는 것이 그들의 기본 입장이다.

여기에서 한번 더 깊이 생각해 보아야 할 것은 외국인 노동자들도 단기간에 익힐 수 있는 단순 노동을 굳이 대학 졸업생들이 해야 하는가이다. 민물 경제학자들은 산업 현장에 맞도록 대학 교육의 내용도 바뀌어야 한다고 주장한다. 그렇다고 대학교를 기능공 양성소로 만들 수는 없지 않은가.

역사적으로 보면, 민물 경제학의 주장과는 달리 높은 실업률이 수년간 지속되는 경우가 매우 많았다. 우리나라의 경우에도 대학 졸업생들의 높은 실업률이 벌써 수년째 계속되고 있다. 실업에 대한 우리나라 통계 자료는 현실을 왜곡하고 있다는 비판을 많이 받고 있는데, 어떻든 많은 실업자가 존재하는데도 고용 없는 경제 성장이 수년째 계속되고 있다.

효율 임금

이런 현실에 비추어 볼 때, 우리나라 노동자의 눈이 너무 높아서 실업자가 많을 수밖에 없다고 주장하기에는 무언가 석연치 않다. 오히려 그 반대라고 말하는 학자들도 있다. 즉, 사용자가 필요 이상(?)으로 높은 임금을 지급하는 고질적 경향이 있기 때문에 높은 실업률이 장기적으로 유지된다는 것이다. 좀 더 정확하게 말하면, 노동 시장에서 수요와 공급을 일치시키는 임금(이른바 균형 임금)보다 더 높은 수준의 임금이 자연스럽게 시중에서 형성되기 때문에 비자발적 실업이 장기화된다는 것이다. 실제 임금의 수준이 균형 임금보다 더 높다면 자연히 노동의 공급이 수요를 초과하게 된다. 이 초과분이 곧 일자리를 찾지 못하는 사람의 수가 된다.

그렇다면, 왜 기업은 균형 임금보다 더 높은 수준의 임금을 지불하려고 할까? 여기에는 여러 가지 이유가 있다. 회사의 입장에서 보면, 노동자의 생산성도 중요하지만 장기적으로는 노동자를 안정적으로 확보하는 것도 중요하다. 또한 너무 낮은 임금을 주면, 회사의 평판도 나빠지며, 호황기가 오면 불만을 품은 노동자들이 재빨리 다른 회사로 옮겨가 버리기도 한다. 한창 바쁜 호황기에 일손을 빼앗길 뿐만 아니라 나쁜 평판 때문에 결원 보충도 쉽지 않다면 자칫 큰 타격을 받게 된다. 그러므로 장기적으로는 다른 회사보다 높은 임금을 주는 것이 이익이라는 것이다.

기업이 높은 임금을 지급하려는 데에는 더 중요한 이유가 있는데, 다분히 심리적인 것이다. 노동자는 대부분 임금을 단순히 노동에 대한 대가라고 여기지 않는다. 회사가 자신을 어떻게 생각하는지를 가늠하는 하나의 징표로 생각한다. 예를 들어서, 동료보다 월등히 높은 보수를 받은 회사원은 사장이나 상사로부터 자신의 존재나 능력을 확실히 인정받았다고 여겨 매우 흐뭇해하면서 회사를 위해서 더욱더 큰 책임감과 자신감을 가지고 열심히 일하려는 의욕을 가지게 된다. 다른 사람의 인정을 받고 싶어 하는 심정은 인간의 아주 뿌리 깊은 감정이다. 우리나라의 역사 소설에는 자신을 진정으로 이해하고 인정하는 사람을 위해서 목숨을 아끼지 않았던 의사義士나 충신의 이야기가 그득하다. 이런 정서를 반영하듯이 실제로 우리나라의 모 재벌 회사는 회사원들에게 대한민국 최고의 보수를 지급함으로써 이들로 하여금 우리나라 최고의 인재라는 자부심을 가지게 했다. 그래서 이 회사원들은 애사심을 가지고 조직을 위해서 그야말로 분골쇄신했고, 그 결과 이 재벌 회사는 우리나라뿐만 아니라 세계적인 기업으로 성장하게 되었다.

경제학 교과서는 각 노동자의 생산성은 이미 정해져 있고, 여기에 맞추어 임금을 주는 것처럼 설명한다. 마치 유능한 노동자와 무능한 노동자가 따로 있다는 인상을 준다. 그러나 대우를 어떻게 해주느냐에 따라 유능한 노동자가 무능해질 수도 있고, 반대로 무능한 노동자가 유능해지는 것이 노동 시장의 현실이다. 실제로 높은 보수를 받는 회사원은 자기 계발도 열심이다. 이와 같이 노동 생산성 그 자체를 높이기 위해서 전략적으로 지급되는 임금을 흔히 효율 임금이라고 부른다.

현실적으로 사용자가 모든 노동자를 일일이 감시하고 감독할 수는 없다. 노동자 스스로가 어느 정도의 책임감을 가지고 열심히 일하는지는 이들이 어떤 대우를 받고 있다고 느끼느냐에 달려 있다. 공정치 못한 대우를 받고 있다고 느낄 경우, 책임감은 고사하고 고의로 태업을 하게 된다. 반대로 공정한 보수를 받고 있다고 느끼는 노동자는 조직에 충성하며, 조직의 가치를 공유하고, 직장에 자부심을 가지게 된다. 임금은 노동자와 사용자 사이의 인간관계의 상징이요, 노동자의 사기에 직결된 사항이다.

이러한 여러 가지 요인 때문에 기업은 되도록이면 노동자에게 높은 임금을 지불하려는 동기를 가진다. 기업과 노동자가 공정하다고 공감하는 임금은 균형 임금보다 현저하게 높다. 따라서 현실의 노동 시장에서 실업은 고질적일 수밖에 없다. 달리 말하면, 기업이 효율 임금을 고수하기 때문에 만성적으로 실업이 존재하게 된다는 것이다. 이러한 요지의 이론을 효율 임금 이론이라고 한다. 앞에서도 밝혔듯이 실업의 문제를 경제학의 틀 안에서 본격적으로 다룬 최초의 경제학자는 케인스다. 70여 년전 그는 효율 임금 이론과는 약간 다른 주장을 폈는데, 이에 대해서는 뒤에서 다시 자세히 이야기하기로 한다.

미국 포드 대통령 시절 노동 분야 고위 관료를 지냈던 앨버트 리Albert Ree 교수는 현실 세계에서 임금이나 봉급의 결정에 가장 중요한 요인은 공정성이었다고 말하고 있다. 노동 경제학 분야에서 미국 최고의 권위자이기도 했던 그는 어느 학술 모임의 초청 연설에서 그가 일생 가르쳤던 경제학 교과서의 이론이 현실의 노동 문제 해결에 눈곱만큼도 도움이 되지 않았다고 솔직하게 토로한 바 있다.[8]

4
사채업을 보는
눈

사채와 연예인의 자살

언제부터인가 우리나라에 '자살공화국'이라는 말이 나돌기 시작했다. 실제로 자살하는 사람의 수가 해마다 늘어나고 있는데, 통계청 자료에 의하면 2007년에는 하루에 약 33명꼴로 자살했다. 이를 자살률(10만 명 당 자살하는 사람의 수)로 계산하면 24.8명으로 OECD 국가 중 1위에 해당하며, 미국의 두 배가 넘는다. 일본의 자살률은 우리나라보다 약간 낮았다.[9]

우리나라에서는 자살의 가장 큰 동기가 경제적 어려움이다. 절반 정도가 이 때문에 자살한다. 2008년에는 인기 탤런트였던 A씨의 자살이 큰 뉴스거리가 되었다. 그런데 A씨의 자살 원인이 사채업자의 협박 때문이라고 알려지면서 많은 사람들이 놀랐다. 그렇지 않아도 사채업자의 고리대금과 폭력적 빚 독촉에 몰려 자살하거나 자살 소동을 벌이는 사건이 자주 발생하던 터에, A씨의 자살 사건으로 사채업의 비리가 한때 언론의 도마 위에 올랐다.

보통 사채업이라고 하면, 은행이나 제도권 금융 기관으로부터 정상적인 방법으로 대출받을 수 없는 사람들을 상대로 돈을 빌려 주고 높은 이자를 받는 사업을 의미한다. 그러나 사채업이 하는 일이 이것으로 끝나지 않는다. 사채업자들은 기업의 어음이나 양도성 예금 증서, 채권, 비상장 주식 등을 현금으로 바꾸어 주는 일도 한다. 이런 일을 하는 과정에서 특히 큰손이라고 불리는 대규모 사채업체들은 검은돈을 '세탁'해 주는 작업을 많이 하는 것으로 알려져 있다. 예를 들면, 정치권에 뇌물로 바친 수표를 문제없는 수표로 바꾸어 준다는데, 이 수법은 이들의 아주 고전적인 자금 세탁 방법 중 하나이다. 이렇듯 사채업은 불법 자금 세탁의 온상이다. 게다가 사정 당국의 감시가 심해지면서 사채업체들의 자금 세탁 방법도 다양해지고 점차 교묘해져서 그 꼬리 잡기가 점점 더 어려워지고 있다. 요즈음에는 아예 사채업체가 제도권 금융 기관과 결탁해 불법 자금을 세탁하는 방법을 많이 이용하고 있다. 그러나 사채업체의 자금 세탁이 워낙 은밀히 이루어지기 때문에 그 규모나 정체가 확실하게 알려져 있지 않다. 다만, 사회 저명인사들의 뇌물 사건이 터질 때마다 사채 시장에서 흘러나오는 이야기를 듣는 것이 고작이다. 그러다 보니 사채업에 관해서 표면상으로 드러나는 가장 큰 사회적 문제점이 살인적 고리 대금이다.

정부는 고리 대금과 관련된 폭력이 난무하고 각종 사회적 비리들이 빈발하자 사채업의 건전화를 유도하기 위해 2006년에 법을 만들고 대출 이자율을 연 66%로 제한했다. 하지만 이런 제한은 기껏해야 법적으로 등록된 일정 규모 이상의 사채업체에 해당하는 이야기일 뿐, 그 외의 폭리 행위는 여전히 법 밖에 있다.[10] 연예인의 자살 사건이 터지면서 주요 일간 신문은 사채업 폭리의 구체적 사례를 파헤치기 시작했는데, 보도에 의하면 열흘에 10%의 살인적 고율이 적용되는 사례도 있었다. 열흘에 10%라면 하루에 1%요, 일 년이면 365%다. 예를 들어, 사채업자로부터 1000만 원을 빌렸다고 하면, 열흘마다 이자만 100만 원을 내야 한다.

사채를 빌려 쓰는 사람들은 대부분 급전이 필요한 영세업자들이거나 일정한 소득이 없는 서민들이다. 급해서 돈을 빌리기는 했지만, 이들이 한 달도 아니고 열흘마다 100만 원의 이자를 지불한다는 것은 결코 쉬운 일이 아니다. 일단 한 번이라도 연체를 하면, 밀린 이자가 원금에 포함되면서 빚이 불어나고, 여기에 고율의 이자율이 적용된다. 만약에 한 번 이자를 지불하지 못했다고 하자. 그러면 연체된 이자 100만 원이 원금에 자동 포함되어 빚이 1100만 원으로 불어나면서 이제는 열흘마다 110만 원의 이자를 내야 한다. 원금과 함께 이자까지 불어나는 것이다. 3개월간 대여섯 번 연체를 하면 갚아야 할 원금이 2000만 원으로 불어나고, 열흘마다 내야 하는 이자는 200만 원이 된다. 이 지경에 이르면 돈을 빌린 사람들 대부분은 상환을 사실상 포기하게 된다. 계속 이자를 내지 못하면 결국 애당초 1000만 원의 빚이 7개월 후에는 5000만 원을 넘게 된다. 불과 7개월 사이에 빚이 5배 이상 불어난다. 빚을 갚지 못한 사람들과 그 가족들은 사채업자의 온갖 박해와 폭력에 시달리게 되며, 결국 재산까지 빼앗긴다. 그래서 고리대금은 자살 소동으로 이어지기까지 한다.

물론, 사채업자들도 할 말이 많을 것이다. 사채를 이용하는 사람들 대부분은 소득이 일정하지 않으며 담보로 할 만한 재산도 가지고 있지 않다. 요즈음 젊은이들 사이에 연예인이 인기가 높다지만, 현실적으로는 소득이 일성치 않은 연예인들이 많기에 사채를 빌려 쓰다가 봉변을 당하는 일이 심심치 않게 발생한다. 사채업자의 입장에서 볼 때, 소득이 일정치 않은 사람들은 일종의 신용 불량자들이다. 이들에게 돈을 빌려 주면 떼일 위험이 상당히 높다. 따라서 사채업자들은 돈 떼일 위험을 무릅쓸 만큼 충분히 높은 대가가 있어야만 돈을 빌려 주게 된다. 그러다 보니 자연히 고율의 이자를 요구하게 된다.

돈 떼일 위험을 보상하기 위해서 추가로 요구하는 이자를 위험 가산 금리(위험 프리미엄)라고 한다. 채무 불이행의 위험이 높을수록 위험 가산 금리는 높아진다. 국채의 이자율, 지방채의 이자율, 은행채의 이자율, 대기업 회사채 이자율, 중소기업 회사채의 이자율 등이 다 달라지는 주된 이유는 이 위험 가산 금리 때문이다. 국채는 중앙 정부가 원금과 이자의 지급을 보장하기 때문에 사실상 채무 불이행의 위험이 없는 것으로 간주된다. 국채의 이자율은 위험 가산 금리가 제로인 무위험 금리라고 할 수 있다. 통상적으로 은행의 대출 금리는 차입자의 신용 상태를 반영하는 위험 가산 금리를 더한 수준에서 결정된다. 이와 마찬가지로 사채업이 요구하는 높은 이자율은 돈 떼일 위험에 대한 프리미엄, 즉 높은 위험 가산 금리를 포함한 것이다.

민물 경제학자나 신자유주의자들은 사채업자의 이런 변명에 한마디를 거들어 준다. 우선, 이들은 거래 당사자들 사이의 자발적 합의가 존중되어야 한다고 힘주어 말한다. 사채업자가 강압적으로 돈을 빌려 주었거나 사기를 치지 않은 이상 돈을 빌린 사람과 사채업자 사이의 자발적 거래는 존중되어야 하는데, 그 이유는 이해 당사들 사이의 자발적 거래가 양쪽 모두에게 이익을 가져다주기 때문이라는 것이다. 즉, 돈을 빌리는 사람은 요긴한 용처에 돈을 쓸 수 있어 좋고, 돈을 빌려 주는 사람은 이자를 받아서 좋다는 논리다. 그야말로 '누이 좋고 매부 좋고'다. 또한 얼마나 많은 돈을 빌려 줄 것인지, 그리고 얼마나 높은 이자를 지불할 것인지는 전적으로 거래 당사자들이 알아서 합의할 사항이지 제삼자가 이러쿵저러쿵 간섭할 사항이 아니며, 너무 높은 금리를 징수한다고 해서 사채업에 대하여 정부가 억지로 규제하는 것은 시장의 원리에도 맞지 않을 뿐만 아니라 별 효과도 없다고 말한다. 오히려 이런 규제는 돈이 필요한 사람들만 더욱더 곤경에 빠지게 할 뿐이라고 이들은 주장한다.

바가지요금과 절망적 교환

일반 서민들에게 이런 식의 주장은 별로 실감이 나지 않는다. 사채업의 경우 돈 떼일 위험이 높기 때문에 높은 위험 가산 금리가 적용된다고는 하지만, 위험만이 그 전부는 아닌 것 같다. 많은 경우 사채업자에게 돈을 빌리는 사람들은 급전이 필요한 사람들이다. 예를 들면, 가족이 갑자기 병에 걸려 수술을 해야 하는데 당장 돈이 없다든가, 대학 등록금을 내야 하는데 돈도 없고 주위에 도와줄 사람도 없을 경우에는 급한 마음에 어쩔 수 없이 사채업자에게 매달리게 된다. 사채업자는 이렇게 궁지에 몰린 사람들의 약점을 최대한 이용해서 자신의 잇속만 채운다는 점에서 사회적 지탄을 받을 여지가 많다. 궁지에 몰린 사람과 여유 있는 사람 사이의 거래는 결코 대등한 입장에서의 공정한 거래라고 볼 수 없기 때문이다.

2004년 여름 미국 플로리다 주에 대형 허리케인이 덮쳐 많은 피난민들이 발생했는데, 약삭빠른 상인들이 이때를 틈타 생필품에 평소 가격의 5배에서 10배의 바가지요금을 강요했다고 해서 사회적으로 큰 문제가 된 적이 있었다.[11] 그런데 당시 플로리다 주에는 바가지요금을 금지하는 법이 있었고, 이를 놓고 논쟁이 벌어졌다. 민물 경제학자들은 이 법에 반대하는 입장을 취했다. 그들은 자유 경쟁 시장에서는 어느 한쪽이 손해 보는 거래는 있을 수가 없다고 본다. 그들 입장에서 보면, 시장 거래는 당사자들 사이에 자발적 합의가 있을 때에만 성립한다. 바가지 요금이든 아니든, 피난민과 상인들 사이에 거래가 있었다는 사실은 당사자 모두에게 이익이 있었고, 그들 사이에 합의가 있었음을 의미한다. 그렇지 않다면 어떻게 거래가 이루어질 수 있었겠는가라고 그들은 주장한다.

그러나 이런 식의 주장은 왠지 어설프다. 경제학자들이 늘 주장하듯이 자유 경쟁 시장의 최대 장점은 풍부한 선택의 자유다. 자본주의 시장에는 그야말로 없는 것이 없다. 예컨대, 어느 마을에 다수의 약국이 있고 다수의 주민이 있다고 하자. 주민은 어느 한 약국에 얽매임이 없이 자유로이 원하는 곳을 선택할 수 있다. 약국 주인도 싫어하는 사람에게 약을 팔 필요가 없다. 이와 같이 모두가 풍부한 선택의 자유를 가질 때에는 약국 주인과 주민은 동등한 입장에서 거래를 할 수 있고, 이때 형성되는 약의 가격은 참된 가격이라고 할 수 있다.

하지만 선택의 여지가 없는 사람과 선택의 여지를 풍부하게 가진 사람 사이의 거래는 대등한 거래가 되기 어렵다. 가령, 이 외딴 마을에 주민은 많고 약국은 하나밖에 없다고 하자. 주민에게는 선택의 여지가 없다. 약국 주인이 부르는 가격을 지불할 수밖에 없다. 주민은 약국 주인과 대등한 입장에 놓여 있지 않은 것이다. 이럴 경우 일종의 독점 가격이 형성된다. 경제학자들은 누구나 독점 가격을 나쁘다고 말한다. 그러므로 시장에서 진정 공정한 거래가 이루어지고, 따라서 진정 올바른 가격이 형성되기 위해서는 거래 당사자들 사이에 자발적 합의가 있어야 할 뿐만 아니라 대등한 관계가 있어야 한다. 거래 당사자들이 대등한 입장에 있지 않을 때 형성되는 가격은 공정한 가격이라고 볼 수 없다.

누구나 시장에서의 거래는 공정해야 한다고 주장한다. 경제학자도 이를 부정하지 않는다. 그런데도 민물 경제학자들은 자유 경쟁 시장에서 형성된 가격은 무조건 올바른 가격이라고 보는 경향이 있다. 이들은 공정한 가격이라는 말을 잘 쓰지 않는다. 그러나 참된 시장은 두 가지 요건을 갖추어야 한다. 거래 당사자들 사이의 자발적 합의, 그리고 이들 사이의 대등한 관계가 그것이다. 고리대금업의 문제는 바로 이 대등한 관계가 결여되어 있다는 데에 있다.

궁지에 몰려서 어쩔 수 없이 말려드는 거래가 비단 사채뿐만은 아니다. 예를 들어, 큰 대학 병원의 화장실에 가 보면, 장기를 팔겠다는 글이나 쪽지를 자주 볼 수 있다. 그런데 즐거운 마음으로 자기 몸의 일부를 떼어 내 팔려는 사람들이 과연 얼마나 있을까? 40년 전 우리나라가 무척 가난했을 때만 해도 피를 팔아 끼니를 때우려는 사람들이 대형 병원 앞에 늘 장사진을 쳤다. 피를 팔려는 사람들이 너무 많아서 꼭두새벽부터 줄을 서야 했고 자리다툼까지 벌어졌다. 피를 너무 자주 뽑았기 때문에 더 이상은 위험하다고 병원 측이 만류해도 피를 뽑아 달라고 조르는 사람들도 적지 않았다. 그 사람들은 아마도 죽지 못해 그랬을 것이다. 몸을 파는 매춘 여성들, 장기를 파는 사람들, 심지어 어린 자식을 파는 사람들이 오죽하면 그랬을까? 목구멍이 포도청이라는 옛말이 있듯이, 아마도 절망적 상황이 그들로 하여금 '사실상 강요된 거래'로 몰고 갔을 것이다. 마찬가지로 사채업자에게 매달리는 사람들 중에서도 그런 절망적 상황에 빠진 사람들이 적지 않을 것이다.

어떤 학자들은 비참한 상황에서의 거래를 '절망적 교환'이라 부르기도 한다.[12] 아무리 절망적이라고는 하지만 몸을, 장기를, 자식을 파는 행위는 인간으로서 차마 못할 짓일 뿐만 아니라, 나아가서 인간의 존엄성을 크게 훼손하는 짓임은 분명하다. 특히, 생계에 직결된 거래 중에는 사실상 강요된 것이 많다. 적지 않은 매춘 행위가 자발적 선택이라기보다는 입에 풀칠하기 위해 강요된 선택이며, 후진국에서 흔히 보는 생계비 이하의 비참한 노동 역시 사실상 강요된 거래라는 것이다. 그런 절망적 교환을 놓고 상호 이익을 도모하는 거래이므로 내버려 두어야 한다고 말할 수 있을 것인가?

사채업에 대해서도 같은 말을 할 수 있다. 사채업자들에게 혼난 사람들은 한결같이 인간적 모욕과 인간성 상실을 호소한다. 이런 인간성 상실 및 인간 모독 때문에 몸, 혈액, 장기, 유아 등의 판매를 금지해야 한다는 주장도 나온다. 즉, 절망적 교환이 몰고 올 인간성 상실이나 인간 비하를 사회 전체가 막아야 한다는 것이다. 이런 맥락에서 사채업에 대해서도 강력한 제재가 필요하다고 주장할 수 있다.

하지만 절망적 교환을 무조건 금지시키는 것만이 능사는 아니라고 민물 경제학자나 신자유주의자들은 반발한다. 예를 들어서, 장기를 파는 사람들은 주로 비참한 상황에 처한 사람들인데, 그런 사람들에게 장기를 팔지 못하게 금지하는 것은 그런 상황을 참고 견딜 것을 강요하는 것에 진배없다는 것이다. 그러므로 오히려 장기 거래를 공식적으로 허용하고 장기 시장을 활성화함으로써 가난한 사람들이 이를 팔아 돈을 쥘 기회를 넓혀 주는 것이 이들의 복지를 증진시키는 길이라고 민물 경제학자들은 주장한다. 그들의 주장이 실현되면 아마도 절망적 상황에 처한 사람들은 그들의 몸뚱이를 더욱더 세분화해서 팔 기회를 부여받게 될 것이다.

그러나 조금 더 깊이 생각해 보자. 절망적 교환이 존재한다는 것, 예컨대 생계를 위해서 몸을 팔거나 장기를 파는 사람이 있다는 것은 그 사회에 어떤 심각한 문제가 있다는 징후로 보아야 한다. 살인적인 고금리로 사채를 빌리는 사람들이 많다는 것은 금융 제도에 어떤 문제가 있거나, 나아가서 우리 사회에 어떤 심각한 문제가 있다는 뜻이 아닐까? 그렇다면, 절망적 교환을 허용하느냐 않느냐를 생각하기에 앞서 우선 절망적 교환을 초래하는 사회적 상황부터 바로잡을 생각을 하는 것이 순서일 것이다. 자기 몸의 일부를 팔 수 있는 기회를 갖는다는 것이 결코 즐거운 일은 아니다. 아마도 인간으로서의 참담함을 다시 한번 곱씹는 기회가 될 것이다. 그러므로 장기의 금전적 거래를 정당화하고 활성화하기보다는 돈 받고 장기를 팔아야 할 필요가 아예 없는 사회를 만드는 것이 옳은 방향이 아닐까? 살인적 고금리의 사채를 빌려 써야만 할 정도로 절망적 상황에 빠진 사람들을 구제하는 사회 안전망 시스템부터 마련해야 하지 않을까?

사채에 대한 아리스토텔레스의 생각

역사적으로 보더라도 고리대금업은 그리 간단한 문제가 아니었다. 사채업은 우리 인류 사회에서 대단히 역사가 오래되고 뿌리가 깊은 문제요, 서양의 역사상 씻을 수 없는 치욕적 참사를 초래했던 문제이기도 하다. 서양에서는 중세까지만 해도 사채업이 사회악의 한 축이라는 생각이 널리 퍼져 있었다. 그런 생각은 수천 년 전으로 거슬러 올라간다. 기원전 2100년경에 편찬되었다는 함무라비 법전은 과도한 가격과 이자를 징수하는 사람을 죄인으로 보아 이를 처벌하는 법조문을 명문화했다.[13] 사채업뿐만 아니라 사적 영리 추구를 주목적으로 하는 시장 거래를 천시하고, 이에 대하여 강력한 제재를 가하는 관습이 매우 오래전부터 전 세계적으로 광범위하게 퍼져 있었다.

이렇듯 사채업은 고대 사회에서도 시끄러운 사회 문제였기 때문인지 서양 역사상 가장 위대한 철학자이자 과학자의 한 사람으로 추앙받는 아리스토텔레스(기원전 384-322)조차도 경제 문제인 사채업에 대하여 장황한 이론을 펼치기도 했다.

아리스토텔레스는 사람들이 돈을 빌리는 이유를 크게 두 가지로 나누었다. 첫 번째는 사업 자금을 마련하기 위해서, 두 번째는 개인의 일상생활에 필요한 지출에 충당하기 위해서.[14] 첫 번째 경우에는 빌린 돈이 사업을 통해서 불어난다. 즉, 소득이 창출된다. 따라서 새로 창출된 소득의 일부는 이자로 지불되어 마땅하다.

그러나 두 번째의 경우, 즉 개인의 일상생활 지출을 위해서 빌린 돈은 소득을 창출하지 않는다. 아리스토텔레스는 이와 같이 개인의 필요 때문에 돈을 빌렸을 경우 이자를 요구하는 행위를 맹렬히 비난했다. 기본적으로 화폐란 교환하기 위한 것이지 이자를 늘리기 위한 것이 아니라고 주장했다. 빌린 돈으로 돈을 벌었을 때 그 일부를 나누어 주는 것은 정의롭지만, 순전히 개인적인 필요를 위해서 빌려 준 돈에 대해서 이자를 요구하는 것은 건전하지 못하며 비윤리적이라는 것이다. 대체로 보면, 개인적 필요로 돈을 빌리는 사람은 가난하거나 불우한 사람들이며, 돈을 빌려 주는 사람들은 부자이거나 경제적 여유가 있는 사람들이다. 이들 사이에 형성되는 관계는 경제적으로 서로의 이익을 도모하는 관계가 아니라 인간적으로 도움을 주고받는 관계이기 때문에 경제적으로 판단할 것이 아니라 윤리적으로 판단해야 한다.

고대나 중세에는 생산이 대부분 가내 공업에 의해서 이루어졌다. 따라서 큰돈이 필요하지 않았고, 남에게 큰돈을 빌려서 사업하는 일도 매우 드물었던 모양이다. 결국 남에게 돈을 빌린다고 하면, 그 대부분이 개인의 필요 때문이었을 것이다. 아마도 그래서 아리스토텔레스는 "화폐는 새끼offsprings를 치지 못한다."는 요지의 화폐 불임설을 폈고, 또한 그토록 오랫동안 서구 사회의 사람들이 이 말을 믿었던 것이 아닐까 싶다.

아리스토텔레스의 행복론

아리스토텔레스는 비단 사채업뿐만 아니라 상업과 같은 영리 행위도 좋지 않게 보았다. 위대한 과학자이기도 했던 아리스토텔레스는 지구를 중심으로 우주를 달 아래의 세계와 달 밖의 세계로 나누었다. 달 밖의 세계는 질서 있고 규칙적이며 영원함에 반해서, 달 아래의 세계는 무질서, 변화, 부패를 특징으로 한다고 보았다. 그런 달 아래의 세계에서 아리스토텔레스의 눈살을 찌푸리게 하는 것이 영리 행위였고, 그 대표적인 형태가 고리대금업이었다. 그가 영리 행위를 나쁘게 생각한 사유는 오늘날을 살아가는 우리도 깊이 새겨볼 만하다.

아리스토텔레스는 우선, 영리 행위가 자연스럽지 못한 행위라고 보았다. 자연스러움과 자연스럽지 못함의 구분은 아리스토텔레스의 사상에서 매우 중요하며, 2000년 후에 태동하는 경제학이라는 학문에서도 중요하다. 예를 들어서, 자연은 인간에게 잠재적 능력을 부여했는데, 이 능력을 잘 개발하고 최대한 발휘하는 것은 자연스러운 일이다. 따라서 어떤 제도나 행위가 인간 본연의 잠재력을 개발하고 이를 최대한 발휘하게 하는 데 필수적이면, 그것은 자연스러운 것이다.[15] 자연스러운 것은 곧 사회적으로 바람직한 것이다. 아리스토텔레스에 의하면, 고리대금업이나 상업과 같은 영리 행위는 자연스럽지 못한 것이다. 아리스토텔레스는 영리 행위가 인간 본연의 잠재력을 개발하고 이를 최대한 발휘하는 데 필수적이기는커녕 오히려 저해하는 요인이라고 보았던 것 같다. 왜 그렇게 생각했을까? 그의 유명한 행복론에서 그 답을 찾을 수 있다.

아리스토텔레스에 의하면, 참된 행복은 신이 선사하는 선물이 아니라 자신에게 주어진 잠재력을 가장 합당하게 사용하는 사람들에게 당연히 주어지는 결과이다.[16] 현명한 사람은 자신이 타고난 기질과 주변의 환경을 잘 이용해서 언제나 최선의 결과를 만든다. 아리스토텔레스는 그러한 적극적인 삶에 기쁨과 성취감의 비밀이 있다고 강조한다. 예를 들면, 의사는 병을 고치는 사람이다. 이 본연의 임무를 잘 수행할 때 큰 보람을 느끼게 된다. 따라서 돈을 잘 버는 의사가 행복한 의사가 아니라 환자를 잘 치료하는 의사가 좋은 의사요, 행복한 의사다. 결국 아리스토텔레스의 세계에서는 보람 있고 칭송받는 훌륭한 행위들이 행복의 가장 큰 원천이다. 영리 행위가 자연스럽지 못한 활동이라는 그의 말은 그것이 별로 보람 있지도 못하고 칭송받지도 못하는 행위이며, 따라서 그 자체로서는 참된 행복의 원천이 되지 못함을 의미하는 것으로 풀이된다.

아리스토텔레스는 인간이 사회적 동물임을 강조한다. 어차피 사람은 남과 어울려 살 수밖에 없게 되어 있다. 그렇다면, 남과 함께 사는 삶이 즐거워야 하는데, 그렇게 되기 위한 가장 중요한 요건은 남에 대한 배려 내지는 사랑이다. 어떤 사람을 배려하고 사랑해 주면 그 사람은 행복해지며, 그러면 나도 역시 행복해진다. 다시 말해서 함께 어울려 사는 사회에서는 나와 어울리는 사람들의 행복이 곧 내 행복의 조건이 된다는 것이다.

아리스토텔레스의 이론에 대한 이런 식의 해석은 오늘날 행복을 전문적으로 연구하는 심리학자들에 의하여 확인되고 있다. 이들은 금전의 획득을 인생 최고의 목표로 삼으면서 돈이면 무엇이든지 할 수 있다는 사고방식을 가진 사람들(이른바 유물주의자 혹은 금전 만능주의자)을 상대로 방대한 연구를 수행한 결과, 돈과 재물에 대한 탐욕이 클수록(유물주의 성향이 강할수록) 행복 지수가 낮아지며, 우울증에도 더 잘 걸린다는 사실을 발견했다. 물론 그 이유도 구체적으로 밝혀냈다. 간단히 말하면, 돈과 재물을 밝히는 사람들은 대체로 편협하고 이기적이어서 인간관계가 좋지 않을 뿐만 아니라, 돈벌이 자체가 행복을 창출하는 능력이 약한 목표라는 것이다.[17]

아리스토텔레스가 영리 행위를 혐오한 또 한 가지 큰 이유는, 돈에 대한 욕심은 무한해서 자칫 돈벌이 자체가 수단이 아닌 목적이 될 우려가 있기 때문이었다. 화폐가 어디까지나 교환의 수단이듯이 돈벌이 역시 보다 더 차원 높은 목적을 위한 수단이 되어야 한다. 그런데도 영리 행위를 하다 보면 탐욕이 무한히 커져서 마치 돈벌이가 인생의 유일한 목적인양 사람들이 여기에만 매달리게 되고, 결국 그것의 노예로 전락한다는 것이다. 즉, 수단과 목적이 전도된다는 것이다. 아리스토텔레스의 이런 주장은 개인적으로나 사회적으로 바람직한 일을 하기 위해 자금을 마련하는 영리 행위는 용인될 수 있다는 뜻으로 해석된다.

아리스토텔레스는 돈(소득)이 인간을 행복하게 해 주는 데는 한계가 있다는 점을 가르치고 싶어 했음이 분명하다. 이런 아리스토텔레스의 가르침도 오늘날 행복을 전문으로 연구하는 학자들에 의해서 통계적으로 뒷받침되고 있다. 지난 반세기, 선진국의 1인당 국민 소득은 엄청나게 높아졌지만, 행복 지수는 50년 전이나 지금이나 별 차이가 없다. 예를 들어서 일본의 1인당 국민 소득은 6배 내지 7배 높아졌지만, 일본 국민의 행복 지수는 거의 변화가 없었으며, 미국의 1인당 국민 소득은 약 3배 정도 높아졌지만, 미국인의 행복 지수 역시 별 변화가 없었다.[18] 그렇다면, 우리나라나 선진국이나 행복 추구에 별 도움이 되지 않는 것들을 대량 생산하고 있으며, 그런 가운데 막대한 자원을 소모하고 있는 셈이다. 그렇다고 경제 성장이 필요 없다거나, 추구해서는 안 된다는 뜻은 아니다. 다만, 선진국의 경우 지난 반세기 동안 '잘못된 경제 성장'을 추구했다는 뜻이다. 국민의 행복을 증진시키지 못하는 경제 성장은 분명히 잘못된 경제 성장이다. 아리스토텔레스의 이론에 비추어 보면, 영리 행위와 같이 자연스럽지 못한 활동이 너무 많았고, 필요가 아닌 욕구를 충족시키기 위한 생산이 너무 많았다고 말할 수 있다.

2장

신중상주의

recall
the economics

1
애덤 스미스의 경고

극좌파, 애덤 스미스

경제학자들이 시장 경제를 설명할 때 가장 자주 쓰는 말은 아마도 '보이지 않는 손'일 것이다. 이 말은 애덤 스미스Adam Smith(1723-1790)의 《국부론》에 나오는 유명한 말이다. 돈을 좀 더 많이 벌어 보려는 욕심으로 기업들이 서로 경쟁하다 보면, 보이지 않는 손에 의해서 결국은 국민들 모두에게 이로운 결과가 오게 된다는 주장이 《국부론》의 핵심 내용이며, 경제학자가 경제학의 이름으로 일반인에게 호소하는 주된 메시지이기도 하다. 이런 주장은 시장에서 경제 활동이 최대한 자유롭게 이루어지도록 내버려 두라는 자유방임주의로 연결되며, 나아가서 되도록이면 우리 사회의 많은 문제를 시장의 원리로 해결하자는 신자유주의로 이어진다.

《국부론》은 미국이 독립한 1776년에 발간되었는데, 경제학자들은 이 해를 경제학이 독립한 해로 기리고 있다. 애덤 스미스는 경제학의 창시자로 추앙받게 되었으며, 《국부론》은 경제학의 성서가 되었다. 지금도 영국 스코틀랜드의 수도 에든버러 시 중심가에는 애덤 스미스의 큼지막한 동상이 우뚝 서 있다. 오늘날의 경제학자들, 특히 보수 성향의 경제학자들은 애덤 스미스를 깍듯이 모시고 있다. 어떤 경제학자는 《국부론》이 나온 1776년부터 비로소 서양이 동양을 앞지르기 시작했다고 말한다. 그만큼 《국부론》이 자본주의 시장 경제를 이론적으로 뒷받침하고 전파함으로써 서양 사회의 발전에 엄청나게 기여했음을 뜻한다.

이런 점에서 애덤 스미스와 그의 추종자들은 오늘날의 입장에서 보면 골수 보수주의자 혹은 극우파라고 할 수 있다. 흔히 미국 레이건 대통령과 영국 대처 수상이 1980년대에 전 세계적으로 보수주의(신자유주의) 바람을 불러일으킨 장본인으로 꼽히는데, 레이건 대통령의 당선 축하 파티에 모인 공화당원들은 모두 애덤 스미스의 옆얼굴을 새긴 넥타이를 매고 있었다.[1] 그럴 정도로 애덤 스미스는 자본주의 체제의 상징이요, 오늘날 보수주의자나 신자유주의자의 우상이다.

그러나 애덤 스미스가 활동하던 당시에는 그를 비롯하여 그의 추종자들 대부분이 오늘날로 치면 체제를 부정하는 급진주의자 내지는 극좌파였다. 이들은 출신 지역부터가 이단적이었다. 애덤 스미스는 당시 영국에서 천대받던 스코틀랜드 출신이다. 그의 뒤를 이어 이른바 고전학파 경제학(혹은 고전 경제학)의 기반을 닦은 거장으로 리카도D. Ricardo(1772-1823), 맬서스T. Malthus, 밀J. S. Mill 등이 늘 꼽히는데, 리카도를 제외한 나머지는 모두 스코틀랜드 출신이다. 특히 리카도는 영국뿐만 아니라 유럽 전체에서 천대받던 유대인 출신이며, 스코틀랜드는 지금도 여차하면 영국에서 완전 독립하려고 호시탐탐 기회를 노리고 있는 지역이다. 2008년 전 세계적인 경기 침체로 영국 경제가 큰 타격을 받으면서 한때 스코틀랜드의 독립 가능성이 더욱더 높아졌다는 말도 나왔었다.

어떻든, 오늘날 보수주의자의 우상으로 숭배되는 경제학 창립자들이 당시에는 위험한 반체제 인사들이었는데, 그렇다면 애덤 스미스와 그의 추종자들은 어떤 체제에 도전했는가? 이들이 도전한 체제는 중상주의다. 애덤 스미스가 살던 당시 유럽은 절대 군주 중심의 국민 국가로 재편되었으며 상공업이 급속하게 성장하여 시장이 크게 활성화되었던 시기다. 새롭게 형성된 국민 국가의 최대 목표는 국가의 부강이었다. 당시 지배 계층은 국내로 유입되는 금은보화(금전적 부)의 총량을 극대화하는 것이 곧 국가를 부강하게 만드는 첩경이라고 보았다. 이런 목표를 중심으로 절대 군주와 상공인들 사이의 야합이 이루어지는 가운데 각 국민 국가는 상공업의 육성과 무역 흑자에 박차를 가했다. 국내 상공업의 발전을 위하여 국민에게는 저임금이 강요되었으며, 무역 흑자를 극대화하기 위한 각종 보호 무역 정책이 과감하게 추진되었다. 이런 중상주의 정책이 유럽에서 판을 치는 가운데 이에 대한 비판이 서서히 고개를 들던 시기에 애덤 스미스는 《국부론》을 썼다.

이 책에서 애덤 스미스는 당시 사회를 지배하던 중상주의 풍조를 신랄하게, 그리고 논리적으로 비판했다. 국내 상공업을 육성한다는 명분 아래 당시 절대 군주는 상공업자들에게 각종 독점적 면허를 부여하고 차별 관세를 비롯한 각종 보호 무역 정책을 실시했다. 정부 주도의 상공업 육성책이 추진되다 보니 자연히 정부가 경제에 깊숙이 개입했다. 애덤 스미스는 정부의 폭넓은 간섭을 당연시하는 당시 사회적 분위기를 질타했다. 그가 《국부론》을 통해서 강력하게 주장하고 싶었던 것은 자유방임과 최소 정부였다. 정부가 쓸데없이 경제에 개입하지 말고 기업의 자율을 최대한 보장하라는 것이다.

애덤 스미스가 통탄해 마지않았던 것은 상공업자의 이익을 국익과 동일시하는 사회적 풍조였다. 일반 국민의 희생 위에 상공업자들은 막대한 이윤을 챙겼는데, 이들의 이익에 기여하는 것이 곧 국익에 기여한다는 식의 사고방식이 당시 사회를 지배했다. 이런 사회적 분위기에서 정부의 주요 목표는 곧 상공업자의 주요 목표였고, 그것은 곧 국내에 유입되는 금은보화 총량을 극대화하는 것이었다. 즉, '정부의 주요 목표 = 상공업자의 주요 목표 = 금전적 부의 극대화'라는 삼위일체가 중상주의의 핵심 내용이었다. 그러나 애덤 스미스는 이 삼위일체를 전면 배격했다.

애덤 스미스가 말하는 국부는 나라 안에 쌓인 금은보화의 총량이 아니다. 아무리 금은보화가 많은들 우리의 배고픔과 추위를 해결해 주지 못한다면 무슨 소용인가. 돈은 결국 거래를 편리하게 해 주는 하나의 수단에 불과하며 나아가서 우리의 행복을 위한 수단에 불과하다는 점을 애덤 스미스는 무척이나 강조했다. 그가 말하는 국부란 국민의 복지에 실질적으로 도움이 되는 각종 재화와 서비스의 총량을 의미한다. 이와 같이 국부를 새롭게 정의하고 국민의 복지를 상공업자의 이익이나 정부의 이익에 우선하는 최상의 가치로 삼았다는 바로 이 점이 《국부론》을 통해서 애덤 스미스가 보여 준, 당시로서는 획기적 발상이었다.

"백성을 중시하고, 그 다음이 사직이며, 군주는 경시한다." 이 말은 기원전에 중국의 맹자가 《맹자》라는 저서에 남긴 명언이다. 나라를 운영함에 있어서는 국민이 으뜸이고, 그 다음이 나라이며, 왕은 마지막이라는 뜻이다. 애덤 스미스가 공자와 맹자를 읽었는지는 모르지만, 《국부론》은 공자와 맹자의 이 민본 사상을 충실히 반영하고 있다. 국민 개개인의 복지에 근거지음으로써 새로운 시대에 영합하는 국부의 개념을 세웠다는 것, 바로 이런 점에 애덤 스미스의 위대함이 있다.

그렇다면, 어떻게 해야 국부를 늘리고 국민의 복지를 최대한 끌어올릴 수 있을 것인가? 단순히 상공업자들을 보호하는 것은 국부를 증진하기보다는 오히려 깎아먹는 짓이다. 기업들을 감싸고 보호하기보다는 오히려 이들이 자유롭게 경쟁하도록 내버려 두는 것이 국부를 증진하는 첩경이다. 달리 말하면, 시장에서 기업들 사이의 자유로운 경쟁이 국부의 참된 원천이 된다는 것이다. 이 점을 애덤 스미스는 《국부론》에서 수차례 강조했고 보이지 않는 손의 논리를 이용하여 왜 그런가를 상세하게 설명했다. 하지만 당시의 현실은 그가 주장하는 것과는 정반대였다. 정부의 비호 아래 국내 상공업이 육성되다 보니, 상공업자들은 경쟁을 기피하고 나아가서는 이를 부정적으로 보는 풍조가 퍼졌다. 그런 가운데 독과점이 정당화되었으며, 점점 더 심해졌다. 독과점이 왜 나쁜가는 오늘날의 경제학 교과서에도 자세히 설명되어 있다.

기업은 경쟁을 싫어한다

비록 중상주의가 멀게는 500여 년 전, 가깝게는 250여 년 전 서구 사회를 지배하던 케케묵은 사상이라고 하지만, 자본주의가 최고로 발달한 오늘날에도 애덤 스미스가 그토록 경계한 중상주의는 아직도 생생하게 살아 있다. 예를 들어서, 상공업자의 이익을 국익과 동일시하는 풍조만 해도 그렇다. 삼성의 이익이 곧 국익이요, 현대의 이익이 곧 국익이라는 말을 모두 한두 번씩은 들어 봤으리라. 재벌이 잘 되어야 국가가 발전한다는 식의 주장이 주요 경제 단체를 중심으로 퍼져 나오고 있고, 보수 성향의 경제학자들이 이에 맞장구를 치고 있다. 오래전부터 보수 진영은 우리나라의 반기업 정서가 시장 경제의 발전을 저해하고 있다는 우려를 표명했다. 그러면서 우리나라 중·고등학교 교과서부터 시비를 걸었다. 중국의 교과서에는 기업의 이익 증가가 국익 증가를 의미하는 것으로 기술되어 있는데 우리나라의 교과서에는 그런 말은 없고 오히려 기업에 대해

나쁜 인상을 심어 주는 내용들이 많다는 것이다. 경제 교육을 다시 해야 한다는 요구가 보수 진영에서 나오자 시민을 상대로 한 국책 연구기관의 경제 교육도 반기업 정서를 비난하는 내용들을 많이 담고 있다.[2]

자본주의 시장 경제에서 성공한 기업가는 일반 서민들이 상상하기 어려울 정도의 엄청난 보수를 받고 있다. 이에 대해서는 뒤에서 다시 자세히 이야기하겠지만, 요컨대 경제학 교과서에서 설명하는 시장과는 달리 현실에서는 '승자 독식'이라는 말이 나올 정도로 승자에게 과도한 금전적 이익을 안겨 주며, 심지어 실패한 기업가에게도 엄청난 보수를 주는 경향이 있다. 2008년 미국의 대형 금융 기관들이 줄줄이 도산을 했을 때도 그 임원들은 수십만 달러의 보너스를 챙겼다. 그런데도 그것만으로는 부족한 모양이다. 눈이 휘둥그레질 정도의 보수는 물론이고 기업가들을 존경하는 사회적 풍토가 조성되어야만 우리 경제가 발전할 수 있다고 주장하는 경제학자나 경영학자들이 적지 않다.

애덤 스미스가 그토록 개탄했던 정경 유착과 기업의 독과점 현상 역시 여전하다. 우리가 일상에서 소비하는 자동차며 각종 가전제품 등 많은 상품들은 독과점 기업들이 생산한 것들이며, 기업들 사이의 담합은 끊이지 않는다. 그런데 사업하는 사람들은 모이기만 하면 으레 음모와 담합을 일삼는다는 말이 《국부론》에도 나온다.[3] 자본주의 체제의 수호자로 추앙받는 애덤 스미스조차도 《국부론》 곳곳에서 이런 반기업적 발언을 하고 있다. 오늘날의 경제학자들은 애덤 스미스를 할아버지로 모시면서도 그의 반기업적 발언은 모른 체하고 자신들의 구미에 맞는 말만 되뇐다. 이뿐만 아니라 할아버지의 생각과는 딴판으로 생각하고 행동하기도 한다.

사실, 기업은 생리적으로 경쟁을 싫어한다. 이 점을 애덤 스미스도 분명히 의식하고 있었다. 경쟁은 사람을 필요 이상으로 피곤하게 만들 뿐 아니라 경쟁하다 망하기 십상이다. 경쟁하지 않고 돈을 벌 수 있다면 어떻게 해서든지 그렇게 해 보려는 것이 기업의 생리다. 경쟁을 하지 않고 큰돈을 벌 수 있는 한 가지 효과적인 방법은 힘을 길러서 경쟁자들을 아예 삼켜 버리거나, 아니면 경쟁자와 담합을 하는 것이다. 실제로, 애덤 스미스가 이상적으로 생각했던 자유방임주의는 그의 기대와는 달리 늘 거대 독과점과 담합을 낳았다. 기업의 경쟁 기피 성향이 그만큼 강하다는 것을 시사한다. 그런데도 기업이 시장에서 자유롭게 활동하도록 내버려 두면 기업 간 경쟁 분위기가 조성되면서 결국 국민의 이익도 증진된다는 말을 경제학자들이 입만 뻥긋하면 내뱉는다.

경쟁을 피하면서 돈을 버는 또 한 가지 효과적인 방법은 정치권에 기대어 독점적 특권이나 특혜를 따내는 것이다. 골프장을 내면 큰돈을 벌 수 있다고 하지만, 아무나 차릴 수는 없다. 한때는 청와대와 직접 끈이 닿아야 한다는 소문이 나 있을 정도로 막강한 정치적 배경을 가지고 있어야 한다. 아무리 카지노 사업이 돈벌이가 좋다고 한들 아무나 개설할 수는 없다. 정부의 면허를 따야 한다. 어느 나라에서나 산업계는 외국의 저렴한 제품이 국내로 수입되는 것을 반대한다. 예컨대 미국의 철강업계는 한국의 철강 제품에 높은 관세를 부과하라고 미국 정부에 압력을 넣은 적이 있었다. 업계의 이런 정치적 압력은 보통 정부의 각종 규제와 인허가 제도로 구체화된다.

노벨 경제학상을 받은 미국 시카고 대학교의 스티글러G. J. Stigler 교수는 규제에 관하여 손꼽히는 대가이다. 그에 의하면, 정부의 각종 규제는 산업계가 요구하고 주무르는 정부 특혜의 묶음에 불과하며, 따라서 규제는 이익 집단의 이익을 위해서 존재한다.[4] 정치권으로부터 특권이나 특혜를 따내기 위해서는 돈을 바쳐야 한다. 이른바 비자금이 그래서 조성되는 것이다. 요컨대, 산업계는 '정부 규제'를 구매하고, 그 대가로 정치권에 각종 '정치 자금'을 공여한다는 것이다.

규제라는 말을 들으면 우리는 흔히 시민 단체가 요구하고, 업계가 반대하는 사안으로 생각하기 쉽다. 그러나 스티글러 교수의 이야기를 들어 보면, 업계가 주도하고 업계의 이익을 보호하는 규제도 많다. 이런 규제는 쉽게 완화되지도, 잘 없어지지도 않는다. 막강한 재력을 바탕으로 한 업계의 집요한 정치력이 막후에 떡 버티고 있기 때문이다. 그러나 일반 시민의 건강이나 복지에 관계되는 규제는 쉽게 완화되거나 없어진다. 특히 경기가 나빠질 때면 각종 규제를 완화해야 경제가 살아남을 수 있다는 주장이 뻔질나게 나온다. 이때 말하는 규제는 기업의 돈벌이에 걸림돌이 되는 것들이다.

보이지 않는 손의 느림, 보이지 않는 발의 부지런함

기업이 경쟁을 기피하는 성향을 가지고 있다는 애덤 스미스의 생각은 면면히 이어 내려오면서 오늘날 이른바 '지대 추구 이론(렌트 추구 이론)'으로 발전했다.[5] 독점적 특권이나 특혜로 인한 이익을 흔히 '지대(렌트)'라고 말한다. 여기에서 말하는 지대란 자연적으로 형성된 것이 아니라 업계가 정치권과 결탁해서 인위적으로 만들어 낸 특혜다. 경쟁을 회피하려는 강한 유혹에 끌려서 기업이 정치적 특권이나 특혜를 통해서 사익(인위적 지대)을 극대화하려고 열심히 뛰는 현상을 어느 학자는 '보이지 않는 발'로 표현했다.[6] 지대는 보이지 않는 발의 성과물이다. 보이지 않는 손은 다수에게 이익을 준다고 하지만, 보이지 않는 발은 다수의 희생 위에 소수에게 이익을 집중시킨다. 따라서 보이지 않는 손은 사회적으로 바람직하지만 보이지 않는 발은 바람직하지 않다. 자본주의 시장에는 보이지 않는 손도 작용하지만 이에 반하는 힘도 작용한다고 애덤 스미스는 《국부론》에서 분명히 지적하고 있다. 기업의 지대 추구 행위에 대한 그의 강한 경계심이 그로 하여금 중상주의를 그렇게 강력하게 비판하게 만들었던 것이다. 어떻든, 애덤 스미스의 강력한 경고에도 불구하고 오늘날에도 보이지 않는 손과 보이지 않는 발이 모두 작동하는 것이 우리의 엄연한 현실이다.

이와 같이 자본주의 시장에 보이지 않는 손과 발이 동시에 작용한다면 과연 어느 것이 더 강할까? 보이지 않는 손은 바람직하지만, 신속하지 못하다는 치명적 약점을 가지고 있다. 한때 경제 불황의 한파가 전 세계적으로 불어닥치면서 기업의 도산과 실업이 속출했다. 이것을 그대로 두면 어떻게 될까? 경제학자들의 주장에 의하면, 보이지 않는 손이 움직이면서 부실한 기업은 도태되고 경쟁력 있는 강한 기업들만 살아남는다. 임금과 금리는 점차 떨어진다. 그러다 보면 기업의 수익성이 높아지면서 불황의 먹구름이 서서히 걷히고 경기가 다시 살아난다. 다시 말해서, 모든 것을 시장의 자율에 맡기면 보이지 않는 손에 의해서 자본주의 체질이 개선되면서 불황이 극복된다는 것이다. 그러나 문제는 시간이 오래 걸린다는 점이다. 짧게는 2-3년 길게는 6-7년이 걸린다. 1930년대 세계 대공황은 10년이나 지속되었다. 불황을 극복하기 위해서 정부가 통화량을 증가시킨다고 해도, 그 효과는 빨라야 8개월 내지 1년 후에 나타난다는 것이 학계의 연구 결과이다. 불황이 극복되기까지 오랜 진통을 겪어야 하는데, 그 과정에서 희생당하는 사람들은 주로 서민이다. 부자들에게는 이래도 좋고 저래도 좋다.

보이지 않는 손이 이렇게 더디게 움직이는데 반해서 보이지 않는 발은 마당발처럼 열심이고 신속하며 끈질기다. 우리 현실에서 지대 추구가 예삿일로 일어나면서 잘 없어지지 않는 이유는 결국 보이지 않는 손의 위세가 보이지 않는 발의 부지런함과 신속함을 따라가지 못하기 때문이다. 대체로 보면, 경제학자들은 보이지 않는 손을 과신하는 가운데 보이지 않는 발을 너무 가볍게 생각하는 경향이 있다. 경제학의 성서인 《국부론》에서 경제학자들은 보이지 않는 손만 열심히 읽었지 보이지 않는 발은 제대로 읽지 못했다는 비판을 받는다. 경제학의 주요 이론이나 신자유주의 주장은 보이지 않는 손이 보이지 않는 발을 압도하고 있을 때나 타당하다. 보이지 않는 발이 판을 치고 있는 현실에서 자유방임을 주장하고 시장의 원리를 고집하는 것은 오히려 애덤 스미스가 그토록 경계한 중상주의를 불러들이는 짓이다.

보이지 않는 발은 시장이 활성화되지 않은 개도국 및 후진국에서나 바쁘게 움직이는 것처럼 생각하기 쉬운데 결코 그렇지 않다. 물론, 지대 추구 행위가 후진국에서 만연할 가능성이 높다. 정부 주도의 고도 경제 성장을 이룩한 우리나라의 경우, 사업 진출권, 금융의 여신 관리, 세금 징수 등을 정부가 주도했으며, 대기업 위주의 성장 정책은 자연히 산업에 대한 각종 진입 규제를 낳았다. 골프장, 카지노, 금융 기관, 학교, 병원 등 수많은 사업의 설립과 운영에 관하여 정부가 폭넓은 인·허가권을 틀어쥐고 있다. 지대 추구 이론가들이 볼 때 이런 것들이 지대 추구의 기회를 풍부하게 한다.[7] 기밀비, 접대비, 비자금, 고위층과의 밀착, 방대한 정치 자금 등은 지대 추구의 간접적 증거가 된다.

그러나 후진국 기업이나 선진국 기업이나 경쟁을 기피하는 성향을 가지고 있다는 점에서는 마찬가지다. 그렇기 때문에 보이지 않는 발은 선진국에서도 열심히 뛴다. 시장 경제가 최고로 발달한 미국에서 지대 추구 이론이 개발되었다는 점에 주목할 필요가 있다. 미국은 이익 집단(로비스트)의 천국이라는 말을 듣고 있다. 그만큼 지대 추구가 활발하다는 이야기다. 지대 추구 이론의 창시자이면서 우리나라도 여러 번 방문하여 지대 추구를 경고했던 미국의 툴럭 G. Tulluck 교수에 의하면, 로비스트들은 "매우 똑똑하고 야심에 차 있으며, …, 지대 추구에 종사하지 않았더라면 다른 좋은 일로도 많은 돈을 벌 수 있는 재능 있는 사람들"이라고 술회하고 있다.[8] 국민 경제에 아무런 보탬이 되지 않는 일(지대 추구)에 그런 능력 있는 인재들이 썩고 있음을 그는 몹시 안타까워했다. 툴럭 교수의 이런 주장이 미국에만 적용되는 이야기가 아님은 물론이다.

이와 같이 현실에서 보이지 않는 손과 함께 보이지 않는 발도 판을 친다면 어떻게 할 것인가? 애덤 스미스는 경쟁을 활성화하고 정부의 영향력을 최소화해야 한다고 대답할 것이다. 경쟁의 활성화를 통해서 한편으로는 보이지 않는 손의 위력을 높이며, 다른 한편으로는 정부의 활동을 대폭 줄이고 보이지 않는 발이 움직일 여지를 없앰으로써 정경 유착의 고리를 끊자는 것이다. 그러나 경쟁을 활성화시킨다는 것이 말 같이 그리 쉬운 일이 아니다. 경쟁도 경쟁 나름이다. 아마도 애덤 스미스가 생각했던 바는 상대방을 인정하고, 상호 발전의 계기로 삼는 선의의 공정한 경쟁일 것이다. 그러나 그런 경쟁은 윤리 교과서에나 나오는 희귀한 것이다.

우리의 현실에서 보는 경쟁은 상대방을 짓밟고 쓰러뜨리기 위해서 온갖 수단을 다 동원하는 아귀다툼이요, 이긴 사람이 진 사람의 것을 몽땅 차지하는 승자 독식 경쟁이다. 아귀다툼 경쟁에서는 늘 승자와 패자가 갈린다. 아이러니하게 들릴지 모르지만, 이런 아귀다툼 경쟁의 궁극적 목적은 경쟁을 끝장내는 것이다. 기업의 경쟁 기피 성향이 이와 같이 경쟁 끝내기 경쟁을 선호하게 만든다. 따라서 현실에서는 선의의 공정한 경쟁보다는 아귀다툼 경쟁이 판을 칠 수밖에 없다. 많은 경영 전문가들이 앞으로 승자 독식의 무한 경쟁 시대가 올 것이라고 말한다. 승자 독식의 무한 경쟁은 자연히 독과점을 낳게 된다. 이것은 애덤 스미스가 극히 경계했던 바이다.

애덤 스미스가 바랐던 것은 선의의 공정한 경쟁이다. 경쟁 기피 성향 때문에 기업이 아귀다툼 경쟁을 선호한다면, 누가 시장에서 선의의 공정한 경쟁이 이루어지도록 보장해 줄 것인가? 애덤 스미스의 대답은 정부다. 정부의 역할은 사회 질서를 유지하고 시장에서 선의의 공정한 경쟁이 이루어지게 여건을 조성하는 데 국한되어야 한다는 것이 애덤 스미스의 최소 국가 이론이다.

2
시장의
원리

독불장군은 없다

뉴턴, 아인슈타인, 마르크스 등 인류 역사상 손꼽히는 천재들의 이름이
나오면, 마치 이들이 모자에서 토끼를 끄집어내는 요술사처럼 기발한
사상이나 이론을 새롭게 만들어 낸 위인이었던 것처럼 생각하기 쉽다.
그러나 사실은 그렇지만도 않다. 아인슈타인이 상대성 이론을 처음으로
발표했다고 하지만, 그 이전에 이미 학계에는 이에 관련된 단편적 이론
들이나 비슷한 이론들이 많이 떠돌아다니고 있었다. 마르크스라고 하면
노동 가치설을 떠올리는 사람들이 많지만, 애덤 스미스와 리카도가 한
발 앞서서 주장한 바 있다. 비록 애덤 스미스가 경제학의 창시자로 꼽히
고는 있지만, 사실 《국부론》에 실린 주요 내용들 대부분이 스미스 이전
에 학계에서 이미 떠돌던 것들이다. 그렇기 때문에 《국부론》의 내용을
하나씩 따로 뜯어 놓고 보면 별로 새로울 것이 없다. 애덤 스미스, 그리
고 그의 뒤를 이은 데이비드 리카도의 위대함은 학계에 떠돌아다니던
단편적 이론들을 당시의 시대적 큰 흐름 및 과업과 연결해서 종합하고
체계화함으로써 새로운 학문의 지평을 열었을 뿐만 아니라 새로운 해결
책을 제시했다는 데에 있다.

욕하면서 닮아 간다는 말도 있지만, 애덤 스미스는 중상주의를 그렇게 비난했으면서도 이로부터 적지 않은 유산을 물려받았다. 당시는 뉴턴의 물리학이 지식인 사회에 큰 충격을 주었던 때였다. 뉴턴의 물리학으로부터 깊은 인상을 받은 중상주의자들(특히 후기 중상주의자들)은 자연 현상이 자연 법칙의 지배를 받고 있듯이 인간의 경제 활동 역시 어떤 법칙의 지배를 받는다고 생각했으며, 그 법칙을 발견해서 이용할 수 있다고 믿었다. 중상주의자들은 인간이 합리적이며 계산적이고 개인의 이익에 따라 행동한다고 보았다. 중상주의자들의 이런 과학관이나 인간관은 애덤 스미스 경제학의 기반이 되었다.

자본주의 경제가 잘 돌아가기 위해서는 무엇보다도 상공업자들이 활발하게 활동해 주어야 한다. 상공업자들은 이윤을 추구하는 사람들이다. 그래서 중상주의자들은 이윤이 자본주의 경제의 원동력이 된다고 보았다. 중상주의자들의 이런 생각 역시 애덤 스미스의 경제학에 녹아들었고 리카도에게 전달되었다. 다만, 애덤 스미스는 생산적이고 공정한 경쟁을 전제한 이윤 추구를 부단히 강조했다는 점에서 중상주의자와 크게 구별된다.

《국부론》을 쓰기 수년 전에 애덤 스미스는 교수직을 그만두었다. 저술에 전념하기 위해서가 아니라 명문가 자제의 가정 교사가 되기 위해서였다. 물론, 교수의 봉급보다 훨씬 많은 돈을 받았다. 그는 이 제자와 함께 프랑스에 장기 체류하면서 상류 사회 사람들과 어울리게 되었다. 이때 그는 그의 학문에 큰 영향을 준 학자들을 만나게 된다. 이른바 중농주의자Physiocrat들이 바로 그들이다. 산업 혁명이 발흥하고 공업과 상업이 판을 치기 시작하던 시대에 이들은 국부의 원천이 농업이라는 생뚱맞은 주장을 내세웠다. 국민 전체의 입장에서 볼 때, 오직 농업만이 투자된 것보다 더 많은 것을 생산함으로써 새로운 가치를 만들어 내는데, 이는 순전히 토지의 생산력 덕분이라는 것이다. 공업과 상업은 이미 있는 것의 내용이나 모양, 위치를 바꿀 뿐 아무런 새로운 가치를 추가하지 못한다고 보았다.

중농주의 창시자로 알려진 케네F. Quesnay는 루이 15세의 주치의까지 지낸 저명한 의사였으며, 정관계에 막강한 인맥을 형성하고 있었던 실력자이기도 했다. 비록 환갑을 넘긴 늦은 나이에 경제학을 시작했다고는 하지만, 그의 이론은 당시 프랑스 학계에서 상당히 폭넓은 지지를 받았다. 아마도 그의 막강한 정치적 영향력 덕분이기도 하고, 그의 이론이 당시 프랑스 지배 계층이었던 지주 세력들의 구미에 딱 맞아 떨어졌던 탓도 있었을 것이다.

케네와 그의 추종자들은 자신들을 '이코노미스트'라고 부르면서 자신들이야말로 참된 경제학자라고 자부했다. 이들 중 듀퐁이라는 학자가 케네의 글을 모아서 《중농주의Physiocracy》라는 책을 발간했다. 이 책의 제목이 후에 케네와 그의 추종자들을 중농주의자로 부르게 된 결정적 계기가 되었다. 케네의 충실한 추종자였던 듀퐁은 후에 프랑스 혁명에 연루되어 미국으로 망명했으며, 그의 아들이 미국 델라웨어 주에 세운 화학 공장이 오늘날까지 듀퐁가로 전 세계에 알려진 산업 왕국의 시발이었다.

애덤 스미스는 중상주의를 신랄하게 비판했지만, 중농주의에 대해서는 "그만하면 됐다."는 평가를 내렸다. 비록 여러 가지 결점을 가지고 있지만 그때까지 발표된 경제 이론 중에서 가장 진리에 가까이 접근한 이론이라는 것이다. 그렇다고 중농주의에 대하여 호감을 가진 것은 아니었다. 지주 계층을 극도로 혐오했던 그가 그들의 이익을 옹호하는 듯한 중농주의를 좋아했을 리가 없다. 하지만 《국부론》을 읽다 보면, 그가 중농주의의 영향을 은근히 많이 받았음을 도처에서 느낄 수 있다. 오늘날 일반 경제학 교과서는 토지 문제를 잘 다루고 있지 않지만, 애덤 스미스로부터 데이비드 리카도를 거쳐 존 스튜어트 밀로 이어지는 이른바 고전 경제학에서는 이 문제가 핵심을 이루고 있다. 이렇듯 애덤 스미스는 토지를 둘러싼 이해관계의 대립을 경제학의 중심 주제로 삼은 첫 번째 학자이다.

고전 경제학을 떠받드는 또 하나의 이론적 축은 공급이 수요를 창출하기 때문에 공급 과잉이라는 것은 있을 수 없다는 주장이다. 흔히 '세이Say의 법칙'으로 알려진 이 주장은 중농주의자들이 이미 설교하고 다녔던 이론이었다.

중농주의자란 '자연의 지배를 주장하는 사람들'이라는 뜻을 담고 있다고 하는데, 그만큼 이들은 인위적인 것을 거부하고 자연적인 것, 자연의 질서를 중요하게 생각했다.[9] 이들은 모든 것이 자연의 법칙에 따라 물 흐르듯이 자연스럽게 해결되기를 바랐으며, 이 믿음이 자유방임주의로 구체화되었다. 상공업자에 대한 독점권의 부여라든가, 국내 산업 보호 정책 등 각종 인위적 규제는 모두 자연법에 위배된다고 보았다. 자연히 중농주의자는 중상주의를 배격하게 되었고, 그들의 자연법사상이나 자유방임 사상은 애덤 스미스의 경제 이론에 그대로 이어졌다.

물리학자였던 뉴턴이 자연 세계를 큰 시계에 비유하며 자연의 법칙을 수학적으로 풀이한 반면, 의사였던 케네는 경제를 인체와 비슷한 것으로 보았다. 마치 인체가 여러 장기로 구성되어 있고, 이들이 혈관과 신경을 통해서 서로 유기적으로 연결되어 있듯이 경제도 바로 그렇다는 것이다. 즉, 경제도 농업, 공업, 상업 등 여러 부문으로 구성되어 있으며, 이 부분들은 돈의 흐름과 물자의 흐름으로 서로 연결되어 있다고 보았다. 케네는 이를 표로 요약했는데, 이게 바로 그 유명한 '경제표'이다. 중농주의자들은 이 경제표의 발명이 문자와 화폐의 발명과 더불어 인류 3대 업적이라고 극찬했다.

그러나 이 위대한 발명은 잠시 잊혀졌다가 200여 년이 훌쩍 지나서야 다시 빛을 보게 된다. 하버드 대학의 레온티에프 교수가 이 경제표를 발전시켜서 산업 연관표를 개발했던 것이다. 이 공로로 그는 1973년 노벨 경제학상을 받았다. 레온티에프 교수는 구소련(지금의 러시아)으로부터 미국으로 망명한 학자였는데, 그가 노벨 경제학상을 받자 당시 소련 정부는 그가 개발했다는 산업 연관표가 소련에서 이미 사용하고 있었으므로 훔쳐간 것에 불과하다고 맹비난했다. 어떻든 오늘날 여러 나라에서 경제 파급 효과라든가 고용 효과 등을 추정하는데 산업 연관표가 요긴하게 쓰이고 있다.

우리 정부도 정기적으로 우리 경제의 산업 연관표를 작성하여 발표하고 있다. 이 산업 연관표를 작성하기 위해서 과거 한국은행은 많은 인원을 동원했다. 2008년 한반도 대운하 사업과 2009년 4대강 정비 사업을 둘러싸고 논란이 벌어졌을 때 정부는 바로 이 산업 연관표의 숫자를 이용하여 이 사업들의 고용 효과가 매우 큰 것처럼 발표했다. 하지만 정부의 주장에 비판적이었던 전문가들은 이 두 사업들보다 훨씬 더 고용 효과가 큰 사업들이 얼마든지 있다고 받아쳤는데, 이때에도 산업 연관표의 숫자가 인용되었다.

어떻든, 애덤 스미스가 경제표를 직접 활용하지는 않았지만, 경제를 하나의 순환 체계로 본 중농주의자의 통찰력만큼은 높이 평가하고 이를 전적으로 받아들여 자기 이론의 뼈대로 삼았다. 새로운 이론을 펼 때 중요한 것은 문제의식과 줄거리이다. 애덤 스미스는 시장에서의 자유 경쟁, 그리고 보이지 않는 손을 줄거리로 삼고, 이를 중심으로 기존의 단편적 경제 이론들을 종합하고 체계화했다. 바로 이 점이 《국부론》을 돋보이게 만들었으며 나아가서 애덤 스미스를 경제학의 창시자로 추앙받게 만들었다.

애덤 스미스가 시장에서 본 것

애덤 스미스가 살던 당시는 시장이 새로운 모습으로 크게 발달하던 시대이다. 양적으로 팽창했을 뿐만 아니라 질적으로도 크게 달라졌다. 서구 사회에 이른바 자본주의 시장이 본격적으로 등장했던 것이다. 시장은 고대 사회에도 있었고 중세 사회에도 있었다. 그러나 고대 사회나 중세 사회는 기본적으로 자급자족의 사회였기 때문에 국내 시장에서 거래되던 상품의 대부분은 각 가정에서 쓰다 남은 것들이었다. 따라서 팔면 좋고 안 팔려도 그만인 것들이었다. 말하자면, 시장은 있으면 좋고 없으면 좀 불편한 정도의 것이었다.

그러나 애덤 스미스가 살던 그 무렵부터 국내 시장에서도 순전히 돈을 벌기 위해서 생산된 상품들이 점차 주종을 이루게 되었다.[10] 달리 말하면, 이윤 획득을 위해서 생산된 상품들이 시장의 주된 거래 품목이 되기 시작했다는 것이다. 인간의 노동도 시장에서 본격적으로 거래되기 시작했다. 따라서 잘 팔려야 하는 상품들, 잘 팔리지 않으면 생계에 지장을 주는 그런 상품들이 시장을 석권했다. 시장에서 상품을 제대로 팔지 못한 생산자는 망하게 되며, 시장에서 노동을 팔지 못한 노동자는 굶어 죽어야 한다. 그만큼 시장은 모든 사람들에게 절박한 존재가 되었다.

세상만사 좋은 측면이 있으면 어두운 측면도 있는 법이다. 이렇게 새롭게 전개된 시장에 대해 애덤 스미스가 주로 밝은 측면을 부각시켰다면, 100년 뒤에 나타난 마르크스는 주로 어두운 측면을 부각시켰다고 할 수 있다. 시장이라고 하면 우리는 시끄럽고 혼잡스러운 것만을 연상하게 된다. 실제로 우리가 보는 남대문 시장, 동대문 시장 등은 무척 시끌벅적하고 제멋대로다. 그러나 애덤 스미스는 그런 난장판에서 보통 사람들이 제대로 보지 못한 '질서'와 '조화'를 보았다.

비록 이루 셀 수 없는 수많은 상품들이 시장에서 거래되지만, 일정 기간의 거래가 끝난 후 결과를 보면 각 상품별로 소비자들이 사려는 양과 상인들이 팔려는 양이 대략 맞아 떨어진다. 맵고 짭짤한 라면을 원하던 사람은 바로 그런 라면을 원하는 만큼 구매할 수 있고, 노란색에 빨간 무늬가 있는 옷을 원하던 사람은 바로 그런 옷을 원하는 만큼 구매할 수 있다. 소득이 허용하는 범위 안에서 모든 사람들은 원하는 것을 원하는 만큼씩 시장에서 얻게 된다. 만일 시장이 없다고 하면, 그 많은 상품들을 무슨 수로 그 많은 사람들에게 원하는 만큼씩 돌아가게 할 수 있을 것인가? 시장은 오늘날 첨단 과학 컴퓨터로서도 도저히 할 수 없는 엄청난 일을 우리에게 해 주고 있다. 애덤 스미스가 시장에서 본 첫 번째 중요한 사항은 이와 같이 각 상품별로 수요와 공급이 대략 맞아떨어지는 '질서'였다.

그러나 애덤 스미스의 통찰력은 여기에서 그치지 않았다. 장을 보러 시장에 나가는 사람들, 물건을 팔러 시장에 나가는 사람들 모두 자신의 이익만 챙긴다. 국가와 민족을 위해서 장을 보러 가거나 물건을 팔러 나가는 사람은 없다. 경기가 나빠서 울상을 하고 있는 상인들을 위로해 주기 위해서 일부러 장을 보러 나가는 사람은 없고, 사람들이 추위에 떠는 것이 걱정돼서 집을 짓는 건설업자도 없다. 시장에서는 거래 당사자 모두 제 이익만 생각하지만, 이들 사이의 흥정은 양쪽 다 이익을 얻는 지점에서 이루어진다. 어느 한쪽이라도 내키지 않으면 거래가 성사될 수 없다. 따라서 거래가 끝난 다음에는 양쪽 모두 이익을 얻는다.

거래가 이루어졌다는 것은 곧 거래 당사자 모두 이득이 있었다는 뜻이다. 시장에서 100만 명이 거래했다면 100만 명 모두의 이익이 증진되며, 1000만 명이 거래했다면 1000만 명 모두의 이익이 증진된다. 모두 자신의 이익만 생각하고 행동했지만, 그 결과는 모두에게 이익이다. 결과적으로 보면 개인의 이기심이 시장을 통해서 사회 전체의 이익을 낳는 데 이용되는 셈이며, 상충된 이해관계가 적절히 조정된다. 다시 말해서 시장은 사익 추구를 공익 증진으로 연결시키며 상충된 이해를 조정하는 기막힌 제도다. 사익과 공익의 이러한 '조화', 이것이 애덤 스미스가 시장에서 본 또 하나의 중요한 사항이다. 자본주의 이전의 전통 사회에서는 이기심에 입각한 개인의 사익 추구가 사회적으로 억압되어 왔고, 따라서 사회 전체의 이익을 위해서 개인의 이기심을 최대한 활용하지 못했음을 그는 예리하게 간파했다.

이와 같이 시장에서 관찰되는 질서와 조화의 뒤에는 이를 연출해 내는 그 어떤 법칙 혹은 원리가 존재한다. 이것을 시장의 법칙이라고도 하고, 시장의 원리라고도 한다. 애덤 스미스는 이것을 보이지 않는 손으로 표현했다. 1980년부터 세계를 휩쓸어 온 신자유주의의 가장 큰 특징은 애덤 스미스의 보이지 않는 손에 대한 굳은 신봉을 바탕으로 시장의 원리를 강력하게 설교한다는 점이다.

애덤 스미스의 후예인 오늘날의 경제학자들도 시장의 원리를 늘 강조한다. 그러나 이들은 이를 다양하게 표현하는데, 그 줄거리는 대체로 세 가닥이다. 그 첫째는 '거래를 통한 상호 이익 증진의 원리'이다. 시장의 가장 큰 특징은 사람들 사이의 자유로운 거래를 통해서 모두에게 이익이 되는 결과를 얻는다는 것이다. 이런 점에서 시장이란 자유스러운 거래를 통해서 상호 이익을 도모하는 장소, 혹은 방식이라고 말할 수 있다.

애덤 스미스는 거래를 통한 상호 이익 증진의 원리가 국제 무역에도 적용된다고 보았다. 중상주의는 기본적으로 국가 간 관계를 영합 관계, 즉 먹지 않으면 먹히는 관계라고 보았다. 따라서 국가 간 교역을 다른 나라의 희생 위에 자국의 번영을 추구하는 수단으로 간주하는 경향이 있었다. 그러나 애덤 스미스는 그런 사고방식을 단호히 배격했다. 그는 자유 무역을 통해서 당사국 모두가 이익을 얻을 수 있다고 보고 이를 적극 옹호하고 나왔다. 거래를 통해 상호 이익이 증진되기 위해서는 우선 거래 당사자들의 자유가 보장되어야 한다. 그래서 애덤 스미스는 자유 방임을 강조했던 것이다.

거래를 통한 상호 이익 증진의 원리를 굳게 믿는 오늘날의 신자유주의자는 비단 경제 문제뿐만 아니라 다른 정치적, 사회적 문제들도 되도록이면 시장에서처럼 이해 당사자들 사이의 자유로운 흥정을 통해서 해결하도록 내버려 두자고 주장한다. 예를 들어서, 강물에 더러운 폐수를 방출하는 피혁 공장과 그 폐수 탓으로 물고기가 떼죽음 당해서 막대한 손해를 본 어부 사이에 분쟁이 발생했다고 하자. 이때, 정부가 무조건 오염 행위를 규제할 생각만 하지 말고, 공장과 어부가 흥정을 통해서 상호 이익을 도모할 수 있도록 여건을 만들어 주는 것부터 생각해 보아야 한다고 경제학자들은 주문한다.

시장 원리의 두 번째 큰 줄거리는 경쟁의 원리다. 경쟁이 있어야 좋은 상품이 생산되고 서비스의 질도 높아지며, 사람들이 열심히 일하게 되며, 다수의 구매자와 판매자들 사이에 올바른 가격이 형성된다는 것이다. 그러나 소수의 기업이 특정 상품의 공급을 독점하고 있을 경우 시장에서는 독점 가격이 형성된다. 이 가격은 다수 소비자의 이익을 희생하고 오직 소수에게 독점 이익을 몰아주는 왜곡된 가격이다. 불로 소득이니 특혜니 부당 이득이니 하는 것들이 대부분 경쟁이 제대로 이루어지지 않을 때 생기는 병폐들이다.

애덤 스미스의 후예들이 그동안 이루어 놓은 큰 학문적 업적은 이 경쟁의 원리를 수학적으로 증명하고 정리했다는 것이다. 즉, 이 원리가 자원의 효율적 이용에 어떻게 기여하는지를 설명하는 수학적 이론을 만들었다. 우리가 쓸 수 있는 자원인 석유, 물, 토지 등은 한정되어 있다. 이렇게 한정된 자원이 최대한 잘 이용되어야만 우리가 잘 살 수 있다. 그러기 위해서는 최고로 유능한 사람들로 하여금 그 한정된 자원들을 이용하고 관리하게 만들어야 한다. 어떻게 하면 그런 유능한 사람들을 찾아낼 수 있을까? 한 가지 효과적인 방법은 경쟁을 시켜 보는 것이다. 경쟁하다 보면, 어떤 사람이 유능하고 어떤 사람이 무능한지 금방 알 수 있다. 시장은 경쟁을 통해서 최고로 유능한 사람들로 하여금 한정된 자원을 차지하고 이용하게 만드는 제도라고 할 수 있다.

신자유주의 성향이 강한 경제학자들은 시장에서 뿐만 아니라 시장 밖에서도 경쟁이 활성화되기를 요구한다. 예를 들면, 공무원 사회에도 경쟁 체제를 도입함으로써 이른바 '철밥통'의 전통을 깨고 무능한 공무원을 퇴출시켜야 하며, 학교에서는 대학 교수뿐만 아니라 초중고교의 선생님들도 서로 경쟁하게 만들어야 질 좋은 교육이 이루어질 수 있다는 것이다.

시장 원리의 세 번째 큰 줄거리는 경제적 인센티브의 원리다. 어느 사회나 상벌 체계가 확립되어 있어야 잘 굴러갈 수 있다. 즉, 사회적으로 바람직한 행위에 대해서는 반드시 응분의 상을 주고, 반대로 사회적으로 바람직하지 않은 행위에 대해서는 정확하게 징벌을 내리는 신상필벌信賞必罰의 풍조가 확립되어 있어야 한다는 것이다.

시장도 결국 상벌 체계의 일종이다. 시장에서는 고객의 욕구를 잘 만족시키는 상품을 생산하는 기업은 많은 돈을 벌게 되며, 반대로 그렇지 못한 기업은 도산한다. 돈을 번다는 것은 사회가 시장을 통해서 상을 준다는 뜻이며, 도산한다는 것은 벌을 내린다는 것이다. 바로 이런 상과 벌 때문에 기업은 값싸고 질 좋은 상품을 생산하려는 강력한 동기를 갖게 된다. 노동자들도 열심히 일해서 돈을 벌려고 한다. 게으름 피우는 노동자는 실업의 벌을 받는다. 시장은 이와 같이 돈으로 상과 벌을 준다는 데에 그 특징이 있다. 이 금전적 상과 벌이 곧 모든 경제 활동을 조절하는 경제적 인센티브가 된다.

대체로 보면, 경제학자들은 돈이야말로 사람을 움직이는 가장 효과적인 수단이라고 생각하는 경향이 있다. 공무원들을 열심히 일하게 하려면 성과를 많이 올리는 사람에게 보수를 두둑이 주면 되고, 학교에서도 선생님들이 열심히 연구하고 교육을 잘 하게 만들려면 높은 성과를 올리는 선생님들에게 봉급을 두둑이 주면 된다고 본다. 오늘날 날로 심각해지는 환경 문제도 이 경제적 인센티브의 원리를 최대한 활용해서 풀어 나가야 한다고 경제학자들은 주장한다. 환경을 오염시키는 행위에 대해서는 그 정도에 비례해서 돈으로 벌을 주고, 반대로 환경을 깨끗하게 만들어 주는 행위에 대해서는 그 정도에 비례해서 돈으로 상을 준다면 환경 문제는 해결될 수 있다는 것이다.

시장 원리의 허점

애덤 스미스의 후예를 자처하는 오늘날의 경제학자들 중에서 특히 신자유주의 성향이 강한 사람들은 시장의 원리를 거의 맹신하다시피 한다. 그러나 정작 애덤 스미스 자신은 시장의 원리를 그리 강하게 믿지는 않은 것 같다. 우선, 그는 오직 한정된 범위 안에서만 개인의 사익 추구가 사회 전체의 이익 증진에 기여한다는 점을 분명히 했다. 그는 소수의 무분별한 사익 추구가 다수에게 엄청난 피해를 줄 수 있음을 인정했다. 그래서 각종 환경 규제와 금융 규제가 필요하다고 역설했다.[11] 사익 추구가 공익 증진에 기여하려면 여러 가지 조건들이 충족되어야 한다. 애덤 스미스가 꼽은 가장 중요한 요건은 법과 사회 정의의 확립이다. 틈만 나면 담합과 편법을 일삼는 기업의 보이지 않는 발을 묶으려면 끊임없이 기업을 감시하고 제재하는 체제도 갖추어야 한다.

그러나 문제는 소득 수준이 높아지고 사회가 복잡해짐에 따라 시장에서의 자유로운 거래가 제삼자에게 엉뚱한 피해를 주는 일이 점점 더 잦아지고 있다는 것이다. 예를 들면, 날이 갈수록 환경 오염이나 환경 파괴가 심해지고 있다. 가죽 제품은 환경을 지독하게 오염시키면서 만들어지는 상품으로 알려져 있다. 그런 제품을 시장에서 자유롭게 거래하면, 만들어 파는 사람이나 이것을 사는 사람들 모두 서로의 이익을 도모하게 되는 것은 틀림없다. 하지만 강과 호수를 심하게 오염시킴으로써 결국 엉뚱한 다른 시민들에게 미관상, 건강상의 피해를 끼친다.

삼겹살을 팔고 좋아하는 업자나 삼겹살을 구워 먹고 행복해 하는 소비자들은 그 삼겹살 생산 과정에서 배출되는 축산 폐수가 한강을 오염시키는 주된 요인임을 잘 모른다. 북한산 자락의 수려한 경관이나 한강의 아름다운 경치를 병풍처럼 가로막고 아파트를 건설해 놓으면, 건설업자나 입주자 모두 자유스럽게 거래하면서 상호 이익을 도모하지만, 이들은 다른 많은 시민들이 환경권과 조망권을 잃는다는 사실을 무시한다.

뇌물을 주고받는 행위는 자유스러운 거래 행위요 거래 당사자의 상호 이익을 증진하는 행위임에는 틀림없다. 하지만 뇌물 수수가 과연 사회 전체의 이익을 증진하는가에 대해서는 일부 보수적인 경제학자들을 빼고는 대부분의 사람들이 단호하게 부정할 것이다.[12] 매춘 시장에서는 자유로운 거래를 통해서 성을 파는 사람이나 사는 사람 모두 즐거워하지만, 매춘이 사회 전체의 이익을 증진시키는가에 대해서는 말이 많다. 마약 거래 역시 거래 당사자 모두에게 이익을 주지만 과연 사회 전체에게도 이익이 되는지에 대해서는 거의 대부분의 사람들이 고개를 가로저을 것이다.

예를 들자면 끝도 한도 없지만, 어떻든 거래를 통한 상호 이익 증진의 원리가 통하지 않는 사례가 점점 더 늘어나고 있다는 것이다. 2008년 미국발 경제 위기만 해도 그렇다. 미국의 경제 위기에 대해 전문가들이 많은 이야기를 하고 있지만, 요컨대 부동산 거래자들 그리고 이에 편승한 금융업자들 사이의 탐욕스럽고 자유분방한 거래가 미국의 금융 붕괴를 가져왔고, 나아가서 세계적 경기 침체를 가져왔다는 점에 대해서는 대체로 견해가 모이고 있다.[13] 결국 절제되지 못한 미국인들의 탐욕이 경제 위기를 가져왔고, 나아가서 우리나라 경제에도 타격을 주었으며, 한국 젊은이들의 취업난을 가중시키고 있다는 것이다.

경쟁의 원리와 경제적 인센티브의 원리에도 허점이 있다. 예를 들면, 경쟁이 생산성을 높인다고 하지만 경쟁도 경쟁 나름이다. 경쟁에도 생산적 경쟁이 있고 소모적 경쟁이 있다. 소모적 경쟁은 오히려 자원의 낭비를 초래한다. 앞에서 살펴본 지대 추구 이론에 의하면 사회가 물질적으로 풍족해짐에 따라 소모적 경쟁도 늘어나는 경향이 있다. 설령 소모적 경쟁이 없어진다고 해서 끝나는 것이 아니다. 생산적 경쟁에 대해서도 득과 실을 생각해 봐야 한다. 경쟁은 스트레스의 주된 원인이다. 스트레스는 우리도 모르는 사이에 행복과 건강을 앗아 간다.

경제적 인센티브의 원리에 대해서는 특히 마르크스주의자들이나 윤리 철학자들이 많은 문제점들을 제기해 왔다. 시장은 우리 인간이 발명한 제도라고 할 수 있다. 경제학자들은 이 시장을 어떻게 활성화시키고 잘 이용할 것인가에만 골몰할 뿐 그 시장이 우리 인간성에 큰 영향을 주고 이것이 다시 경제에 영향을 미치는 측면은 생각하지 않는다. 다시 말해서 쌍방적 관계 혹은 되먹임 효과feedback effect를 생각하지 않는다는 것이다. 설령 생각한다고 하더라도 이를 대수롭지 않게 생각한다. 그러나 마르크스주의자나 윤리 철학자들은 시장이 우리 인간성에 심대한 영향을 준다고 보며, 따라서 쌍방적 관계로 보아야 한다고 주장한다.

국부의 비결, 분업

애덤 스미스가 제시한 국부의 개념에 따라 오늘날 보편적으로 이용되는 척도가 GNP(국민 총생산) 혹은 GDP(국내 총생산)이다. 즉, 한 나라가 경제적으로 얼마나 부유한가는 그 나라가 일 년 동안에 생산한 최종 생산물의 시장 가치로 판단한다는 것이다. 애덤 스미스는 이와 같이 국부의 개념을 새롭게 정의한 후 이어서 국부를 늘리는 비결을 제시했다. 책 제목이 시사하듯《국부론》은 한 나라의 경제 성장의 원동력을 밝히고 그 비결을 제시하는 책이다. 그는 국부를 낳는 궁극적 원천은 노동이라고 보았다. 그러나 단순히 일을 많이 한다고 해서 나라가 부유해지는 것은 아니다. 나라가 진정 부유해지기 위해서는 우선 노동의 생산성이 높아야 하고, 그 다음에는 생산적인 일에 종사하는 사람이 많아야 한다. 노동의 생산성이 높을수록, 그리고 생산적 일에 종사하는 노동의 비율이 높을수록 국부(국민 총생산)는 증가한다.

  국부를 늘리는 이 두 가지 결정적 요인 중에서 애덤 스미스가 우선적으로 관심을 보인 것은 노동의 생산성이다. 이에 관하여《국부론》에 나오는 유명한 이야기가 바로 분업에 대한 이야기다. 분업은 노동의 생산성을 높이는 비결이다. 애덤 스미스는 당시 핀을 생산하는 공장을 그 예로 들었다. 핀과 같이 아주 간단한 물건을 만드는 일도 18가지 작업으로 세분화되어 있었다. 철사를 각 노동자에게 나누어 주는 사람, 철사를 똑바로 펴는 사람, 철사를 알맞게 자르는 사람, 철사의 끝을 뾰족하게 만드는 사람, 핀 머리를 만드는 사람, 핀 몸체에 핀 머리를 붙이는 사람, 색을 칠하는 사람, 포장하는 사람 등. 각자는 오직 자기가 맡은 일 한 가지만 열심히 하면 된다. 그러다 보면 맡은 일에 숙달하게 된다. 말하자면 각자 맡은 작업에서 달인이 된다. 그 결과 핀 공장은 한 사람당 하루 평균 4800개의 핀을 생산했다. 한 사람이 18가지 작업을 모두 수행할 경우 하루에 48개도 만들기 어렵지만, 이렇게 분업을 하면 100배 더 많이 생산할 수 있게 된다.

애덤 스미스는 이런 단순한 일상생활의 많은 사례들을 바탕으로 한 나라 경제 성장의 원리, 나아가서 세계 경제 질서의 원리를 끌어냈다. 그는 핀 공장에서 관찰한 분업의 원리가 나라 전체에도 적용된다고 보았다. 한 나라가 부유해지기 위해서는 산업이 세분화되어 분야별로 분업이 잘 이루어져야 한다. 산업별로뿐만 아니라 지역별로도 분업이 잘 이루어져야 한다. 전라도 지방은 전라도가 가진 장점을 최대한 살린 활동에 전문화하고, 경상도는 경상도에 알맞은 활동에 전문화하면, 두 지역 모두 더 많이 생산할 수 있다. 나라뿐만 아니라 세계도 마찬가지다. 영국은 영국에 알맞게 모직 생산에 특화하고, 프랑스는 프랑스에 알맞게 포도주 생산에 특화하면 모직과 포도주를 각각 더 많이 생산할 수 있다.

그러나 분업은 교역을 전제한다. 교역이 없다면 분업은 별 의미가 없다. 핀을 아무리 많이 생산한들 그것을 팔아서 다른 것을 얻을 수 없다면 분업할 이유가 없다. 영국이 아무리 모직물을 많이 생산한들 다른 나라에 그것을 팔지 못한다면 영국은 부유해질 수 없다. 영국이 모직물을 중국(청나라)에 팔기 위해 무진 애를 썼지만, 중국 사람들이 이를 잘 사주지 않았다. 그래서 수입 초과로 적자가 누적되자 아편을 중국에 팔아서 이를 해결할 수 있었으며, 아편 전쟁은 그래서 시작되었다.

분업과 전문화가 발달할수록 교역의 중요성은 더 커진다. 그래서 애덤 스미스는 국내에서의 자유스러운 교역, 그리고 국가 간 자유 무역을 그토록 강조했던 것이다. 교역의 규모가 커진다는 것은 시장의 규모가 커진다는 뜻이다. 시장의 규모가 커질수록 분업과 전문화는 더욱더 고도화되는 경향이 있다. 예를 들어서 큰 시장을 가진 서울에서는 국제 변호사와 같이 특정 분야를 전문으로 하는 변호사가 밥벌이를 할 수 있지만, 하동이나 구례와 같이 시장이 좁은 지역에서는 그런 전문 변호사가 설 자리가 없다. 그래서 시장의 규모가 분업의 정도를 결정하는 아주 중요한 요인이라고 애덤 스미스는 말한다.

인생은 길고 직장생활은 짧다

하지만 애덤 스미스는 분업 및 전문화의 폐해도 잊지 않았다. 분업이 노동의 능률을 올리는 것은 분명하지만 그 대신 사람을 멍청하고 단순하게 만든다. 분업은 단순한 작업의 반복을 의미한다. 일생 동안 단순한 작업을 기계적으로 반복하다 보면 머리를 쓸 일이 없어져서 결국 머리 나쁜 사람이 되고 만다는 것이다. 애덤 스미스는 분업의 확산이 우민愚民을 양산하게 된다고 보고, 이를 방지하기 위해서 공교육을 대폭 강화할 것을 권고했다.

애덤 스미스는 분업 및 전문화의 폐해를 그리 자세하게 다루지 않았지만, 후에 많은 학자들이 그 폐해가 의외로 매우 심각하다는 것을 알아내기 시작했다. 우리 일상생활에서도 보면, 한 가지 단순한 일을 일생 반복해 온 사람들은 다른 분야에서는 아예 무능력자가 되어 버리는 경우가 종종 있다. 그런 사람들은 실직하거나 은퇴하고 나면 인생 무능력자가 되어 버린다.

요즈음 세상이 하도 빨리 돌아가다 보니 돈벌이가 잘 되는 전문 분야도 무시로 바뀐다. 옛날에는 대나무를 쪼개서 머리빗을 만드는 장인이 돈을 잘 벌었다지만 요새는 아무도 그런 빗을 쓰지 않는다. 옛날에는 그렇게 돈을 잘 벌던 산부인과 병원이 요새는 파리를 날리는가 하면, 성형수술 병원이 떼돈을 번다.

의사의 개념도 바뀌고 있다. 옛날에는 병을 고치는 사람이 의사였지만, 요새는 눈, 코, 귀, 입을 예쁘게 만들어 주거나 사람의 기분을 좋게 만들어 주는 사람이 의사다. 옛날에는 일본어를 잘 해야 돈을 잘 번다고 했는데, 앞으로는 중국어를 잘 해야 돈을 잘 벌게 된다고 한다. 이렇게 돈벌이 전문 분야가 수시로 바뀌다 보니 한물간 전문 분야 사람들은 졸지에 무능력자로 전락한다.

오늘날의 사회에서 무능력자는 천덕꾸러기이기도 하다. 세상이 빠르게 변하다 보니 조기 은퇴자 또한 자꾸 늘어난다. 이런 전문가의 시대에 한 직장에서 평생을 보낸다는 일은 이제 있을 수 없다. 엎친 데 덮친 격으로 평균 수명마저 계속 늘고 있다. 직장 생활하는 기간보다 은퇴해서 할 일 없이 빌빌거리는 기간이 더 길어진다. 결국 수많은 사람들이 오랫동안 무능력자 신세로 떠돌게 된다. 분업과 전문화가 고도화될수록 그런 떠돌이는 늘어간다.

그래도 여자는 남자보다 나은 편이다. 할머니는 집안일 뒤치다꺼리라도 해 주지만, 할아버지들은 그럴 능력도 마음도 없다. 노인들에게 무료로 개방되는 고궁이나 공원 근처에 가 보면 초점 없는 눈으로 지나가는 사람들을 쳐다보며 하염없이 시간만 때우는 분들은 대개 할아버지들이다. 그분들도 한때는 자기 분야에서 한가락 하던 사람들일 것이다. 고도의 분업과 전문화가 노동의 생산성을 높임으로써 전반적으로 국민들을 넉넉하게 만든다고는 하지만, 다른 한편으로는 많은 국민을 멍청하게 만들고 무능력자로 만든다면 분업과 전문화를 찬양만 할 수는 없다.

경제 성장의 원동력

국부의 원천은 노동이요, 국부의 비결을 '분업'이라고 애덤 스미스가 말했지만, 분업을 하자면 돈이 필요하다. 분업이 세분화될수록 작업의 종류가 늘어나기 때문에 각 작업별로 전문화된 공구와 기계의 종류도 많아진다. 예컨대, 핀 만드는 공정을 세분화한 다음에는 각각의 작업별로 알맞은 공구와 기계가 각 노동자의 손에 쥐어졌을 때 노동의 생산성이 급속도로 높아진다.

그러므로 분업의 이점을 최대한 살리기 위해서는 다수의 노동자들이 한곳에 모여서 일할 공장이 필요하고, 공구와 기계도 미리 준비해 두어야 하는데, 그러자면 목돈이 있어야 한다. 이 목돈은 생산이 시작되어서 물건이 팔릴 때까지 소요되는 모든 비용을 충당하기 위한 것이다. 요컨대, 분업이 잘 이루어지고, 생산적 일자리가 늘어나기 위해서는 우선 자본이 있어야 한다는 것이다. 경제 전체로 볼 때, 분업의 정도, 그리고 생산적 일에 종사하는 사람의 비율을 결정하는 현실적이고 궁극적인 요인은 결국 자본이다.

분업과 생산적 일자리 창출을 통해서 경제 성장이 지속적으로 이루어지기 위해서는 자본이 많이 축적되어 있어서 목돈이 원활하게 조달되어야 한다. 그러면 자본 축적은 어떻게 이루어지는가? 이에 대한 애덤 스미스의 대답은 기득권 계층에 대한 성토로 일관하면서 급진주의 혹은 극좌파의 냄새를 흠씬 풍긴다.

자본이 축적되기 위해서는 사람들이 저축을 많이 해 주어야 한다. 애덤 스미스가 살던 당시는 자본주의가 막 발흥하던 시대이고, 자본가들이 신흥 세력으로 떠오르던 시기였다. 애덤 스미스에 의하면, 오직 이 신흥 자본가들만이 저축을 열심히 하는 사람들이다. 노동자들은 먹고살기 바빠서 저축할 여력이 없다. 물론 당시 지배 계층을 형성했던 귀족이나 지주들은 엄청나게 부유했지만, 방탕한 생활에 빠져서 저축할 겨를이 별로 없다고 애덤 스미스는 비난했다. "다른 사람도 그렇지만, 지주는 심지는 않고 거두기를 좋아한다."[14] 《국부론》에 나오는 이 말은 기득권 계층에 대한 애덤 스미스의 인식을 한마디로 잘 나타내고 있다.

당시 귀족이나 지주 등 기득권층은 주로 토지를 배경으로 부를 축적한 사람들이다. 심지는 않고 거두기만 한다는 말은 이들이 투자는 하지 않고 돈을 쓰기만 한다는 뜻이기도 하고, 이들의 소득이 불로 소득임을 의미하기도 한다. 토지로부터 얻는 소득을 흔히 지대地代라고 하는데, 지대를 전형적인 불로 소득으로 보는 오랜 전통이 경제학 창시자인 애덤 스미스 때부터 확립되었다고 할 수 있다.

어떻든, 애덤 스미스가 보기에 오직 자본가들만이 열심히 일해서 돈을 벌고, 나아가서 검약한 생활을 하면서 저축하고 이 돈을 재투자한다. 자본주의가 발흥하던 초기에는 아마도 그랬던 모양이다. 자본가들이 번 돈이 곧 이윤이다. 그러므로 이 이윤이 모여서 자본을 형성하고, 이 자본이 재투자되어서 고용이 창출되고 상품이 생산된다. 따라서 애덤 스미스에 의하면 자본가들만이 투자를 하고 거두는 유일한 사람들인 셈이다. 자본가들에 의해서 축적된 자본이 곧 분업을 고도화하고 생산적 일자리를 늘림으로써 경제 성장을 가능하게 하며, 이윤은 그 원천이다.

결국, 경제 성장에 관한 애덤 스미스의 이론은 자본 축적이 경제 성장의 원동력이요, 국부의 원천이며 자본가들이야말로 경제 성장을 주도하는 주인공이라는 요지의 이론으로 소개된다. 그러므로 한 국가가 부유해지기 위해서는 자본가들이 자유롭게 경제 활동을 할 수 있는 여건이 조성되어야 한다. 그래서 자유방임주의 이야기가 나오게 되었던 것이다. 이렇듯 자유방임주의는 경제학의 전통이 되면서 오늘날의 경제학자들도 틈만 나면 이 점을 강조한다. 애덤 스미스는 자신의 자유방임 주장에 '법의 테두리 안에서'라는 단서를 재빨리 달았지만, 그 법의 테두리가 점점 더 문제가 되고 있다. 자본가는 기업하기 좋은 환경이 조성되도록 그 법의 테두리를 바꾸기 위해서 부단히 압력을 행사했다. 그런 압력에 굴복해서 경제 활동에 대한 규제를 대폭 완화한 결과가 곧 2008년 미국발 경제 위기로 나타났다.

4
가격
이론

자연 가격, 가격 변동의 중심선

현대의 경제학에서는 시장에서 상품의 가격이 어떻게 결정되고 그것이 어떤 역할을 하는지에 대한 이론(이른바 가격 이론)이 압도적으로 큰 비중을 차지한다. 심지어 경제학은 가격에 대한 이론이라고 말하는 학자도 있을 정도다. 그러나 정작 경제학의 창시자인 애덤 스미스는 가격의 문제보다는 경제 성장의 문제에 더 큰 관심을 가지고 있었다. 그래서 그런지 그와 그의 직계 후계자들인 고전학파 경제학자들의 가격에 대한 이론은 상당히 엉성한 편이다. 고전 경제학 이론 중에서 오늘날 대부분의 경제학자들이 가장 탐탁지 않게 여기는 부분은 애덤 스미스와 리카도의 노동 가치설이다. 하지만 오해하고 있는 부분도 많이 있다.

시장에서 관찰되는 상품의 가격은 시시각각 변한다. 그렇다고 제멋대로 마구 변하는 것이 아니라 어떤 중심선이 존재하며 이것을 중심으로 오르락내리락 한다고 고전학파 경제학자들은 생각했다. 마치 물체에 무게 중심이 있듯이 시장에서 형성되는 가격에도 이에 상응하는 중심선이 있다는 것이다. 바로 이 중심선이 무엇이며 어떤 요인에 의해서 결정되는가가 애덤 스미스의 주된 관심거리였다.

애덤 스미스는 이 중심선으로서의 가격을 자연 가격이라고 하고, 시장에서 실제로 형성되는 가격을 시장 가격이라고 하여 이 둘을 구분했다. 시장 가격은 시장에서의 수요와 공급에 의해서 결정되는 가격이므로 그 여건이 달라짐에 따라 수시로 변한다. 사람들의 기분에 따라 바뀌기도 하고, 원자재 공급처의 정치 상황에 따라 바뀌기도 한다. 그러나 장기적으로 보면 시장 가격은 자연 가격을 중심으로 오르락내리락 하면서, 결국 자연 가격에 수렴하게 된다. 오늘날의 말로 하면, 자연 가격은 장기 균형가격을 의미한다.

그렇다면 그 자연 가격은 어떻게 결정되는가? 처음에 애덤 스미스는 상품의 생산에 투입된 노동의 양에 의해서 이 자연 가격이 결정된다고 보았다. 얻기 어려운 것이나 노동을 많이 들인 것은 비싼 반면, 얻기 쉽고 노동이 별로 많이 소요되지 않는 것은 싸기 마련이다. 이것이 자연의 법칙이라는 것이다. 애덤 스미스는 오직 노동만이 그 가치가 불변하며, 언제 어디에서나 오직 노동만이 상품의 가치를 평가하고 비교하는 궁극적이고 참된 기준이라고 말함으로써 노동 가치설을 상당히 강하게 주장했다.

예를 들어서 사슴 한 마리를 잡는데 평균 2시간의 노동이 필요하고, 수달 한 마리를 잡는데 평균 1시간의 노동이 소요된다면, 사슴의 가격은 수달 가격의 2배가 되어야 한다. 달리 말하면, 시장에서 사슴 한 마리가 수달 두 마리와 교환되어야 한다. 만일 사슴의 시장 가격이 수달 시장 가격의 3배라고 하면, 모두들 사슴만 잡으려고 하지 수달을 잡으려고 하지 않을 것이다. 2시간 일해서 사슴 한 마리만 잡으면 수달을 3마리 얻게 되니, 2시간 일하고 3시간의 대가를 받는 셈이 되기 때문이다. 그래서 모두들 사슴만 잡으려 들면 시장에서 사슴이 너무 많이 공급되면서 시장 가격은 떨어진다. 반대로 사슴의 가격이 수달 가격의 2배가 아니라 똑같다고 하자. 이번에는 모두들 수달만 잡으려 할 것이다. 따라서 시장에서 수달이 과잉 공급이 되면서 수달의 가격은 떨어지게 된다.

결국, 시장 가격이 자연 가격을 벗어나면 시장에서 과잉 공급이나 과소 공급이 발생하지만 조정 과정을 거쳐 장기적으로는 두 가격이 같아지게 된다. 그러나 애덤 스미스는 자신의 노동 가치설이 오직 자본주의 이전의 사회, 즉 토지와 자본이 무상으로 이용되는 시대에만 통하는 이론임을 인정하게 된다. 토지의 이용에 대하여 지대가 지불되고 빌린 돈에 대하여 이자를 지불해야만 하는 자본주의 사회에서는 노동 가치설이 잘 맞지 않는다는 것을 발견했기 때문이다.

그래서 노동 가치설에 대한 대안으로 애덤 스미스는 자연 가격이 생산비에 의해서 결정된다는 요지의 생산비 가치설을 제시하게 되었다. 물론, 통상 임금이 생산비에서 가장 큰 비중을 차지한다. 어떻든 어떤 상품의 시장 가격이 생산비를 현저하게 초과하게 되면, 큰 이윤이 발생하기 때문에 그 상품의 공급은 늘어나면서 시장 가격은 떨어질 것이다. 반대로 시장 가격이 생산비를 크게 밑돌게 되면, 그 상품의 공급이 감소할 것이므로 가격은 올라갈 것이다. 결국 시장 가격은 생산비에 의해서 결정되는 자연 가격을 크게 벗어날 수 없으며, 장기적으로는 이 자연 가격과 같아진다.

승자 독식의 세상

한 가지 재미있는 것은 애덤 스미스를 포함한 고전학파 경제학자들은 농업 부문의 생산비와 제조업 부문의 생산비가 다르게 결정된다고 생각했다는 점이다. 즉, 농업의 경우에는 생산이 늘어남에 따라 생산 단가(평균 생산비)가 비싸지는 반면, 제조업의 경우에는 생산량에 관계없이 생산 단가가 일정하다고 보았다는 점이다. 오늘날의 용어로 말하면, 〈그림 2-1〉의 맨 왼쪽 그림에서 보듯이 공급 곡선이 제조업의 경우 수평선이며, 농업의 경우 맨 오른쪽 그림에서 보듯이 우상향한다는 것이다. 공급 곡선이 수평선이라는 것은, 가격을 올리지 않고도 기업이 사실상 무한정 많이 생산해서 공급할 수 있다는 뜻이다.

산업에 따라 공급 곡선이 구체적으로 어떤 모양을 취할 것인지는 분업의 정도에 달려 있다고 애덤 스미스는 주장했다.[15] 농업의 경우에는 그 특성상 분업화가 잘 이루어지지 않으며, 그래서 생산성이 크게 높아지지 않는다고 보았다. 결과적으로 제조업 제품에 비해서 농업 제품의 상대 가격이 높아지게 되며, 따라서 생산이 늘어남에 따라 지주에게 귀속되는 소득(지대)이 점점 커지는 경향이 있다고 주장했다.[16] 애덤 스미스의 이 주장은 고전 경제학에 있어서 매우 큰 비중을 차지하기 때문에 후에 리카도가 더 정교하고 설득력 있게 설명하게 된다.

농업 부문과는 달리 제조업 부문에서는 분업이 잘 이루어질 수 있으며, 따라서 생산성이 높아질 수 있다. 분업은 간접적으로 기술 진보를 촉진한다. 따라서 분업에 기술 진보까지 가세하면 제조업 부문에서는 생산이 늘어남에 따라 생산 단가가 비싸지지 않고 일정 수준을 유지할 뿐만 아니라 점점 더 저렴해질 수도 있다고 애덤 스미스는 주장했다. 생산 단가가 점점 더 저렴해진다는 것은 공급 곡선이 〈그림 2-1〉의 가운데 그림에서 보듯이 우하향함을 의미한다. 애덤 스미스 직후에 등장하는 경제학자들은 좀 더 정교한 논리를 동원해서 농업 부문의 공급 곡선은 우상향하며, 제조업 부문의 공급 곡선은 대체로 수평선임을 주장했다.

그러나 오늘날 경제학 교과서에 나타나는 전형적인 공급 곡선은 산업

그림 2-1 | 고전학파 경제학자들이 생각한 공급 곡선

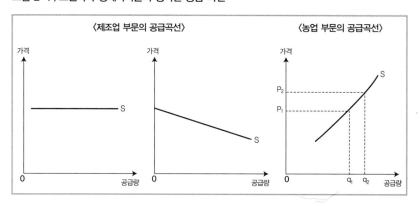

에 관계없이 〈그림 2-1〉의 맨 오른쪽에서 보듯이 우상향하는 공급 곡선이다. 수평선 공급 곡선이나 우하향 공급 곡선은 예외적인 것으로 치부된다. 이와 같이 공급 곡선이 우상향한다는 것은 가격에 따라 생산량이 달라진다는 뜻이다. 예를 들어서 가격이 P_1이면 기업은 q_1만큼 생산해서 공급해야 한다. 가격이 P_2로 오르면 생산량을 q_2까지만 늘려야 한다. 이때 가격 상승은 기업이 제품을 더 많이 생산하도록 유도하는 인센티브 역할을 한다. 가격이 올라가지 않으면 기업은 생산을 늘리지 않는다.

공급 곡선이 우상향한다는 것은 생산을 많이 할수록 생산 단가(한계 생산비)가 더 비싸지므로 너무 많이 생산하면 손해를 본다는 뜻이다. 그러므로 손해를 보지 않으려면 적정 양만 생산해야 한다. 현대 경제학 교과서를 보면, 생산자(기업)에 대한 이론이나 공급에 대한 이론의 첫 머리에는 '기업이 풀어야 할 문제'라는 말이 나온다. 이윤 극대화를 추구하는 모든 기업이 풀어야 할 첫 번째 중요한 과제가 적정 생산량(공급량)의 결정이라는 것이다. 이 말에 이어서 많은 수학 방정식들과 복잡한 그림들이 줄줄이 나오고 이에 대한 장황한 설명들이 따라붙는다. 그러다 보니

학생들이 들고 다니기 불편할 정도로 경제학 교과서가 아주 묵직하고 두툼해진다.

만일 애덤 스미스를 포함한 고전학파 경제학자들이 가정했듯이 공급 곡선이 수평선이라면, 적정 생산량이라는 말은 필요 없어진다. 일정한 가격에 얼마든지 생산할 수 있다면, 팔 수 있는 한 최대한 많이 생산하기만 하면 그만이다. 적정 생산량이란 공급 곡선이 우상향할 때에나 성립하는 개념이다. 따라서 오늘날 경제학 교과서에 나오는 그 많은 수학 방정식들과 복잡한 그림들, 그리고 장황한 설명들이 모두 필요 없어진다. 교과서도 아주 얄팍해질 것이다.

그렇다면, 우리의 현실에 비추어 볼 때 애덤 스미스를 비롯한 고전 경제학이 주장하는 수평선 공급 곡선이 옳을까, 아니면 현대 경제학이 주장하는 우상향 공급 곡선이 옳을까? 기업 현장을 훑고 다니는 경제학자들이나 경영학자들은 우상향 공급 곡선 이야기를 들은 적이 거의 없다고 말한다.[17] 그 어떤 기업에게 물어봐도 팔리기만 한다면야 가격을 올리지 않고도 얼마든지 공급하겠노라고 큰소리치지 생산 단가가 비싸지기 때문에 어느 수준 이상은 공급하지 못한다고 꽁무니 빼는 기업은 거의 없다. 많이 생산할수록 좋다는 말은 있어도 적정 생산량이라는 말은 생산 현장에서 찾아보기 어렵다는 것이다. 현장에서 활동하는 기업이 풀어야 할 가장 중요한 과제는 교과서에 나오는 적정 생산량의 결정이 아니라 최대한 많이 팔 수 있도록 판로를 확보하고 개척하는 것이다. 이렇게 고전 경제학의 공급 곡선이 우리의 현실을 지배하고 있다면, 현대 경제학자들이 말하는 우상향 공급 곡선은 경제학 교과서를 쓸데없이 두툼하게만 만드는 데 기여할 뿐이다.

공급 곡선의 모양은 그렇다 치고, 어떻든 중요한 것은 어느 이론이 우리의 현실의 두드러진 현상을 보다 더 매끄럽게 잘 설명하느냐이다. 만일 현대 경제학이 주장하듯이 공급 곡선이 우상향한다면 많이 생산할수록 생산 단가가 점점 더 비싸지기 때문에 한두 기업이 무한정 많이 공급함으로써 시장을 석권할 가능성은 낮다. 공급 곡선이 우상향할 경우에는 다수의 올망졸망한 기업들이 경쟁하는 시장이 형성될 가능성이 높다. 사실, 현대 경제학은 이런 시장을 이상적으로 생각한다. 이들은 한 발 더 나아가 마치 우리 현실의 시장이 이런 이상적 시장인 것처럼 착각하고 각종 정책적 권고를 늘어놓는다.

만일 고전 경제학의 주장처럼 기업의 공급 곡선이 수평선에 가깝다면, 경쟁력이 높은 소수의 기업들이 저렴한 가격의 상품을 무한정 시장에 쏟아내면서 다른 기업들을 몰아내고 시장을 장악하게 된다. 따라서 소수의 기업들이 시장을 완전히 장악할 가능성이 훨씬 더 높아진다.

그렇다면 우리의 현실은 어떤가? 요즈음 경영 전문가들의 이야기를 들어 보면, 시장에서 승자 독식의 현상이 점점 더 심해지고 있다. 경쟁력이 강한 소수의 기업들이 중소기업들을 몰아내고 시장을 독식하는 현상이 늘어나고 있다는 것이다. 예를 들면, 현대와 대우를 비롯한 소수의 회사가 우리나라 자동차 시장을 석권하고 있고, 삼성과 LG는 우리나라 TV 시장을 거의 장악하고 있으며, 맥도날도나 버거킹을 비롯한 소수의 유명 햄버거 회사들은 미국 시장을 장악하는 것으로도 모자라 우리나라는 물론 중국에까지 손을 뻗치고 있고, 전에는 듣도 보도 못한 스타벅스라는 미국 커피 전문점이 느닷없이 우리나라에까지 들어와서 서울 시내 도처에 자리 잡고 있다.

이런 현상들은 고전 경제학의 가격 이론으로는 쉽게 이해된다. 그러나 승자 독식 현상은 애덤 스미스가 극히 우려하던 현상이다. 그런데 이상하게도 애덤 스미스는 당시의 극심한 독과점 현상을 주로 기업가의 담합이나 정경 유착의 탓으로 돌리면서 기업가의 부도덕한 행위와 정경 유착을 신랄하게 비판하기에만 급급했다.

현대 경제학의 우상향 공급 곡선은 다수의 올망졸망한 기업들이 경쟁하는 시장(이른바 완전 경쟁 시장)을 잘 설명하지만, 이 시장은 현실과 거리가 한참 먼 시장이다. 오히려 승자 독식의 현상이 현실을 지배하고 있는데도 이에 대한 경제학자들의 반응은 엇갈리고 있다. 우리나라에는 재벌을 옹호하는 경제학자들이 대단히 많은데, 이들은 승자 독식의 현상을 아주 자연스러운 것으로 간주하는 경향이 있다. 요컨대, 승자 독식은 효율적인 기업이 비효율적인 기업을 몰아낸 결과로 나타난 것이기 때문에 경제적으로 바람직한 측면을 가지고 있다는 것이다. 그러나 승자 독식의 결과로 나타난 소수의 대기업이 자신의 이익에 맞게 시장 공급량과 시장 가격을 제멋대로 조작하는 횡포의 측면도 있다. 승자 독식에 관대한 경제학자들은 이런 기업 횡포의 측면보다는 경쟁력 제고의 측면에 더 무게를 두는 것 같다.

그러나 기업 횡포의 측면에 민감한 경제학자들은 승자 독식에 비판적이며 이런 현상이 점점 더 두드러지게 나타나는 우리의 현실 시장을 매우 걱정스럽게 본다. 승자 독식은 단순히 기업 횡포로 그치지 않고 우리 사회의 빈부 격차 내지는 양극화를 더욱 가속화시킴으로써 장기적으로는 오히려 경제적으로나 사회적으로 큰 손실을 가져온다는 것이다. 애덤 스미스를 비롯한 고전학파 경제학자들은 이런 식의 불평등이나 양극화가 결국 자본주의의 발목을 잡게 된다고 보았다.

3장

애덤 스미스의
두 얼굴

recall
the economics

경제학자이자 심리학자

구약 성서와 신약 성서

경제학자들은 《국부론》에서 보이지 않는 손만 읽고 있다고 말했지만, 사실 대부분의 요즈음 경제학자들은 경제학의 성서라고 하는 《국부론》 조차도 잘 읽지 않는다. 수학적으로 정교한 이론을 만들고 가다듬기에 바빠서 《국부론》과 같이 곰팡이 냄새가 나는 책을 읽을 마음도 틈도 없다. 그러면서도 애덤 스미스를 뻔질나게 인용한다. 인류 역사상 위대한 책 중에서 학자인 체하는 사람들이 읽지도 않고 거리낌 없이 마냥 인용만 해대는 책이 세 권 있다. 성서와 카를 마르크스의 《자본론》, 그리고 애덤 스미스의 《국부론》이 그것이다.

한 가지 경제학자가 알아 두어야 할 것은, 설령 《국부론》을 열심히 읽는다고 해도 이것만으로는 애덤 스미스의 경제학을 반쪽밖에는 보지 못한다는 점이다. 그에게는 《국부론》 이외에 또 다른 중요한 저서가 있다. 《도덕 감정론The Theory of Moral Sentiment》이 바로 그것이다. 《국부론》이 나오기 훨씬 이전부터 애덤 스미스는 이 책으로 이미 유명 인사가 되어 있었다. 《도덕 감정론》의 초판 표지에는 그가 글라스고 대학 도덕 철학 Moral Philosophy 교수로 소개되어 있다. 경제학과라는 것이 없었던 시절 그는 실력과 명강의로 명성이 자자했던 철학과의 교수였다. 《국부론》은 심심풀이로 쓴 책이라고 그가 솔직하게 말했지만, 《도덕 감정론》은 그의 밥벌이를 위한 책이었다.

어떤 학자는 《도덕 감정론》을 구약 성서에, 《국부론》을 신약 성서에 비유했다. 우리가 기독교를 제대로 이해하기 위해서는 신약 성서와 함께 구약 성서도 반드시 읽어야 하듯이 애덤 스미스의 경제학을 제대로 알기 위해서는 《도덕 감정론》과 《국부론》을 모두 읽어야 한다는 뜻이다. 애덤 스미스라고 하면 으레 보이지 않는 손을 연상하지만, 어떤 꼼꼼한 학자가 조사한 바로는 이 말이 《국부론》과 《도덕 감정론》 각각에 딱 한 번씩만 나온다. 오늘날의 경제학자들은 입만 벙긋하면 보이지 않는 손을 이야기하지만, 경제학의 할아버지는 별로 입에 담지 않는 말이었다.

이 두 책에서 애덤 스미스가 다룬 내용은 얼핏 보아 상당히 다르다. 《도덕 감정론》은 책 제목이 시사하듯이 인간의 도덕심을 다룬 책이요, 인간의 심리를 주제로 삼은 책이다. 말하자면 철학과 심리학을 다룬 책이다. 그는 이 책에서 인간성에 관한 탁월한 통찰력을 풍부하게 보여 주고 있는데, 그의 이 통찰력들이 최근 과학적으로 증명되면서 현대의 심리학자들도 감탄하고 있다. 오늘날 두뇌 과학이나 신경 심리학 등 첨단 분야의 과학적 발견을 바탕으로 인간의 경제 행태를 연구하는 학자들을 흔히 행태 경제학자(혹은 행동 경제학자)라고 부른다. 애덤 스미스는 행태 경제학의 선구자라고 할 수 있다. 《도덕 감정론》이 애덤 스미스의 주저이고 《국부론》은 심심풀이로 쓴 책이라는 사실은 그의 경제학이 심리학에 뿌리를 둔 학문임을 시사한다. 매우 현실적이었던 그는 경제학이 철저하게 실제 인간의 일상 행태에 바탕을 둔 학문이어야 한다고 주장했다. 하지만 지난 한 세기 동안 경제학자들은 애덤 스미스의 이 말을 귀담아 듣지 않았다.

《국부론》은 애덤 스미스가 《도덕 감정론》에서 다룬 인간의 여러 가지 심성 중에서 특히 이기심을 부각시킨 책이라고 할 수 있다. 전통적으로 인간 사회는 이기심이나 영리욕을 나쁘게만 보아 왔지만, 그렇다고 이런 심리를 억압하기보다는 오히려 사회 전체의 이익이 되도록 잘 활용해야 하며, 또한 그렇게 할 수 있음을 애덤 스미스는 《국부론》에서 역설했다. 애덤 스미스의 여러 가지 주장 중에서 바로 이 주장이 경제학자에 의해서 꾸준히 전해 내려오면서 현대 경제학의 안방을 확실하게 차지하고 있고, 1980년대부터 전 세계적으로 불어닥친 신자유주의 신봉자들의 머릿속에 확고하게 자리 잡고 있다.

물론, 오늘날의 경제학자들도 인간의 마음이 이기심으로만 꽉 차 있다고 생각하지는 않는다. 다만, 이기심이 가장 강하고 지속적인 행위 동기라고 주장할 뿐이다. 하지만 시장의 원리를 굳게 신봉하는 경제학자들이나 신자유주의자들은 마치 이기심 하나만으로도 우리 사회를 무한히 발전시킬 수 있거나 한 것처럼 이기심과 영리욕을 찬양하면서 애덤 스미스를 인용한다. 그러나 정작 애덤 스미스는 그런 말을 하지 않았다. 그는 인간의 행위가 이기심 이외에 실로 다양한 요인에 의해서 복잡하게 영향을 받기 때문에 어떤 한 가지 이론만으로 일관성 있게 설명할 수 없음을 《도덕 감정론》에서 강조하고 있다.

오늘날의 경제학자들은 애덤 스미스의 후예라고 자처하고 있고, 그리고 그 후예답게 인간의 행태를 연구한다고 큰소리치면서도 정작 인간의 심리나 욕망 그 자체에 대해서는 구체적인 이야기를 하지 않는다. 그저 각 개인의 욕망은 절대적으로 주어진 것으로써 최대한 존중되고 최대한 잘 충족되어야 할 대상(목표)일 뿐이다. 오늘날의 경제학은 주어진 인간의 욕망을 어떻게 하면 가장 잘 충족시킬 수 있을 것인가 만을 전문적으로 연구하는 학문으로 전락했다. 첨단 과학으로 간주되는 두뇌 과학이나 신경 심리학 분야의 학자들이 인간의 감정이나 욕망도 얼마든지 과학적 연구의 대상이 된다는 사실을 증명하고 있는데도 아직도 경제학자들은 인간의 욕망이 종잡을 수 없고 지극히 주관적이기 때문에 과학적 연구의 대상이 되지 않는다고 제멋대로 단정하고 있다.

오늘날의 경제학자들과는 달리 애덤 스미스는 인간의 심성이나 욕망 그 자체에 대한 예리한 분석을 바탕으로 경제 이론을 전개했다. 애덤 스미스는 인간의 욕망이 어느 날 하늘에서 뚝 떨어진, 단순히 주어진 것이라고 보지 않았다. 인간 욕망의 상당히 많은 부분이 사회적으로 형성된다고 보았다. 예를 들어서 무엇이 아름다운가에 대한 우리의 생각은 관습과 유행에 의해서 크게 영향을 받는다. 마르크스 역시 애덤 스미스와 똑같이 생각했다.

애덤 스미스는 일상생활에서 누구나 경험하는 마음속의 갈등부터 예리하게 파헤쳤다. 예를 들면, 교통경찰이 없는 틈에 신호등을 무시하고 달릴 것인가 말 것인가, 아무도 보는 사람이 없는 틈에 쓰레기를 길가에 버릴 것인가 말 것인가, 동업자 몰래 이익을 빼돌릴 것인가 말 것인가, 대통령 선거에 투표를 하러 갈 것인가 말 것인가, 국회 의원을 뽑을 때 무능한 친구에게 표를 던질 것인가 아니면 유능한 다른 후보에게 표를 던질 것인가 등. 이런 갈등의 상황에서 개인의 이익을 과감히 무시하고 오직 양심이나 법, 사회적 관례, 정의감 등에 따라 행동하는 사람들이 적지 않은데, 요즈음의 경제학에서 다루기 매우 껄끄러운 이런 행동들을 애덤 스미스는《도덕 감정론》에서 설명하고 있다.

제1장에서 자세히 설명했듯이 경제학은 각 개인이 손익 계산에 따라

합리적으로 행동한다고 전제한다. 하지만 우리의 현실을 돌아보면, 사람들은 손익 계산을 잘 하지도 못할 뿐만 아니라 아예 이를 무시하는 듯이 행동하는 경우도 무척 많다. 예를 들어서 국회 의원이나 대통령 선거 때 투표하러 갈 것인가 말 것인가를 놓고 득과 실을 계산해 보는 사람은 별로 없다. 계산해 봐야 투표가 별로 수지맞는 일도 아니다. 교통비가 들고 시간만 뺏긴다. 내가 투표를 한다고 해서 내가 원하는 사람이 당선된다는 보장도 없다. 경제학 교과서가 가르치는 대로 손익 계산을 한다면 투표는 하지 말아야 한다. 그러나 실제에 있어서는 시민의 70% 이상이 투표를 한다. 그렇다고 이들을 모두 비합리적인 사람들이라고 무시해 버리면, 경제학은 오직 30%에게만 적용되는 왜소한 학문으로 전락한다.

인간이 손익 계산에 따라 합리적으로 행동하는 존재라는 가정을 고수하기 위해서 경제학자들은 70%를 웃도는 투표율에 대하여 궁색한 변명을 늘어놓는다. 아마도 사람들이 잘 의식하지 못하는 어떤 이익이 있었기 때문에 투표했을 것이라고 속단하고, 그 이익이 무엇인지를 파헤치려고 애를 쓴다. 애덤 스미스는 그런 구차스런 방법을 동원하지 않았다. 인간의 심리가 이중 구조를 가지고 있었음을 잘 알고 있었기 때문이다.

원시 시대의 두뇌와 몸으로 현대를 살아가는 인류

동물과 구별되는 인간의 두드러진 특징의 하나는 자기 자신을 객관적으로 내려다보는 능력을 가지고 있으며, 그래서 도덕적으로 행동할 수 있다는 것이다. 사람은 한편으로는 자신의 즉흥적 욕망(선호)에 따라 행동하기도 하지만, 다른 한편으로는 자신의 욕망의 옳고 그름, 혹은 좋고 나쁨을 평가한 다음에 행동하기도 한다. 노름으로 패가망신한 도박꾼들 대부분은 도박이 얼마나 나쁜 짓인지 뼈저리게 느낀다. 담배를 끊었다가 다시 피기를 밥 먹듯이 하는 사람들은 담배가 건강에 나쁘다는 것을 모를 리 없다. 살 빼고 싶어 안달인 젊은 여성들은 케이크를 먹고 나서는 곧 후회한다. 게을러서 공부를 제대로 못한 부모님들은 자식들만은 자신의 전철을 밟지 않기를 간절히 원하는 마음에서 만날 공부하라고 들들 볶아 댄다. 이런 무수한 일상생활의 사례들은 나 아닌 다른 사람이 되기를 원하는 인간의 이중성을 보여 주고 있다. 마음속의 갈등으로 고민하는 사람들은 자신의 마음속에 '두 개의 나(자아)'가 싸우고 있음을 느낀다. 이런 자기모순 같은 것들이 참으로 인간다운 점이라고 예찬하는 사람들도 있다.

사람의 선호를 제1차적 선호와 제2차적 선호로 구분하는 학자들도 있다. 누구나 치과에 가기를 싫어한다. 치과에 대한 제1차적 선호는 '싫다'일 것이다. 그럼에도 불구하고 사람들은 치과에 간다. 좋아서 간다기보다는 그래야만 된다고 생각하기 때문이다. 치과에 가야만 한다는 생각은 제2차적 선호에서 나온다. 제1차적 선호란 대체로 즉흥적 선호를 의미하고, 제2차적 선호란 그 즉흥적 선호에 대한 자신의 평가를 말한다.[1] 예를 들어서 도박에 미친 사람의 경우, 도박을 좋아하는 것은 제1차적 선호에 해당하고, 도박에 빠진 자기 자신을 증오하는 것은 제2차적 선호에 해당한다. 제2차적 선호를 '선호에 대한 선호'라고 부르기도 한다.[2] 프로이드 심리학에서는 '자아'와 '초자아'를 구분하는데, 여기에서 초자아는 제2차적 선호에 대응한 개념이다.

이러한 이분법적 구분의 한 원형을 《도덕 감정론》에서 볼 수 있다. 애덤 스미스는 인간의 행태가 '열정passions'과 '공정한 방관자impartial spectator' 사이의 갈등에 의해서 결정된다고 주장했다. 그가 말하는 열정은 배고픔과 섹스에 대한 충동, 분노나 두려움, 고통 등과 같은 감정을 의미하며, 공정한 방관자는 위에서 말한 제2차적 선호나 프로이드 심리학의 초자아와 비슷한 것이다. 열정은 행위의 동기가 된다. 단순히 생각이나 계획만으로는 행동이 이루어질 수 없다. 일을 하고 싶다는 충동이 있어야 행동이 나올 수 있다. 애덤 스미스는 열정이 인간의 행동을 직접 지배하며, 마음속의 공정한 방관자는 열정에 따른 행동을 조정하거나 교정하는 역할을 수행한다고 보았다. 국회 의원 선거에서 투표하러 갈 것인가 말 것인가를 결정할 때도 이런 인간 심리의 이중성이 작용한다. 그의 논리에 따르면, 국민의 30%는 열정의 요구를 극복하지 못하고 투표 대신 놀러 가기를 선택할 것이며, 국민의 70%는 시민으로서의 의무를 강조하는 공정한 방관자의 명령에 따라 투표를 하러 간다. 마음속의 공정한 방관자는 비록 싫거나 손해를 보더라도 양심이나 원칙에 따라 행동할 것을 우리에게 요구한다.

인간은 주로 열정에 따라 즉흥적으로 혹은 기계적으로 행동하며, 이것이 잘 통하지 않는 경우에만 이리 저리 머리를 굴리며 생각해 보는 존재라는 애덤 스미스의 통찰력은 오늘날 두뇌 과학자들이나 신경 과학자들의 발견과 놀라울 정도로 흡사하다. 사람들의 실제 행동을 관찰해 보면, 경제학 교과서가 요구하듯이 손익 계산을 해야 하는 상황에서도 계산을 하지 않거나 기껏해야 주먹구구식으로 행동하는 경우가 비일비재하다. 왜 그런가? 이 과학자들에 의하면, 우리 두뇌의 구조상 일일이 손익 계산을 해가면서 행동하게 되어 있지 않다.[3] 우리 인류가 이 지구상에 등장한 지 수백만 년이 되었다고 하지만 거의 대부분을 수렵 생활을 하면서 지냈다. 인류가 문명 생활을 하기 시작한 것은 고작 2000년 정도이니 인류의 긴 역사에 비하면 극히 짧은 기간이다. 우리 인류의 몸과 두뇌는 그 오랜 영겁에 걸쳐 수렵 생활에 알맞게 진화되었다.

예를 들어 보자. 심장병으로 고생하는 사람들에게 내려지는 의사의 전형적인 처방은 하루에 아스피린을 한 알씩 먹으라는 것이다. 아스피린은 피를 묽게 하는 데 탁월한 효과가 있다. 피가 묽어야 심장 마비가 예방된다. 그러면 우리의 혈액은 왜 묽지 않고 진한가? 우리의 신체가 수렵 생활에 알맞게 진화되었기 때문이라고 한다.[4] 수렵 생활을 하다 보면 자연히 상처를 입는 일이 잦을 수밖에 없다. 몸에 상처가 났을 때는 혈액이 진해야만 피가 빨리 응고하면서 상처도 일찍 아문다. 오늘날 우리 인류를 고생하게 만드는 수많은 질병들이 수렵 시대에는 별로 없던 문명의 산물이다.

우리의 두뇌도 수렵 생활에 알맞게 구조화되어 있다. 사냥의 특징은 단체 행동이다. 먹이가 나타나면 여러 사람들이 한꺼번에 우르르 달려들어 잡는다. 맹수가 나타나면 모두들 한꺼번에 우르르 도망간다. 수십만 년 수렵 생활을 하다 보니 이렇게 남 따라 우르르 행동하기가 우리의 두뇌에 각인되어 버렸다. 그러다 보니 오늘날에도 남 따라 우르르 행동하기가 우리 주변 도처에서 나타나고 있다. 심지어 철저한 계산이 가장 절실히 필요한 주식 시장이나 부동산 시장에서도 남의 눈치를 보다가 별 생각 없이 남 따라 우르르 행동하는 현상을 아주 흔하게 볼 수 있다. 그런 현상은 수렵 시대에 원시인들이 먹잇감을 쫓아 우르르 달려가는 모습을 연상하게 한다. 애덤 스미스의 표현을 빌리면, 아직도 우리 인류는 수렵 시대처럼 열정에 따라 행동하는 경우가 많다는 것이다. 우리의 두뇌 구조에 비추어 보면 이런 행동이 결코 이상한 것이 아니다. 물론, 이렇게 남 따라 우르르 행동하다 보면 손해를 볼 수도 있다. 그래서 남의 눈치만 보지 말고 정신 차려서 손익 계산을 해 보고 나서 최선을 선택해야 한다고 경제학자들은 가르치고 있다. 하지만 과학자들의 이야기를 들어 보면 우리의 두뇌 구조가 아직까지 그렇게까지 발달되어 있지 않은 것 같다.

사냥할 때에는 과감하고 신속하게 행동하는 것이 최고로 중요하다. 먹이가 나타나거나 맹수가 나타났을 때에는 직감에 따라 재빨리 행동해야 한다. 생각이나 계산을 해 볼 겨를이 없다. 그러다가는 죽는다. 어떻게 하면 과감하고 신속하면서도 효과적으로 행동할 수 있을까? 인류가 오랜 수렵 생활을 통해서 얻어낸 요령의 하나는, 우선 빈번히 나타나는 상황들을 유형화하는 것이다. 예컨대, 작은 먹이가 나타났을 때와 큰 먹이가 나타났을 때, 뱀이 나타났을 때와 호랑이가 나타났을 때, 더울 때와 추울 때 등 아주 빈번히 나타나는 상황을 적절히 분류한 다음 각 상황별로 알맞은 행동 요령을 정한다. 그러고 나서는 이것을 아예 통째로 머릿속에 입력시켜 놓는다. 물론 입력시키기까지 오랜 세월이 소요된다. 그러다가 실제 상황에 당면했을 때는 이 상황이 머릿속에 저장되어 있는 여러 유형들 중에서 어떤 것에 가장 가까운가만 생각해 내면 그만이다. 그 다음에는 이미 입력된 행동 요령에 따라 기계적으로 행동할 뿐이다. 상황에 처해서 일일이 생각하고 계산해 볼 필요가 없다. 다만, 머릿속에 입력된 것과 다른 종류의 상황이 나타나거나, 또는 머릿속에 입력된 행동 요령이 잘 통하지 않을 경우에는 비로소 경제학자들의 말대로 생각도 해 보고 계산도 해 본다.

이렇게 우리 인류는 오랜 수렵 시대를 살아오다 보니 우리의 신체나 두뇌는 아직도 이 문명 생활에 알맞게 충분히 진화되지 못한 상태다. 쉽게 말해서 우리 인류는 원시 수렵 시대에 알맞게 진화된 몸과 두뇌를 가지고 문명사회에 살고 있다는 것이다.[5] 갑자기 문명사회에 나타난 아마존 밀림 토착민의 어리벙벙한 모습, 혹은 갑자기 도시 생활에 뛰어든 시골뜨기의 좌충우돌하는 모습이 영화나 소설의 인기 있는 주제다. 그런 소설이나 영화를 보고 많은 사람들이 배꼽을 잡고 웃지만, 사실 우리 인류 전체가 문명사회에 떨어진 원시인이나 다름없다. 그렇지 않다면, 오늘날의 첨단 과학자들이 현대인의 모순되고 웃기는 행동들을 어떻게 그토록 끝도 없이 줄줄이 늘어놓을 수 있단 말인가. 그 구체적인 사례는 조금 뒤로 미루기로 하자.

머리를 안 쓰려고 하는 인간의 속성

과학자들이 말하는 또 한 가지 사실은 머리를 쓰고 계산하는 그 자체가 많은 에너지를 소모하는 활동이라는 것이다. 마음이 편한 사람들은 살찌지만, 고민에 싸인 사람은 바싹 마른다. 생각한다는 것 자체가 에너지를 많이 소모하기 때문에 우리 인간의 두뇌는 되도록이면 생각을 하지 않고 살아가도록 구조화되어 있다는 것이다.

오늘날 두뇌 과학자나 신경 심리학자들은 두뇌의 이중 과정dual process 이론을 제시한다 즉, 인간 두뇌의 움직임을 크게 통제된 과정controlled process과 자율적 과정automatic process으로 구분할 수 있다는 것이다. 통제된 과정은 생각을 통해서 우리의 행동을 의도적으로 통제하고 조율하는 것을 말한다. 쉽게 말해서 머리를 쓰는 과정이다. 예를 들어서, 부동산 시장에 좋은 매물이 나왔는데 당장 현금이 없을 경우에는 어떻게 돈을 마련할 것인지를 놓고 머리를 굴려야 한다. 바로 이럴 경우에 통제된 과정이 작동한다. 이 과정은 다분히 의도적이기 때문에 그 결과로 나타난 행동에 대하여 사람들은 쉽게 돌이켜 볼 수 있고 사후적으로 그 이유를 설명할 수도 있다. 주택을 담보로 은행에서 돈을 빌렸으면 왜 그랬는지를 본인이 알고 있고 다른 사람에게 설명할 수도 있다.

통제된 과정은 필요할 때에만 작동함에 반해, 자율적 과정은 우리가 잘 의식하지 못하지만 자고 있을 때나 깨어 있을 때나 지속적으로 작동한다. 자율적 과정은 두 가지 기능을 수행한다. 예를 들어서 친구가 몰래 다가와서 "왁!"하고 소리칠 경우 놀라서 몸을 움츠릴 때처럼 놀라움이나 두려움을 느끼는 감각적 기능도 수행하지만, 축구장에서 상대방 팀이 찬 공을 보고 이에 대처하는 기능도 수행한다. 공을 찰 때마다 미리 거리, 속도, 방향 등을 일일이 계산하지 않는다. 그럴 틈도 없다. 즉, 자율적 과정은 분노, 공포, 질투 등의 감정뿐만 아니라 배고픔, 갈증, 성욕 등 욕구를 느끼는 정서적 기능과 함께, 보고 듣기와 같은 인지적 기능의 상당 부분을 수행한다.

일상의 말하기도 자율적 과정을 통해서 이루어지는 부분이 많다. 바늘에 찔렸을 때 "아얏!"이라는 말이나, 뜨거운 것을 먹었을 때 "앗 뜨거워!"라는 말은 입에서 자동적으로 튀어나온다. 영어를 할 때 미국 사람들은 별 생각 없이 술술 말하지만, 익숙하지 않은 우리나라 사람들은 단어와 문법을 생각해 가면서 억지로 말을 지어낸다. 이와 같이 생각을 하면서 미국 사람들과 한두 시간 영어로 대화를 하고 나면 아주 피곤해진다. 그래서 영어 학원 강사들은 생각 없이 영어가 입에서 술술 나오도록 반복 연습하라고 권고한다.

통제된 과정은 주로 전두엽(두뇌의 앞부분)의 특정 부위에서 이루어지는데, 이 부분은 두뇌의 각 부분으로 들어오는 정보를 끌어모으고 정리한 다음 목표를 세우고 이것을 달성할 행동 계획을 짜는 기능, 즉 계획가의 역할을 수행한다. 이 부위는 인간 두뇌의 진화 과정에서 가장 늦게 형성된 부분이라고 한다. 반면에 자율적 과정은 주로 두뇌의 깊숙한 가운데에서 많이 이루어진다고 하는데, 이 부분은 인류가 다른 동물과 공통적으로 가지고 있으며 인간 두뇌의 진화 과정에서 가장 오래된 부분이라고 한다. 《야비한 시장, 도마뱀 뇌Mean Market and Lizard Brain》라는 책에서 말하는 '도마뱀 뇌'가 바로 이 부분에 해당한다고 볼 수 있다.[6]

우리 인간은 되도록이면 머리를 쓰지 않고 현실에 대처하려고 한다는 말은 통제된 과정보다는 수렵 시대처럼 자율적 과정에 의존해서 살아간다는 뜻이다. 대부분의 우리 일상 행동은 통제된 과정이 개입하기 전에 끝나게 된다. 머리를 많이 쓴다고 알려진 전문가의 활동도 사실은 그 상당한 부분이 거의 자율적으로 이루어진다.

대표적 지능 게임이라고 알려진 바둑을 예로 들어 보자. 한 명의 바둑 고수가 동시에 대여섯 명의 아마추어들을 상대로 이른바 다면 게임을 하는 경우를 종종 보게 되는데, 바둑 고수는 거의 노타임으로 제꺽제꺽 두는 반면 아마추어들은 낑낑대면서 한 수씩 둔다. 왜 그럴까? 바둑 고수의 머릿속에는 오랜 수련 기간을 거쳐 만들어진 고급 프로그램이 내장되어 있기 때문이다. 오랜 바둑 수련 과정은 바로 그런 프로그램을 아주 많이 만들어서 머릿속에 깔아 놓는 과정이라고 볼 수 있다. 통상 바둑 고수들은 1만 가지 이상의 프로그램을 기억하고 있다. 그렇기 때문에 이들이 아마추어들과 바둑을 둘 때에는 눈앞에 나타난 상황이 그 만여 개 프로그램 중에서 어느 것과 가장 가까운지만 파악하고, 그 다음에는 프로그램에 따라 기계적으로 바둑을 두기만 하면 그만이다. 어떻게 대응할 것인지 일일이 계산하고 생각해 볼 필요가 없이 자율적 과정에 따라 행동한다.

우리는 흔히 전문가 집단을 두뇌 집단이라고 말하지만, 전문가란 복잡한 우리 현실의 한 측면을 여러 가지 범주로 세분화한 다음 각 범주별로 최선의 대응 양식을 프로그램으로 만들어 머릿속에 저장해 놓는 일

런의 수련 과정을 거친 사람이다. 달리 말하면, 전문가란 자기 전문 분야의 수많은 문제에 대하여 별 생각 없이 기계적으로 행동할 수 있도록 훈련된 사람, 즉 자율적 과정을 최대한 잘 활용하는 사람이라고 할 수 있다.

우리의 일상생활도 마찬가지다. 가정생활 안에도 부부 관계, 자녀와의 관계, 자녀들끼리의 관계 등 여러 가지 측면이 있다. 수렵 시대에 그랬듯이 사람들은 각자 나름대로 있을 수 있는 그 많은 상황들을 대략 몇 가지 범주로 나누고 나서, 거기에 알맞게 대처하는 행동 양식을 정한다. 그리고 이것을 프로그램으로 만들어서 머릿속에 깔아 놓는다. 평소에는 이 프로그램에 따라 행동한다. 그러다가 이것이 잘 안 통하는 상황이 나타나면 이에 맞게 새로운 행동 양식을 고안해 내서 프로그램으로 만든다. 그리고 머릿속에 이 새로운 프로그램을 깔아 놓은 다음에는 이에 따라 기계적으로 행동한다. 이와 같이 일상의 많은 활동들이 통제된 과정으로부터 자율적 과정으로 이관되어 있다.

2

행태 경제학 선구자로서의
애덤 스미스

기회비용 경시 행태

《도덕 감정론》에 나타난 행태 경제학 선구자로서 애덤 스미스의 주장을 몇 가지만 살펴보자. 사람들이 감정(열정)에 따라 즉흥적으로 행동하다 보면 손해 보는 짓을 자주 하게 된다. 아마도 많은 사람들이 학창 시절 재미있는 영화나 TV를 너무 많이 보다가 시험공부를 못해서 시험을 망친 경험을 했을 것이다. 이때 영화를 보느라 공부를 못해서 시험을 망침으로 인한 손실을 경제학에서는 기회비용이라고 한다. 즉, 어떤 것을 선택하면 다른 것을 못하게 되는데 그 다른 것에 따르는 이익, 달리 말하면 날려 버린 이익이 기회비용이다. 경제학에서 말하는 비용은 언제나이 기회비용이다. 그래서 경제학 교과서마다 이 기회비용의 개념을 자세히 설명해서 학생들의 머리에 분명하게 각인시키려고 애를 쓴다. 사람들이 손익 계산에 따라 합리적으로 행동한다는 경제학의 가정은 곧 사람들이 기회비용을 고려해서 행동한다는 가정이기도 하다.

그러나 실제에 있어서는 사람들이 이 기회비용을 잘 생각해 내지 못한다. 그래서 영화나 TV를 보다가 시험을 망치고 나서 후회하는 짓을 대학 내내 반복한다. 왜 그런가? 영화 시청은 당장의 즐거움을 실감나게 전해 주지만, 시험을 망쳐서 받는 손실, 즉 기회비용은 막연하게 느껴지기 때문이다. 그만큼 우리의 일상생활은 경제학 교과서와 거리가 멀다. 애덤 스미스는 이와 같이 기회비용을 잘 생각하지 못하는 성향이 거의 고질적이라고 보았다. 그래서 인간은 실수를 반복하게 된다. 그의 이런 주장을 과학적으로 확인한 오늘날 행태 경제학자들은 이런 성향을 기회비용 경시 행태라고 부르고 있다.

이와 관련해서 애덤 스미스가 주목한 것은 계약 위반을 경시하는 행태다. 예컨대, 절도나 강도에 대해서는 중벌로 다스리면서 계약 위반은 대수롭지 않게 보는 경향이 있다는 것이다. 절도나 강도를 당하면 당장 우리 호주머니 안에 있는 것이 없어지는 반면, 계약 위반을 당해 봐야 단순히 우리가 기대했던 것이 실현되지 않을 뿐 당장 우리 손에서 빠져나가는 것은 없다. 하나는 가시적이고 다른 하나는 그렇지 않다. 애덤 스미스는 이와 같이 당장 눈에 보이지 않으면 무시해 버리는 인간의 고질적 성향을 문제 삼았다. 경제학적으로 보면, 계약 위반으로 인한 손실도 엄연히 손실이다. 계약 위반을 적당히 보아 넘기는 풍조가 계속되면 이로 인한 사회적 손실이 절도나 강도로 인한 가시적 손실보다 오히려 더 커진다. 자본주의 시장 경제의 근간이 흔들리기 때문이다. 계약 위반을 철저하게 응징함으로써 계약 제도를 확립해야만 자본주의 시장 경제가 활성화된다.

이런 기회비용 경시 행태는 애덤 스미스가 주목한 근시안적 행태의 일종이라고 할 수 있다. 《도덕 감정론》에서 애덤 스미스가 하는 말들은 오늘날 경제학 교과서에 나오는 내용과 사뭇 다르다. 현대 경제학자들은 인간이 신이 아니기 때문에 실수를 할 수 있지만 똑같은 실수를 반복하지 않으며, 최대한 많은 정보를 구득하여 미래를 합리적으로 예측한다고 주장한다.[7] 그러나 애덤 스미스는 사람들이 멀리 내다보지 못한 채 눈앞의 이익을 추구하기에 급급하며, 당장의 고통을 피하기에 바쁘다고 말한다. 그러다 보면 똑같은 실수를 반복하게 된다. 과연 누구의 주장이 옳은가? 오늘날의 과학자들은 애덤 스미스의 손을 들어 준다. 사람들이 대체로 근시안적으로 행동한다는 사실이 심리학자들의 여러 실험에서도 일관되게 관측되면서 이런 태도는 거의 고질적인 현상이라는 결론이 내려졌다.[8] 똑같은 이익이라도 당장의 이익에 관하여 두뇌가 작동하는 양태와 미래의 이익에 관하여 두뇌가 작동하는 양태가 다르다는 것도 두뇌 과학에 의해서 밝혀졌다.

물론, 근시안적으로 행동하는 사람들도 머릿속으로는 미래를 내다보고 장기적인 안목에서 행동해야 한다는 것을 알고 있을 수도 있다. 그러나 실제로는 생각과 행동이 따로 논다. 애덤 스미스에 의하면, 그 이유는 우리의 행동이 주로 열정의 지배를 받기 때문이다. 당장의 이익이나 고통은 잘 느껴지지만, 미래의 이익과 고통은 그렇지 않다. 열정은 근시안적이다. 반면에, 우리 마음속의 공정한 방관자는 그렇지 않다. 공정한 방관자는 미래의 즐거움 역시 당장의 즐거움과 똑같이 중요하게 고려할 것을 우리에게 요구한다. 하지만 공정한 방관자는 심각한 문제가 발생하지 않는 한 보통 때에는 잘 나서지 않는다. 그래서 우리는 늘 근시안적 행동을 반복하게 되고, 그래서 실수로 인한 손실이 누적된다.

예를 들어 보자. 어린애들은 장난감을 사달라고 떼를 쓰다가도 일단 사 주면 한두 번 가지고 놀다가는 거들떠보지도 않는다. 그러다 보니 내팽개쳐진 장난감들이 집집마다 즐비하다. 이런 현상이 어린애들에게만 나타나는 것이 아니다. 심리학자들의 실험 결과에 의하면, 어른들도 상품을 살 때, 그 상품이 지속적으로 행복감을 주는 것처럼 착각하는 경우가 많다. 좋은 옷, 좋은 집, 좋은 자동차를 사면 처음 얼마 동안은 무척 행복하지만 얼마 지나지 않아 행복감이 시들해진다는 것을 잘 예상하지 못하거나 예상하지 못한 것처럼 행동한다. 열렬히 연애하는 젊은이들은 마치 그들의 사랑이 영원할 것처럼 생각하고 행동하지만, 이삼 년 지나면 언제 그랬냐는 듯이 이혼한다. 그리고 이렇게 행동하는 사람들이 한두 사람이 아니다. 애덤 스미스에 의하면 이런 행동이 결코 이상한 것이 아니다.

경제학 교과서에 나온 대로 사람들이 합리적이라면, 현재의 열정이 결혼 후 곧 식을 것임을 미리 계산해야 한다. 옷을 살 경우 앞으로 얼마나 오랫동안 자주 입을 것인지, 그리고 그때마다 느끼게 될 행복감이 어느 정도일지를 대략이나마 추정하고 합산한 다음 가격과 비교해서 살 것인가 말 것인가를 결정해야 한다. 그러자면 멀리 내다보아야 한다. 그러나 미래 예측이라는 것이 어렵기도 하고, 대부분의 보통 사람들은 골치 아파하고 귀찮아한다. 그래서 즉흥적인 소비가 늘 반복된다는 것은 놀라운 일이 아니다.

구매 당시의 좋은 느낌이 얼마 후 사라진다는 사실을 충분히 계산하지 못하고 구매 결정을 하면 실제로 얻는 것보다 더 많은 돈을 치르게 된다. 그만큼 돈을 낭비하게 된다. 이와 같이 근시안적인 소비 행태가 반복되다 보면, 한두 번 쓰다가 내팽개친 물건이 늘어나게 된다. 실제로 각 가정마다 쓰지 않고 구석에 처박아 둔 옷이며, 구두, 가방, 각종 살림살이가 얼마나 많은가. 애당초부터 한두 번 쓰고 구석에 처박아 둘 요량으로 물건을 사는 사람은 별로 없을 것이다. 각 가정의 구석구석에 쓸모없이 처박힌 그 많은 가재도구들은 우리가 얼마나 생각 없이 쇼핑을 하며, 얼마나 많은 돈을 낭비하는지를 잘 보여 준다.

소비 행태에 대하여 애덤 스미스가《도덕 감정론》에서 주장한 내용은 오늘날 심리학자들의 이론과 놀라울 정도로 비슷하다. 그는 소비 활동을 비롯한 많은 경제 활동이 잘못된 계산(착오)의 산물이라고 주장했다. 쾌락과 고통은 많은 경우 일시적이다. 사람들은 쾌락과 고통에 빨리 적응한다. 그뿐만 아니라 적응의 정도를 과소평가하고 있다. 이 결과 쾌락과 고통이 앞으로 영원히 지속되기나 하는 것처럼 과대평가하는 경향이 있다는 것이다. 적응에 대한 애덤 스미스의 이런 주장은 행복에 대한 이야기로 발전한다. 사람들은 돈과 출세가 마치 영속적 행복을 가져다주기라도 하는 것처럼 착각에 빠져서 이것을 얻으려고 발버둥을 친다. 그러나 부와 신분 상승은 이들이 기대한 만큼의 행복감을 주지 못한다. 단지 일시적 즐거움만 가져다줄 뿐이다. 일시적인 것을 위해서 사람들이 너무나도 애를 많이 쓰지만 애쓴 보람은 별로 없다는 것이다. 그렇기 때문에 부자라고 해서 가난한 사람보다 더 행복한 것은 아니라고 애덤 스미스는 강조했다.

물론, 부자도 부자 나름이다. 부자들 중에도 행복한 사람들이 얼마든지 있을 수 있다. 애덤 스미스가 여기에서 이야기하는 불행한 부자는 돈과 출세가 영원한 행복을 준다는 착각에 빠져서 다른 것들을 잘 생각하지 못하는 부자이다. 우리 주위에서도 보면, 돈 많은 사람들이 의외로 불평과 불만이 많으며, 돈 많은 집에 분란과 반목이 심하다. 아리스토텔레스의 행복론을 살펴볼 때에도 이야기했지만, 돈과 재물을 밝히는 정도가 심할수록(즉, 유물주의 성향이 강할수록) 행복 지수는 낮아진다는 것이 오늘날 통계적으로 밝혀졌다.[9)]

사람들의 도덕심은 의외로 강하다

인간이 합리적으로 자신의 이익을 추구한다는 경제학의 기본 가정이 반 드시 인간이 이기적임을 전제하는 것은 아니다. 사람들이 때로는 남을 배려하며 이타적으로 행동한다는 사실을 경제학도 인정한다. 그러나 대체로 보아 그것은 예외적이라고 본다. 많은 경제학자들이 "사람은 오직 5% 경우에만 이타적이다."라고 하는 이른바 '툴럭의 법칙'이라는 것을 믿는다.[10] 그만큼 이타적인 행동은 극히 예외적이라는 뜻이다. 사실상, 대부분의 경제학자들은 사람들이 이기적으로 행동한다고 은연중에 가정하고 이론을 편다. 경제학이 표본으로 삼는 인간은 남을 의식하지 않고 오직 자신의 계산 아래 자신의 이익만을 추구한다. 내 소득이 남들보다 높은지 혹은 낮은지, 남들이 나보다 더 잘 먹고 잘 사는지, 어떻게 행동하는 것이 사회정의에 부합하는지 따위에는 일절 관심이 없다. 오직 내 소득과 소비의 절대적 수준에만 관심을 가질 뿐이다.

하지만 우리 주위를 보면, 경제학 교과서가 전제하는 것과는 달리 적지 않은 사람들이 개인적 손익 계산을 떠나 양심적으로 행동하며, 다른 사람에게 양보하기도 하고, 사회 정의를 위해서 노력한다. 그 이유는 각자의 마음속에 공정한 방관자가 도사리고 있기 때문이다. 애덤 스미스에 의하면, 각 개인의 마음속에 있는 공정한 방관자는 크게 두 가지 역할을 수행한다. 우선, 순전히 개인적인 것에 관해서 공정한 방관자는 자제심을 가질 것, 자신이 세운 규칙을 잘 지킬 것, 자존심을 가질 것 등을 요구한다. 예컨대 금주를 결심한 사람이 저녁 술자리 초청을 받았을 때, 공정한 방관자는 술자리 참석을 자제할 것을 요구한다. 사회적인 일에 관해서 공정한 방관자는 양심적으로 행동할 것, 그리고 다른 사람들을 배려할 것, 모든 사람을 평등하게 대우할 것 등을 자기 자신에게 요구한다. 즉, 마음속의 공정한 방관자는 곧 양심이 되며 각기 다른 사람들의 상충된 요구를 공정하게 저울질하는 판사가 된다. 그래서 마음속의 공정한 방관자는 각자로 하여금 도덕적으로 행동하게 만든다.

물론, 그렇다고 사람들이 항상 공정한 방관자의 요구에 따라 행동하는 것은 아니다. 열정이 강렬할 경우, 예컨대 술 마시고 싶은 욕망이 충분히 강할 경우에는 공정한 방관자의 요구를 묵살하고 술자리에 참석한다. 개인적 욕망(열정)에 따라 행동한다고 해서 무조건 비도덕적으로 행동하는 것은 아니다. 애덤 스미스에 의하면, 각 개인으로 하여금 도덕적으로 행동하게 만드는 행위 동기(열정)도 있다. 동정심과 정의감이 바로 그것이다.

동정심을 가지고 있기 때문에 사람들은 자신보다 불우한 사람들을 도와주어야 한다고 생각하게 되며 이 결과 도덕적으로 행동하게 된다. 다수의 사람들 마음속에 보편적으로 존재하는 동정심이 사회의 도덕적 기반이 된다. 그래서 애덤 스미스는 《도덕 감정론》의 서두를 동정심에 대한 이야기로 장식했을 뿐만 아니라 상당히 많은 지면을 할애했다. 그만큼 애덤 스미스가 윤리적으로 동정심을 중요하게 생각했다는 증거다.

하지만 동정심은 열정의 일종이기 때문에 기복이 너무 심하다. 어떨 때는 필요 이상의 동정심이나 이타심을 보이는 반면 어떨 때에는 너무 냉담하다. 똑같은 사람인데도 자국민의 참사에 대해서는 몹시 애통해하면서도 다른 나라의 참사에 대해서는 시큰둥하다. 죽은 사람에게 동정심을 보여 봐야 아무런 소용이 없음에도 불구하고 때로는 사람들은 죽은 사람에게 끔찍한 동정심을 보이기노 한다. 예를 들어서 영국 다이애나 왕비가 죽었을 때나 미국의 케네디 대통령이 죽었을 때 엄청나게 많은 사람들이 애도의 뜻을 표했다. 슬픈 나머지 제 몸도 가누지 못하는 사람들이 부지기수였다.

애덤 스미스는 부유층과 저명인사에 대하여 필요 이상 강한 동정심을 보이는 사람들이 너무 많다고 주장했다. 수많은 잡지나 언론 매체들이 부유층과 저명인사의 일상생활 이야기를 다투어 보도하고 있다는 것이 그 증거다. 한 가지 재미있는 것은, 그런 비뚤어진 동정심을 애덤 스미스가 질타하고 경고했다는 점이다. 물론, 부유층과 저명인사에 대한 강한 동정심이 체제를 안정적으로 유지하는 데 기여한다는 점을 그도 인정했다. 하지만 그런 비뚤어진 동정심이 동시에 한 사회의 도덕적 타락을 초래하는 '중요하고도 보편적인great and universal' 원인임을 강조했다. 다수의 사람들이 부유층과 권력층을 칭찬하다 못해 경배까지 하다 보면 가난한 사람이나 불우한 사람을 무시하고 멸시하는 풍조가 조성된다는 것이다.[11] 우리나라의 신자유주의자들은 성공한 기업가들을 존경해 주어야 경제가 잘 돌아간다고 늘 외치는데, 이들이 추앙해 마지않는 애덤 스미스는 그런 존경을 경계했다.

물론, 사람들이 항상 그렇게 기분 내키는 대로만 행동하지는 않는다. 마음속의 공정한 방관자가 동정심을 포함한 열정을 적절한 수준으로 잘 조정해 주기 때문이다. 그래서 실제에 있어서는 사람들이 과격한 행동을 자제하게 되고 때로는 도덕적으로 행동하게 된다. 사람들로 하여금 도덕적으로 행동하게 만드는 요인으로 애덤 스미스는 동정심이나 이타심보다는 정의감을 더 중요하게 보았다. 동정심이나 이타심이 종잡을 수 없는 것임에 반해서 정의감은 훨씬 더 예측 가능하고 믿을 만하다고 보았다. 그는 대자연이 우리 인간의 마음속에 정의감을 심어 놓았다고 주장했다. 이런 천부적 정의감 때문에 사람들이 공정한 방관자의 요구에 부응해서 도덕적으로 행동하게 된다. 오늘날의 심리학자들은 사람들의 정의감이 의외로 강하다는 것을 수많은 실험을 통해서 보여줌으로써 애덤 스미스의 이런 주장을 뒷받침하고 있다.

예를 하나 들어 보자. 어떤 사람(A)에게 10만 원의 돈을 주면서 다른 특정인(B)과 나누어 가지라고 했다고 하자. 이 두 사람은 서로 전혀 모르는 사이다. 다른 사람에게 얼마만큼 나누어줄 것인지는 전적으로 돈을 가진 사람(A)이 결정한다. 모두 가질 수도 있고, 7대 3으로 나누자고 제안할 수도 있고, 6대 4로 나누자고 제안할 수도 있다. 단, 돈을 받는 사람(B)이 제안을 거부하면 그 10만 원은 회수되면서 두 사람 모두 빈털 터리가 된다. 이런 게임의 상황에 처한다면 사람들이 어떻게 행동할까?

전문가들이 흔히 '최후통첩 게임'이라고 부르는 이 게임은 워낙 유명해서 수많은 학자들이 여러 나라에 걸쳐 실험을 해 보았다. 대체로 보면, 먼저 제안하는 사람들의 평균 제안 액수는 45% 정도였다. 반반씩 나누자고 제안하는 사람들도 상당히 많았다. 의외로 많은 사람들이 생면부지의 남에게 관대하다는 것이 드러났다. 이보다 더 의외의 결과는 돈을 받는 입장에 처한 사람들(제안 받는 사람들)의 태도였다. 만약 돈을 가진 사람이 30% 이하의 금액을 제안하면, 돈을 받는 입장에 있는 사람들의 절반 정도가 그 제안을 거부했다. 받는 사람의 입장에서 보면 단돈 천 원이라도 받는 것이 합리적이다. 왜냐하면 아무것도 받지 않는 것보다는 버스 값이라도 받는 것이 이익이기 때문이다. 그런데도 절반 정도가 자기 몫이 30% 이하이면 거부해 버렸다. 자존심 상한다든가 공평하지 않다는 것이 그 주된 이유다. 경제학자들의 생각과는 달리 의외로 많은 사람들이 이와 같이 자신의 손해를 감수하는 비합리적 행동을 한다는 사실이 수많은 실험에서 일관되게 관찰되었다.

이 게임과 비슷한 것으로 이른바 '독재자 게임'이라는 실험도 있는데,

경제학이 전제하는 것보다도 사람들의 이타심이나 정의감이 훨씬 더 강하다는 것을 더 명확하게 보여 준다. 이 실험에서는 제안을 받는 사람(B)이 제안을 거부하더라도 돈이 회수되지 않는다. 따라서 돈을 가진 사람은 마음 놓고 멋대로 제안할 수 있다. 말하자면 돈을 가진 사람이 '독재자'가 되는 게임이다.

여러 차례의 실험 결과에 의하면, 이 독재자(A)가 어떤 방법으로 돈을 나눌지는 상대방이 누구인가에 따라 달라진다. 상대방이 적십자사일 경우에 독재자는 평균 약 40%를 바치며, 상대방이 전혀 모르는 개인이라도 평균 약 20%를 준다. 상대방이 아는 사람일 경우에 독재자는 50%에 가까운 금액을 준다. 경제학적으로 생각하면, 상대방에게 한 푼도 주지 않는 것이 합리적이다. 그러나 실험 결과에 의하면, 20% 내지 40%를 남에게 준다. 이와 비슷한 결과가 수많은 실험에서 일관성 있게 나타났다. 심지어 의외로 많은 사람들이 손해를 보면서까지 정의롭지 못한 행위를 응징하려는 성향을 가지고 있다는 실험 결과도 다수 있다. 이런 일련의 실험 결과는 우리의 상식에도 부합한다. 아마도 인류는 오랫동안 수렵 생활을 하면서 공정하고 정의롭게 행동해야 한다는 생각이 머릿속에 각인된 모양이다. 수렵 시대에 관한 연구를 보면, 사냥에 참여했든 안 했든 사냥한 먹이를 골고루 나누어 가지는 것이 보편적인 관례였다.

애덤 스미스는 공평이나 사회 정의에 대한 이런 천부적 감정이 정의의 중요한 원천이며, 사회를 지탱하는 주된 지주라고 보았다. 정의가 없어진다면, 인간 사회의 거대한 조직이 완전히 무너져 내린다. 자본주의 시장의 경제적 효율성도 사회 정의의 토대 위에 이루어지는 것임을 애덤 스미스는 분명히 하고 있다. 그가 《도덕 감정론》에서 강조한 사회 정의가 확립되어야만 《국부론》의 경제적 효율성이 의미를 가진다.

최근 도덕심이나 사회 정의의 경제적 효과에 대한 연구들이 많이 나타나고 있다. 도덕심 및 정의감은 상거래를 활성화시킬 뿐만 아니라 경제 활동에 소요되는 비용을 크게 줄여 준다. 경제학적으로 보면 사람들의 도덕심은 매우 귀중한 자원이기도 하다. 최근 '사회적 자본'이라는 용어가 최근 부쩍 유행하고 있는데, 이는 도덕심의 경제적·정치적 유용성을 부각시켜서 구체화한 개념이라고 할 수 있다.[12]

절차적 합리성

기회비용 경시 행태, 근시안적 행태, 정의감 이외에도 애덤 스미스는 《도덕 감정론》에서 현대의 경제학으로는 이해하기 어려운 여러 가지 이상한 현상들을 많이 다루고 있으며, 그 대부분이 오늘날 과학적으로 입증되고 있다. 예를 들면, 사람들은 이익보다는 손실에 더 민감하게 반응하는 성향을 가지고 있다든지, 이익을 얻을 확률은 과대평가하는 반면 손해 볼 확률을 낮게 평가하는 성향이 있다는 애덤 스미스 주장을 구체적으로 증명하는 과학적 증거들이 풍부하게 제시되고 있다.

이와 같이 인간이 그리 합리적이지 못하다는 증거를 경제학의 창시자인 애덤 스미스가 풍부하게 제시했음에도 불구하고 오늘날 경제학계에는 인간의 합리성을 의심하는 학자는 아예 경제학자로 취급하지 않으려는 분위기가 조성되어 있다. 그런 가운데 인간은 합리적으로 행동한다는 경제학의 대전제에 공공연하게 도전한 용감한 경제학자가 있었다. 1978년에 노벨 경제학상을 받은 허버트 사이먼H. Simon 교수가 바로 그 사람이다. 하기는 그는 원래 정치학 박사였고 심리학계에서도 잘 알려진 발군의 과학자였기 때문에 경제학계에서 쫓겨나더라도 밥벌이를 충분히 할 수 있는 학자였다.

사이먼 교수는 경영학 분야에서도 탁월한 연구 업적을 많이 남겼다. 그가 그럴 수 있었던 데에는 보통의 경제학자들이 적당히 보아 넘긴 기업 행태를 날카롭게 파고들었기 때문이다. 그는 기업의 속내를 눈여겨 관찰했다. 그 결과 기업의 실제 행태가 경제학의 주장과 크게 다르다는 것을 알아냈다. 경제학자들은 기업이 철저한 손익 계산을 바탕으로 최대한의 이윤을 추구한다고 막연하게 생각하고 있었지만, 사이먼 교수가 관찰한 바에 의하면 사실은 그렇지 않다. 주주들을 만족시킬 만큼의 이윤이 확보되면 기업은 더 이상 노력하지 않는다. 다만, 이윤이 만족스러운 수준 이하로 떨어질 경우에만 이윤을 올리기 위한 새로운 노력을 경주한다. 기업은 치밀하게 손익 계산을 하지도 않는다. 개략적인 주먹구구 규칙이나 관례에 따라 사업을 한다. 현실에서 이 주먹구구식 규칙이나 관례가 많이 시행되는 이유는 그것이 이윤을 극대화하기 때문이 아니라 그런대로 잘 먹혀들어가기 때문이다. 따라서 더 우수한 규칙이 나오더라도 기존의 규칙을 잘 바꾸지 않는다. 단지 기존의 규칙이 잘 통하지 않을 때에만 이를 더 좋은 것으로 바꾸려고 노력한다.

사이먼 교수의 관찰은 기업뿐만 아니라 보통의 삶을 살아가는 개인에게도 적용된다. 여기에서 중요한 것은, 비록 주먹구구식 규칙과 관례에 따라 기계적으로 행동하는 것이 일견 미련해 보이지만 그렇다고 해서 비합리적이라고 단정할 수는 없다는 점이다. 그 나름대로 합리적인 구석이 있다는 것이다. 예를 들어서, 저녁 식사를 할 때면 꼭 술을 마시는 바이올린 연주가를 생각해 보자. 보통 때는 별 문제가 없지만, 공연을 할 때나 연습할 때 술을 마시면 기량을 제대로 닦을 수도, 발휘할 수도 없다. 따라서 저녁 식사를 하면서 술을 마시는 습관을 계속하면 연주가로서의 생명이 위태로워진다. 그래서 자신의 행동을 반성하고 곰곰이 생각해 본 다음 공연이 있거나 연습이 있는 날에는 아예 저녁 식사를 하지 않기로 굳게 결심했다고 하자. 그리고 이를 기계적으로 실천한다고 하자. 함께 공연하는 동료들이나 연주회를 지원해 주는 스폰서와의 저녁 회식도 사양해 가면서 일단 결심한 것을 철저하게 지킨다고 하면, 과연 이 연주가의 태도를 비합리적이라고 말할 수 있을 것인가?

경제학적으로 보면, 공연이나 연습이 있는 날 저녁때마다 식사를 할 것인지 말 것인지에 대하여 손익 계산을 해 보고 나서 행동해야 합리적이다. 그러나 그러다 보면 애덤 스미스가 지적했듯이 이 연주가의 행동은 열정의 지배를 받게 된다. 당장의 즐거움이 훨씬 크게 느껴지기 때문에 계속 술을 마시게 되고, 결국 연주가로서의 인생을 망치게 된다. 비록 미련해 보이더라도 주먹구구 규칙을 만든 다음 기계적으로 준수하는 것이 더 바람직한 결과를 초래할 수도 있다. 칸트의 사상이나 유교 사상의 입장에서 보면, 순간적 욕망(선호)에 흔들림이 없이 자기 자신에게 부과한 규칙이나 원칙에 의거해서 일관성 있게 행동하는 것은 미덕이기도 하다.

대다수의 일상인은 매사 손익 계산을 해 가면서 행동하기보다는 별 생각 없이 주먹구구 규칙이나 관례에 따라 기계적으로 행동한다. 윤리학자들은 이런 행동도 얼마든지 합리적일 수 있다고 보고 이를 '절차적 합리성'이라고 부르기도 하는데, 사실은 사이먼 교수가 이 용어를 퍼뜨린 장본인으로 알려져 있다.[13] 다만, 사이먼 교수가 말하는 규칙이나 관례는 개인이 생각해 내서 자기 자신에게 부과한 것인 반면, 윤리학자들이 말하는 규칙과 관례는 주로 다수의 사람들이 집단적으로 공유하고 준수하는 사회적 관례, 관습, 규범 등이다. 다시 말해서, 절차적 합리성에 관하여 사이먼 교수가 말하는 규칙이나 절차는 순전히 개인적인 것인 반면, 윤리학자들이 말하는 규칙이나 관례는 사회적인 것이다.[14]

기업이나 개인이 사전에 정해진 규칙이나 관례에 따라 기계적으로 활동하는 이유에 대하여 사이먼 교수는 오늘날 두뇌 과학자들과 비슷한 이야기를 한다. 경제학이 가정하듯이 손익 계산에 따라 최선의 선택을 찾아내기 위해서는 통상 많은 정보와 치밀한 계산이 필요한데, 인간의 정보 수집 및 처리 능력에는 엄연히 한계가 있다는 것이다. 보통 사람들은 고사하고 전문가들에게도 최선의 선택을 알아내는 일 자체가 결코 쉽지 않다. 따라서 사람들은 최선의 대안을 추구하기보다는 그런대로 좋다고 생각하는 대안을 찾는 것으로 만족한다고 사이먼 교수는 주장한다. 이런 요지의 주장이 '만족의 원칙satisficing principle'으로 널리 알려지게 되었다.[15]

바보 같은 행동의 위대함

사이먼 교수의 절차적 합리성이나 만족의 원칙은 학계에 큰 반향을 불러일으켰다. 종래 여러 학자들이 산발적으로 절차적 합리성을 이야기했지만, 사이먼 교수가 이 개념을 좀 더 설득력 있게 만들었다. 이제 절차적 합리성 개념은 종래 경제학이 명쾌하게 설명하지 못한 많은 것들을 설명해 주는 새로운 개념으로 부각되었다. 하지만 정작 경제학자들은 별로 큰 의미를 부여하지 않았다. 사이먼 교수의 주장이 종래 경제학자들이 생각하는 것과 크게 다르지 않다고 보았다. 사이먼 교수의 주장에서 핵심은 정보 수집 및 처리에 있어서 인간의 능력의 한계다. 이런 한계를 명시적으로 인정하고 종래 경제학이 전제해 온 합리성의 개념을 좀 더 넓게 생각하면 된다는 것이다. 실제로 오늘날 대부분의 경제학자들이 말하는 합리성은 정보 수집 및 처리 능력의 한계 안에서 최선을 추구하는 '제한된 합리성'이다.

그러나 종래 윤리학자들이 이야기해 온 절차적 합리성의 개념은 경제학자들이 생각하는 제한된 합리성과 상당히 다르다. 우선, 완전한 합리성이든 제한된 합리성이든 경제학이 상정하는 합리적 인간은 항상 목적을 뚜렷이 의식하고 있지만, 윤리학자들이 생각하는 일상의 인간은 그렇지 않다. 규칙 및 관례가 의도하는 목적이 무엇인지를 잘 의식하지 못한 채 그것을 따르는 경우가 많다. 자신에게 어떤 이익이 있는지도 잘 모르면서 기계적으로 행동하기도 한다. 예를 들면, 개인의 입장에서 보면, 번화가에서 좌측통행 규칙이 더 이익인지 우측통행 규칙이 더 이익인지 알기 어렵다. 굳이 알려고 하지도 않는다. 개인의 입장에서 보면 이래도 좋고 저래도 좋다. 우측통행이 관례라면 사람들은 그냥 남들 따라 우측통행을 한다. 각 개인의 손익 계산에서는 그 어느 것이나 별로 상관이 없지만, 모두들 우측통행의 관례를 지켜 주면 모두에게 큰 이익을 준다. 다시 말해서 각 개인이 계산하지 못하는 큰 이익이 발생한다는 것이다.

심지어 손해임에도 불구하고 그냥 남들 따라 행동하는 경우도 있다. 타자기나 컴퓨터 문자판이 그 한 예이다. 전문가들은 문자판의 알파벳이 비능률적으로 배열되어 있다고 말한다. 더 짧은 시간에 더 많은 문자를 칠 수 있게 하는 문자 배열 방식이 이미 개발되어 있다.[16] 아주 옛날 타자기가 처음 개발되었을 때만 해도 기계가 너무 약해서 고장이 잦았는데, 빨리 글자를 치면 타자기가 잘 망가지기 때문에 일부러 알파벳을 비능률적으로 배열했다는 이야기도 있다. 그렇다면 지금의 알파벳 문자판을 이용하는 것은 각 개인에게 손해다. 그럼에도 불구하고 모든 사람들이 최선이 아닌, 전통적 알파벳 문자판을 고수하고 있다. 설령 더 능률적으로 배열된 문자판이 개발된다고 하더라도 아무도 이를 이용하려고 하지 않는다.

경우에 따라서는 개인적 손익 계산을 떠나서 무조건 준수해 주기를 요구하는 규칙이나 관례도 있다. 선거 참여가 그 대표적인 예이다. 대통령 선거나 국회 의원 선거에서 투표하는 대부분의 사람들은 시민으로서의 의무감 때문에 투표한다. 이렇게 보면, 우측통행 규칙 준수, 컴퓨터 문자판 이용, 투표하기 등, 사람들이 기계적으로 사회적 관례나 규범에 따라 행동하는 이유가 단순히 정보 수집 및 처리 능력의 부족 때문만은 아니라는 것을 알 수 있다.

윤리학자들은 '공유의 위력'에 주목한다. 즉, 개인적 득과 실을 초월해서 다수의 사람들이 그냥 바보 같이 규칙과 관례를 따르고 지켜 주는 것만으로도 엄청난 사회적 이익이 발생한다. 교차로에서 교통 신호가 바뀌기를 기다리는 것이 개인에게는 큰 불편이다. 그렇더라도 손익 계산을 집어치우고 모두 무조건 교통 신호를 지켜 주면, 질서가 유지되고 사고를 방지해 큰 사회적 이익이 발생한다. 길게 보면 개인에게도 이익이다. 그러나 대부분의 사람들은 그런 장기적 이익과 당장의 불편을 비교 분석하고 나서 교통 신호를 지키는 것은 아니다. 그저 규칙이니까 지킬 뿐이다. 교통경찰이 있든 없든 대부분의 사람들이 바보 같이 그 규칙을 지킨다. 그렇지만 그 결과는 바람직하다. 이 바람직한 결과는 개인의 치밀한 계산 덕분이 아니라 개인이 손익 계산을 중단한 덕분이다.

규칙이나 관례는 다수가 바보 같이 준수해 주는 것 그 자체로서 가치를 가진다. 아마도 각 개인의 마음속에 있는 공정한 방관자는 이것을 알고 있을 것이다. 어떤 규칙이나 관례의 사회적 가치에 대하여 대다수 사람들의 마음속에 있는 공정한 방관자들 사이에 공감대가 형성되면, 그 규칙이나 관례는 곧 사회적 규범이 될 것이다. 그리고 각자 마음속의 공정한 방관자는 자기 자신에게 이것을 지킬 것을 요구하게 될 것이다.

3

경제학으로 설명하기 곤란한
이상한 행동들

합리적이라는 말의 뜻

앞장에서 자세히 살펴보았듯이, 경제학은 인간이 손익 계산을 바탕으로 합리적으로 행동한다고 전제한다. 경제학에서 말하는 합리성이란 주어진 목표를 최소의 희생(비용)으로 달성함을 뜻한다. 그러므로 합리적으로 행동하기 위해서는 우선 자신이 원하는 것이 무엇인지를 분명히 알아야 한다. 경제학적으로 말하면, 선호가 분명해야 한다는 것이다. 두 남자를 놓고 어느 쪽이 더 좋은지 몰라서 쩔쩔 매는 여자는 우왕좌왕하게 된다. 그런 여자는 합리적으로 행동하기 어렵다. 설령 결혼하더라도 놓진 남자에 대한 미련이 남아서 두고두고 후회한다면 합리적으로 행동했다고 말하기 어렵다. 대학에 진학할 때 어떤 전공을 선택해야 할지 몰라서 이랬다저랬다 하는 학생은 합리적으로 행동하기 어렵다.

단순히 좋아하는 것과 싫어하는 것을 분명히 아는 것만으로는 부족하다. 일관성이 있어야 한다. 어떤 사람이 햄버거보다는 라면을 더 좋아하고, 라면보다는 김치찌개를 더 좋아한다면 이 사람은 분명히 이 세 가지 음식 중에서 김치찌개를 제일 좋아할 것으로 보이는데 정작 본인은 김치찌개보다는 햄버거가 더 좋다고 말한다면 이 사람이 과연 어떤 것을 가장 좋아하는지를 알 수 없다. 이렇게 좋아하는 것에 일관성이 없는 사람은 합리적으로 행동하기 어렵다. 이런 사람은 남에게 사기 당하기 딱 좋다.[17]

일단 각자 자신이 원하는 바가 분명히 정해졌으면 그 다음에는 그 원하는 바를 가장 잘 달성할 수 있는 방법을 알아야 한다. 즉, 목적을 달성하는 최선의 수단을 알아야 한다는 것이다. 부동산 투기를 해서 돈을 벌기로 작정했다면, 어디에 있는 어떤 부동산에 얼마를 투자하는 것이 가장 좋은지를 잘 알아야 할 터인데 그것을 모른다면 합리적으로 행동하기 어렵다. 실제로 부동산 시장에서 사람들의 행태를 조사해 보면, 별 생각 없이 남들이 좋다니까 무턱대고 따라서 투자하는 사람들이 의외로 많은데, 경제학적으로 보면 그런 사람은 합리적으로 행동한다고 보기 어렵다.

이와 같이 분명한 목적 아래 최선의 수단을 선택할 때 가장 핵심 되는 과정은 손익 계산 혹은 수지 타산이다. 여러 가지 수단이나 방법들 중에서 어느 것이 그 주어진 목적을 가장 잘 충족시키는지, 득과 실을 꼼꼼히 챙겨 봐야 한다. 그러므로 합리적으로 행동하기 위해서는 계산을 잘 해야 한다. 경제학은 사람들이 이와 같이 손익 계산을 잘 한다고 가정한다. 인간이 합리적으로 행동한다는 가정은 경제학의 대전제요, 가장 기본적인 가정이다. 그렇기 때문에 두뇌 과학자나 신경 심리학자들이 이런 합리성 가정을 부정하는 과학적 증거를 무수히 내놓아도 심정적으로 이를 선뜻 받아들이기가 어려울 수밖에 없다. 물론, 경제학자라고 해서 똑같이 인간의 합리성을 굳게 믿는 것은 아니다. 약간의 견해의 차이는 있다. 예를 들면, 앞에서 소개한 민물 경제학자들은 경제적인 결정에 관한 한 인간이 합리적이라고 굳게 믿는 반면, 짠물 경제학자들은 가끔은 인간이 비합리적일 수 있음을 어느 정도 인정한다. 하지만 생각하고 계산할 충분한 시간을 주면 대체로 사람들은 합리적으로 행동한다고 짠물 경제학자들도 인정한다.

애인을 만날 때는…

인간이 합리적으로 행동한다는 말은 자신의 원하는 바를 분명하게 알고 있으며, 그것을 달성하는 최선의 방법을 알고 있음을 의미한다고 하는데, 그렇다면 일상생활에서 사람들이 과연 각자 자신이 원하는 바를 분명하게 알고 행동할까? 만일 각자 분명하게 자신이 원하는 바를 확실하게 알고 있다면(달리 말해서 목적이 분명하다면), 아무런 관계가 없는 하찮은 요인이나 쓸데없는 것의 영향을 받아서 이랬다저랬다 휘둘리지 말아야 한다. 그러나 사람들의 일상 행태를 보면 아무런 관계가 없는 우연한 요인의 영향을 받아 이리저리 휘둘리는 경우가 적지 않을 뿐만 아니라 이런 심리를 잘 이용하면 사람들을 마음대로 움직일 수도 있다.

  예를 들어 보자. 어떤 청년이 두 여자를 놓고 고민하고 있는데, 한 여자(A)는 부잣집 딸이지만 외모가 평범한 반면, 다른 한 여자(B)는 미인이지만 가난한 집 딸이라고 하자. 돈을 선택하자니 미모가 아깝고, 미모를 선택하자니 돈이 아까워서 이 청년은 이러지도 저러지도 못하고 우물쭈물하는 통에 두 여인이 속상해 있다고 하자. 그러나 만일 그 두 여인 중에서 한 여인이 심리학 지식을 가지고 있다면 이 청년으로 하여금 우물쭈물하는 태도를 끝내고 선뜻 자기를 선택하게 만들 수 있다. 예컨대 그 여인이 부잣집 딸(A)이라면, 그 청년을 만나러 나갈 때 친구를 데리고 나가되, 재력이나 외모 면에서 자신보다는 현저하게 못하지만 경쟁 관계에 있는 B(미모의 여인)보다는 훨씬 재력이 빵빵한 친구를 들러리로 데리고 나가는 것이다. 청년은 자연스럽게 그 들러리와 부잣집 딸(A)

을 비교해 보게 된다. 재력으로 보나 외모로 보나 모든 면에서 이 부잣집 딸이 들러리보다 훨씬 낫다는 것을 느끼는 순간 갑자기 부잣집 딸이 돋보이는 반면, 그 들러리와 미모의 여자(B)는 잘 비교가 되지 않기 때문에 미모의 여자가 그리 대단해 보이지 않는다. 따라서 청년의 마음이 갑자기 기울면서 미모의 여자보다는 부잣집 딸을 선뜻 선택하게 된다.

이 경우, 부잣집 딸이 데리고 나온 그 들러리는 말 그대로 들러리일 뿐이다. 선택 대상도 아니요(이미 결혼한 여자다), 다른 두 여인의 특성에 어떤 변화가 있었던 것도 아니다. 그냥 가만히 옆에 앉아 있기만 했을 뿐이다. 그럼에도 불구하고 결과적으로 청년의 선호를 특정 방향으로 바꿈으로써 그의 선택을 재촉하는 데 결정적이었다. 다시 말해서 전혀 무관한 요인에 의해서 청년의 선호가 영향을 받았다는 것이다.

왜 이런 이상한 결과가 나오는가? 심리학에 의하면 우리 인간에게는 이것저것 늘 비교하는 성향이 있다. 우리는 어떤 절대적 판단 기준에 의해서 뭔가를 선택하는 일은 거의 없다. 왜냐하면, 우리의 머릿속에는 물건의 고유 가치를 알려 줄 계측기가 없기 때문이다. 따라서 항상 다른 것과 비교하면서 가치를 매긴다. 인간의 두뇌는 그렇게 구조화되어 있다는 것이다. 예를 들어서, 칠판에 원을 하나 그려 놓고 학생들에게 얼마나 크냐고 물으면 모두들 어리둥절해한다. 하지만 그 원 주위에 더 큰 원들을 둘러놓고 물으면 그 원이 작다고 말하는 반면, 주위에 더 작은 원들을 둘러놓고 물으면 그 원이 크다고 말한다.(《그림 3-1》참조)

또 한 가지 중요한 사실은, 서로 비교하기 쉬운 것들만 비교하려고 들며, 비교가 잘 되지 않는 것은 잘 저울질하지 않는 성향도 있다는 것이다.[18] 부잣집 딸은 바로 이런 인간의 성향을 잘 이용하여 청년의 선호를 자신에게 유리하게 바꿀 수 있었던 것이다. 사실 이 부잣집 딸의 꾀는 별로 특별한 것이 아니다. 많은 사람들이 이미 알고 있고, 실제로 자주 써먹는 수법이기도 하다. 연애를 하고 있는 청춘 남녀들이 애인을 만나러 나갈 때는 자기보다 못한 친구를 데리고 나가야 한다는 것쯤은 상식적으로 알고 있다.

좀 경제학적으로 말하면, 들러리가 나타나기 전에는 A와 B는 무차별 곡선 상에 있었다. 그러나 선택과는 아무런 상관이 없는 들러리가 등장하자마자 청년은 결과적으로 B보다는 A를 더 선호하게 되었다. 그러면 더 이상 A와 B는 무차별 곡선 상에 있지 않다. 선택과는 아무런 관계가 없는 들러리의 등장으로 무차별 곡선 자체가 갑자기 사라져 버렸다. 무차별 곡선은 경제학 교과서마다 나타나는 곡선이다. 경제학 원론 강의를 듣는 학생들은 그 따분하고 아리송한 무차별 곡선 이야기를 귀가 따갑게 들어야 했고, 경제학 교수는 칠판에 무차별 곡선을 수없이 그려야 했다. 그러나 그렇게 무관하고 하찮은 요인으로 무차별 곡선이 있기도 하고 없기도 하다면 그런 곡선이 현실적으로 무슨 의미가 있는가? 이제는 경제학 교과서에서 무차별 곡선을 빼 버려야 한다.

경제학은 선택의 상황에 직면했을 때 어떤 것이 좋고 어떤 것이 나쁜

그림 3-1 | 상황에 따라 크기가 달라보인다

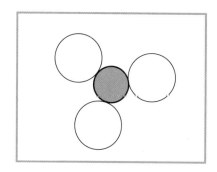
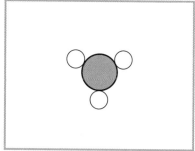

지(혹은 똑같은지)를 사람들이 늘 분명히 알고 있다고 가정하지만, 사실 일상생활에서 보면 선호가 분명치 않은 경우도 많다. 어느 대학 어느 학과로 진학할지, 어느 회사에 취직할지, 결혼을 할 것인지 말 것인지, 애를 낳을 것인지 말 것인지, 이혼할 것인지 말 것인지 등 수없이 많은 선택의 기로에서 어찌할 바를 모르고 방황하는 일이 한두 번이 아니다. 하다못해 친구들과 음식점을 갈 때도 뭘 먹을지를 물으면 "아무 거나."라고 대답하기 일쑤인데, 뭘 먹으면 좋을지 잘 몰라서 은근히 상대방이 일방적으로 결정해 주기를 바랄 때 이런 말을 자주 쓴다.

공짜라면 양잿물도…

심리학의 연구 결과에 의하면, 대부분의 사람들은 자신이 원하는 것을 콕 집어 말하지 못한다. 어떤 특정 상황이 조성될 때 비로소 자신이 원하는 것을 알게 된다는 것이다. 마치 깜깜한 밤에 비행기가 공항에 착륙할 때는 유도등이 켜져 있는 활주로를 따라 내려앉듯이, 우리의 선호 역시 상황이나 유도등의 역할을 하는 것에 의해서 결정되는 경우가 많다. 예를 들어서 고급 음식점에 들어가 자리에 앉으면 우선 메뉴판을 쭉 훑어본다. 대략 감을 잡으면 음식을 선택하는데, 마치 비행기가 양쪽으로 늘어선 유도등의 가운데로 내려앉듯이 사람들도 메뉴판에 적힌 음식들 중에서 중간쯤에 적힌 음식을 선택하는 경향이 있다. 그래서 아주 비싼 음식이나 아주 저렴한 것은 잘 선택하지 않는다.

음식점 주인들도 이런 인간의 심리를 알고 잘 이용해 먹는다. 예를 들어서 특별히 많이 팔고 싶은 품목이 있을 때는 이것을 의도적으로 메뉴판 가운데에 올려놓고는 바로 그 위에 아주 비싼 음식을 슬쩍 적어 놓으면 효과가 좋다. 이와 같이 내가 과연 무엇을 좋아하는지는 주변 상황이 어떠하며 어떤 유도등이 켜지느냐에 의해서 결정된다. 인간은 사물을 인식할 때 항상 주변의 다른 것과 관련짓는 버릇이 있기 때문이다. 따라서 상황을 적절히 조작하고 유도등을 적절히 바꾸면 사람들의 선호를 얼마든지 특정 방향으로 바꿀 수 있다는 이야기가 된다.

이런 사실을 입증하는 실험이 많이 있는데, 비근한 예를 하나 들어 보자. 어느 식료품 가게에서 멸치를 한 상자에 5만 원, 그리고 굴비 한 두름과 멸치 한 상자를 한데 묶어서 12만 원에 팔고 있다고 하자. 그러면 대부분의 고객들은 굴비-멸치 조합이 너무 비싸다고 생각하고 달랑 멸치 한 상자만 사들고 간다. 이럴 경우, 고객의 마음을 흔들어서 굴비-멸치 조합이 잘 팔리게 만드는 방법이 있다. 즉, 한쪽에 5만 원짜리 가격표가 붙은 멸치 상자들을 늘어놓고, 그 옆에 12만 원짜리 가격표를 붙인 굴비-멸치 조합을 늘어놓은 다음, 그 사이에 12만 원짜리 가격표를 붙인 굴비 두름들을 슬쩍 끼어놓는 것이다. 고객들이 보기에는 굴비 한 두름의 가격도 12만 원이요, 굴비 두름에 멸치 한 상자를 덧붙인 묶음도 12만 원이다. 그렇다면, 굴비-멸치 조합을 구매할 경우 멸치 한 상자를 공짜로 얻게 된다고 고객들을 생각한다. 따라서 대다수의 고객들이 굴비-멸치 조합을 선뜻 선택하게 된다. 왜 그런가? 많은 사람들이 공짜라면 사족을 못 쓰기 때문이다. 오죽하면 "공짜라면 양잿물도 먹는다."는 말이 있을까.

이 예에서 12만 원짜리 가격표가 붙은 굴비 두름을 끼어 넣느냐 마느냐에 따라 고객의 선택이 크게 달라진다. 이 굴비 두름은 고객의 선호를 바꾸기 위한 '미끼'에 불과하다. 이런 종류의 단순한 미끼가 사람들의 선호를 크게 바꾼다는 사실이 수많은 실험에 의해서 확인되면서 '미끼 효과'니 '공짜 효과'니 하는 말들이 생겨났다. 이런 효과가 사실이라면 경제학이 가정하듯이 사람들이 과연 확고한 선호를 가지고 있는지를 의심하지 않을 수 없다. 이 효과는 경제학적으로는 설명하기 곤란한 이상한 현상이라서 경제학자들은 잘 인정하지 않고 있지만, 일상생활에서 많은 사람들이 실제로 이렇게 이상하게 행동하고 있으니 어찌하랴.

공짜 효과를 확실하게 보여 주는 수많은 실험들 중에 또 하나를 살펴보자.[19] 미국 사람들은 비싼 스위스산 초콜릿을 아주 좋아한다고 하는데, 이 실험에서는 피실험자들에게 스위스산 초콜릿과 미국산 초콜릿을 제시하고 선택하게 했다. 첫 번째 실험에서 스위스 초콜릿에는 개당 15센트, 미국 초콜릿에는 개당 1센트의 가격을 붙였다. 그랬더니 73%가 스위스 초콜릿을 선택했다. 두 번째 실험에서는 모든 초콜릿의 가격을 일률적으로 1센트씩 낮추어서 제시했다. 그러면 스위스 초콜릿은 개당 14센트가 되고, 미국 초콜릿은 공짜가 된다. 그랬더니 이번에는 69%가 미국 초콜릿을 선택했다. 미국 초콜릿이 공짜가 아닐 때는 대다수의 사람들이 스위스 초콜릿을 선택한 반면, 공짜일 경우에는 대다수의 사람들이 미국 초콜릿을 선택했다. 단순히 가격을 일률적으로 1센트씩 내렸지만 사람들의 선택은 크게 달라졌다. 사람들의 선호가 경제학이 전제하듯이 그렇게 확고한지를 다시 한번 더 의심케 한다.

'아' 다르고 '어' 다르다

굳이 미끼를 끼어 넣을 필요도 없이 상품의 내용을 설명하는 표현만 약간 바꾸어도 사람들의 선택이 크게 달라지기도 한다. 요즈음 다이어트가 크게 유행하면서 음료수의 당분 함량에 사람들이 신경을 쓴다. 그래서 모 재벌 회사가 당분의 농도를 5%로 낮춘 새로운 주스를 개발한 다음 '5%의 당분 포함'이라는 딱지를 붙여서 시중에 내놓았더니 시장을 완전히 장악하게 되었다고 하자. 하지만 심리학 지식을 이용하면 하루 아침에 이 상품을 시장에서 몰아낼 수 있다. 똑같은 내용의 주스에 '5% 당분 포함'이라는 딱지 대신에 '95% 무가당'이라는 딱지를 붙여서 시중에 내놓으면 그만이다. 표현만 다를 뿐 두 주스의 당분 농도는 동일하다. 그러나 대부분의 사람들은 아주 다르게 느낀다. '5% 당분 포함'은 왠지 꺼림칙하게 느껴지고 '95% 무가당'은 아주 삼빡하게 느껴진다. 그래서 압도적 다수가 '5%의 당분 포함' 주스보다는 '95% 무가당' 주스를 선택한다는 사실이 실험 결과로 확인되었다. 만일 사람들이 합리적이라고 한다면 이 두 가지 주스에 대하여 차별하지 않아야 하지만 현실은 전혀 그렇지 않다.

사람들의 선택이 하찮은 것에 의해서 쉽사리 바뀌는 또 한 가지 예를 들어 보자. 600명의 전염병 환자가 발생했는데, 두 가지 치료법이 있다고 하자. 하나는 200명의 생명을 살리는 치료법이라고 설명하고, 다른 하나는 400명을 죽게 하는 치료법이라고 설명하면, 대부분의 사람들이 200명을 살리는 치료법을 선택한다. 600명 중에서 200명을 살리는 방법이나 400명을 죽이는 방법은 결국 효과가 같은 방법이다. 이와 같이 내용은 같지만 표현을 달리함으로써 선택을 뒤바뀌게 하는 효과를 행태 경제학에서는 '프레임 효과frame effect'라고 한다. 이 프레임 효과는 일상생활에서 아주 자주 나타나는 현상이기 때문에 행태 경제학에서 중요한 연구 분야가 되고 있다. 이 프레임 효과에 관해서는 다음과 같은 유명한 우스갯소리가 있다.[20]

A신도: "목사님, 기도하는 동안 담배를 피워도 됩니까?"

목사: "(화를 내며 꾸짖는 목소리로) 그건 절대 안 됩니다. 기도를 한다는 것은

하나님과 대화를 하는 건데 감히 하나님 앞에서 담배를 피우다니요. 천만의 말씀입니다."

B신도: "목사님, 그러면 담배를 피우는 동안 기도를 해도 됩니까?"

목사: "(환하게 웃으며 상냥한 목소리로) 그럼요, 물론이지요. 기도를 하는 데 때와 장소를 가릴 필요가 있나요. 틈만 나면 기도하십시오. 밥을 먹기 전에도 기도하시고, 밥을 먹으면서도 기도하시고, 밥을 먹은 다음에도 기도하십시오."

기도를 하는 동안 담배를 피우는 것이나 담배를 피우는 동안 기도를 하는 것이나 결국 같은 행동이 아닌가. 하지만 목사님의 반응은 정반대다. 어떻게 보면, 광고란 이 프레임 효과를 최대한 활용하는 판촉 수법이라고 할 수 있다. 즉, 내용과 관계없이 포장만 잘 해서 소비자들의 선호를 확 바꾸는 것이다. 만일 소비자들이 광고에 현혹되지 않고 오직 상품의 질과 가격에 입각해서 합리적으로 냉정하게 선택한다고 하면, 아마도 많은 광고업체들은 문을 닫아야 할 것이다. 물론, 광고의 효과가 너무 과장되어 있다고 주장하는 경제학자들도 있다. 업계의 광고비 지출이 매출액의 0.01%에도 미치지 않는 사소한 규모이기 때문에 그 효과도 대수롭지 않다는 것이다. 그러나 0.01%에도 못 미치는 사소한 금액으로 엄청난 판촉 효과가 발생하기 때문에 대기업들이 광고에 사활을 건다는 점을 이 경제학자들은 간과하고 있다.

이와 같이 상품의 질이나 가격과 전혀 관계가 없는 아주 하찮은 요인, 예컨대 광고에 의해서 소비자들의 선호가 이리저리 바뀌고, 그 결과 소비자들의 선택도 획 획 바뀐다고 하면, 그런 소비자들을 보고 과연 합리적이라고 말할 수 있을 것인가? 설령 합리적이라고 한들 경제학자들의 말대로 그런 소비자의 선택 내지는 선호를 절대적으로 신성시해야 할 것인지 고개를 갸우뚱하게 된다.

경제학의 한 가지 중요한 특징은 인간(소비자)의 욕망을 절대시하고 신성시한다는 것이다. 그 욕망이 어떻게 형성되었는지, 그 욕망이 옳은지 그른지 일절 묻지 않는다. 한쪽에서는 수많은 사람들이 먹을 것이 없어서 굶어죽는 판에 단순히 피부 미용을 위해서 우유로 목욕을 하고 싶어 하는 부잣집 마나님의 욕망을 어떻게 생각해야 할 것인가. 아마도 많은 서민들은 눈살을 찌푸리겠지만 경제학은 그런 것에 개의치 않는다. 집 한 칸 없는 사람들이 수두룩한데 단순히 남들 앞에서 으스대고 싶어서 27억 원짜리 시계를 사는 속물 욕망에 대해서도 경제학은 아무런 탓도 하지 않는다.

주먹구구

일본의 어느 교수는 학생들에게 유엔에 가입한 흑인 국가의 비율을 물어보았다. 그리고 나서 답지에 학생증의 번호 뒷자리 두 숫자를 써넣은 다음 답을 쓰라고 요구했다. 그랬더니 이상한 결과가 나왔다. 즉, 학생증 끝 두 자리 숫자가 크면, 학생이 대답하는 흑인 국가의 비율도 높아지는 경향이 있었다. 달리 말하면, 학생들이 대답한 흑인 국가의 비율과 학생증 번호 사이에는 높은 상관관계가 있었다는 것이다. 물론, 흑인 국가의 비율과 학생증 번호 사이에는 아무런 관계가 없다. 그런대도 높은 상관관계가 있었다는 것은 학생증 번호가 대답에 분명히 영향을 주었음을 의미한다. 달리 말하면, 학생증 끝 번호가 흑인 국가 비율의 추정에 근거가 되었다는 것이다. 이와 비슷한 현상이 수많은 실험에서 일관성 있게 관찰되면서 이른바 '기준점 효과anchoring effect'라는 말이 나왔다.

왜 이런 현상이 나타날까? 사람들은 얼른 혹은 쉽게 머리에 떠오르는 생각대로 행동하는 경향이 매우 강하다. 달리 말하면, 직감에 따라 행동하거나, 설령 사전에 손익 계산을 한다고 해도 주먹구구식으로 계산하고 행동하는 성향이 강하다는 것이다. 미국에서 타살이 많은가 자살이 많은가를 미국인에게 물으면, 거의 백발백중 타살이 많다고 대답한다. 아마도 언론에 나타난 살인 기사들이 얼른 머리에 떠오르기 때문일 것이다. 달리 말하면, 대부분의 사람들이 언론에 나타난 살인 기사의 빈도를 대푯값으로 간주하고 태연하게 이런 틀린 대답을 한다는 것이다. 전문가들은 이런 주먹구구식 판단을 '휴리스틱heuristic'이라고 부른다. 주먹구구식 판단이 매우 다양하게 그리고 광범위하게 일상생활에서 나타나기 때문에 이에 대한 연구가 행태 경제학에서 또 하나의 중요한 연구 분야가 되고 있다.

돈에도 딱지가 붙어 있다?

똑같은 돈인데도 똑같이 취급하지 않는 이상한 행동도 심심치 않게 볼 수 있다. 예를 들면, 열심히 일해서 번 돈은 아껴 쓰는 반면 공짜로 얻은 돈은 헤프게 쓰는 경향이 있다. 한편으로는 자녀의 학자금을 마련하기 위해서 열심히 저축해 두었으면서, 남편이 수술을 받고 퇴원할 때쯤 병원비 마련을 위해서 은행으로 달려가서 억지로 돈을 빌리는 주부를 보고 경제학자들은 어리석다고 말할 것이다. 굳이 은행에서 가서 돈을 빌릴 필요 없이 모아놓은 학자금을 헐면 그만이 아닌가? 하지만 이 주부의 행동과 같은 이상한 행동이 우리 주위에 늘 있는 일이니 어찌할 것인가.

구체적으로 과학자들이 실험해 본 예를 하나 살펴보자. 고급 볼펜을 사러 문구점에 갔더니 하나에 3만 원이었다. 옆에 있던 친구가 버스 한

정거장 떨어져 있는 문구점에 가면 2만 원에 살 수 있다고 알려 주었다. 그러면 대부분의 사람들은 만 원을 절약하기 위해서 한 정거장 걸어서 다른 문구점으로 간다. 이번에는 양복점에 갔더니 한 벌에 50만 원이었다. 옆에 있던 친구가 버스 한 정거장 떨어진 가게에서는 49만 원이라고 귀띔해 주었다. 이럴 경우 대부분의 사람들은 다른 옷 가게를 찾아가지 않는다. 똑같이 만 원이 절약되지만 볼펜의 경우에는 한 정거장 걸어가는 수고를 마다하지 않는 반면, 양복의 경우에는 그런 수고를 하지 않는다. 볼펜에서 절약되는 만 원이나 양복에서 절약되는 만 원이나 결국 똑같은 만 원이 아닌가. 그런데도 대부분의 사람들은 그렇게 생각하지 않는다.

더 이상한 실험의 예를 들어 보자. 꼭 가 보고 싶은 음악회가 열리는데, 입장권이 5만 원이라고 하자. 두 가지 경우를 생각해 보자. 우선, 극장에 가다가 소매치기를 당해서 5만 원을 잃었다고 하자. 어떻게 할 것인가? 다음으로, 무사히 극장 앞에 가서 입장권을 사놓은 후 근처에서 차를 한 잔 마시는 동안 입장권을 잃어 버렸다고 하자. 어떻게 할 것인가? 경제학적으로 보면, 5만 원의 손실이 있었다는 점에서 이 두 경우에 아무런 차이가 없다. 단지 손실의 형태가 앞의 경우에는 현금이고 뒤의 경우에는 입장권일 뿐이다. 따라서 경제학적으로 보면, 이 두 경우에 다르게 행동할 이유가 하나도 없다. 하지만 실험 결과에 의하면, 대부분의 사람들이 경제학의 예상과는 다르게 이상하게 행동한다. 현금을 잃었을 때는 이에 개의치 않고 표를 사서 음악 감상을 하러가는 반면, 입장권을 잃었을 때는 음악회를 포기한다. 왜 그럴까? 입장권을 잃었을 때 입장권을 또 산다면, 대부분의 사람들은 같은 음악회에 돈을 두 번 지불하는 것으로 생각한다. 반면에, 현금을 잃었을 때에는 그렇게 생각하지 않는다. 마치 사람들은 마음속에 현금 계정과 음악회 계정을 따로 설정해 놓고 각 계정별로 독립 채산제를 채택하고 있는 것처럼 행동한다. 이런 예에서 보듯이 사람들은 포괄적으로 생각하기보다는 단편적으로 생각하는 경향이 강하다는 사실이 수많은 실험 결과에서 밝혀졌다.

애덤 스미스의 정신으로 되돌아 가자

물론, 기존의 경제학 이론으로 행태 경제학자들이 제시하는 이런 수많은 이상한 행동들을 억지로 설명하려면 설명할 수도 있다. 다만, 기존 경제학이 전제하는 기본 가정들을 비틀거나 내용을 확대해야 한다. 자식에 대한 어머니의 헌신적 사랑을 예로 들어 보자. 보통 사람들이 생각하기에 모든 어머니는 오직 자식이 잘 되기만을 바라면서 자식을 위해서 헌신하는 사람이다. 자식들은 그런 어머니의 헌신과 사랑을 눈물겨워 하면서 일생 마음에 간직하고 산다. 어머니라는 존재는 일생 마음의 의지가 된다. 그래서 어머니 이야기를 좀 깊이 하다 보면 대부분의 사람들이 곧 눈시울을 붉힌다. 어머니 이야기를 하다가 눈물을 줄줄 흘리는 배우들의 모습을 TV에서도 여러 번 보았을 것이다.

그러나 경제학의 틀에서 보면, 어머니가 추구하는 것은 오직 자신의 이익이다. 자식이 잘 되는 것이 곧 자신에게도 이익이 된다는 계산이 나왔기 때문에 그럴 뿐이다. 만일 자신의 이익과 자식의 이익이 상충되면 과감하게 자식의 이익을 버리고 자신의 이익을 추구하는 것이 경제학의 어머니 상象이다. 물론 이런 타산적 어머니의 상을 바탕으로 이론을 만들면, 어머니의 이타적 행위나 자식에 대한 헌신을 잘 설명하고 예측할 수 있을 것이다. 따라서 별 문제가 없어 보인다.

그러나 과연 그럴까? 설령, 그런 타산적 어머니 상을 바탕으로 한 이론이 모든 어머니의 행태를 아주 잘 설명하고 잘 예측한다고 해 보자. 사람들은 그 이론을 믿을 것이다. 그러면서 그 이기적, 타산적 어머니의 상도 믿게 된다. 즉, 어머니는 자신에게 이익이 되니까 자식에게 헌신할 뿐이라고 사람들이 생각하게 된다. 이렇게 생각하면 자식은 어머니의 헌신적 봉사에 대하여 굳이 감사할 마음이 없어진다. 결국, 어머니는 자기 잇속을 차렸을 뿐이며, 모자 관계는 상호 이익을 도모하는 관계로 전락한다. 어머니와 자식의 관계가 장바닥에서의 인간관계와 하등 다를 바가 없어진다. 하지만 어머니와 자식의 관계를 상호 이익 추구의 관계로 보는 사람들로 구성된 사회와 어머니 이야기만 나오면 눈물을 줄줄 흘리는 사람들로 구성된 사회, 과연 어느 사회가 더 살기 좋고 행복한 사회일까?

장바닥에서 사람들 사이의 거래에는 상대방에 대한 감사의 마음이 없다. 백화점에서 물건을 사면서 주인에게 감사하는 사람은 없다. 충분히 돈을 지불했기 때문이다. 백화점 주인도 고객에게 진심으로 고마워하지 않는다. 자기들이 좋아서 물건을 샀다고 생각하기 때문이다. 시장에는 오직 차가운 계산만 있을 뿐 감사하는 마음이나 따뜻한 인간애 따위는 애당초 없다. 정통 경제학자나 신자유주의자는 우리 사회에 시장의 영역을 계속 넓혀가야 한다고 늘 주장한다. 이 말은 우리 사회를 온정적 인간관계 대신에 차가운 계산을 바탕으로 한 인간관계로 채워 넣자는 뜻으로 들린다.

어떻든 이와 같이 사람들이 추구하는 목적의 내용을 넓게 잡으면 이타적인 행동도 얼마든지 경제학적으로 설명이 가능해진다. 그러나 여기에는 또 하나의 심각한 문제가 있다. 그렇게 할 경우 경제학은 과학이기를 포기해야 한다. 이 세상의 모든 것을 설명하는 이론이요, 항상 옳은 이론이 되어 버리기 때문이다. 어머니와 자식을 상호 이익 추구의 관계로 가정하는 이론은 어머니의 모든 행동을 정확하게 설명하는 항상 옳은 이론이 된다. 하지만 항상 옳은 이론은 과학이 아니요, 우리에게 아무런 도움도 되지 않는다. "내년에는 경기가 좋아질 수도 있고, 나빠질 수도 있다."라는 주장이나 "내일은 비가 오거나, 오지 않는다."라는 주장은 항상 옳은 주장이다. 하지만 이런 주장은 우리가 어떻게 행동해야 할 것인지에 대해서는 아무런 도움이 되지 않는다. 아무리 논리적이고 정교한들 알맹이가 없고, 따라서 우리에게 아무런 도움이 되지 않는 이론은 필요 없다. 우리에게 진정 필요한 것은, 설령 틀릴 가능성이 있더라도 내일 비가 올 것인지 아닌지를 분명하게 이야기해 주는 예보요, 내년에 경기가 나빠질 것인지 아닌지를 분명하게 알려 주는 이론이다.

모든 것을 설명하는, 항상 옳은 이론은 과학이 아니라 종교나 점술占術이다. 종교는 모든 것을 하나님의 뜻으로 설명한다. 하나님의 뜻은 항상 옳다. 암에 걸리지 않으면 하느님의 축복을 받았다고 말하며, 암에 걸리면 하느님의 부름을 받아 하늘나라로 돌아가는 축복을 받았다고 말한다. 점쟁이의 말도 항상 옳게 되어 있다. 금년 봄에 죽을 운이라고 점쟁이가 예언을 했는데도 겨울까지 살아 있으면, 여분의 인생을 살고 있으니 얼마나 다행이냐고 말한다. 대학에 틀림없이 합격한다는 점괘가 나왔는데, 실제로는 떨어졌다면 복채가 부족해서 그랬다고 말한다. 복채가 부족했다는 것은 정성이 부족했다는 뜻이라고 토를 단다.

경제학자들, 특히 민물 경제학자들 중에는 현실 문제에 대해 목사나 점쟁이 같이 말하는 사람들이 자주 보인다. 인간의 합리성을 전제하는 기존의 경제학 이론으로 설명하기 어려운 이상한 현상이 나타나거나 반론이 제기되면, 그 전제는 바꾸지 않는 채 이상한 방법으로 이것을 억지로 설명하려고 애를 쓴다. 그러다 보면 모든 것을 설명하는, 항상 옳은 이론으로 전락하기 십상이다. 많은 경우 이런 노력은 임시변통이며, 이론의 유용성을 크게 떨어뜨린다. 아무런 유용성도 없는, 애매모호한 이론만 늘어놓는 경제학자에게 진저리가 난 미국의 트루먼 대통령은 외팔이 경제학자를 찾아보라고 측근들에게 부탁했다는 이야기가 전해진다.[21] 양손으로 이것도 지적하고 저것도 지적하면서 항상 옳은 말만 하는 경제학자보다는 한 손으로 이거냐 저거냐를 분명하게 지적해 주는 경제학자가 그는 필요했던 것이다.

애덤 스미스는 인간 심리에 대한 예리한 통찰력을 바탕으로 경제 현상을 설명하려고 노력했다. 현대의 경제학자들은 그를 경제학의 시조라고 추켜세우고 있지만, 그의 이론에는 현대의 경제학과는 달리 경제학과 심리학 그리고 철학이 불가분의 한 덩어리를 이루고 있었다. 그러나 지난 200여 년 동안 정통 경제학자들은 《도덕 감정론》의 가르침은 알지 못한 채, 《국부론》의 가르침만 발전시켰다. 그런 가운데 경제학은 심리학으로부터 떨어져 나가 버렸다. 심리학은 고도로 발달된 실험 방법과 통계 분석에 의거해서 실제 인간의 행태를 연구하는 대단히 현실적인 학문으로 발전한 반면, 경제학은 고등 수학을 이용하여 이론을 정교화하는 추상적 학문으로 발전했다. 이렇게 현실의 인간 행태에 바탕을 둔 실천적 학문과 결별하고 경제학이 독자적인 길을 걷다 보니 오늘날 우리 일상생활과 동떨어진 비현실적 학문으로 전락했다는 비판을 받고 있다.

나행히 인간 심리에 대한 통찰력을 바탕으로 경제 현상을 설명하려는 전통이 사라지지 않고 면면히 이어졌으며, 현대의 행태 경제학자들은 한발 더 나아가 첨단 두뇌 과학이나 신경 과학의 발견을 바탕으로 경제학의 지평을 넓혀 보려는 노력을 계속하고 있다. 이 결과 《도덕 감정론》에서 인간 심리에 관하여 애덤 스미스가 보여준 예리한 통찰력의 흔적을 오늘날 행태 경제학이나 행복 경제학을 비롯한 여러 첨단 연구 분야에서 고스란히 찾아볼 수 있다.

4장

지가 상승을
몰락의 징조로 본
학자들

recall
the economics

1
역사상 최고로 멋있는 경제학자, 데이비드 리카도

나무만 보지 말고 숲도 보라

땅이라고 하면 대부분의 서민들은 으레 부동산 투기와 거품을 연상하며, 정부가 무언가 강력한 조치를 취해 주기를 기대한다. 조금 유식한 서민들은 부동산 투기가 빈부 격차를 심화시킨다고 걱정한다. 그러나 요즈음 대부분의 경제학자들은 이런 것들에 별로 신경을 쓰지 않는다. 이들은 오직 한정된 국토를 어떻게 잘 이용할 것인가, 즉 토지의 효율적 이용에만 집착하고 있다. 그러나 이들 현대 경제학자들이 할아버지로 모시는 초창기 경제학자들은 오히려 오늘날의 일반 서민들과 비슷하게 생각했다. 이 할아버지 경제학자들은 국민 경제 전반의 움직임과 소득 분배의 차원에서 토지 문제를 바라보고 자본주의 미래를 점쳐 보는 거창한 이론을 제시했다.

어떻게 보면, 토지 문제에 관한 한 경제학은 퇴보했다고 말할 수 있다. 할아버지 경제학자들이 주로 숲을 보았던 반면, 오늘날의 경제학자들은 나무만 보고 있다고 할 수 있다. 오늘날 대부분의 경제학자들은 토지 시장만 뚫어져라 쳐다볼 뿐, 토지 시장이 금융 시장과 밀접하게 연결되어 있고, 이 결과 토지 시장의 문제가 금융 시장을 통해서 산업 전반으로 파급되면서 국민 경제를 뿌리 채 흔들 가능성을 외면하고 있다. 나무만 너무 열심히 들여다보다가 숲에 대한 할아버지의 이야기를 모두 내동댕이친 꼴이다. 앞에서 오늘날의 경제학자들이 세계 경제 위기를 전혀 예측하지 못함으로 비난을 듣고 있다고 언급한 바 있다. 경제학자들이 할아버지가 숲에 대하여 들려주었던 이야기에 조금만이라도 귀를 기울였다면 그런 비난은 듣지 않았을 것이다. 특히 데이비드 리카도의 이야기를 귀담아 들었어야 했다.

역대 경제학 대가들 중에서 돈을 가장 많이 벌었던 경제학자를 꼽는다면 아마도 리카도와 케인스가 빠지지 않을 것이다. 돈을 많이 벌었다든가, 유머 감각이 뛰어났다든가, 두뇌 회전이 빨랐다든가, 사람들과 잘 어울렸다든가, 상아탑에 안주하지 않았다는 점에서 이 두 사람은 아주 비슷했지만 출신 배경은 전혀 달랐다. 케인스는 부자 명문가 태생인데다가 그 자신도 명문 대학 출신이었지만, 리카도는 천대받던 유대인 가문 태생인데다가 어려서부터 장바닥에서 떠돌던 장돌뱅이 출신이었다. 대학은 꿈도 꾸지 못했을 것이다. 그러나 장돌뱅이 신세로부터 최고의 부자, 최고의 석학, 그리고 열정적 정치가에 이르기까지 다양한 체험을 가졌던 탓인지 리카도는 왜 어떤 사람은 가난하고 어떤 사람은 부자가 되는지에 대하여 각별한 관심을 가졌다. 그래서 그는 그의 주저인 《정치 경제학과 조세의 원리》의 첫머리에서부터 소득 분배를 결정하는 요인에 대하여 적절한 대답을 주는 것이 경제학이라는 학문이 반드시 풀어야 할 가장 중요한 숙제라고 주장했다.[1]

리카도가 살던 당시 영국에는 땅값이 갑자기 폭등하여 돈방석에 앉은 사람들이 유난히 많았다. 아마도 우리나라와 비슷했던 모양이다. 리카도는 그 자신이 주식 투자의 귀재이자 대지주였기 때문에 지가 상승으로 톡톡히 재미를 보았다. 그러나 그는 거드름을 피면서 돈이나 펑펑 써대는 멍청이 부자는 아니었다. 사려 깊으면서도 행동하는 부자였다. 어느 교수의 말대로 백만장자가 사회 개혁을 부르짖고 다니는 광경은 매우 드문 일이다.[2] 대개의 백만장자들은 자신이 똑똑하고 유능해서 돈을 벌었다고 생각하지만, 일단 돈을 번 다음에는 기득권을 지키기 위해서 기존 질서를 옹호하고 찬양하기에 바쁘기 마련이지, 문제가 있을 때 그것을 근본적으로 뜯어고쳐야 한다고 주장하기는 무척 어려운 법이다. 리카도는 자수성가한 백만장자요, '부자 급진주의자'라는 평을 들을 만큼 사회 개혁을 열심히 지지한 정치가였다. 또한 애덤 스미스에 이어 경제학의 기초 이론을 공고히 다진 대학자였으며, 재치 있는 유머로 주위 사람들을 늘 즐겁게 해 주었던 사교계의 왕자요, 뜻을 달리하는 사람들의 말에도 귀를 기울일 줄 아는 열린 마음의 지성인이었고, 어려움에 처한 친구를 알뜰히 보살필 줄 아는 인정미 넘치는 신사이기도 했으니, 그만큼 멋있는 경제학자는 아마도 다시 보기 어려울 것이다.

리카도는 주식 투자와 지가 상승으로 떼돈을 벌었음에도 불구하고 부동산 가격 상승이 좋은 돈벌이가 되는 현상을 망국의 징조라고 생각했다. 그래서 그는 지가가 어떤 원리에 의해서 결정되는가를 집중적으로 파고들었다. 그 결과가 유명한 차액 지대설로 발표되었다. 보이지 않는 손이 애덤 스미스 경제 이론의 핵심이라면 차액 지대설은 리카도 경제 이론의 핵심이라고 할 수 있다. 그는 땅값이 결정되는 원리를 모르고는 자본주의 경제를 이해할 수 없다고 그의 저서에서 수차례 강조했다.[3] 그만큼 리카도는 지가 문제를 중요하게 생각했고, 이런 생각은 고전 경제학의 전통이 되었다. 분명히 고전 경제학은 현대 경제학의 모태인데, 어째서 현대의 경제학자들은 부동산 문제를 그렇게 대수롭지 않게 보고 있는지 의아스러울 정도다.

1817년에 나온 리카도의 《정치 경제학과 조세의 원리》는 한때 애덤 스미스의 《국부론》을 대체했던 대표적 경제학 교과서였다. 이 책의 서술 방법은 《국부론》과는 사뭇 다르다. 애덤 스미스는 풍부한 자료와 현실적 경험에 입각해서 자신의 주장을 펴 나갔는데, 그러다 보니 논리적으로 허술한 면이 많았다. 반면 리카도는 무척 논리적이었으며 설득력이 좋은 사람이었다. 애덤 스미스와는 달리 리카도는 누구나 수긍할 수 있는 분명한 명제로부터 논리적으로 이야기를 풀어 나가면서 상대방을 꼼짝 못하게 했다. 애덤 스미스가 귀납적 연구 방법에 주로 의존한 반면, 리카도는 연역적 연구 방법을 택했다. 그래서 리카도는 이론가의 이론가, 경제학 스승의 스승이라는 별명을 얻었다. 리카도는 애덤 스미스의 주장을 논리적으로 보완하고 발전시킴으로써 고전 경제학을 사실상 완성한 경제학자라고 할 수 있다.

흔히 고전 경제학이라는 권위적 전통은 애덤 스미스로부터 시작해서 리카도에 의해서 확립되고, 존 스튜어트 밀에 의해서 완성된 다음, 1870년대 한계 혁명으로 끝났다고 말하지만, 실은 끝난 것이 아니다. 리카도의 많은 주장이 아직도 살아서 움직이고 있기 때문이다. 리카도 경제 이론의 일부는 오늘날 이른바 주류 경제학으로 흘러들어 갔고, 다른 일부는 마르크스 경제학으로 흘러들어 갔으며, 또 다른 일부는 헨리 조지 사상으로 이어지면서 오늘날까지 그 후광을 발하고 있다. 철학에서는 잡다한 이론들이 칸트에서 일단 모여서 정리되었다가 다시 갈라져 나갔다고 하는데, 경제학에서는 리카도가 바로 그런 위치에 있었던 학자라고 할 수 있다.

맬서스와 리카도의 대논쟁

경제학이라는 학문이 본격적으로 출범한 지 이제 200여 년, 그동안 특정 경제 현안을 놓고 경제학자들이 패가 갈려 큰 논쟁을 벌인 적이 여러 번 있었지만, 경제학 역사에 기록된 가장 유명한 대논쟁 중의 하나가 바로 지가地價의 성격을 둘러싼 논쟁이다. 거의 200년 전에 불거져 나온 이 논쟁의 불씨는 아직도 꺼지지 않고 있다. 이 논쟁의 결론이 어느 쪽으로 나느냐에 따라 한 나라의 토지 정책 내용이 무척 달라질 뿐만 아니라 경제 정책의 내용도 상당히 달라진다. 그런 까닭에 이 논쟁은 대단히 중요한 의미를 가진다.

논쟁의 발단은 지가의 역할이었다. 즉, 땅값이 상품의 원가에 영향을 미치는가 아닌가, 달리 말하면 지가가 상품의 가격에 영향을 미치는가 아닌가의 문제였다. 서울 강남 번화가의 음식값이나 커피 값은 서울 변두리 지역보다 상당히 비싼 것을 볼 수 있는데, 왜 그런가를 묻는다면 아마도 대부분의 사람들은 강남의 땅값이 변두리보다 현저하게 비싸기 때문이라고 대답할 것이다. 보통 사람들이 생각하기에는 대답이 너무 뻔해서 더 이상 이야기할 건더기도 없을 것 같다. 하지만 사실은 그런 상식적 대답을 무색하게 하는 역사적 대사건이 있었고, 이 대사건이 바로 지가의 성격을 둘러싼 대논쟁의 발단이 되었다.

그 대사건이란 다름 아니라 저 유명한 나폴레옹의 대륙 봉쇄령과 영국의 곡물 조례 제정이었다. 유럽 대륙을 평정한 나폴레옹은 영국마저 굴복시키기 위해 1804년 프랑스 황제에 즉위한 그 이듬해에 영국 침입을 강행했다. 그러나 트라팔가 해전에서 패배하면서 유럽 통일의 꿈이 좌절되었다. 그래서 궁여지책으로 생각해 낸 조치가 영국을 경제적으로 말려 죽이는 작전이었다. 나폴레옹 정부는 스페인으로부터 러시아에 이르는 모든 유럽 대륙 국가들에게 영국과의 무역을 금지시키는 경제 봉쇄 조치를 내렸다. 이것이 바로 1806년 베를린 칙령에 의한 나폴레옹의 대륙 봉쇄령이다.

공업국이었던 영국은 주로 유럽 대륙으로부터 식량을 수입하면서 먹고살았으니, 대륙 봉쇄령은 영국에 큰 타격이 아닐 수 없었다. 수입이 끊기자 당장 영국의 곡물 가격이 폭등했다. 그러자 종래에는 경작되지 않던 척박한 토지가 대량 경작되기 시작했다. 척박한 토지에서 농산물을 생산하다 보니 수확량도 떨어지고 생산비도 비싸진다. 그러니 비록 국내에서 식량을 조달하더라도 영국의 곡물 가격은 대륙 봉쇄령 이전보다 현저하게 높아질 수밖에 없었다. 곡물 가격이 높아지면 자연히 임금도 높아진다. 임금이 높아지면 수출도 부진해지고 기업의 이윤도 감소한다. 결국 나폴레옹의 대륙 봉쇄령은 영국 경제에 큰 타격을 주었고, 노동자와 자본가 계층 모두에게 큰 시련을 내렸다.

역사란 늘 그렇듯이 다수의 불행 뒤에는 소수의 행복이 있다. 당시 영국에서도 온 국민이 생활고로 허덕이는 가운데 뒤로 돌아앉아 웃으면서 열심히 돈을 세는 사람들이 있었다. 바로 지주들을 중심으로 한 기득권 계층이 그들이다. 대륙 봉쇄령으로 인한 곡물 가격의 폭등은 농지에 대한 수요를 크게 증가시켰다. 종전에 경제성이 없던 땅이나 문 닫은 공장의 땅들이 대거 농지로 전용되었다. 이런 땅의 소유자들은 갑자기 높은 임대료(지대)를 받게 되었다. 기존 농경지의 지대도 크게 올랐다. 그래서 대륙 봉쇄령 이후 당시 영국의 지주들은 곡물 가격 폭등에 이은 지대 상승으로 논방석에 앉게 되었다. 매년 받는 지대의 현재 가치를 전부 합친 것(즉, 지대를 자본화한 값 혹은 지대를 이자율로 나눈 값)이 곧 지가가 되므로 지대가 오른다는 것은 곧 땅값도 비례해서 오른다는 뜻이다. 그러므로 대륙 봉쇄령은 영국의 땅값을 크게 올림으로써 지주들이 소유한 재산의 가치도 크게 불려 주는 결과를 낳았다.

그러나 나폴레옹의 대륙 지배는 오래가지 못했다. 대륙 봉쇄령을 어기고 몰래 영국에 곡물을 수출했던 러시아를 응징하기 위해서 나폴레옹이 원정을 강행했지만 오히려 크게 패하고 말았고, 이것이 화근이 되어 드디어 그는 권좌에서 쫓겨났다.

어떻든, 나폴레옹 정부의 붕괴로 영국은 이제 대륙 봉쇄령 이전의 상태로 돌아가게 되었다. 곡물 수입이 자유로워지게 되면 가격은 다시 옛날 수준으로 떨어질 것이고, 노동자들은 값싸게 식량을 사먹을 수 있게 되며, 자본가들 역시 임금 압박의 부담에서 벗어나게 된다. 그 결과 경제 사정도 호전될 수 있을 것이었다.

그런데 세상이란 참으로 우스운 것이어서 영국 국민들에게 그렇게 큰 시련을 주었던 대륙 봉쇄령의 자동 소멸을 영국의 정치권이 거부하고 나섰다. 하기는 적국 황제였던 나폴레옹의 덕을 톡톡히 본 영국의 지배 계층이 대륙 봉쇄령의 자동 소멸을 가만히 앉아 보고만 있을 턱이 없었다. 드디어 영국 정부 스스로가 자기 나라에 대륙 봉쇄령을 내리는 코미디 같은 일이 벌어졌다. 곡물 조례가 바로 그것이다. 곡물 조례란 대륙으로부터 영국으로 곡물 수입을 금지시키는 법이다. 당시 의회를 장악하고 있는 지주 계층은 이 법의 통과를 강력하게 추진했다.

아무리 이상한 법이라도 이것을 추진할 때는 이를 정당화하는 명분을 내걸기 마련이다. 언제나 그렇듯이 지배 계층의 기득권 수호를 위한 조치를 정당화하는 데에는 당대 최고의 지성인들이 동원되었다. 우리나라의 경우에도 과거 이승만 정권의 독재, 그리고 그 이후 군사 정권들의 독재를 앞장서서 정당화했던 인물들이 모두 당대 최고의 일류 대학을 나온 지성인들이 아니었던가. 영국 곡물 조례의 경우에도 그랬다. 곡물 조례를 옹호하고 나선 당대 지성인 중 대표적인 인물이 바로《인구론》으로 유명한 맬서스였다.

맬서스는 인간과 동물에 공통적인 식욕 본능과 성적 본능이라는 두 가지 관점에서 인간 사회를 설명하고 예측했다. 인간의 성욕은 참기 어려울 정도로 강한 반면, 인간의 식욕 본능을 충족시키기 위한 수단(식량)은 자연의 힘에 의해서 절대적으로 제약된다. 이것은 거스를 수 없는 엄연한 현실이며 이로부터 인류의 비극이 시작된다고 그는 주장했다.

맬서스는 인구 폭발 문제에 대하여 아버지와 논쟁하다가 홧김에《인구론》을 썼다고 하는데, 너무 과격한 내용을 담고 있었다고 생각했던 탓이었는지 초판을 익명으로 발간했다. 하지만 출간되자마자 이 책은 큰 인기를 끌었다. 많은 지식인들이 그의 책을 보고 고개를 끄떡였다. 진화론으로 과학사에 큰 획을 그은 찰스 다윈도 이 책을 읽고 큰 감명을 받았다고 토로했다. 떳떳하게 본명을 밝힌 개정판이 출간되면서 맬서스는 일약 사회 저명인사가 되었다. 그는 케임브리지 대학에서 신학을 공부한 목사 지망생이었는데, 유명 인사가 된 덕택인지 마흔을 앞둔 나이에도 불구하고 젊은 처녀와 결혼하는 행운을 누렸으며, 그리하여 여러 자녀를 낳음으로써 그가 그토록 경계한 인구 증가에 한몫했다.

《인구론》의 핵심 주장은 인구가 식량 공급보다 더 빠르게 증가하는 경향이 있기 때문에 인류는 영원히 빈곤의 굴레를 벗어날 수 없다는 것이다. 인간의 무절제한 성욕, 그리고 식량 생산에 있어서 자연의 절대적 제약, 이 두 가지가 이런 비극적 운명을 낳는다는 주장이다.

맬서스가 살던 당시 영국의 일부 지식인들은 빈민들의 무절제한 성욕이 빈곤을 초래하는 주된 원인이라고 보았다. 가난한 집안에 애들만 주렁주렁 달린다는 옛말도 있지만, 당시 영국의 빈민들도 자녀를 많이 낳았던 모양이다. 이들이 무절제한 성 충동을 억제하지 않는 한 빈민 구제를 위한 사회 제도나 정부의 노력은 별 소용이 없다고 생각하는 사람들이 많았다. 19세기만 해도 그런 무절제한 성충동을 도덕적 결함으로 생각하는 분위기가 팽배했다. 맬서스 또한 빈곤을 빈민의 도덕적 결함 탓으로 몰아가는 지식인들의 편을 들었고, 그래서 아버지와 대판 말싸움을 했으며, 나중에는 이들의 앞장을 서는 신세가 되고 말았다.

맬서스의 《인구론》은 고전 경제학을 떠받치는 이론적 지주의 하나이지만, 그는 가끔 이단적 주장을 펴서 빈축을 샀다. 곡물 조례 논쟁 때에도 맬서스는 고전 경제학 주류 측의 눈살을 찌푸리게 했다. 맬서스를 비롯하여 곡물 조례를 옹호하는 진영은 영국의 곡물 가격이 너무 비싸서 도저히 국제 경쟁력이 없기 때문에 곡물 수입을 자유화하면 농업은 망하게 되고 농민들이 막대한 피해를 보게 된다고 주장했다. 이들은 국내 농업을 보호하고 농민을 살려야 한다는 명분을 앞세웠는데, 이런 명분은 정치적으로 대단히 강력한 호소력을 가진다. 정치가들은 늘 국민의 이익을 위한다면서 결국은 자신의 이익을 추구한다고 공공 선택 이론가들이 말하지 않았던가.

그러면 영국의 곡물 가격은 왜 비싼가? 곡물 조례를 옹호하는 진영의 대답은 영국의 지가가 높기 때문에 곡물 생산비가 많이 들어 비쌀 수밖에 없다는 것이었다. 이런 주장은 지가가 생산비에 영향을 준다는 논리를 바탕으로 한다.

하지만 이런 곡물 조례 옹호론에 대하여 강력한 반론이 제기되었다. 이 반론을 주도한 경제학자가 바로 리카도였다. 그래서 역사에 길이 남는 리카도와 맬서스 사이의 대논쟁이 시작되었다. 리카도의 반론은 영국의 곡물 가격이 왜 비싸졌으며, 땅값이 왜 비싸졌는가에 대한 물음으로부터 시작된다. 그는 영국의 곡물 가격이 비싸진 이유는 땅값이 비싸기 때문이 아니라 대륙 봉쇄령으로 곡물 수입이 크게 감소했기 때문이요, 영국의 땅값이 비싸진 이유는 곡물 값이 비싸졌기 때문이라고 주장했다. 만일 곡물 수입을 자유화하면 곡물 가격은 떨어질 것이고, 이에 따라 영국의 땅값도 떨어질 것이다. 즉, 땅값의 상승은 곡물 가격 상승의 결과이지 그 원인이 아니라는 것이 리카도 논리의 핵심이다.

리카도에 의하면, 일반적으로 지대는 토지에서 생산된 상품의 가격이 비싸기 때문에 발생하는 결과에 불과하다. 그러므로 지대(지가)가 높거나 낮다고 해서 토지 생산물의 원가가 비싸지거나 싸지는 것이 아니며, 따라서 토지 생산물의 가격도 비싸지거나 싸지는 것이 아니다. 만일 리카도의 이런 주장이 옳다면 이는 토지 정책에 중대한 시사점을 던지게 된다. 예컨대 지대나 지가를 과표로 삼아 토지세를 부과해도 이 세금은 토지에서 생산되는 상품의 가격에 아무런 영향을 주지 않는다는 결론이 가능해진다.

그러면 대륙 봉쇄령 전에는 영국은 왜 곡물을 대량 수입했던가? 영국은 곡물 생산보다는 공산품 생산에 비교 우위를 가지고 있었기 때문이었다. 다시 말해서 영국은 대륙의 국가들에 비해서 더 값싸고 질 좋은 공산품을 대량 생산해서 수출할 수 있었다. 영국은 비교 우위를 가지는 공산품 생산을 전문화해서 수출하고, 그 대신 곡물을 수입하는 것이 영국에게도 이익이고 대륙 국가들에게도 이익이라고 리카도는 강변했다. 리카노의 이 수장이 오늘날의 경제학 교과서에 빠짐없이 소개되는 유명한 비교 우위설이다.

물론, 곡물 조례가 국회를 통과하고 말았으니 결과적으로 리카도의 주장이 정치권에서는 일단 밀려났다. 하지만 당시 경제학계에서는 리카도의 주장이 정론正論으로 받아들여졌다.

땅값 상승으로 인한 자본 이득은 잉여이며 불로 소득

애덤 스미스는 경제학이라는 학문을 연 인물이고 리카도는 이것을 이어받아 이론적으로 완성시킴으로써 경제학을 반석 위에 올려놓은 인물이라고 할 수 있는데, 현대 경제학자들은 애덤 스미스를 할아버지처럼 떠받들면서도 리카도에 대해서는 별로 고운 시선을 보내고 있지 않다. 리카도의 경제 이론에는 현대 경제학자들이 몹시 못마땅하게 생각하는 여러 가지 내용들이 섞여 있기 때문이다. 그 하나는 앞에서 설명한 노동 가치설이고, 또 다른 하나는 잉여 이론이다. 요컨대, 지주들이 받는 소득(지대 소득)은 일종의 잉여로서 생산에 아무런 기여를 하지 않으면서 가만히 앉아서 얻은 불로 소득이라는 것이다. 현대의 많은 경제학자들은 이런 주장을 잘 인정하지 않을 뿐만 아니라 매우 불쾌하게 생각한다. 사실, 노동 가치설이나 잉여 이론 모두 애덤 스미스가 이미 이야기했던 것들이지만, 엉성하게 이야기했기 때문에 리카도가 정밀하게 발전시킨 것뿐이다. 그럼에도 불구하고 리카도만 비난받고 있다.

그러면 이론가의 이론가라고 추앙받는 리카도가 왜 지대 소득이 잉여이며 불로 소득이라고 주장했을까? 대륙 봉쇄령의 전말을 보면 쉽게 알수 있다. 대륙 봉쇄령 이후 영국의 지주 계층에게 떨어진 경제적 이익은 영국의 국민 총생산이 늘어난 탓도 아니요, 지주들이 열심히 일한 탓도 아니다. 순전히 나폴레옹 때문에 영국의 곡물 가격이 뛰었고 지가가 뛰었기 때문이다. 말하자면, 지주 계층은 가만히 앉아 있다가 어느 날 느닷없이 돈방석에 앉은 꼴이다. 물론, 리카도는 치밀한 이론가였기 때문에 이렇게 엉성하게 설명하지는 않았다. 매우 정교한 이론에 입각해서 지대 소득이 잉여임을 증명했다. 그의 차액 지대설이 바로 그 이론이다.

이 이론의 감을 잡기 위해서 다음과 같은 가상적인 상황을 생각해 보자. 토지의 유일한 용도는 쌀 생산이며, 쌀 생산에는 경기도 땅이 제일 비옥하고, 그 다음은 전라도 땅이 비옥하며, 마지막으로 경상도 땅이다. 더 비옥하다는 것은 면적당 수확량이 더 많다는 것을 의미한다. 달리 말하면 단위당 생산비가 더 저렴하다는 뜻이다. 그래서 예컨대 쌀 한 가마당 생산비가 경기도에서는 5만 원이고 전라도에서는 6만 원, 그리고 경상도에서는 8만 원이라고 하자. 사람들은 합리적이기 때문에 기름진 땅부터 이용할 것이다. 그렇다면, 우선 가장 기름진 경기도 땅부터 이용하고, 이것이 모자라게 되면 전라도 땅을 이용하며, 그래도 모자라면 경상도 땅을 이용하는 것이 합리적이다. 이와 같이 좋은 토지부터 이용할 때 맨 나중에 이용되는 토지는 가장 열악한 토지라고 할 수 있는데, 이 토지를 조방적 한계라고 한다. 점점 더 많은 토지가 이용된다는 것은 조방적 한계가 넓어진다는 뜻이다.

인구가 적어서 경기도에서 생산되는 쌀만으로 대한민국 국민이 충분히 먹고살 수 있다고 하면, 경기도 땅만 경작되고 다른 지역의 땅은 경작되지 않을 것이다. 경기도의 토지도 남아돌아 갈 정도로 비옥한 땅이 풍부한 상황에서는 경기도의 땅을 포함한 모든 땅에서 지대가 발생하지 않는다. 만일 경기도에 땅을 가진 어떤 사람이 지대를 요구하면 그 땅을 경작하던 영농자는 경기도의 다른 노는 땅을 찾아 떠나가 버릴 것이다. 경기도 안에도 노는 땅이 많은데 누가 지대를 요구하는 땅을 경작하려고 할 것인가.

토지는 경작하지 않고 내버려 두면 황폐해지기 때문에 토지 소유주는 자신의 땅을 놀리느니 지대를 받지 않더라도 누가 와서 경작해 주기를 원한다. 그래서 애덤 스미스는 그런 토지를 이용하겠다는 사람이 나서면 토지 소유자는 이를 허락하는 것이 통례라고 《국부론》에 적고 있다.[4]

애덤 스미스나 리카도를 포함한 고전 경제학자들은 상품의 가격이 생산비에 의해서 결정된다고 보았으므로 경기도의 토지만 경작되는 경우 대한민국의 쌀값은 경기도 땅에서의 쌀 생산비인 가마당 5만 원의 수준으로 낙착된다. 지대는 0원이므로 쌀 한 가마를 팔았을 때 받게 되는 5만 원은 몽땅 임금이나 원료비, 이자, 이윤 등으로 분배되며 지주에게 돌아가는 몫은 없다.

인구가 점점 더 증가해서 경기도의 땅을 모두 경작해도 쌀이 부족해지면 하는 수 없이 전라도의 땅도 쌀 생산에 동원되어야 한다. 그러나 전라도의 토지는 경기도의 토지에 비해 척박하므로 쌀 생산 단가가 비싸진다. 따라서 쌀 가격도 그만큼 높아져야만 한다. 전라도 토지의 쌀 생산비는 가마당 6만 원이므로 전국의 쌀 가격은 5만 원에서 6만 원으로 뛰게 된다. 즉, 경기도의 쌀만으로는 모자라서 전라도의 토지가 쌀 생산에 이용되는 순간 대한민국의 쌀 가격은 가마당 6만 원으로 뛴다는 것이다.

비록 쌀 가격은 6만 원으로 뛰지만 경기도 땅의 쌀 생산비는 여전히 가마당 5만 원이다. 그러므로 쌀값 6만 원과 생산비 5만 원의 차액인 1만 원은 순전히 경기도의 토지가 전라도의 토지보다 비옥하기 때문에 발생하는 추가 수입이라고 볼 수 있다. 결국 이 추가 수입은 지주가 차지하게 된다. 왜냐하면, 농부는 이 추가 수입 덕분에 전라도 땅보다는 비옥한 경기도 땅을 더 원할 것이기 때문이다. 농부들의 이런 심리가 농부들 사이에 경쟁을 유발시킨다. 예를 들어서 어떤 농부가 지주에게 그 추가 수입 1만 원 중에서 반을 바치겠다고 제의하면, 이보다 높은, 예컨대 7할을 바치겠다고 제의하는 농부가 나타날 것이다. 7할을 바쳐도 3000원을 농부가 차지할 수 있으니 전라도 땅을 경작하는 것보다 이익이다. 하지만 곧 8할을 바치겠다는 농부가 나타나게 되고 이어서 9할을 바치겠다는 농부가 나타날 것이다.

이런 식으로 농부들이 경쟁하다 보면 1만 원의 추가 수입은 전부 지주의 손으로 들어가게 된다. 따라서 이 추가 수입, 즉 가격과 생산비의 차액이 바로 리카도가 말하는 경기도 땅의 지대가 된다. 즉, 경기도 땅만으로는 모자라서 덜 비옥한 전라도 땅이 이용되는 순간 경기도 땅에 비로소 지대가 붙게 되는데, 쌀 한 가마 생산하는 땅의 지대는 0원에서 1만 원으로 뛴다. 이 지대는 쌀 가격에서 경기도의 쌀 생산비를 뺀 나머지다. 즉 잉여라는 말이 된다. 물론 전라도 땅은 지대를 요구할 수 없다. 왜냐하면 전라도 땅에서는 쌀 가격과 쌀 생산비가 같아서 잉여가 없기 때문이다.

인구가 더욱더 증가한 탓으로 경상도 땅도 이용해야 하는 상황이 오게 되면 이때에 비로소 전라도 땅도 지대를 요구하게 되고, 경기도의 지대는 더욱더 오르게 된다. 경기도 땅과 전라도 땅의 지대는 각각 얼마가 될 것인가? 지대는 쌀 가격에서 생산비를 뺀 나머지이기 때문에 우선 전국의 쌀 가격이 결정되어야 한다. 리카도에 의하면 전국의 쌀 가격은 "가장 불리한 상황에서" 생산될 때에 소요되는 생산비(리카도의 표현으로는 노동 투입량)에 의해서 결정된다.[5] 달리 말하면 조방적 한계에서의 생산비가 전국의 쌀값을 결정한다는 것이다. 조방적 한계인 경상도 땅의 쌀 생산비는 8만 원이다. 그러므로 경상도 땅이 조방적 한계가 되는 순간 전국의 쌀값은 8만 원으로 뛰게 된다. 이 정도로 쌀값이 뛰지 않는다면 경상도 땅은 경작될 수 없다.

전국의 쌀값이 8만 원으로 오르더라도 경기도 땅과 전라도 땅의 쌀 생산비는 여전히 각각 5만 원과 6만 원이므로 경기도와 전라도에서는 쌀 가격이 쌀 생산비를 한 가마당 각각 3만 원과 2만 원씩 초과하게 된다. 바로 이 초과분, 달리 말하면 쌀 가격에서 각 토지의 쌀 생산비를 뺀 나머지(잉여)가 경기도 땅과 전라도 땅의 지대로 환수된다. 그래서 경기도에서 쌀 한 가마 생산하는 땅의 지대는 3만 원이고 전라도에서는 2만 원이 된다. 예컨대 쌀 열 가마를 생산할 만한 면적의 토지에 대한 지대는 경기도에서 30만 원이고 전라도에서는 20만 원이 될 것이다.

땅값 상승은 경제 성장의 결과에 불과하다

이렇게 리카도의 이론에서 지대가 결정되는 과정을 유심히 보면, 경기도의 땅만 경작될 때에는 지대가 발생하지 않았지만, 전라도 땅이 쌀 생산에 동원되는 순간 경기도 땅의 지주는 지대를 받게 되고, 경상도의 땅이 경작에 동원되는 순간 경기도 땅의 소유자는 가만히 앉아서 더 많은 지대를 얻으며, 전라도의 지주도 지대를 받게 된다. 경기도 땅과 전라도 땅에 귀속되는 지대의 크기는 순전히 조방적 한계가 어디인가에 달려 있다.

조방적 한계 안의 토지에 귀속되는 지대의 크기는 이와 같이 전국의 쌀 가격이 결정된 다음에야 알 수 있는데, 이 쌀 가격은 조방적 한계에서의 생산비에 의해서 결정된다. 조방적 한계가 넓어지면 쌀 가격이 올라가고, 그러면 지대도 덩달아 올라간다. 쌀 가격이 높아지는 이유는 곡물 수요가 증가함에 따라 점점 더 척박한 토지를 이용해야 하기 때문이지 결코 지대나 땅값이 비싸기 때문이 아니다.

애덤 스미스나 리카도에 의하면, 조방적 한계의 토지에는 지대가 발생하지 않는다. 지대가 없는 토지를 무지대 토지無地代土地라고 한다. 무지대 토지에서는 생산자가 지대를 지불하지 않으므로 무지대 토지의 생산비에는 지대가 포함되지 않는다. 그런데 바로 그 무지대 토지의 생산비가 곧 전국에서 통용되는 상품 가격이 된다. 그러니 이 가격에는 지대가 포함되지 않을 수밖에 없다. 그러므로 지가가 오르든 내리든 토지 생산물의 가격에는 아무런 영향이 없게 된다.

여기에서 제기되는 한 가지 중요한 질문은, 인구가 늘어나고 식량에 대한 수요가 증가하면 왜 조방적 한계가 넓어지는가이다. 왜 가장 비옥한 경기도 토지만 계속 이용하지 않고 덜 비옥한 전라도 땅과 경상도 땅을 이용해야만 하는가? 그 이유는 수확 체감의 현상 때문이다. 한정된 토지에 더 많은 노동력, 더 많은 비료, 더 많은 농기구를 투입해서 생산할 경우(다시 말해서 토지를 더 집약적으로 이용할 경우) 추가되는 생산량이 점차 감소한다. 만일 수확 체감 현상이 나타나지 않는다고 하면 토지 부족 문제는 사라진다. 예컨대 지금보다 열 배 더 많은 수확량이 필요하다고 하면 가장 비옥한 토지에 노동 투입량을 열 배로 늘리면 되고, 만일 지금보다 백 배 더 많은 수확량이 필요하다고 하면 노동 투입량을 100배로 늘려 주면 그만이기 때문이다. 즉, 그 한정된 비옥한 토지만을 이용해서 얼마든지 많은 농산물을 뽑아낼 수 있으므로 덜 비옥한 토지를 이용할 필요가 없다는 결론이 나온다.

그러나 현실에서는 수확 체감의 법칙이 작용한다. 물론, 어느 정도까지는 기존의 비옥한 토시를 최대한 이용해서 늘어나는 수요에 대처할 수 있지만, 생산성이 너무 떨어져서 더 이상 집약적으로 생산하는 것이 경제적으로 손해가 되는 한계가 오게 된다. 이 한계를 집약적 한계라고 한다. 이 한계 때문에 최상급 토지만 이용해서 무한정 농산물을 생산해 낼 수 없다. 그래서 하는 수 없이 덜 비옥한 토지도 경작해야 한다. 다시 말해서 조방적 한계가 확장된다. 그러다 보면 생산비가 비싸져서 곡물 가격이 점차 상승하고 지대도 덩달아 점차 증가한다. 요컨대, 곡물 가격이 상승하는 이유는 수확 체감 현상으로 인해 집약적 및 조방적 한계에서의 생산비가 상승하기 때문이지 결코 지대가 비싸지기 때문이 아니라는 것이다.

이와 같이 리카도의 이론에서는 지대는 단순히 잉여이기 때문에 토지 생산물의 가격이 높으면 지대도 높아지며, 생산물의 가격이 낮아지면 지대도 낮아진다. 생산물의 가격이 크게 떨어지면 지대는 0이 될 수도 있다. 그러나 생산물의 가격이 아무리 많이 떨어지더라도 임금이나 이자마저도 0으로 떨어질 수는 없다. 임금과 이자가 0으로 떨어지면 생산 그 자체가 중단된다. 이런 점에서 지대는 다른 생산 요소에 대한 대가와 성격을 근본적으로 달리한다. 리카도는 다음과 같이 자신의 주장을 요약한다.

"지대의 증가는 항상 국부가 증대된 결과이며 또한 늘어난 인구를 위한 식량 공급이 어려워져서 생긴 결과다. 그것은 하나의 증상이지 절대로 부의 원인이 될 수는 없다. … 지대는 조금도 가격의 구성 요인이 되지 않으며 또 될 수도 없다."[6]

관포지교

사람을 평가하는 한 가지 방법은 그 사람이 어떤 문제를 안고 고민하는 가를 알아보는 것이다. 대체로 보면, 쩨쩨한 사람은 쩨쩨한 문제로 고민하며, 위대한 사람은 위대한 문제로 고민한다. 이런 점에서 보면 애덤 스미스와 리카도는 위대한 인물이었다. 이들은 어떻게 하면 한 나라, 나아가서 인류가 더욱더 잘 살 수 있게 될 것인가를 놓고 늘 고민했고, 그리고 이 고민거리에 대한 나름대로의 해답을 내놓았다. 애덤 스미스와 마찬가지로 리카도 역시 자신의 문제의식을 중심으로 당시 학계에 떠돌아다니던 단편적 경제 이론들, 예컨대 지대 이론, 수확 체감 이론, 임금 이론, 노동 가치설 등을 엮은 다음 여기에 자기 자신의 독창적 생각을 넣어서 하나의 거대한 경제 이론을 구축했다. 리카도는 이 거대 이론을 바탕으로 당시의 시대 상황을 설명하고 자본주의의 미래를 예측했다. 또한 리카도는 토지에 대한 이론을 경제학의 중요한 핵심 부분으로 삼는 고전학파 경제학의 전통을 확립했다.

리카도는 학문적으로도 위대했지만 인격적으로도 존경받을 만한 인물이었다. 그는 자신과 적대적인 관계에 있는 학자의 주장이라도 일리가 있다고 생각하면 과감하게 받아들였다. 맬서스와 리카도는 공적으로는 곡물 조례를 비롯한 수많은 경제 현안을 놓고 사사건건 심하게 언쟁했다. 그도 그럴 수밖에 없는 것이, 리카도는 고전 경제학의 주류를 주도하는 대가이고 맬서스는 비주류에 속한 뻬딱한 교수였기 때문이다. 리카도는 늘 맬서스의 공리공담을 비아냥거렸다. 비록 공적으로는 적대 관계에 있었지만 사적으로는 이상하리만큼 이 두 사람은 평생 각별하게 가까이 지낸 친구였다. 정치가이자 사업가로서 큰손이기도 했던 리카도는 맬서스를 경제적으로 많이 도와주었다. 한 번은 리카도가 영국 정부의 채권을 대량으로 매입해서 그 절반을 맬서스에게 주었다. 나폴레옹과의 전쟁으로 영국 사회의 정정이 불안해지자 덜컹 겁이 난 멍청이 맬서스는 리카도의 만류에도 불구하고 그 채권을 팔아 버렸다. 그러나 채권 가격이 떨어지기는커녕 몇 곱절 오르면서 맬서스는 땅을 쳤고 리카도는 또 다시 큰돈을 벌었다.

리카도는 죽으면서 많은 유산을 맬서스에게 남기기도 했다. 이 두 사람은 평생 편지를 주고받으며 학문적 담론을 즐겼고 우정을 나누었다. 리카도는 죽기 직전에 맬서스에게 보낸 편지에서 "우리의 논쟁에서 자네가 항상 내 편이 되었다고 하더라도 우리의 우정이 이보다 더 좋을 수는 없었을 걸세."라고 썼다.[7] 이 두 사람의 우정은 관포지교管鮑之交를 연상케 한다. 관포지교는 중국이 여러 나라로 분열되어 있던 춘추 전국 시대의 명재상, 관중과 포숙의 우정을 두고 하는 말인데, 특히 관중이 죽을 때 남긴 말이 두고두고 전해진다. "나를 낳은 분은 어머니지만, 나를 알아 준 사람은 포숙이다." 맬서스도 평소 리카도에 대하여 이와 비슷한 말을 했다.

리카도는 학문적으로 적이었던 맬서스의 《인구론》을 자신의 임금 이론의 핵심으로 삼았다. 리카도는 《인구론》에 자신의 지대 이론을 접목시켜서 웅대한 경제 이론을 구축했다. 리카도는 노동자의 임금이 궁극적으로 두 가지 요인의 상호 작용에 의해서 결정된다고 보았다. 그 하나는 노동의 수요와 공급이고 다른 하나는 노동자의 평균 최저 생계비다. 노동자의 평균 최저 생계비는 다분히 사회 관습에 의해서 결정되는데, 리카도는 이것을 노동의 자연 가격이라고 불렀다.[8] 이에 대응하는 개념으로 노동자에게 실제로 지불되는 임금을 그는 노동의 시장 가격이라고 불렀다. 이 임금은 노동에 대한 수요와 공급에 의해서 결정된다.

노동의 시장 가격이 자연 가격을 초과하게 되면 노동자의 생활이 풍족해진다. 맬서스의 《인구론》에 의하면 생활에 경제적 여유가 생기면 노동자들은 아이부터 많이 낳기 시작한다. 그래서 인구가 늘어나면, 노동력이 증가하기 때문에 노동의 시장 가격은 하락하게 된다. 만일 이 시장 가격이 자연 가격 이하로 지나치게 떨어지면 노동자의 생활은 비참해져서 인구가 줄고 따라서 노동 공급은 감소한다. 그 결과 노동의 시장 가격은 다시 상승한다. 리카도는 결국 이런 과정을 거쳐 노동의 시장 가격은 항상 노동의 자연 가격 수준에서 장기 균형을 이룬다고 보았다.

경제학은 '음울한 과학'

보통 경제학이라고 하면 자본주의 체제를 옹호하는 이론이요, 자본주의의 장래에 대하여 낙관적인 시각을 가지고 있는 학문으로 인식되고 있다. 그러나 아이러니하게도 경제학의 아버지라고 불리는 애덤 스미스나 경제학의 이론적 기초를 정립한 리카도 등 초기의 정통 경제학자들은 자본주의의 미래를 매우 어둡게 보았다. 리카도는 그 어느 누구보다도 자본주의의 몰락을 논리적으로 잘 설명했기 때문에 그의 시각은 더 비관적으로 비쳐진다. 이런 연유로 경제학이란 학문이 '음울한 과학 dismal science'이라는 별명을 얻었는데 그 장본인이 바로 리카도이다. 이런 별명을 갖게 만든 결정적 계기가 바로 리카도의 유명한 '장기 정체이론'이다.

애덤 스미스나 리카도 모두 자본주의 장래를 비관적으로 보게 만드는 주요인을 장기에 걸친 자본주의 경제의 이윤율 저하에서 찾고 있다. 이 두 학자 모두 자본 축적이 경제 성장의 원동력이며, 이는 오직 이윤의 재투자를 통해서만 이루어진다고 보았다. 애덤 스미스와 리카도의 경제무대에서, 자본가는 한편으로는 수익이 높은 곳으로 자본을 이동시킴으로써 자원의 효율적 배분을 주도하며, 또 다른 한편으로는 저축과 투자를 주도함으로써 경제 성장을 이끌어 가는 주역으로 등장하는 반면, 지주 계급은 지대를 받아 흥청망청 소비만 하는 기생충적 계층으로 매도된다. 그리고 노동자는 최저 생계비 수준의 임금을 받아 근근이 생계를 유지하는 수동적 역할만을 수행할 뿐이다.

보통, 신생국이나 경제 성장 초기 단계의 사회에서는 노동의 생산성이 높고 생산비가 저렴하다. 따라서 이윤율이 높고 자본도 많이 축적된다. 축적된 자본이 재투자되면 노동에 대한 수요가 늘어나면서 임금 수준이 높아진다. 그러나 임금의 상승은 인구 증가를 유발한다. 인구 증가는 두 가지 중요한 효과를 낳는다. 그 하나는, 이 임금 수준을 다시 생계비 수준으로 끌어내리는 효과이다. 또 다른 효과는 식량 수요의 증가이다. 증대되는 식량 수요를 충족시키기 위해서는 이미 경작되고 있는 토지를 더욱더 집약적으로 이용해야 하지만, 수확 체감 현상 때문에 궁극적으로는 덜 비옥한 토지를 경작에 동원해야 한다. 이렇게 되면, 생산비가 비싸진다. 앞에서 살펴본 리카도의 차액 지대설에 의하면, 조방적 한계의 확장은 생산비를 올리면서 지대를 높인다. 임금은 생계비 수준에서 고정된다고는 하지만, 생산비는 비싸지고 지대는 높아진다면 결국 이윤이 감소할 수밖에 없다.

비록 이윤이 감소하더라도 이것이 재투자되면 투자 총액은 늘어난다. 그러면 노동에 대한 수요가 늘어나면서 위에서 설명한 인과 과정(노동 수요 증가→임금 상승→인구 증가→식량 수요 증가→토지의 집약적조방적 한계 확대→생산비 상승)이 반복될 것이다. 이 결과 지대는 더욱더 증가하는 반면 이윤은 감소한다. 그러나 이와 같이 이윤이 감소하더라도 재투자되면 투자 총액은 조금이라도 늘어난다. 그러면 노동에 대한 수요가 또 늘어나면서 위의 과정이 반복된다. 하지만 그 과정이 반복될 때마다 이윤은 더욱더 떨어지게 된다.

이와 같이 인구의 계속적 증가, 그리고 토지 이용의 조방적 한계 확장으로 인한 생산비의 지속적 상승과 지대의 지속적 증가는 장기적으로 이윤율의 하락을 지속시킴으로써 자본가의 투자 의욕을 꺾을 것이며, 드디어는 더 이상 자본 축적이 없는 상황으로 경제를 몰고 갈 것이다.[9] 이윤율이 0으로 떨어지면 드디어 경제 성장은 멈추고 노동 수요의 증가도 없고 인구도 더 이상 늘어날 수 없는 한계 상황, 즉 장기 정체 상황에 이르게 될 것이다. 그러나 이런 단계가 오기 훨씬 이전에 매우 낮은 이윤율 때문에 자본 축적은 멈추고, 임금을 지불하고 남은 국민 총생산의 거의 대부분이 토지 소유자와 세금 징수자의 소유가 되어 버린다고 리카도는 주장했다.[10]

결국 장기적으로 보면, 경제 성장의 열매는 지주 계층과 이를 둘러싼 귀족들에게 집중되고 인구의 대다수를 차지하는 노동자의 생활은 생계 수준에 계속 묶이면서 빈부 격차는 점점 더 확대된다. 이윤율이 하락하면서 경제는 활력을 잃는다. 물론 자본 축적이 저조하고 경제 성장이 멈춘다고 해서 자본주의 경제가 곧장 결딴나는 것은 아니다. 자본 축적이 없이 단순 재생산이 지속되는 자본주의가 불가능한 것은 아니다. 그러나 속성상 경제 성장이 없는 자본주의는 현실적으로 용납되지 않는다. 어쩌면, 경제 성장이 없는 상태를 가장 용납하지 못하는 체제가 자본주의라고 할 수도 있다.

우선, 거시적으로 보면 자본 축적 그리고 이로 인한 경제 성장이 자본주의 사회에 내재한 구조적 불평등과 모순을 은폐하고 이데올로기적으로 자본주의를 정당화함에 있어서 매우 유용한 구실을 하고 있다. 경제 성장을 통해서 앞으로 가난한 사람들도 언젠가는 잘 살게 된다는 희망을 가지게 함으로써 한편으로는 소외 계층의 불평을 무마하며, 다른 한편으로는 일부 자본가 계급의 엄청난 사치와 낭비를 선망의 대상으로 미화시킨다.

또한 경제 성장은 자본가들 사이의 치열한 경쟁과 이로 인한 갈등을 완화시키는 데 크게 도움이 된다. 경제 성장이 있는 만큼 각 자본가는 자신의 이윤 추구를 위해서 다른 자본가를 짓밟아야 할 절박성이 그만큼 약화되기 때문이다. 그런데 만일 이윤율이 떨어져서 자본 축적이 저조해지고 경제 성장이 멈춘다면, 자본가들 사이의 다툼과 분열도 심해질 것이다. 또한 계급 갈등은 심해지고 자본주의를 정당화하는 구실도 없어지게 된다. 이렇게 되면, 국가는 체제 유지를 위한 각종 억압적 기제를 동원하면서 돌파구 마련에 부심하게 되며, 이 과정에서 엄청난 사회적 희생과 경제적 낭비가 발생한다는 사실은 여러 자본주의 국가들이 수없이 경험해 온 바이다.

국민의 행복을 위해서 경제 성장이 필요한 나라는 후진국

경제학에 음울한 과학이라는 별명을 붙일 정도로 리카도의 장기 정체 이론은 음울한 이야기이지만, 리카도의 뒤를 이어 고전 경제학을 완성했다는 평가를 받고 있는 존 스튜어트 밀J. Stuart Mill(1806-1873)은 이 현상에 대하여 우리의 눈을 휘둥그레지게 만드는, 아주 색다른 해석을 내렸다. 즉, 경제 성장이 없는 장기 정체 상태야말로 자본주의가 좀 더 완숙된 단계로 넘어갈 수 있는 아주 좋은 계기가 된다는 것이다.

그가 42세에 쓴 《정치 경제학 원리》는 애덤 스미스의 《국부론》, 리카도의 《정치 경제학과 조세의 원리》, 그리고 앨프리드 마셜의 《경제학 원리》 등과 더불어 경제학이 창시된 이래 200여 년 동안 경제학계를 지배한 다섯 권의 경제학 교과서 중의 하나로 평가받고 있다. 밀은 경제학뿐만 아니라 철학 쪽에도 큰 족적을 남겼다. 그의 공리주의에 대한 이론은 철학 쪽에서 많이 인용된다.

밀이라고 하면 '천재'라는 수식어가 늘 따라다닌다. 3세에 그리스어를, 8세에 라틴어를 공부했으며, 13세에 수학, 물리학, 화학에 통달하고 나서 경제학을 공부하기 시작했고, 15세에 모든 교육 과정을 끝냈으며, 20세에 정신병자가 되었음', 이것이 밀의 젊은 시절 이력서다.[11] 밀의 아버지도 당시로서는 꽤 알려진 경제학자였으며 리카도와 친하게 지내면서 그를 학문적으로나 정치적으로 많이 지원했었다. 밀은 그런 지성인 아버지의 엄격한 훈육 아래 어려서부터 혹독한 천재 교육을 받았다. 늘 아버지가 강요하는 공부만 하느라 같은 또래의 아이들과 어울릴 틈도 없었다. 밀은 부모의 말을 아주 잘 듣는 순둥이였던 모양이다. 밀의 어머니는 상당히 냉정하고 매몰찬 여성이었는지 공부에 찌들다가 종종 자살 충동을 느끼곤 했던 아들의 적막한 마음을 따뜻하게 어루만져주지 못했던 것 같다. "나에게는 소년 시절이 없었다."고 회고한 밀의 자서전에는 어머니에 대한 이야기가 거의 없었다고 하니 이상한 집안 구석이다. 아마도 밀은 정신병자가 될 수밖에 없는 환경에서 자랐던 것 같다.

소년 시절 없이 훌쩍 청년 시절로 월반했으니 인간관계에 관한 한 밀은 좀 괴짜가 될 수밖에 없었던지 20대 중반에 이르러 밀은 애까지 딸린 어느 유부녀의 뒤꽁무니를 좇아다니기 시작했다. 그녀의 남편이 일하러 나간 틈이면 잽싸게 그녀의 집으로 기어들어가서 정을 통했다. 하루 이틀도 아니고 20여 년이나 그는 이 이상한 연애를 계속했다고 하니, 도둑 연애에도 그는 천재였던 모양이다. 50대를 바라볼 무렵 그녀의 남편이 죽자마자 기다렸다는 듯이 밀은 그녀와 결혼함으로써 그 오랜 변태적 연애를 끝낼 수 있었다. 어떻게 보면 밀은 무척 순진한 사람이었던 것 같다. 그녀가 대단히 똘똘한 여자이었던지, 혹은 그녀에게 정신이 완전히 팔렸던지, 어떻든 밀은 자서전에서 자기 어머니에 대한 이야기는 하지 않으면서 그녀를 극찬하는 말들은 줄줄이 늘어놓았다. 그녀는 대단히 인간미가 넘치고 인정이 많았던 여인이었던 것 같다. 그런 인간미와 인정이 학문적으로도 밀에게 많은 영향을 미쳤다고 전해지고 있다. 밀은 애덤 스미스로부터 리카도로 이어져 내려온 고전 경제학의 딱딱하고 차가운 부분을 부드럽고 따뜻하게 주물러 놓음으로써 인간미 풍기는 경제학으로 발전시켰다는 평가를 받고 있는데 여기에 그녀가 큰 영향을 주었다.

밀은 공리주의자답게 《정치 경제학 원리》에서도 행복을 이야기하고 있다. 궁극적으로 가장 중요한 것은 국민의 행복이며, 경제 성장은 국민의 행복을 위한 수단에 불과함을 그는 특별히 강조하고 있다. 국민을 행복하게 해 주지 못하는 경제 성장은 소용없다. 경제 성장의 결과는 소득 수준의 향상이다. 밀은 소득 수준의 향상으로 얻을 수 있는 행복이 있고, 소득 수준의 향상만으로 달성할 수 없는 행복이 있다고 보았다. 쉽게 말해서 돈으로 살 수 있는 행복이 있고 그럴 수 없는 행복이 있다는 것이다. 그러면 과연 소득 수준이 어느 정도까지 높아져야 비로소 경제 성장만으로는 국민이 더 이상 행복해질 수 없게 될까? 다시 말해서 경제 성장이 국민의 행복을 더 이상 증진시키지 못하는 한계는 어디일까? 밀은 대략 장기 정체 상태가 그 한계라고 생각한 것 같다. 다시 말해서, 장기 정체 상태에 도달할 즈음이면 소득 수준의 향상만으로는 국민의 행복을 더 이상 증진시키지 못하게 된다는 것이다.

경제 성장 과정에서 필히 나타나는 산업화와 도시화는 혼잡과 아귀다툼을 초래한다. 인구가 밀집하면 아름다운 자연을 즐길 기회도 적어진다. 가난할 때는 소득 수준의 향상 덕분에 누리게 되는 행복이 혼잡이나 아귀다툼으로 인한 스트레스를 상쇄하고도 남는다. 그러나 어느 정도 먹고살 여유가 생기게 되면, 경제적 풍요로 인한 행복이 혼잡이나 아귀다툼으로 인한 스트레스를 상쇄하지 못하게 된다. 이때부터는 밀의 표현으로 '생계의 기술the art of getting on'이 아닌, '생활의 기술the art of living'이 필요하다. 예컨대, 좋은 인간관계, 보람 있는 일, 문화 생활 등을 추구하는 지혜가 우리의 행복에 점점 더 중요해진다는 것이다. 장기 정체 상태에 이르면, 더 이상 경제 성장을 위해서 아등바등할 필요 없이 생활의 기술을 잘 이용하면 더 행복한 삶을 영위할 수 있게 된다. 그러므로 진정 국민의 행복을 추구하는 선진국에서는 경제 성장이 필요 없어진다. 국민의 행복을 증진하기 위해서 경제 성장을 필요로 하는 나라는 후진국이다. 장기 정체 상태란 경제 성장만으로는 국민의 행복을 더 이상 증진시킬 수 없게 된 상태를 의미하는 것으로 밀은 생각했던 것 같다.

　장기 정체 상태에 이르러 국민의 행복을 증진하기 위해서 한 가지 또 중요한 것은 소득의 재분배다. 경제 성장 과정은 필히 소득의 불평등을 낳는다. 밀은 많은 대중이 산업 혁명의 혜택에서 소외되었음을 안타깝게 생각했다. 장기 정체 상태야 말로 더 이상 경제 성장에 연연할 필요 없이 산업 혁명의 열매를 전 국민이 나누어 가짐으로써 좀 더 살기 좋은 사회를 만드는 단계라고 밀은 주장했다. 달리 말하면 장기 정체 상태에 도달한 다음부터 선진국은 국민의 행복을 위해서 소득 재분배에 매달려야 한다는 것이다. 밀은 소득의 재분배야 말로 인류가 성취하기 어려운 난제 중의 난제임을 너무 과소평가한 것 같다. 장기 정체 상태에 대한 밀의 주장에서 청년 시절부터 애가 딸린 유부녀를 늙을 때까지 줄곧 따라다닌 밀의 순진함이 여실히 드러난다.

진리는 그런 순수한 영혼에 깃드는 것일까? 경제 성장이 행복을 담보하지 않는다는 밀의 통찰력이 옳았다는 것을 150여 년이 지난 오늘날 수많은 학자들이 확인해 주고 있다. 세계에서 최고로 잘 사는 나라인 미국의 시카고 대학교 전국여론조사본부가 수행한 일반 사회 조사에 의하면, 결혼 생활이 매우 행복하다고 응답하는 사람들의 비율뿐만 아니라 직장 생활이 매우 만족스럽다고 응답하는 사람들의 비율, 그리고 주거 환경에 매우 만족한다고 응답하는 사람들의 비율, 이 모두가 지난 수십 년간 전반적으로 하락하는 추세를 보였다.[12] 이런 생활 영역의 만족도는 행복과 높은 상관관계를 가지기 때문에 지난 반세기 동안 1인당 국민 소득이 3배 가까이 늘어났음에도 불구하고 미국인의 행복 지수가 높아지지 못했다는 것은 결코 우연이 아니다. 전반적으로 볼 때, 유럽 선진국의 경우 소득 수준과 행복 사이에는 별 관계가 없다는 결론에 이른다.[13] 그래서 이제 행복을 전문으로 연구하는 학자들은 '행복의 역설'이라는 말을 공공연히 하고 있다.

2

위대한 사상가, 헨리 조지

역사상 최고의 경제학 베스트셀러 작가

장기 정체로 인한 자본주의 파국에 대한 하나의 돌파구로서 리카도가 강력하게 제안한 방안은 자유 무역이다. 자유 무역을 통해서 영국은 토지 부족을 완화하고 식량 부족을 해소할 수 있을 뿐만 아니라 이윤율의 하락 추세를 막고 경제 성장률을 높일 수 있다. 대륙 봉쇄령이나 곡물 조례는 자유 무역에 역행하는 짓이요, 따라서 영국에게 손해일 뿐만 아니라 다른 나라에게도 손해다. 더욱이 대륙 봉쇄령과 곡물 조례는 자본가 계층과 노동자 계층의 희생 위에 기득권 계층의 경제적 지위를 높임으로써 사회적 갈등을 증폭시켰다고 리카도는 통탄했다.

물론, 리카도에 앞서 애덤 스미스도 이미 자유 무역을 강력하게 권고했다. 그러나 리카도는 애덤 스미스의 자유 무역 이론을 한 단계 더 높였다. 애덤 스미스는 각 나라가 비교 우위 산업(다른 나라에 비해서 생산성이 높은 산업)에 전문화한 다음 자유롭게 교역하는 것이 모든 나라에게 이익임을 증명했나. 그렇다면 만일 비교 우위 산업이 하나도 없을 경우에는 무역을 아예 하지 말아야 하는가? 예컨대 어느 한 나라가 모든 산업 부문에 걸쳐서 다른 나라보다 절대적으로 우월하다면 어떻게 되나? 애덤 스미스의 주장을 액면 그대로 받아들이면 이런 절대적으로 우월한 나라는 다른 나라와 교역할 필요가 없어 보인다.

옛날 중국은 거의 모든 것들을 자기 나라가 다른 나라보다 더 잘 생산한다고 생각했다. 그래서 과거 중국 역대 왕조들은 외국과의 무역은 필요 없다고 생각했다. 옛날 당나라가 그랬고 최근의 청나라까지도 그렇게 생각했다. 다만, 주변국들에게 은혜를 베푸는 차원에서 교역을 허용했을 뿐이었다. 그래서 주변 국가들이 조공을 바치면 대국의 면모를 과시하기 위해서 그것의 몇 배에 해당하는 물품들을 베풀어 주는 일이 많았다.

그러나 리카도는 비록 어느 한 나라가 모든 면에서 우월하더라도 자유 무역이 교역 당사국 모두에게 이익이 될 수 있음을 증명했다. 중요한 것은 국내에서 상품 간의 교환 비율(상대 가격)이다. 예를 들어서, 양복 한 벌이면 영국에서는 와인 2상자와 바꿀 수 있지만, 프랑스에서는 8상자와 바꿀 수 있다고 하자. 그렇다면 영국에서는 와인 2상자를 생산하는 대신 양복을 한 벌 더 생산해서 프랑스로 가지고 가서 와인을 8상자 얻어오는 것이 이익이다. 국내에서는 와인 생산이 2상자 줄었지만, 교역을 통해서 8상자를 얻었으니 6상자가 남는 장사다. 이와 같이 상품 사이의 상대 가격이 나라마다 다르면 자유 무역을 통해서 상호 이익을 도모할 여지가 있다.

영국이 모직 생산과 와인 생산 각각에서 프랑스보다 얼마나 더 우월한가(달리 말해서, 얼마나 비교 우위를 가지는가)는 별 문제가 되지 않는다. 대략 이런 내용의 리카도의 자유 무역 이론은 오늘날 경제학 교과서에 빠짐없이 소개되고 있다.

이와 같이 자본주의 위기에 대한 돌파구로서 리카도가 자유 무역을 적극 주장한 반면, 또 다른 묘안(?)을 강력하게 제시함으로써 오늘날까지 큰 영향력을 행사하고 있는 경제학자가 있다. 헨리 조지Henry George(1839-1897)가 바로 그 사람이다. 120여 년 전에 발간된 그의 《진보와 빈곤Progress and Poverty》은 당시 8개 국어로 번역되어 전 세계적으로 선풍적인 인기를 끌었고, 오늘날까지 수백만 부가 팔렸다. 이 책은 인류 역사상 가장 많이 팔린 경제학 책으로 소개되고 있다.[14] 아인슈타인은 이 책을 읽고 큰 감명을 받았다고 하며, 미국의 저명한 사상가이면서 교육자였던 존 듀이John Dewey는 인류 역사상 가장 위대한 10명의 사상가 중 한 사람으로 헨리 조지를 꼽는데 주저하지 않았다. 《진보와 빈곤》은 한때 중국의 국부로 추앙받던 손문孫文: Sun Yat-Sen이 삼민주의三民主義를 구상할 때 크게 도움을 주었으며, 후에 삼민주의 정신을 이어받은 대만의 토지 제도 형성에 큰 영향을 주었다. 지금에 비해서 교통이 크게 불편했던 당시, 헨리 조지는 유럽뿐만 아니라 호주에까지 초청되어 강연을 했다. 근대 경제학의 창시자 앨프리드 마셜도 강연에서 《진보와 빈곤》에 대한 이야기를 많이 했다. 오늘날에도 《진보와 빈곤》은 사회의식을 가진 진지한 사람들이 읽을 만한 필독서로 자주 추천된다. 특히 사회적 갈등이 날로 증폭되고 있는 우리의 현실에서 경제 성장만 외쳐대는 보수 지식인들에게 꼭 일독을 권하고 싶은 책이다.

헨리 조지는 리카도의 지대 이론을 가장 충실히 따른 인물로 꼽히는데, 리카도와 마찬가지로 그 역시 대학 문턱에도 가 보지 못했다. 비록 정규 교육은 받지 못했지만, 하버드 대학의 슘페터 교수도 인정했듯이 그는 주경야독晝耕夜讀을 통해서 고전 경제학을 빠삭하게 이해하고 있었다. 리카도가 정교한 이론으로 당시 경제학계를 장악했던 거목이었던 반면, 헨리 조지는 사회 밑바탕을 기면서 얻은 본인의 체험을 바탕으로 대중에게 호소함으로써 이들의 심금을 울린 재야 경제학자였다. 경제학 베스트셀러를 썼지만 지금도 헨리 조지를 진정한 경제학자로 인정하는 경제학자는 별로 없다. 아니, 대부분의 경제학자들이 헨리 조지가 누구인지도 모른다고 봐야 한다. 헨리 조지는 오히려 일반 대중 사이에 큰 인기를 누렸으며, 그가 태어난 미국보다는 외국에서 명성을 날렸다.

《진보와 빈곤》이라는 책 제목이 시사하듯 헨리 조지가 고심한 문제는 산업 혁명 이래의 눈부신 기술 진보와 경제 발전에도 불구하고 어째서 인류 사회에 엄청난 물질적 풍요와 함께 극심한 빈곤이 아직도 공존하고 있는가이다. 이런 풍요 속의 빈곤이 현대 산업 사회의 최대의 수수께끼라고 헨리 조지는 생각했다. 《진보와 빈곤》은 이런 수수께끼를 풀기 위한 고심의 역작이다. 이 책 속에는 단순히 창백한 지성인으로서의 고심이 아니라 가난에 찌든 생활인으로서의 고심이 면면히 담겨 있다. 그렇다고 헨리 조지는 패배주의자는 아니다. 그에게 큰 정신적 영향을 준 리카도나 맬서스와는 달리, 그는 인류 사회의 무한한 진보 가능성을 믿었고, 《진보와 빈곤》에는 그의 이러한 믿음이 면면히 배어 있다. 헨리 조지는 리카도의 이론, 특히 그의 지대에 대한 이론이 자본주의 사회뿐만 아니라 인류 역사를 관통하는 진리를 담고 있다고 보았다.

진보를 위한 두 가지 전제 조건

《진보와 빈곤》은 빈곤의 원인에 대한 진단으로부터 시작해서 진보를 위한 처방으로 끝을 맺고 있다. 대부분의 위대한 사상가들이 그렇듯이 헨리 조지 역시 인류 역사를 꿰뚫어 보는 혜안을 징검다리로 삼아 이야기를 풀어 나갔다. 누구나 알고 있듯이 인류 역사는 수많은 문명사회의 발생, 성장, 몰락 그리고 망각의 과정으로 점철되어 있다. 헨리 조지는 문명사회도 얼마든지 퇴보할 수 있다는 점을 강조했다. 과거 그리스와 로마 그리고 중국의 그 수많은 왕조들을 정복하고 그 대신 주인으로 들어앉은 종족이 누구였던가? 우월한 문명인이 아니라 때로는 아주 열등한 야만인들이었다. 찬란한 문화를 자랑했던 송나라는 몽골족에 의해서 멸망했으며, 명나라 몰락 후 만주족이 중국의 주인으로 들어앉았다. 아무리 찬란했던 문명사회도 일단 퇴보하면 무식하고 단순한 야만인들 앞에 무릎을 꿇게 된다. 그리고 그 퇴보의 씨앗은 문명사회 내부에서 자란다. 즉, 내부로부터 썩어 가면서 몰락의 길을 걷는다는 것이 인류 역사의 산 교훈이다.

그러면 그 찬란한 문명사회의 몰락이 왜 수없이 반복되는가? 요컨대, 인간의 고귀한 능력이 쓸데없는 짓에 낭비되는 불상사가 반복되기 때문이라고 헨리 조지는 단언한다. 더욱더 나아지려는 것은 인간의 본성이다. 또한 인간은 그럴 수 있는 정신적 능력mental power을 타고난다. 헨리 조지는 이 정신적 능력이 곧 진보의 원동력이 된다고 보았다. 진보의 속도는 좀 더 나아지려는 노력에 투입되는 인간의 정신적 능력에 비례한다. 그러나 인간의 정신적 능력은 한정되어 있다. 입에 풀칠하기에도 급급한 상황에서는 인간의 정신적 능력이 온통 생계유지에 소모된다. 따라서 진보란 있을 수 없다. 진보를 위해서는 생계를 해결하고 남는 여력이 있어야 한다. 지극히 상식적인 이야기다.

중요한 것은 생계 문제 해결만으로는 충분치 않다는 점이다. 아무리 생계 문제를 해결하고 남는 여력이 있다고 하더라도 이해관계의 충돌 때문에 사람들이 끊임없이 뒤엉켜서 싸운다면 진보란 있을 수 없다. 인간의 고귀한 정신적 능력이 다툼으로 소모되어 버리기 때문이다. 그러므로 헨리 조지에 의하면 인류 사회의 진보를 위한 가장 기본적인 전제

조건은 우선 모든 사람의 생계가 충분히 보장되어야 하고, 그 다음에는 사람들 사이의 갈등과 다툼이 최소화되어야 한다. 역사상 찬란했던 문명사회의 몰락은 이 두 가지 전제 조건이 충족되지 않았기 때문이었으며, 바로 이 두 가지 전제 조건이 충족되어야만 비로소 우리 인간은 발전을 위해서 정신적 능력을 사용할 여유를 가지게 된다.

인류의 역사를 되돌아보자. 원시 수렵 시대에 인류는 제각기 흩어져 살았다. 이들은 온통 생계유지에 매달렸다. 그뿐만 아니라 부족들 사이의 다툼이 끊이지 않았다. 인간의 정신적 능력이 온통 생계유지와 다툼에 소모되었으니 진보란 있을 수 없었다. 사람들이 모여 살기 시작하면서 비로소 문명은 시작되었다. 사람들이 모이고 그리고 합심해서 공동노력을 할 때에 비로소 진보가 가능해진다는 엄연한 사실을 인류 역사는 우리에게 분명히 가르치고 있다. 합심해서 협동할 때에만 정신적 능력의 일부가 생계유지 및 다툼으로부터 해방되어 진보에 쓰일 수 있기 때문이다. 그러나 어떤 집단이든지 합심하고 협동하기 위해서는 우선 그 구성원들 사이에 서로를 어느 정도 동등한 존재로 인정해 주는 분위기가 조성되어야 한다. 예컨대, 친구들끼리 서로 무시하는 동창회는 아무것도 할 수 없고, 따라서 아무런 발전도 이룰 수 없다. 그래서 헨리 조지는 '평등한 상태의 협동적 결합association in equality'이 진보의 법칙이라고 확언했다.

예컨대, 새로운 왕조나 문명사회가 역사의 무대에 등장하는 초기에는 다 같이 잘 해 보자는 공감대가 국민들 사이에 형성되면서 평등한 상태의 협동적 결합이 이루어진다. 이때 그 사회에서는 새로운 기운이 일어난다고 말한다. 그런 사회는 활기가 넘친다. 그러면서 이 기운을 중심으로 사회적 통합이 이루어진다. 이때 비로소 그 사회는 성장의 궤도로 진입한다. 새로운 사람들이 등장하고 새로운 제도가 도입된다.

불평등은 퇴보와 몰락의 씨앗

그러나 새로운 제도가 정착되고, 분업화가 이루어지며, 생산 규모가 커지고, 많은 부_富가 축적되면서 문제가 시작된다. 정치적 측면과 경제적 측면에서 서서히 불평등이 배태되기 때문이다. 일단 불평등이 시작되면 이것이 고착되고 확대되는 경향을 보인다. 불평등의 확대는 진보의 원동력인 평등한 상태의 협동적 결합을 서서히 와해시킨다. 그뿐만 아니라 가진 자와 가지지 못한 자들 사이의 반목과 갈등을 조성하면서 인간의 정신적 능력이 쓸데없는 일에 소모되기 시작한다. 빈부 격차 심화로 인한 악영향을 너무 과소평가하고 있는 우리나라 보수 지식인들은 특히 헨리 조지의 이 주장에 주목할 필요가 있다.

불평등이 확대되고 부가 축적되면서 나타나는 또 하나의 중요한 현상으로서 헨리 조지가 주목한 것은 타성과 타락이다. 여기에서 말하는 타성이란 변화를 거부하고 체제에 안주하려는 인간의 속성을 의미하며, 타락이란 사치와 허영을 가리킨다. 즉, 불평등이 심화되고 부가 축적되면서 문명사회에서 으레 나타나는 두드러진 현상은 지배 계층의 보수화 경향과 사치 및 허영이라는 것이다. 로마 시대 귀족들의 사치는 영화를 통해서 많이 알려져 있다. 하지만 중국 역대 왕조 상류 계층의 사치는 가히 로마 시대를 능가했다.

재미있는 예를 들어 보자. 이상하게도 중국 사람들은 물론이고, 우리나라 사람들이나 일본 사람들도 중국 한_漢나라 말기의 위, 촉, 오 삼국의 다툼을 그린 《삼국지연의》를 즐겨 읽는다. 사실, 이 소설은 역사적 사실을 크게 왜곡하고 있는, 엉터리에 가까운 책이지만 인기는 높다. 어떻든 이 세 나라의 정립을 청산하고 통일 국가로 진晉왕조가 등장한다. 진나라는 촉나라의 제갈량에게 연전연패 당했다고 《삼국지연의》에 소개된 조조의 부하인 사마의의 증손자가 세운 나라다. 이 단명 왕조의 몰락을 재촉한 상류 계층의 사치가 중국 역사에서는 우스갯거리로 많이 등장한다. 당시 귀족들은 보통 돼지가 아니라, 사람의 젖을 먹여 기른 새끼 돼지를 즐겨 먹었다고 하며, 집에서 잔치를 할 때는 수백 미터에 이르는 담에 비단 옷감을 둘러침으로써 부를 과시했고, 용변을 보러 갈 때는 화장실 앞에서 미리 전용 비단옷으로 갈아입고 콧구멍에 대추를 박고 들어갔으며, 사냥할 때는 금촉 화살을 썼다. 대규모 사냥이 벌어질 때마다 많은 빈민들이 다투어 이 금촉 화살을 주우려다 죽었다는 기록도 있다. 2대 황제인 혜제 때에는 많은 백성들이 기아로 굶주리면서 각지에서 민란이 끊이지 않았다. 백치로 알려진 이 황제에 관해서는 다음과 같은 일화가 전해지고 있다.

> 황제: 나라가 시끄럽다고 하는데 어찌된 일인고?
> 신하: 각지에 굶주리는 농민들이 많다고 합니다.
> 황제: 아니, 굶주리다니, 세상에 어째 그런 일이?
> 신하: 가뭄으로 농사가 안 돼서 밥 지을 곡식이 없다고 합니다.
> 황제: 참으로 어리석도다. 백성들이여, 밥이 없으면 고기를 먹으면 되지 않는가!

황제가 이 모양이니 나라가 제대로 될 리 없다. 진나라는 오랑캐들의 침략을 받아 곧 망하고 말았다.

헨리 조지에 의하면 요컨대, 불평등의 고착과 확대는 직접적으로 계층 간 반목 및 분쟁을 유발하고 간접적으로는 타성과 타락을 낳는다. 한 편으로는, 타성으로 인한 지배 계층의 보수화는 발전적 혁신을 거부하며, 다른 한편으로는 진보에 쓰여야 할 인간의 정신력이 인간 타락으로 인한 사치와 허영에 온통 소모되어 버린다. 이뿐만 아니라 오직 사치와 허영을 위한 기술 진보와 변화만을 받아들이는 사회 풍조가 조성된다. 이래서 문명사회는 속으로 점차 곪아가다가 드디어 무너진다. 과거에도 수없이 그래 왔듯이, 부와 권력의 불평등은 현대 사회에게도 변함없이 붕괴의 가능성을 안겨 준다고 헨리 조지는 경고했다. "우리 현 사회 체제 속에 내재한 낭비 중에서도 가장 엄청난 낭비는 바로 정신적 능력의 낭비다."라고 헨리 조지는 쓰고 있다.[15]

그의 이런 주장에서 한 가지 재미있는 것은 경제적 불평등이 정치적 평등에 의해서 해소되지 않는다는 점이다. 그에 의하면 경제적 불평등(富의 불평등) 아래에서는 권력의 평등은 무의미하다. 왜냐하면 가난한 사람은 생계를 위해서 언제든지 권리를 팔아넘기기 때문이다. 그러므로 부의 분배가 공평한 상태에서는 정부가 민주적일수록 좋지만, 부의 분배가 매우 불공평한 상황에서는 정부가 민주적일수록 더욱 나쁘다. 헨리 조지는 다음과 같이 말하고 있다.

썩어 빠진 민주주의 그 자체는 썩어 빠진 독재보다 더 나쁘지 않다고 할 수 있을지 모르지만, 전자가 국민성에 미치는 영향은 후자보다 더 나쁘다. … 부패한 민주 정부는 드디어 국민을 부패시킨다. 국민이 부패하면 소생의 여지가 없어진다.[16]

헨리 조지는 기본적으로 성선설의 신봉자였다. 인간은 선善, 진리 추구, 협동심을 타고 난다고 보았다. 이런 인간의 잠재력이 최대한 발휘되고 사회가 계속 발전하기 위해서 필수적인 것은 빈곤의 퇴치, 그리고 불평등의 해소라는 것이 헨리 조지가 《진보와 빈곤》을 통해서 전달하려는 핵심적 메시지 중의 하나다.

토지 투기와 지가 앙등

빈곤과 불평등의 근본 원인에 관한 자신의 이론을 제시하기에 앞서서 헨리 조지는 우선 세인의 그릇된 생각들을 정리하는 작업부터 시작했다. 마르크스와 함께 그는 맬서스의 《인구론》을 맹렬히 비난했다. 당시에는 빈곤의 가장 큰 원인으로 인구 증가가 꼽혔다. 헨리 조지는 인구 과잉 탓으로 가난하다고 알려진 나라들의 과거 기록과 자료들을 꼼꼼히 짚어 봤다. 이 결과 이 나라들의 빈곤은 인구 과잉이 아니라 노동력과 자연 자원을 충분히 활용하지 못하게 만드는 사회 제도상의 결점 때문임을 밝혀냈다. 예컨대, 무자비한 학정, 지주들의 횡포, 무모한 전쟁 등이 빈곤의 주된 원인이라는 것이다. 당시 유럽에서 가장 가난한 나라로 꼽혔던 아일랜드는 인구가 가장 많았을 때도 농산물 수출국이었다. 심지어 수많은 농민들이 굶어 죽을 때도 다른 한편에서는 다량의 농작물을 수출하고 있었다.

　헨리 조지에 의하면 인간과 동물을 똑같이 취급한 것부터가 맬서스 《인구론》의 치명적 실수다. 동물과 달리 인간은 인구 증가 이상으로 얼마든지 식량을 생산할 수 있는 능력을 가지고 있다. 그의 표현으로는 사람은 입이 하나지만 손은 둘이다. 동물의 손과 달리 인간의 손은 무엇을 만들어 내는 창조적 손이다. 그러니 두 손으로 하나의 입을 해결하지 못한다는 것은 인간 모독이다. 하지만 두 손이 묶이거나 일자리가 없어서 놓고 있다면 인간은 동물과 다름없게 된다. 결국 굶어 죽게 된다. 요컨대, 인간 사회의 빈곤은 인간의 두 손을 모두 활용하지 못하게 하는 사회 제도상의 맹점 때문임을 우선 분명히 알아야 한다고 헨리 조지는 다그치고 있다.

우수한 노동력을 많이 가지고 있는 나라는 거의 예외 없이 부유한 나라다. 그러나 부유한 나라라고 해도 빈부 격차가 심하면 굶주리는 사람이 많아진다. 대체로 보면, 빈부 격차가 심한 나라일수록 허영심을 충족시키기 위한 상품의 생산에 종사하는 인구의 비중이 높아지며, 저소득 계층의 임금 수준은 상대적으로 매우 낮다.

역사적으로 보면, 나라가 망할 때는 반드시 토지 제도가 극도로 문란해진다. 소수의 상류 계층 사람들이 토지를 독점한 다음 수많은 농민과 장인들을 토지로부터 몰아낸다. 쫓겨난 사람들은 멀쩡하게 두 손을 가지고 있어도 입에 풀칠을 하지 못한다. 쫓겨나지 않은 사람들은 혹사를 당하면서 겨우 살아간다. 수많은 백성들이 굶주리는 지경에 이르면 민란이 일어나며 정치가 혼란해진다. 우리나라의 역대 왕조가 망할 때나, 중국의 그 수많은 왕조가 망할 때는 꼭 이런 이야기가 나온다. 서양의 로마라고 그 예외는 아니다.

이런 역사적 사실의 나열에 이어서 헨리 조지는 리카도의 차액 지대설을 이용해서 빈곤과 불평등의 근본 원인을 좀 더 소상히 밝혔다. 자본주의가 발전하면서 지주 계층에 귀속되는 소득이 점점 더 커지게 되고, 결국 자본주의 체제가 활력을 잃게 된다는 리카도의 주장을 뒤집어 보면, 결국 토지가 사유화되어 있는 사회에서는 빈곤과 불평등은 불가피해진다.

헨리 조지는 리카도의 이론에 토지 투기 문제를 덧붙임으로써 토지 사유화의 사회적 폐해를 더욱더 드라마틱하게 서술했다. 그는 일반 상품에 대한 투기와 토지에 대한 투기는 크게 다르다는 점을 분명히 알고 있었으며, 다른 사람들도 이 점을 명심해 주기를 원했다. 일반 상품에 대한 투기 역시 그 가격을 상승시키지만, 이 효과는 일시적이다. 왜냐하면 가격이 올라가면 이어서 공급이 늘어나기 때문이다. 이 공급 증대는 시장에서 가격을 끌어내리는 요인이 되기 때문에 상품 투기로는 큰 재미를 보기 어렵게 만든다. 즉, 상품 투기에는 자율적 한계가 있다는 것이다.

하지만 토지라면 이야기가 많이 달라진다. 토지 투기로 땅값이 올라가더라도 토지의 공급은 잘 늘어나지 않는다. 따라서 올라간 땅값은 계속 높은 수준을 유지한다. 그러면 투기꾼들은 안심하고 더욱더 많은 토지를 매입하려고 할 것이다. 그러면 땅값은 더 오르면서 투기꾼들은 더욱더 즐거운 비명을 지르게 된다. 그래서 지가 상승이 토지 투기를 유발하고, 토지 투기가 다시 지가 상승을 불러오는 악순환의 반복이 가능해진다. 헨리 조지의 이론에서는 토지의 생산성 증가로 인한 지가 상승보다는 이런 토지 독점 및 토지 투기로 인한 지가 상승이 더 큰 비중을 차지한다는 인상을 준다.

이런 논리를 바탕으로 헨리 조지는 독특한 경기 변동 이론을 펼쳤다. 자본주의 경제를 주기적으로 괴롭혀 온 경제 불황도 토지 투기-지가 상승의 악순환으로부터 시작한다고 주장했다. 종래 많은 경제학자들은 경제 불황의 원인을 과잉 생산의 탓으로 돌렸다. 상품이 너무 많이 생산된 결과 팔리지 않는 상품이 시장에 널려 있기 때문에 불황이 온다는 것이다. 헨리 조지는 이런 주장을 일축했다. 상식적으로 생각해 보자. 수많은 서민들이 헐벗고 굶주리고 있는데 상품이 너무 많이 생산되어 남아

돌고 있다니 도대체 말이 되는가. 설령 말이 된다고 하자. 팔리지 않는 상품이 시장에 수북이 쌓여 있다고 하면, 팔리지 않는 이유를 찾아야 할 터인데, 너무 낮은 근로 소득 때문에 많은 일반 서민들이 충분한 구매력을 갖추지 못한 탓이라는 말 이외에 과연 어떤 다른 이유를 댈 수 있을 것인가.

헨리 조지에 의하면 토지 투기로 인한 지가 앙등은 생산비의 상승을 초래한다. 토지 투기-지가 앙등의 악순환이 반복되다 보면, 경제 전반에 걸쳐 생산비가 올라가면서 생산이 위축될 수밖에 없다. 보통, 사업가들도 생산비 상승이 부동산 투기의 직접적 악영향 때문이라는 말을 자주 한다. 부동산 투기는 국민 경제의 자금 흐름을 왜곡시키는 간접적 악영향도 수반한다. 국민 경제가 보유하고 있는 한정된 자금이 생산 부문으로 흘러들어가지 못하고 투기 시장에 몰린다는 것이다. 그만큼 국민 경제의 생산력이 떨어질 수밖에 없다. 헨리 조지는 실증적 자료도 제시했다. 미국의 경우, 호황이 절정으로 치달을 때는 투기성 지가 상승 역시 현저했고, 이어서 생산 위축 및 경기 침체의 증세가 상례였는데, 일반적으로 이 증세는 지가 상승이 유난히 높은 지역의 수요 감퇴로부터 시작했다는 것이 그의 관찰 결과였다.

헨리 조지의 사상을 신봉하는 사람들을 흔히 조지스트라고 부르는데, 이들은 경기 변동에 대한 헨리 조지의 주장을 뒷받침하는 많은 자료들을 수집하고 정리했다. 그러면서 이들은 하나의 규칙적 현상을 발견했다. 즉, 지가가 최고로 올라간 2, 3년 후 경제 불황이 도래하며, 이에 앞서 건축 경기가 극히 나빠지는 현상이 미국을 비롯한 세계 여러 나라에서 규칙적으로 나타난다는 것이다. 1980년대 그렇게 잘 나가던 일본 경제를 10년 장기 경제 침체의 늪으로 빠뜨린 것도 바로 부동산 가격 폭등에 이은 산업 활동의 전반적 위축이었다.

　이론과 사실을 종합 정리한 다음 헨리 조지는 토지 사유화가 자본주의 시장 질서를 어지럽히는 핵심 요인이 된다고 단언했다. 그는 토지를 가지지 못한 사람은 토지를 가진 사람과 대등한 입장에서 공정한 거래를 할 수 없다고 보았다. 토지는 내구성과 영속성을 가지고 있기 때문에 이용하지 않고 내버려 두어도 마모되거나 가치가 떨어지지 않는다. 그래서 토지가 거래될 때 토지를 가진 사람들, 특히 토지 투기꾼들은 높은 값을 받을 때까지 얼마든지 흥정을 질질 끌면서 오래 버틸 수 있다. 반면에, 기계나 공장을 가진 사람은 토지 투기꾼처럼 흥정을 오래 끌고 갈 수가 없다. 기계나 공장은 쓰지 않고 내버려 두면 망가진다.

　이런 전략적 우위를 이용해서 토지를 가진 사람은 터무니없는 높은 가격을 고집하면서 끝까지 버티는 일이 흔히 일어난다. 이른바 '알 박기'가 그 대표적인 예다. 도시나 주변 요지에 손바닥만한 땅을 사둔 다음 그 부근에 대규모 개발 사업이 진행될 때를 틈타서 수십 배 뻥튀긴 값을 받아낼 때까지 팔지 않고 버티는 행위를 흔히 알 박기라고 한다. 투기꾼들의 알 박기가 개발 사업에 막대한 지장을 주는 일이 잦아지자 이를 제한하는 법까지 만들었다.

　물론, 알 박기는 약간 예외적인 현상이라고 말할 수 있겠지만, 헨리 조지가 볼 때 이에 버금가는 토지 소유자의 독점적 횡포는 거의 어디에서나 볼 수 있는 보편적 현상이다. 헨리 조지는 토지 소유자와 노동자 사이의 거래를 노동자와 공기를 가진 사람 사이의 거래에 비유했다. 공기를 소유한 사람은 절대적 우위를 점하면서 이를 최대한 활용할 터이니 공정한 거래가 될 수 없다는 것이다. 애덤 스미스가 강조한 보이지 않는 손이 원활하게 작동하기 위해서는 시장에 이런 독점적 횡포가 없어져야 한다. 공정한 거래의 보장은 보이지 않는 손의 전제 조건이다. 헨리 조지는 토지 사유화가 그런 전제 조건에 위배된다고 보았다.

해결책의 모색

헨리 조지를 사회주의자라고 욕하는 사람들도 적지 않다. 조금이라도 마음에 안 들면 덮어놓고 사회주의자로 몰아붙이려는 풍조는 예나 이제나 마찬가지인데, 헨리 조지는 그런 좋지 않은 풍조의 희생자라고 할 수 있다. 헨리 조지는 기본적으로 보수 성향의 인물이었다. 토지 사유화가 시장 원리의 원활한 작동에 가장 큰 걸림돌이 된다는 그의 주장에서 그가 시장 원리의 신봉자였음을 느낄 수 있다. 그런 의미에서 헨리 조지는 마르크스와 큰 대조를 이룬다.

요즈음 말로 하면 헨리 조지는 시장주의자에 가까운 인물이다. 예를 들면, 헨리 조지는 노동조합에 대하여 상당히 비판적이었다. 노동조합은 진정 보호를 받아야 할 수많은 노동자들을 외면하고 있고, 투쟁의 목표를 잘못잡고 있다는 점이 헨리 조지를 몹시 언짢게 만들었다. 노동자의 진짜 적은 토지 소유 계층(지주 계급)인데도 엉뚱하게 노동조합은 자본가들만 나무라고 있다는 것이다. 대체로 보면 헨리 조지의 이론에서 그가 염두에 둔 진짜 계급 갈등은 지주 계층과 노동자 계층 사이의 갈등이다. 자본가 계층과 노동자 계층은 같은 배를 탄 상부상조의 관계로 그리고 있다. 이런 점에서 헨리 조지는 고전 경제학의 전통을 그대로 답습한 적자로서 노동 가치설을 이어받은 마르크스와 노선을 달리하고 있다. 마르크스의 이론에서는 자본가 계급과 노동자 계급이 사회 갈등의 두 축이며, 지주 계급은 자본가 계급과 한통속이다.

어떻든, 노동조합은 빈곤과 불평등 문제를 해결하기 위한 효과적 수단이 되지 못한다고 헨리 조지는 주장했다. 그는 정부 역시 빈곤 및 불평등의 문제를 근본적으로 해결할 수 있다고 보지 않았다. 정부는 기본적으로 부정과 부패의 온상이라고 생각했다. 따라서 정부에게 너무 많은 역할을 주어서는 안 된다고 보았다.

토지 사유화가 불평등의 씨앗이 된다면, 토지를 모든 사람들에게 골고루 나누어 주는 것은 어떤가? 이 방법은 결국 한 사람당 토지 소유 규모를 영세화시키게 되는데, 그러면 경제성이 떨어진다. 전 국토가 잘 이용됨으로써 생산물이 최대한 많이 나오게 만들기 위해서는 오직 토지를 잘 이용할 수 있는 유능한 사람들만이 이를 가지고 있어야 한다. 어중이떠중이까지 모두 토지를 가지게 할 필요는 없다고 그는 생각했다.

이와 같이 빈곤과 불평등 문제를 해결하기 위한 여러 가지 대안들을 두루 살펴본 다음 헨리 조지는 토지 사유화가 만병의 근원이며, 따라서 토지 사유 제도를 없애는 것만이 가장 근본적이고 유일한 치유책이라고 결론지었다. 그러나 자본주의가 사유 재산권을 근간으로 삼고 있다는 점도 잊지 않았다. 이런 점에서 헨리 조지는 현실적인 인물이었다. 그렇다면 어떻게 할 것인가? 토지 사유 제도를 그대로 놔두되 사실상 토지를 몰수하는 방안을 들고 나왔다. 즉, 모든 토지의 지대를 100% 세금으로 환수한다는 것이다. 여기에서 말하는 세금은 이른바 지대세인데 요즈음 말로 하면 토지 보유세에 가까운 개념이다. 다시 말해서 토지의 거래나 양도가 아닌, 순전히 토지의 보유에 부과되는 조세라는 것이다. "진실로 필요한 것은 토지의 몰수가 아닌 지대의 몰수이다."라고 헨리 조지는 말한다.[17]

지대를 몰수한다고 하면 흔히 땅에서 번 돈을 몽땅 뺏어가는 것으로 잘못 이해하고 있다. 헨리 조지가 말하는 지대는 토지 이용으로부터 토지 소유자가 얻을 정상적 소득을 초과한 부분만을 의미한다. 예를 들어서 어떤 지주가 농사를 지었다면, 비료값, 농약 값, 인건비 등 모든 비용을 제하고 여기에 지주의 정상 이윤까지 뺀 다음 나머지를 세금으로 환수한다는 것이다. 헨리 조지는 다음과 같이 말했다.

> 토지를 경작하게 하고 또 토지의 생산성을 높이기 위해서 굳이 '이 토지는 당신의 것이다'라고 말할 필요가 없다. 단지 '이 토지로부터 당신이 생산한 것은 바로 당신의 것이다'라고 말하는 것으로 충분하다.[18]

헨리 조지는 이런 지대 몰수 제안에 파격적인 제안을 하나 덧붙였다. 즉, 토지세 이외의 다른 모든 조세를 철폐해 버린다는 것이다. 그래서 그는 이른바 토지 단일세를 제창한 괴물 학자로 널리 알려지게 되었다. 하지만 토지 단일세는 전혀 새로운 발상도, 기발한 발상도 아니다. 애덤 스미스에게 이론적으로 큰 영향을 주었다고 알려진 중농주의 학파의 학자들도 토지 단일세의 실시를 주창했다. 영국에서도 여러 석학들이 토지 단일세의 실시를 강력하게 권고한 바 있다.

하지만 헨리 조지가 워낙 세계적으로 유명했고 또한 막강한 영향력을 가지고 있었던 터라 그를 싫어하던 보수 성향 지식인들은 마침 잘됐다는 듯이 그의 토지 단일세 주장에 일제히 비난의 포문을 열었다. 설령 토지세가 좋은 조세라고 한들 어떻게 토지세 하나만으로 한 나라를 경영할 수 있느냐는 비판이 쏟아졌다. 사실 그의 토지 단일세 주장은 《진보와 빈곤》을 통해서 그가 대중에게 간절히 호소하고 싶었던 수많은 주장들 중의 하나에 불과하며, 실제로 이 책 말미의 한 귀퉁이를 차지하고 있을 뿐이다. 그럼에도 불구하고 책 제목도 잊은 듯 그의 적들은 마치 이 책이 토지 단일세 주장으로 도배되어 있는 것처럼 선전해 댔다. 그래서 토지 단일세가 헨리 조지의 트레이드마크가 되어 버렸다.

토지세만 남기고 다른 조세는 없애 버리자는 헨리 조지의 주장에는 여러 가지 깊은 뜻이 담겨 있다. 보수 성향 지식인들도 흥분하지 말고 잘 들어 보면 마음에 드는 부분도 많다. 왜냐하면 기본적으로 헨리 조지는 시장의 원리를 신봉하는 보수 성향의 인물이기 때문이다. 이 세상에 세금을 좋아할 사람은 없다. 보수 성향 사람들도 마찬가지다. 세금은 기분상으로도 나쁘지만 이론적으로도 나쁜 것이다. 경제학 교과서마다 분명히 그렇게 쓰여 있다. 대부분의 조세는 경제 활동을 위축시키기 때문에 사회적 손실을 초래한다는 것이다. 옷에 세금을 물리면 옷 생산이 줄어들고, 라면에 세금을 때리면 라면 생산이 줄어들며, 맥주에 세금을 때리면 맥주가 비싸지기 때문에 서민들이 맥주를 많이 마시지 못한다. 그만큼 사회적 손실을 초래한다. 그렇다면 나쁜 세금은 없애거나 줄이는 것이 당연한 것이 아닌가? 헨리 조지는 아무도 거부할 수 없는, 지극히 당연한 사실을 이야기하고 있을 뿐이다.

다른 조세와는 달리 토지세는 좋은 조세다. 헨리 조지가 말하는 토지세는 토지 보유에 대하여 전국에 걸쳐 획일적으로 부과되는 조세다. 그런 조세를 아무리 무겁게 부과한들 대한민국의 토지가 줄어들지도 늘어나지도 않는다. 노무현 정부 때 종부세를 신설하여 토지세 부담을 늘렸다고 하지만 대한민국의 국토는 하나도 줄지 않았으며, 이명박 정부 때는 종부세를 거의 폐지하다시피 했지만 대한민국의 국토는 하나도 늘어나지 않았다. 전국에 걸쳐 획일적으로 부과되는 토지세는 생산 양태에 아무런 변화도 주지 않는다. 상업용으로 이용하던 토지를 농업용으로 바꾼다고 세 부담이 줄지 않으며, 농업용으로 이용하던 토지를 공업용으로 바꾼다고 세 부담이 늘지도 않는다. 그러니 토지 용도를 바꿀 필요가 없다.

장기적으로 볼 때, 토지세는 산업 활동에 긍정적 효과를 가져다준다. 토지세를 부과하면 토지나 부동산 보유로 인한 경제적 부담이 늘어나기 때문에 사람들이 부동산 소유를 기피하게 된다. 따라서 토지에 대한 수요, 특히 투기를 목적으로 하는 가수요를 억제하는 데 탁월한 효과를 보인다. 고전학파 경제학자들을 비롯해서 오래전부터 수많은 경제학자들이 줄곧 하는 이야기다. 땅값이 떨어지면 생산비가 줄어들기 때문에 그만큼 경제 활동이 활발해진다. 근대 경제학의 아버지라고 불리는 앨프리드 마셜은 토지세의 부과가 산업 활동을 지나치게 촉진함으로써 오히려 난개발을 초래할 우려가 있다고 경고까지 했다. 그렇다면 나쁜 조세를 없애고 그 대신 좋은 조세를 늘리자는 헨리 조지의 주장에 무엇이 잘못되었다는 것인가? 다만, 헨리 조지는 약간 극단적으로 나갔을 뿐이다.

그렇다면 오직 토지세 하나로만 나라를 운영하자는 헨리 조지의 주장이 너무 비현실적이 아니냐는 트집이 남는다. 하지만 그가 염두에 둔 것은 민물 경제학자들이 그토록 강조해마지 않는 '작은 정부'의 실현이었다. 정부는 오직 토지세 세수만으로 꾸려나갈 수 있는 일만 하고 그 이상은 하지 말라는 것이다. 다시 말해서 정부의 재정 지출을 토지세 세수의 범위 안으로 국한시키자는 것이다. 경제학 교과서마다 이야기하고 있듯이 토지세 이외의 조세가 나쁜 조세임에도 불구하고 우리가 세금을 내는 이유는 사회적 손실을 상쇄하고도 남을 만큼 정부가 국민의 세금을 알뜰하고 값지게 쓸 것이라고 믿어 주기 때문이다. 그러나 헨리 조지가 보기에 정부는 국민의 돈을 너무 가볍게 생각하고 헤프게 쓴다. 정부와 정치가는 그야말로 국민을 졸로 생각하고 있다. 120여 년이 지난 오늘날의 정치 경제학자(공공 선택 이론가)들도 똑같은 말을 하고 있는데, 그렇다면 이들은 헨리 조지를 욕할 것이 아니라 큰 박수를 쳐 주어야 한다. 마치 곶감 빼먹듯이 국민의 혈세를 펑펑 쓰고 있는 정부의 지출 행태를 보면서 우리는 헨리 조지의 뜻을 헤아리고 그의 이야기에 다시금 귀를 기울일 필요가 있다.

5장

마르크스에 대한 진실과 오해

recall
the economics

주류 경제학과 마르크스 경제학

가장 잘못 알려진 사상가, 카를 마르크스

마르크스처럼 전 세계에 걸쳐 수많은 열광적 지지자와 함께 또한 열렬한 적대자를 동시에 가졌던 지식인도 없을 것이다. 인류 역사상 위대한 사상가치고 마르크스처럼 잘못 알려지고 오해를 많이 받는 사상가도 별로 없을 것이다.[1] 하지만 마르크스의 적대자나 지지자 대부분이 인류 역사상 마르크스처럼 전 세계적으로 엄청난 영향력을 행사한 사상가는 일찍이 없었다는 점에 대해서는 대체로 동의할 것이다.

마르크스라고 하면 으레 공산주의나 사회주의 이론가로 생각하기 쉽상이다. 그러나 사실 그는 공산주의에 대해서 학술적으로 깊은 이야기를 한 적이 거의 없다. 그의 대표적인 저서로는 《자본론》이 가장 먼저 꼽히는데, 이 제목이 시사하듯 이 책은 자본주의를 전문적으로 다룬 책이지 공산주의나 사회주의를 다룬 책이 아니다. 그러므로 공산주의에 대한 책망을 곧장 마르크스에게 들이댈 수는 없다.

흔히 마르크스는 자본주의를 헐뜯기만 한 학자로 알려지고 있지만 사실은 그렇지도 않다. 그는 자본주의의 장점을 충분히 인정했다. 자본주의가 그 높은 생산력으로 인류를 기아와 빈곤의 나락에서 구원하는 역사적 소명을 훌륭히 수행했음을 마르크스는 높이 평가했다. 다만, 그 소명이 이제 끝나가고 있음을 역설했을 뿐이다. 상식적으로 생각해 봐도, 이 세상에 영원한 것은 없다. 자본주의라고 그 예외가 될 수는 없다. 싸움터에서는 싸움 잘하는 능력이 아주 유용하지만, 일단 싸움이 끝나서 평화가 찾아오면 그런 능력은 별 필요가 없다. 그런데도 계속 주먹질을 해 댄다면 문제가 아닐 수 없다.

마르크스라고 하면, 빈부 격차를 자본주의의 가장 큰 결함이라고 보고 평등주의의 실현을 위해서 평생 몸 바친 운동가로 생각하는 사람들이 아주 많다. 그러나 이렇게 생각하는 것이야말로 마르크스를 모독하는 것이다. 마르크스는 평등주의자도 아니고 소득 불평등이 결코 자본주의의 가장 심각한 문제라고 생각하지도 않았다. 빈부 격차가 점점 커지는 경향이 자본주의에 내재하고 있음은 분명하지만, 설령 그게 해소된다고 해서 자본주의의 근본적인 문제가 사라지는 것이 절대 아님을 깨닫는 것이 마르크스를 이해하는 첩경이다. 마르크스는 자본주의 사회가 정의롭지 못한 사회라고 말하기도 꺼려했다. 그는 임금을 둘러싼 노동자와 자본가 사이의 시장 거래가 불공정한 것이라고 비난하지도 않았다. 상호 이익이 있어야 거래가 성립한다는 점을 마르크스도 잘 알고 있었기 때문이다.

마르크스 이야기가 나오면 으레 착취 이야기가 나온다. 착취라고 하면 자본가가 노동 생산물의 일부를 빼앗아 가는 악질 행위쯤으로 간단히 치부하는 경향이 있다. 그러나 정작 마르크스가 말하는 착취의 개념은 매우 애매해서 그 진의를 두고 마르크스주의자들 사이에도 격론이 있었을 정도다. 다만, 마르크스는 착취가 부당한 것이라고 명시적으로 말하기를 매우 꺼려했다는 것만은 분명해 보인다. 왜 꺼려했을까? 뒤에서 다시 자세히 이야기하겠지만, 쓸데없는 오해를 살 우려가 있기 때문이다.

이렇게 보면 마르크스처럼 억울한 위인도 없을 것 같다. 마르크스를 욕하고 비난하는 지식인들의 이야기를 들어 보면 대부분 그의 주요 저서들을 제대로 읽어 보지도 않았음을 금방 알 수 있다. 지식인인 척하는 사람들의 마르크스에 대한 지식은 피상적이다. 마르크스는 여전히 가장 빈번히 인용되는 사상가이지만, "극히 예외적인 경우를 빼고는 정치가와 신문 기자들은 마르크스의 저서를 단 한 줄도 읽어 보지 못한 것으로 보이며, 사회 과학자들도 마르크스에 대하여 최소한의 지식만으로 만족하고 있다."고 어떤 석학이 개탄했다.[2] 굳이 읽어 보지도 않고 마구 욕해 대도 괜찮다는 듯이 많은 지식인들이 아주 만만하게 생각하는 대표적인 학자가 바로 마르크스이다.

마르크스의 사상을 잘 이해하지 못한 채 그를 비난할라 치면, 자연히 그에 대한 인신공격부터 나온다. 사실, 마르크스는 인격적으로 많은 결함을 가지고 있어서 인신공격을 받기에 딱 좋은 인물이었다. 마르크스는 1818년 독일에서 태어나서 1883년 영국에서 죽었다. 우리나라에서 교수였다면 은퇴할 즈음에 죽은 셈이니 그리 길지 않은 생을 살았다. 그의 아버지는 유명한 변호사였으며 무척 유식했다. 마르크스는 부유한 가정에서 태어났지만, 반평생을 영국 런던의 빈민가에서 살아야만 했던 기구한 운명의 사나이기도 했다.

마르크스는 고집쟁이요 거만했으며 욕쟁이였다. 행동하는 지성인으로서 마르크스는 평생 노동자와 가난한 사람들의 편에 섰다고 하지만, 그 자신은 부자 아버지를 둔 덕분에 돈을 흥청망청 쓰면서 자랐다. 젊었을 때는 낭비벽이 심했고, 술주정꾼에 도박꾼이었으며, 경찰서 유치장을 들락날락했다. 아버지 속을 무척이나 썩인 방탕아요, 어머니 장례식에는 참석도 하지 않은 불효자였다. 마음속으로는 애처가였다고 하지만 아내를 무진 고생시켰을 뿐만 아니라 다른 여자를 건드려서 애까지 낳았다. 명문 베를린 대학을 다녔지만, 그는 학위 증서를 마구 찍어 대기로 악명 높은 다른 대학에서 철학 박사 학위를 받았다. 이런 사람의 머리에서 어떻게 그런 순수하고 위대한 생각이 나오게 되었는지 그저 놀라울 뿐이다. 마르크스와 평생 동지였던 엥겔스도 이중인격자라는 욕을 듣고 있다. 조그마한 사업을 했던 엥겔스는 여우 사냥을 하지 않을 때는 여자 사냥을 즐기는 전형적인 부르주아였다고.

천재 중의 천재로 알려져 있지만 마르크스처럼 생전과 사후의 영욕이 극단적으로 갈린 천재도 별로 많지 않을 것이다. 살아생전 마르크스는 돈도 명성도 얻지 못했다. 자식들이 3명이나 병들어 죽었는데, 관을 살 돈이 없어서 쩔쩔맨 적도 있었다. 그에게는 추종자도 별로 없었다. 심지어 그의 동료로 여길 만한 사회주의자들도 마르크스를 백안시했다. 마르크스가 이들을 향해서 마구 욕을 해 댔기 때문이다. 그의 생전에는 오히려 헨리 조지가 훨씬 더 유명했고 전 세계적으로 수많은 추종자들을 거느리면서 한껏 위세를 떨쳤다.

그러나 20세기에 들어와서 헨리 조지의 세력은 약화된 반면, 마르크스의 영향력은 전 세계를 뒤덮었다. 이렇게 된 결정적 계기는 20세기 초 러시아 혁명에 이은 일련의 공산주의 혁명이었다. 사실, 공산주의 혁명은 마르크스가 공산주의자로 세상에 잘못 알려지게 된 결정적 계기이기도 하다. 구소련이나 동구의 공산권 국가들, 그리고 중국과 북한의 정권은 말로만 마르크스주의를 부르짖었지 이들이 실제로 추구한 것은 마르크스가 주장한 것과는 아주 거리가 멀다. 마르크스는 이런 나라들에게 이용만 당한 꼴이 되었다.

주류 경제학은 사회주의에 대한 경제학이다?

마르크스가 자본주의에 대하여 매우 비판적이었음은 사실이다. 마르크스는 경제학자라고 부르기가 어색할 정도로 그의 사상의 폭이 매우 넓고 깊지만, 그의 경제 이론을 핵심으로 하는 경제학을 흔히 마르크스 경제학이라고 부른다. 과거와 달리 오늘날 대부분의 대학교 경제학과에서 마르크스 경제학은 잘 가르치지 않는다. 서울대학교 경제학부에 30여 명의 교수가 있지만 마르크스 경제학을 전공한 교수가 현재로는 한 명도 없다.

대부분의 경제학과에서 가르치고 있는 경제학은 이른바 주류 경제학이다. 주류 경제학은 인간의 욕망을 절대시하면서 이 욕망을 어떻게 최대한 잘 충족시킬 것인가를 연구 주제로 삼는 경제학이다. 달리 말하면 자원의 효율적 이용을 연구하는 경제학이다. 이 주류 경제학은 마르크스가 젊었을 당시 고전 경제학을 대체하여 경제학계에 새로 등장한 신고전 경제학을 모태로 한다.

이 신고전 경제학에서 우선 가장 주목하는 것은 상품의 가치에 대한 인식의 대전환이다. 종래 고전 경제학은 상품의 가치가 그 생산에 투입된 인간의 노력에 의해서 결정된다고 보았다. 힘들이지 않고 만든 것은 싸구려인 반면, 땀을 많이 흘리고 공을 많이 들여 만든 것은 값지다는 것이다. 그러나 19세기 후반에 들어오면서 이런 생각을 전면 거부하는 학자들이 속출했다. 이들은 상품의 소비로부터 얻는 즐거움의 크기가 곧 상품의 가치를 결정한다고 주장했다. 천연 진주가 비싼 이유는 잠수부가 물속에 뛰어 들어가는 수고를 해 주었기 때문이 아니라 부잣집 여인들을 미치도록 즐겁게 해 주기 때문이다. 만일 이런 여인들이 없다면, 잠수부가 굳이 위험을 무릅쓰고 물속에 뛰어들 일도 없다. 상품이란 결국 우리 인간의 욕망을 충족시키기 위한 것이다. 상품이 우리의 욕망을 충족시켜 주는 능력을 효용이라고 하는데, 상품의 가치는 바로 이 효용에 의해서 결정된다고 주장하는 학자들이 영국과 유럽 대륙에서 동시다발적으로 나타났다. 설령, 아무런 노력이 없이 생산되었다고 해도 우리 인간의 욕망을 많이 충족시키는 상품의 가치는 높은 반면, 아무리 많은 땀을 흘려서 만들었더라도 우리 인간을 즐겁게 해 주지 못한다면 아무런 값어치도 없다.

근대 경제학의 아버지로 추앙받는 앨프리드 마셜Alfred Marshall(1842-1924)은 이 신고전 경제학과 고전 경제학을 종합함으로써 주류 경제학의 초석을 놓은 학자다. 오늘날 경제학 원론 교과서를 처음부터 끝까지 장식하고 있는 수요-공급 이론은 그의《경제학 원리》에 나오는 것들이거나 이것을 조금 더 발전시킨 것들이다. 애덤 스미스를 경제학의 할아버지라고 한다면 마셜은 경제학의 아버지에 해당한다고 말할 수도 있다.

마셜은 대학에서 원래 수학을 전공했고, 한때 수학을 가르친 적도 있다. 하지만 그는 경제학에서 수학의 남용을 아주 경계했다. 문제를 분석할 때는 철저하게 수학적으로 생각하고, 수학을 이용하더라도 일단 분석이 끝나서 어떤 결론에 이르게 되면, 그 다음에는 수학을 잊어버리고 그 결론을 평범한 말로 표현하도록 노력하되, 반드시 일상생활의 예를 들어서 설명할 것을 권고했다. 오늘날 대부분의 경제학자들이 마셜의 경제학을 공부하고 가르치고 있지만, 그의 이 경고를 귀담아 듣고 실천하는 경제학자는 그리 많지 않은 것 같다. 그러다 보니 수학으로부터 시작해서 수학으로 끝나는 공리공담이 여전히 경제학에서 횡행하고 있다.

경제학 원론 교과서의 전반부를 중간쯤 읽어 내려가면 독과점에 대한

이야기가 장황하게 나온다. 이 독과점 이론은 주로 조안 로빈슨J. Robinson
이 개발한 것인데, 이 여성 경제학자는 케인스와 더불어 영국 케임브리지
대학 경제학과가 자랑하는 두 명의 역사적 인물이다. 이 경제학과는 마
셜이 대학 측을 설득하여 창설한, 유럽 최초의 경제학과로 알려지고
있다.

경제학 원론 교과서의 후반부는 케인스 이야기로부터 시작된다. 소
위 거시 경제학의 상당한 부분이 케인스의 이론이다. 케인스 역시 마
셜의 제자였다. 그러니까 오늘날 미국과 서구 그리고 우리나라 대다수
의 경제학과에서 가르치고 있는 내용의 대부분이 마셜-케인스-로빈슨
트리오가 개발했거나 이것을 발전시킨 이론들이다. 따라서 이 트리오
가 개발한 이론을 핵심으로 하는 경제학을 주류 경제학이라고 볼 수도
있다.

마르크스 경제학의 시각과 주류 경제학의 시각은 여러 모로 첨예하게
대립하고 있지만, 두 경제학 모두 자본주의 시장을 주된 연구 대상으로
삼고 있다는 점에서는 똑같다. 다만, 마르크스는 자본주의를 경제학적
인 입장에서뿐 아니라 역사적, 철학적 관점에서 폭넓게, 그러면서도 근
원적으로 고찰했다는 점에서 다를 뿐이다. 똑같은 대상을 놓고 의견이
정반대로 갈린다면, 둘 중의 하나는 옳고 다른 것은 틀렸다고 생각하기
쉽다. 과연 그럴까? 어떻든 의견이 갈리면 양쪽 이야기를 모두 진지하
게 들어보는 것이 도리이다.

사실, 마르크스의 주저인 《자본론》은 3권으로 구성된 아주 두꺼운 책
이라서 읽어 보기도 전에 질려 버린다. 그런데다가 첫머리부터 노동 가
치설에 대한 장광설이 지루하게 펼쳐진다. 지성인으로서 《자본론》 정도
는 읽어 보아야 한다고 생각하고 큰 용기를 냈던 주류 경제학자도 《자

본론》제1권의 중간쯤 읽다가는 내동댕이치기 십상일 것이다. 수요-공급 논리에 익숙해 있는 주류 경제학자들에게 노동 가치설은 말도 되지 않는 것처럼 보이기 때문이다. 다른 깊은 뜻이 있어서 마르크스가 노동 가치설을 내세웠다는 것을 대부분의 주류 경제학자들이 알 리가 없다.

마르크스는 경제학자이기 전에 철학자였기 때문에 그의 경제학을 제대로 이해하기 위해서는 우선 그의 철학 논문들을 섭렵해야 한다. 그래야 《자본론》에서 마르크스가 왜 그런 이상한(?) 이야기를 했는지를 이해할 수 있다. 사실, 경제학이라는 학문의 창시자들은 철학자이자 경제학자인 경우가 많았다. 애덤 스미스가 그랬고 존 스튜어트 밀이 그랬다. 이들은 철학 분야에서도 탁월한 업적을 남겼다. 마셜도 틈만 나면 철학책을 읽었다. 그의 제자인 케인스가 스승의 장례식에서 읽은 추모사는 스승을 수학자요, 역사학자이며, 철학자로 기리고 있다.[3] 케인스 자신도 다방면으로 책을 많이 읽었지만, 특히 철학책과 역사책을 많이 탐독했다.

하지만 오늘날 주류 경제학자들은 수학적으로 생각하기 급급해서 철학적으로 생각하기를 포기했다. 그러다 보니 자연히 철학과 경제학이 점점 멀어지기 시작했고, 드디어 현대 주류 경제학에는 철학이 없어지기에 이르렀다는 비판을 받고 있다. 철학을 바탕으로 경제학을 이야기하고 있다는 점에서 마르크스는 애덤 스미스를 비롯한 경제학 창시자들의 뜻을 가장 충실히 계승한 학자요, 이런 점에서 마르크스야말로 진정한 경제학자라고 할 수 있다.

주류 경세학사들은 마르크스수의자들이 주류 경제학을 잘 알지도 못하면서 마르크스의 주장만 앵무새처럼 뇌이고 있다고 나무란다. 확실히 마르크스주의자들에게는 교조주의적이고 독선적인 면이 있다. 그러나 많지는 않지만 주류 경제학과 마르크스 경제학 모두에 정통한 학자들도 있었다. 마셜-케인스-로빈슨 트리오 중에서 특히 로빈슨은 마르크스 경제학을 잘 이해하고 있었으며, 마르크스 경제학에 대한 저명한 입문서를 쓰기도 했다. 주류 경제학은 사소한 문제를 놓고 번지르르한 이론 만들기에 급급한 나머지 현실감와 통찰력을 결여하고 있음에 반해서 마르크스의 분석 방법은 비록 조잡하기는 하지만 그 탁월한 현실감과 통찰력으로 주류 경제학의 정교함을 압도하고도 남는다는 그녀의 논평은 의미심장하다.[4] 지금도 뜻있는 경제학자들은 주류 경제학에 대한 로빈슨의 이 따끔한 비판을 인용하면서 각성을 촉구하기도 한다.

양쪽 경제학을 두루 잘 알고 있었던 석학으로서 미국의 폴 스위지와 폴란드의 오스카 랑게가 특히 유명한데, 주류 경제학에도 많은 연구 업적을 남겼던 이들은 두 경제학이 상호 보완적이라고 말한다. 특히 폴 스위지는 마르크스 경제학은 자본주의에 대한 경제학이고, 주류 경제학은 사회주의에 대한 경제학이라고 말하기도 했다. 마르크스 경제학은 자본주의가 어떤 것인지를 이해하는 데 적합하고, 주류 경제학은 사회주의 경제를 어떻게 구성하고 어떻게 운영할지를 이해하는 데 적합하다는 뜻이다. 어떻든 상식적으로 생각해 보면, 편이 쫙 갈려서 치열한 논쟁이 벌어질 때에는 양쪽을 모두 잘 아는 사람의 말을 듣는 것이 도리일 것이다. 양쪽 경제학 모두에 정통했던 학자들 대부분은 양쪽 모두 상당한 정도로 옳다고 말한다. 그렇다면, 오늘날 우리가 살아가는 이 자본주의 경제를 온전히 이해하기 위해서는 두 경제학 모두에 귀를 기울여야 하지 않을까.

두 경제학의 문제의식과 주된 관심 사항

주류 경제학의 문제의식

인간의 고뇌는 문제로부터 시작된다. 사람을 이해하는 한 가지 좋은 방법은 그 사람이 어떤 문제로 고민하며, 주된 관심사가 무엇인지를 알아내는 것이다. 학문도 문제로부터 시작된다. 무엇을 문제 삼느냐에 따라 학문의 성격이 전혀 달라진다. 자연 과학은 자연 현상을 문제 삼으며, 사회 과학은 사회 현상을 문제 삼는다.

우선, 문제의식에서부터 마르크스 경제학은 주류 경제학과 아주 다르다. 상대방의 문제의식을 잘 이해하지 못하면 상대방을 올바르게 이해할 수 없다. 어떻게 하면 공부를 좀 더 잘해서 고시에 합격할 수 있을 것인가를 놓고 고민하는 사람의 입장에서 보면 유명한 축구 선수가 되려고 만날 공이나 차고 있는 사람이 한심해 보일 것이다. 화려한 연예인 생활을 동경하고 연예인이 되어 보려고 고민하는 사람의 입장에서 보면, 만날 방구석에 처박혀서 책이나 쳐다보는 고시생이 불쌍해 보일 것이다.

마르크스 경제학에 대한 편견은 문제의식이나 관심 사항이 주류 경제학과 전혀 다르다는 사실을 잘 알지 못한 데서부터 시작된다. 문제의식이나 관심 사항이 다르다는 것은 학문으로서 경제학의 목적도 다르다는 말이 된다. 그렇다면, 두 경제학의 문제의식은 어떻게 다른가? 우선, 주류 경제학은 인간의 욕망이 무한함에 비해 이를 충족시키기 위한 수단이 한정되어 있음으로 인한 문제, 달리 말하면 희소성의 문제 혹은 부족의 문제를 가장 근본적인 경제 문제라고 본다. 주류 경제학은 인류의 역사를 '자연의 인색'을 극복하기 위한 인간의 끊임없는 투쟁의 역사라고 본다. 그래서 애덤 스미스는 경제학이라는 학문을 '국부의 성격과 원인을 파악하는 학문'이라고 정의했다. (주류)경제학이라는 학문을 소개할 때 가장 자주 인용되는 고전적인 정의는 '경제학이란 목적과 한정된 수단들 사이의 관계에 있어서 인간의 행태를 연구하는 과학'이라는 정의일 것이다.

희소성의 문제가 가장 근본적이라면 이를 어떻게 해결할 것인가? 원칙적으로 대답은 간단하다. 즉, 최소의 희생으로 최대의 효과를 달성하도록 해야 한다. 달리 말하면, '효율'을 달성해야 한다는 것이다. 그러면 어떻게 그 효율을 달성할 것인가? 주류 경제학은 되도록이면 각 개인으로 하여금 자유롭게 행동하게 내버려 두라고 주문한다. 달리 말하면, 사람들이 시장에서 자유롭게 행동하도록 내버려 두라는 것이다. 대체로 보아 사람들은 합리적이기 때문에 제멋대로 행동하게 내버려 두어도 최소의 비용으로 각자의 목적을 최대한 잘 달성하게 될 뿐만 아니라, 그런 각 개인의 합리적 행동의 결과가 보이지 않는 손에 의해서 사회적으로도 이익이 된다는 것이 주류 경제학이 던지는 가장 핵심적 메시지다.

물론, 환경 오염의 경우와 같이 각 개인들이 제멋대로 행동한 결과가 사회적으로 손실을 초래하는 경우도 더러 있을 수 있지만, 그것은 예외적인 것이라고 치부하며 정부가 약간 손만 보면 그만이라고 주류 경제학자들은 가르치고 있다. 하지만 환경 문제가 심해지면서 이런 식의 가르침을 거부하는 사람들이 점점 더 늘어나고 있는 것도 사실이다.

이와 같이 효율의 달성이 주류 경제학의 주된 관심 사항이요 주류 경제학이 생각하는 가장 큰 문제라면, 마르크스 경제학은 효율의 문제를 도외시하는가? 절대 그렇지는 않다. 마르크스 경제학도 효율을 매우 중요하게 생각한다. 다만, 인간관계가 어떠하냐에 따라 효율의 정도가 크게 달라진다는 점을 강조할 뿐이다. 순전히 개인적인 문제를 예로 들어보자. 어떤 사람이 직장을 잃고 새 일자리를 찾아다닌다고 하자. 그가 다시 직장을 얻으려면 발품을 팔아야 한다. 얼마나 많은 발품을 팔아야 할까? 주류 경제학자는 그가 얼마나 똑똑하며 얼마나 효율적으로 발품을 파느냐에 따라 다르다고 말할 것이다. 물론 그렇다. 구득 가능한 정보를 잘 이용해서 계획적으로 잘 뛰어다닌다면 빨리 새 직장을 얻게 될 것이다. 하지만 그가 아무리 효율적으로 뛰어다닌들, 주변 사람들의 신뢰를 잃고 손가락질을 받고 있는 인물이라면 새 직장을 얻기까지 무척 많은 고생을 해야 한다. 그러나 반대로 주변 사람들 모두 그를 미더워하고 예뻐한다면 아마도 그는 주변의 도움으로 별로 발품을 팔지 않아도 쉽게 새 일자리를 얻을 수 있을 것이다. 주변 사람들과의 인간관계가 어떠하냐에 따라 똑같은 목표를 달성하는데 100만 원이 들 수도 있고 1000만 원이 들 수도 있다. 효율에 앞서 인간관계가 문제인 것이다.

인생을 살아가다 보면 개인적인 문제만 있는 것이 아니다. 아무리 똑똑하더라도 개인 혼자의 힘으로는 어찌할 수 없는 일들이 수두룩하다. 도둑이 마을을 휩쓸고 다닐 때 어느 개인 혼자의 힘으로는 어쩔 수 없고, 홍수로 물난리가 났을 때 개인 혼자의 힘으로는 어쩔 수 없다. 이럴 때에는 여러 사람들이 협력해서 해결해야 한다. 다시 말해서 집단행동이 필요하다. 집단행동이 필요한 경우에는 인간관계가 더욱더 중요해진다. 서로 믿고 친하게 지내는 사람들은 신속하게 단체 행동을 할 수 있지만, 서로 의심하고 미워하는 사람들은 단체 행동에 큰 어려움을 겪게된다. 사람들 사이의 신뢰는 인간관계의 기본이다. 신뢰의 정도에 따라서 동일한 사회 문제를 10억 원에 해결할 수도 있고, 100억 원으로도 해결하지 못할 수도 있다. 그만큼 인간관계가 효율에 큰 영향을 미친다.

그럼에도 불구하고 주류 경제학은 이런 측면을 너무 간과하고 있다는 것이 마르크스 경제학자들의 비판이다. 마르크스 경제학자들이 굳이 강조하지 않더라도 일상생활인들은 자신이 당면한 문제를 효율적으로 해결하기 위해서 인간관계가 무척 중요하다는 점을 절실히 느끼면서 살아간다. 주류 경제학이 금과옥조로 삼는 효율이 이와 같이 인간관계를 바탕으로 하는 것이기 때문에 우선 좋은 인간관계를 확립하고 나서 효율을 추구하는 것이 순서다. 우리 국민 경제 전체의 효율을 달성하기 위해서는 우선 사회 갈등부터 봉합하는 것이 순서다. 그래야 진짜 효율을 달성할 수 있다. 바로 이런 사고방식을 가지고 있는 까닭에 마르크스 경제학은 자연히 각 개인의 행동보다는 인간관계 내지는 집단행동에 관심을 집중시키게 된다.

주류 경제학은 합리적인 개인이 구체적으로 어떻게 행동할 것인가에 대한 추론을 바탕으로 구축되지만, 마르크스 경제학은 인간관계와 집단행동에 대한 통찰력을 바탕으로 구축된다. 마르크스 경제학이 인간관계와 집단행동에 특별히 관심을 집중하게 된 데에는 또 다른 큰 이유가 있다. 인류 역사를 훑어보면, 한 가지 공통적으로 나타나는 현상은 어느 사회에서나 패가 나뉘어 싸운다는 것이다. 집단 간 패싸움이 벌어질 경우 온갖 나쁜 행위들이 집단의 이름으로 정당화되는 경우가 너무나 많다. 예컨대, 여당 의원들이 거짓말을 하더라도 이것이 당을 위한 것이라면 정당화된다. 조직폭력배의 사회에서는 조직을 위해서 살인을 하는 행위가 정당화되며, 조직을 위해서 싸우다 죽는 행위는 영웅시된다. 비행기로 뉴욕의 쌍둥이 빌딩에 돌진하여 수천 명의 사상자를 냈던 끔찍한 9·11 테러 사건의 주범들도 자신들의 조직 안에서는 영원한 영웅으로 칭송받는다.

잘 알려진 일이지만, 세계 2차 대전 말에 패색이 짙었던 일본은 연합군을 상대로 자살 특공대를 조직하여 최후의 발악을 했다. 수많은 전투기 조종사가 폭탄을 싣고 미국 군함으로 돌진하여 폭파해 버리자 미군은 큰 타격을 입었다. 이른바 '가미가제'라고 부르는 이 기상천외한 작전 때문에 엄청난 희생을 각오하지 않고는 연합군의 일본 본토 상륙은 사실상 불가능하다는 판단이 군 수뇌부에서 나왔다. 결국 이런 판단이 일본 본토에 원자탄을 투하하게 된 하나의 중요한 동기가 되었다는 비화가 있다. 가미가제는 개인의 합리성으로는 도저히 이해할 수 없는 행동이다. 하지만 그런 이상한 집단행동이 인류의 역사를 바꾸어 놓았다. 집단의식이라는 것이 그만큼 무서운 것이다.

굳이 전쟁과 같은 비상시가 아니더라도 집단들이 대립할 경우에는 개인의 합리성으로 설명할 수 없는 중요한 사건들이 빈번히 발생한다. 그럼에도 불구하고 주류 경제학은 이런 측면을 도외시하고 개인의 행동만을 연구 대상으로 삼는다. 바로 이런 점이 마르크스 경제학과의 큰 차이점이다. 역사는 밤에 이루어진다지만, 마르크스의 시각에서 보면 역사는 집단 간의 갈등 속에서 이루어진다.

마르크스 경제학의 문제의식

개인의 합리성이 주류 경제학의 대전제라고는 하지만 사실 특별한 경우가 아니면 대부분의 보통 사람들은 어떻게 하면 최소의 비용으로 최대의 효과를 얻는지 계산하기조차 귀찮아한다. 그냥 적당히 생각하고 넘어가기 마련이고 남 따라 행동하기 십상이다. 보통 사람들이 더 관심을 가지는 것은 예컨대 앞으로 주가가 어떻게 변하고, 부동산 가격은 어떻게 되며, 경기는 어떻게 될 것인가 등 변화의 추세다. 특히 2008년부터 불어 닥친 세계적 경제 불황으로 경기가 나쁠 때에는 언제쯤 경기가 풀릴 것인지가 우리 국민뿐만 아니라 세계인의 최대 관심사였다. 첨단 과학자들의 연구에 의하면, 인간의 두뇌는 변화에 민감하게 구조화되어 있다. 마르크스 역시 경기 변동이나 사회 변화에 더 큰 관심을 가졌다.

마르크스는 세상만사의 본질을 변화라고 보았다. 세상에 영원한 것은 없다. 모든 것이 변한다. 사회도 변한다. 그렇다면, 우리 사회가 앞으로 어떻게 변할 것인가? 무엇이 어떻게 인류 사회를 변화시키는가? 마르크스는 사회 변화가 마구잡이로 이루어지는 것이 아니라 거기에는 어떤 원리가 있다고 믿었다. 만일 그 원리를 알아낸다면 우리가 살고 있는 사회를 좀 더 잘 이해할 수 있으며, 또한 이를 바탕으로 우리 사회를 좀 더 살기 좋은 사회로 만들 수 있지 않을까? 바로 이런 질문들이 마르크스가 가진 가장 기본적인 문제의식이었다. 이 질문에 대한 답을 구하기 위해서 마르크스는 경제학을 공부해 보았지만, 그 핵심을 이루는 수요-공급 이론이 이런 궁금증을 풀어 주기에는 크게 부족하다는 것을 깨달았다. 사실, 수요-공급 이론은 자원의 효율적 이용을 설명하기 위한 이론이지 인류 사회의 변화를 설명하고 예측하기 위한 이론이 아니다. 그래서 마르크스는 인류 사회의 변화를 논리 정연하게 설명해 주는 새로운 이론의 개발에 심혈을 기울였고, 그 결과가 그의 철학 논문과 《자본론》을 통해서 발표되었다.

마르크스는 대단히 낙관적인 인물이었던 것 같다. 인류의 역사를 깊이 공부했던 마르크스는 인간 사회가 많은 우여곡절에도 불구하고 결국 늘 더 좋은 방향으로 변해 간다고 믿었다. 인류의 역사가 특정 목적을 향해서 발전해 가고 있다는 생각을 목적론적 역사관이라고 하는데, 마르크스는 그런 역사관을 가지고 있었다. 원시 사회가 좀 더 발전해서 고대 사회가 되고, 고대 사회가 좀 더 발전해서 봉건 사회가 되었으며, 봉건 사회가 좀 더 발전해서 자본주의 사회가 되었다. 지금은 자본주의가 인류 사회를 지배하고 있지만, 자본주의도 결코 영원할 수는 없다. 그렇다면 자본주의 다음에 오는 사회는 어떤 것일까? 목적론적 역사관에 비추어 보면 한 가지는 분명하다. 자본주의 다음에 오는 사회는 자본주의의 결함을 극복한, 더욱더 우월한 사회임에 틀림없다. 그렇다면, 그것이 구체적으로 어떤 사회일까? 자본주의의 구조를, 좀 더 정확하게 말하면, 자본주의가 안고 있는 모순과 갈등을 깊이 연구해 보면, 그 단서를 잡을 수 있다고 마르크스는 가르치고 있다.

왜냐하면, 마르크스는 모순과 갈등이 변화를 낳는 주된 요인이라고 보았기 때문이다. 즉, 모순과 갈등 때문에 변화가 초래된다는 것이다. 비근한 예를 들어 보자. 사랑해서는 안 되는 사람을 사랑한다는 것은 모순이다. 모순은 마음의 갈등을 낳는다. 그렇기 때문에 사랑해서는 안 될 사람을 사랑하는 여인의 행동은 갈팡질팡한다. 멀리 있으면 그리워서 가까이 가게 되고, 가까이 가면 괴로워서 멀리하게 된다. 가시나무새는 몸이 온통 가시로 덮여 있어서 암놈과 수놈이 가까워지면 서로 찔려서 상처를 받게 된다. 가까이 갈 수도 없고 멀리 떨어져 있을 수도 없다. 그러니 가까워졌다 멀어졌다, 행동이 늘 변하게 된다. 반면에, 마음에 아무런 갈등이 없는 사람의 행동에는 별 변화가 없다.

우리나라 중국의 역사를 보면, 수많은 왕조들이 결국 내부 모순의 폭발로 붕괴되면서 새로운 왕조가 서고, 새로운 사회가 열렸다. 고려 왕조가 그랬고 진시황제의 진나라가 그랬다. 마르크스가 보기에 자본주의 사회 역시 내부 모순이 폭발하면서 보다 더 좋은 사회로 발전해 간다. 자본주의 사회는 자본가 계급과 노동자 계급으로 분화된 사회다. 이 두 계급은 상호 의존적이면서 또한 상호 대립적이다. 노동자가 열심히 일해 주어야 자본가는 돈을 많이 벌 수 있고, 자본가가 잘 도와주어야만 노동자도 먹고살 수 있다. 하지만 일단 생산된 것을 놓고 나눌 때에는 자본가가 더 많이 차지하면 노동자의 몫은 그만큼 줄어든다. 자본가의 이익과 노동자의 이익이 정반대로 갈린다. 이렇게 상호 의존적이면서 동시에 상호 대립적이기 때문에 모순이다. 이 모순이 계급 갈등으로 표출된다.

항상 역사적 맥락에서 우리 현실을 바라보려는 마르크스가 우선적으로 문제 삼은 것은 바로 이 계급 갈등이다. 인간 사회는 왜 계급으로 갈라져서 싸우는가? 물론, 계급 갈등이 항상 나쁜 것만은 아니다. 마르크스도 분명히 지적했듯이 계급 갈등이 사회 발전의 원동력이 되기도 한다. 마치 여당과 야당의 건전한 대립이 정치적 발전의 계기가 될 수 있는 것과 같다.

역사가들은 우리나라의 조선이나 중국의 송나라가 당쟁으로 망했다고 자주 말하지만, 마르크스의 사고방식에 의하면 당쟁이 항상 나쁘기만 한 것은 아니다. 어느 단계까지는 당쟁이 정치적 사회적 발전에 도움이 된다. 다만, 그 단계를 넘어서 소모적 당쟁으로 변질하면 그때부터 오히려 정치 발전의 족쇄가 되고, 이 상태가 계속되면 드디어 나라가 망하는 지경에 이르게 된다. 상식적으로 생각해 보더라도 여야 대립이나 당쟁이 항상 좋을 수만은 없고, 또한 항상 나쁠 수만은 없다. 어떤 상황에서는 좋고 어떤 상황에서는 나쁘다. 이것이 세상의 이치다. 마르크스의 이론에서는 시대적 상황이라든가 단계라는 것이 매우 중요하다.

계급 갈등도 마찬가지다. 자본주의를 예로 들어 보자. 자본가 계급과 노동자 계급이 잘 협동하면 자본주의는 높은 효율을 통해서 모두에게 물질적 풍요를 가져다준다. 그러나 어느 단계에 이르면, 계급 갈등이 점차 소모전 양상을 띠면서 오히려 효율이 떨어진다. 노사 갈등을 비롯한 각종 사회적 갈등으로 우리 사회가 치러야 하는 막대한 사회적 낭비를 생각해 보자. 시위 진압에 동원되는 경찰력은 비생산적이고 소모적인 것이다. 생산의 차질로 인한 손실도 엄청나다. 그러니 마르크스는 계급 갈등을 문제 삼지 않을 수 없었다.

자본주의의 발전을 저해하는 세력들

하지만 생산성과 효율의 저하는 둘째 문제다. 더 심각한 문제가 있음을 세인들이 잘 알지 못하고 있다고 마르크스는 안타깝게 생각했다. 자본주의 시장이 직·간접적으로 사회 구성원들의 인간성에 많은 악영향을 미치고 있는데도 계급 갈등 과정에서 이것이 호도되고 은폐되고 있다는 점이다.

자본주의 시장에서 기업은 인간을 단순히 돈벌이 수단으로 취급한다. 인간이 생산성에 따라 평가된다. 기업의 돈벌이에 많이 기여하면 높은 평가를 받고 그렇지 못하면 낮은 평가를 받는다. 이로부터 금전 만능주의가 퍼져 나간다. 마르크스의 표현으로는 물신 숭배가 자본주의 사회를 지배하게 된다. 돈을 가진 사람들은 그 위력에 정신이 팔려서 돈이라면 눈이 뒤집힌다. 돈이 없는 사람들은 자신의 몸과 혼이 돈에 팔려 나갈 수밖에 없는 비참함을 맛보면서 돈에 짓눌린 삶을 살게 된다. 마르크스가 가장 우려한 것은 돈이 있는 사람이든 없는 사람이든 결국 인간답지 못한 존재가 되어 버린다는 점이다. 돈이 인간 위에 군림하며 돈이면 무엇이든지 할 수 있다는 사고방식의 만연은 결국 인간까지도 타락시킨다. 자본주의 시장은 인간을 끝없이 탐욕스럽게 만들고 이기적으로 만든다. 자본주의가 아무리 인류 역사상 전대미문의 물질적 풍요를 가져다주었다고 하더라도 결국 인간을 타락시키고 인간을 인간답지 못하게 만든다면 그런 물질적 풍요가 무슨 소용이냐고 마르크스는 묻는다.

물론, 가난과 추위 그리고 질병으로 대다수의 국민이 먹고살기 힘들 때에는 생산성 향상과 물질적 풍요를 위해서 인간이 짐짝 취급당하더라도 어느 정도 용인할 수 있을지도 모른다. 그러나 자본주의가 본 궤도를 달리고 있는 나라에서는 기본적으로 먹고사는 문제가 이미 해결되었다. 마르크스가 강조하고 싶었던 것은, 이런 나라에서 자본주의의 장점이 서서히 소멸하고 있다는 것이다. 이제는 생산성이나 물질적 풍요를 맹목적으로 지향하는 시대는 지났다. 이제는 돈보다 인간을 더 중요시하고, 생산성보다는 인간성의 함양을 최우선적으로 생각하는 사회를 만들어 가야 한다.

그러나 문제는 이를 방해하는 세력이 존재한다고 마르크스는 힘주어 말한다. 자본주의 체제의 유지로부터 이득을 얻고 있는 기득권층, 즉 자본가 계급이 바로 그런 세력이다. 이 자본가 계급의 주변에는 보수 성향의 학자들이나 전문가들이 포진해서 대변인 역할을 하고 있다. 이들은 입으로는 인간성의 함양이나 인간 잠재력의 개발을 외치면서도 실제로는 생산성 향상과 물질적 풍요를 위해서 수단과 방법을 가리지 않고 있다. 이들은 돈이 인간성과 잠재력 개발의 전제 조건이라고 주장하면서 자본주의 시장의 힘이 인간을 망가뜨리는 과정을 은폐하고 있다. 그럼으로써 이들은 더 인간적인 사회의 건설을 방해하고 있다는 것이다. 그러니 심각한 문제가 아닐 수 없다.

그러므로 자본주의를 제대로 이해하고 이를 바탕으로 보다 더 좋은 사회를 일구어 나가기 위해서는 자본주의가 안고 있는 모순, 그리고 이로 인한 계급 갈등의 속내를 정확하게 알아야 한다고 마르크스는 끊임없이 강조했다. 바로 이 계급 갈등이 사회 변화의 주된 원인이기도 하다. 고대 사회든 중세 사회든 자본주의 사회든 그 어느 사회나 계급으로 갈라지고 이 계급들 사이에 갈등이 존재했다. 그래서 마르크스는 저 유명한 《공산당 선언Communist Manifesto》에서 인류의 역사는 계급 갈등의 역사였다고 갈파했다.

마르크스가 말하는 계급

오늘날 민주주의 사회에 무슨 계급이 있느냐고 주장하는 사람도 있다. 능력 있고 부지런하면 높은 사람이 되고, 못나고 게으르면 사회 밑바닥을 기게 된다는 것이다. 달리 말하면, 민주주의 사회에서는 계층 간 이동이 자유롭고 빈번하기 때문에 계급이라는 것이 별 의미가 없다는 것이다. 보수주의자나 시장주의자들이 늘 하는 말이다. 사실, 과거 우리 사회가 계층 간 이동이나 신분 상승이 빈번했던 사회이었음은 틀림없지만, 개인의 능력보다는 빈번한 사회적 혼란의 탓이 더 컸다고 보아야 할 것이다. 8·15 해방, 6·25 전쟁, 각종 정변, 급속한 산업화와 도시화 등 우리나라처럼 격랑이 심했던 나라는 아마도 지구상에 별로 없을 것이다. 사회적 혼란이 일어날 때마다 잘사는 사람이 거지로 전락하고, 못사는 사람이 벼락출세하는 일이 속출하면서 위아래가 마구 뒤섞였다.

그러나 사회가 안정되면서 계층 간 이동은 점점 줄어든다. 신분 상승은 예외적인 현상이 되고, 부와 가난이 세습되어서 부자는 계속 잘살고 가난한 사람은 계속 못사는 현상이 대세를 이룬다. 옛날에는 가난한 집 자제가 공부를 잘해서 일류 대학에 들어가고 출세했다는 이야기가 예삿일이었지만, 요즈음에는 그런 이야기가 점점 줄어들고 있다.

계층 간 이동이 심하다고 해서 계급이 없다고 말할 수는 없다. 사실 중요한 것은 의식과 태도다. 비근한 예로 우리의 정치판을 들여다보자. 지난 수십 년 동안 여당이 야당 되고 야당이 여당 되는 일이 늘 반복되었다. 2008년에도 여당과 야당이 뒤바뀌었다. 한 가지 신기한 것은, 과거의 야당이 여당이 되면 언제 그랬냐는 듯이 그들이 그토록 성토하던 과거 여당의 못된 짓을 그대로 답습한다는 점이다. 어제까지 야당으로서 날치기 법안 통과를 저지하기 위해서 회의장을 점거하고 연좌 농성을 벌이며 대통령을 욕하다가도, 자신들이 여당이 되면 언제 그랬냐는 듯이 대통령의 눈치나 보고 날치기 법안 통과를 일삼으며 다수의 힘으로 매사 밀어붙이는 꼴을 우리는 지난 수십 년 동안 보아 왔다.

어제 여당이었다가 오늘 야당이 되면 사사건건 반대만 일삼으며 수틀리면 길거리로 뛰쳐나간다. 수시로 여당이 야당이 되고 야당이 여당이 된다고 하더라도 그저 사람만 바뀔 뿐이지 여당과 야당의 대립은 여전하다. 어제 야당 하던 사람들이 오늘 여당 사람이 되면 어느새 여당의 의식과 태도를 가지게 되고, 어제 여당을 하던 사람들이 야당 신세가 되면 어느새 야당 사람의 의식과 태도를 가지게 된다. 이 둘이 물과 기름처럼 갈라져서 국민이 보기에 답답할 정도로 구태의연한 여야 갈등이 반복된다.

자본주의 계급 갈등도 마찬가지다. 신분 상승이나 하락으로 사람이 바뀐다고 해서 계급이 없어지는 것은 아니다. 예를 들어서 노동자로 일할 때는 자본가 욕을 하고 사회를 탓하다가도 돈 좀 벌어서 자본가가 되면 언제 그랬냐는 듯이 체제 옹호와 기득권 수호에 앞장서며, 가난은 사회의 탓이 아니라 그 당사자가 못나고 게으른 탓이라고 욕하면서 소득 재분배에 인색하게 구는 사람들이 수두룩하다. 반대로 자본가였다가 망해서 노동자가 되면 사회 보장을 요구하고 기득권에 저항한다. 노동자 계급의 의식과 태도가 있고, 자본가 계급의 의식과 태도가 늘 있어서 마치 물과 기름처럼 갈라진다는 것이다.

경제학이라는 학문의 목적

그렇다면, 계급 갈등이 경제학과 무슨 관계인가? 계급 갈등의 속내를 들여다보면 거기에는 늘 경제적인 요인이 작용하고 있다. 이혼하는 부부들이 겉으로는 성격 차이 때문이라고 변명하지만 사실은 돈 때문인 경우가 태반이다. 어디 부부만 그런가. 친구들도 마찬가지다. 사이좋게 지내던 친구들이 어느 날 싸우고 나서 서로 원수가 된 이유를 들어 보면 대개가 돈 때문이다. 계급 갈등 역시 결국은 경제적인 요인 때문이다.

역사적으로 보면, 토지, 농기구, 망치, 기계, 노동력 등 생산 요소를 누가 소유하며 생산된 것들을 누가 어떻게 차지하는가를 둘러싸고 늘 계급 갈등이 벌어졌다. 자본주의는 도구, 기계, 설비 등을 소유하고 있는 자본가가 오직 노동력만 사시고 있는 노동자를 고용함으로써 생산의 전 과정을 주도하는 체제다. 자본주의 직전의 봉건 사회에서는 직접 생산자(예컨대 농민)가 생산 수단을 소유하면서 생산을 주도하지만, 봉건 영주가 농민을 보호해 주는 대가로 일정 시간 봉건 영주를 위해서 의무적으로 노역을 해 준다.

이와 같이 계급 갈등의 저변에 깔린 경제적 요인을 밝혀내는 것이 경제학의 주된 목적이라고 마르크스는 갈파했다. 그래야만 인류의 역사와 우리가 살고 있는 이 자본주의 사회를 제대로 이해할 수 있다고 보았다. 주류 경제학자들은 인류의 생산력이 꾸준히 높아졌으며, 특히 자본주의 시대에 들어와서 만개했다고 주장한다. 마르크스도 이점에 전적으로 동의한다. 마르크스는 생산 요소를 크게 노동력과 생산 수단으로 나누었다. 생산 수단이란 도구, 기계, 설비 등 자본재를 말한다. 마르크스가 말하는 생산력은 노동력과 생산 수단으로 구성되는데, 이들에 대한 소유권 제도를 마르크스는 생산 관계라고 표현했다. 생산 관계란 생산력의 관리 그리고 생산물의 분배에 관련된 각종 사회적 제도를 의미하는데, 기실 생산 요소에 대한 소유권 관계를 핵심으로 하는 개념이다. 이 생산 관계의 총체를 마르크스는 경제적 구조 혹은 토대base라고 불렀다. 마르크스가 말하는 생산 양식이란 생산력과 생산 관계를 포함하는 포괄적 개념이다. 이렇게 보면, 계급 갈등의 저변에 깔린 경제적 구조를 밝혀내는 것이 경제학의 주된 목적이라고 말할 수도 있다.

마르크스는 어느 시대, 어느 사회나 먹고사는 게 가장 기본적인 문제라고 보았다. 먹고사는 문제가 해결되어야만 비로소 문화니 예술이니 철학이니 하는 온갖 고상한 것들을 찾게 된다. 어떤 학자들은 하느님의 뜻이니, 이념이니, 시대정신 등 정신적인 것들이 인류의 역사를 이끌어왔다고 주장하지만, 마르크스는 그 정반대라고 생각했다. 마르크스는 사회의 법적·정치적 제도를 통틀어서 상부 구조superstructure라고 불렀다. 이 상부 구조는 토대(경제적 구조) 위에 구축되는 것이며, 이 토대에 상응해서 문화니 사회의식이니 하는 정신적인 것이 결정된다. 다시 말하면, 토대가 곧 정치적·법적 상부 구조의 성격과 내용을 결정하며, 이 상부 구조와 사회의식은 이를 떠받들고 있는 토대를 정당화하고 안정적으로 유지하기 위해서 만들어진다는 것이다. 예를 들면, 봉건 사회의 상부 구조와 사회의식은 봉건주의 경제 구조를 정당화하고 안정화시키는 역할을 수행했다. 마찬가지로 자본주의 사회의 정치 구조나 법적 제도는 바로 자본주의 경제 구조를 보호하고 안정화시키기기 위한 것이며, 자본주의 사회를 지배하고 있는 각종 이념이나 철학 등은 기본적으로 자본주의 생산 관계를 정당화하는 역할을 수행한다.

이런 마르크스의 구도에 의하면, 정치적·법적 제도, 사회의식, 문화 등은 경제 구조에 부수적인 현상에 불과하다. 쉽게 말해서 물질적인 것(경제적인 것)이 곧 정신적인 것의 성격과 내용을 규정한다는 것이다. 이런 점에서 보면, 마르크스는 철저한 유물론자라고 할 수 있다. 그렇다면, 경제학이야말로 한 사회의 위와 아래를 속속들이 이해할 수 있게 해주는 가장 기초적인 학문처럼 보인다. 이 때문에 마르크스는 인간 사회를 설명함에 있어서 너무 경제적인 측면만 강조하고 있다는 비판을 받기도 한다.

경제학은
사회 과학인가?

주류 경제학은 무늬만 사회 과학

주류 경제학은 자연 현상이 아닌 인간의 행태를 연구하는 학문이라서 사회 과학이라고 말하지만, 오늘날의 주류 경제학은 무늬만 그렇다는 인상을 준다. 인간의 행태를 다룬다고는 하지만, 주류 경제학이 다루는 세상은 한 신고전 경제학 창시자가 말했듯이 수학의 연립 방정식으로 나타낼 수 있는 기계적인 세상이다. 마치 물리학이 다루는 세상이 독자적으로 움직이는 원자로 구성되어 있듯이 주류 경제학이 다루는 인간의 세계 역시 로봇과 같은 인간으로 구성되어 있다고 해서 어떤 학자는 주류 경제학을 '뉴턴 물리학의 사생아'라고 표현했다.[5] 이 로봇에는 욕망이 이미 입력되어 있어서 이에 따라 기계적으로 움직일 뿐이다. 이들은 대화를 통해서 다른 로봇을 설득할 필요도 없고 합의할 필요도 없고 정을 나눌 필요도 없다.

주류 경제학이 인간관계를 다룬다고는 하지만 그것은 어디까지나 상품과 돈을 매개로 한 간접적인 인간관계이지 직접적·인격적 인간관계는 아니다. 예를 들면, 대형 슈퍼마켓에서 물건을 사고파는 사람들은 서로 대화를 나눌 필요도 없고 정을 나눌 필요도 없다. 상품에 대한 정보나 가격은 모두 상품 포장지에 적혀 있다. 아양을 떤다고 해서 값을 깎아 주지도 않는다. 거래가 기계적으로 이루어질 뿐, 파는 사람이나 사는 사람이나 상대방에 대하여 고마움을 느낄 필요도 없다. 서로 필요한 것을 주고받았을 뿐이기 때문이다.

대형 슈퍼마켓에서 물건을 사고파는 사람들 사이의 거래는 자판기에 돈을 넣고 물건을 뽑는 행위와 본질적으로 차이가 없다. 자판기와 사람 사이의 거래를 인간관계라고 보기 어렵듯이 대형 슈퍼마켓에서 물건을 사고파는 사람들 사이의 관계도 진정한 인간관계라고 보기 어렵다. 경제학 이외의 다른 사회 과학에서 흔히 다루는 인간관계는 정과 고마움을 주고받거나 상호 이해와 대화를 바탕으로 합의를 지향하는 직접적·인격적 인간관계(하버마스가 말하는 의사소통 행위)다. 그러므로 인간과 인간관계에 대한 연구가 사회 과학의 주된 특징이라고 한다면 주류 경제학은 진정한 사회 과학이라고 보기 어렵다.

주류 경제학은 소비자와 소비자 사이, 기업과 기업 사이의 직접적 상호 관계를 구체적으로 다루지 않는다. 주류 경제학은 이들 각 행위자가 오직 자기 자신의 이해관계에 관련되는 자료와 정보에 입각해서 독자적으로 알아서 행동한다고 전제한다. 기업도 하나의 생산 단위로 간주할 뿐 기업 내부의 인간관계를 구체적으로 다루지 않는다. 마치 사장을 위시해서 말단 노동자에 이르기까지 일사 분란하게 이윤 추구에 매달리는 독립된 개체인 것처럼 생각한다. 전형적인 주류 경제학 교과서를 펴 보면, 수요-공급 이론이 그 태반을 차지하는데, 그 1/3은 개별 소비자의 행태를 다루고, 1/3은 개별 기업의 행태를 나누며, 나머지 1/3은 시장에서 나타난 개인행동의 결과를 다룬다.

사회 과학이 필히 다루어야 할 중요한 연구 대상은 인간 그 자체와 이들 사이의 직접적 관계다. 인간을 다룬다고 하더라도 주류 경제학은 겉으로 드러난 인간의 행태만 다룰 뿐 인간성이나 인간의 속마음은 다루지 않는다. 사람은 자신의 욕망에 따라 선택하고 행동하기 때문에 그가 어떤 선택을 했는지를 보면 그가 무엇을 원하고 좋아하는지를 알 수 있다고 본다. 그러니 겉으로 나타난 것만 보면 되지 굳이 속마음까지 알 필요가 없다는 것이 주류 경제학의 기본 입장이다.

이런 입장은 인간의 겉과 속이 같다고 가정하는 것과 진배없다. 대체로 동물은 겉과 속이 같다. 그래서 주류 경제학은 마치 동물을 다루고 있는 듯한 인상을 준다. 동물은 눈치고 뭐고 없이 그저 욕망에 따라 행동하기 때문이다. 하지만 인간은 그렇지 않다. 인간 사회에서는 겉과 속이 다른 경우가 너무 많다. 사랑하는 자식이 고기를 한 점이라도 더 먹게 하기 위해서 자신은 고기를 싫어한다고 말하는 어머니의 속마음과 행동은 다르다. 체면이나 사회 규범 때문에 마음 내키는 대로 행동하지 못하는 경우가 얼마나 많은가.

대부분의 사람들이 타인을 상대할 때는 겉으로 드러난 것보다는 그의 속마음을 알고 싶어 한다. 속마음을 알아야 상대방을 더 잘 이해할 수 있으며 적절히 대응을 할 수 있다. 우리나라 젊은이들이 왜 쌀밥보다는 밀가루 음식을 더 좋아하게 되었는지, 우리나라 국민이 왜 단독 주택보다는 아파트를 더 좋아하게 되었으며, 왜 작은 차보다는 큰 차를 더 좋아하게 되었는지 등은 상당히 중요한 사회·경제적 의미를 가지지만 주류 경제학은 굳이 그 이유를 알 필요가 없다고 본다. 그저 그렇다는 것만 알고 그 욕망을 어떻게 잘 충족시킬 것인가를 궁리만 하면 그만이다.

더욱이 그런 욕망들이 과연 사회적으로 바람직한지 아닌지를 묻는 것은 아예 금기시된다. 인류의 생존이 위협을 받고 있는 환경 위기의 시대에 큰 차를 몰고 큰 아파트에서 스테이크를 먹으며 살려는 욕망은 억제되어야 한다고 환경 운동가들이 줄기차게 외치지만, 주류 경제학자들은 못들은 체한다. 요컨대, 주류 경제학은 각 개인의 욕망이 어느 날 그저 하늘에서 뚝 떨어진 것으로 간주하고 오직 그 주어진 욕망을 최대한 잘 달성하는 방법만을 골몰할 뿐이다.

주류 경제학은 자연 과학과 사회 과학의 중간쯤에 위치한다고 볼 수 있다. 인류의 역사가 자연의 인색을 극복하기 위한 투쟁의 역사라고 보고 있는 주류 경제학의 핵심 이론은 자연히 인간과 자연 사이의 기술적 관계를 밑바탕으로 한다. 예를 들면, 수요와 공급이 주류 경제학의 핵심 개념인데, 공급 곡선의 기저를 이루는 '생산 함수'는 기본적으로 인간이 자연을 이용할 수 있는 능력을 반영하는 개념이며, 수요 곡선의 기저를 이루는 '효용'이라는 개념은 사물이 인간의 욕망을 충족시켜 주는 능력을 의미하는 개념이다. 그러므로 주류 경제학은 사물과 인간 사이의 관계에 관한 개념을 기초로 한 이론이다. 이런 점에서도 주류 경제학은 진정한 사회 과학이라고 말하기 어렵다. 그렇다면, 사회 문제에 대하여 주류 경제학은 단지 참고 자료나 기술적인 대답만 제공할 뿐 포괄적이고 근원적인 답을 주지 못하는 학문이다. 그러므로 대학이 사회 과학으로서 경제학을 진정 원한다면 경제학과는 주류 경제학이 아니라 마르크스 경제학 위주로 교과 내용을 짜야 하고 이에 따라 학생들을 가르쳐야 한다.

진정한 사회 과학으로서의 마르크스 경제학

마르크스는 인간의 욕망이나 인간성이 단순히 하늘에서 뚝 떨어진 것이 아니라 많은 경우 사회적으로 형성된다고 보았다. 기본적으로 먹고사는 문제가 이미 해결된 자본주의 사회에서는 특히 더 그렇다. 자본주의가 아직 고도화되지 않은 가난한 나라에서는 국민 대부분이 기본 생계의 충족에 매달리고 있다. 이때 기본 생계에 대한 욕망은 생리적인 것이요, 남과 관계가 없다. 예컨대, 춥고 배고플 때는 남이 있든 없든 누구나 옷과 음식을 찾기 마련이다. 남이 예쁜 옷을 입든 말든, 남이 맛있는 음식을 먹든 말든 신경 쓸 여유가 별로 없다.

그러나 일단 기본적으로 먹고사는 문제가 해결되어 어느 정도 경제적 여유를 갖게 되면 남들이 어떻게 사는지를 둘러보게 된다. 그러면서 남보다 더 잘 살고 싶은 욕망이나 남에게 뒤처지기 싫은 심정이 사람들의 마음속에서 돋아나게 되고, 그러면서 남을 의식하는 소비 생활이 시작된다. 여고 동창생의 손가락에 올라앉은 물방울 다이아몬드 반지를 보면 몹시 부러워하게 되고 옆집의 새로 산 고급 자동차를 보면 덩달아 새 차를 사고 싶은 욕망이 끓어오른다. 사실, 사치품이나 명품의 대부분은 남들에게 뻐기고 싶고 남에게 뒤지지 않으려는 욕망, 다시 말해서 과시욕을 충족시키기 위한 것들이다. 성형 수술은 남보다 더 예뻐 보이고 싶은 욕망을 충족시키기 위한 것이다. 이런 욕망들은 인간관계에서 형성되는 욕망이며 남들이 없이 혼자 사는 사회에서는 생기지도 않을 욕망이다. 이런 의미에서 사회적으로 형성된 욕망이다.

남보다 더 잘 살고 싶은 심정이나 과시욕은 어느 정도 누구에게나 있는 자연스러운 욕망이라고 할 수 있다. 하지만 이런 욕망은 조작이 잘 되기 때문에 기업들이 돈벌이에 잘 이용해 먹을 수 있는 욕망이기도 하다. TV 광고들을 보라. 광고된 상품을 쓰면 모든 사람들이 당신을 우러러보게 된다는 메시지, 혹은 광고된 상품을 쓰지 않으면 당신은 이른바 '왕따'가 된다는 메시지를 담고 있는 것들이 태반이다. 실제로 자본주의 선진국에서는 명품이나 사치품이 홍수를 이루고 있을 뿐만 아니라 그 비중이 날로 커지고 있다. 인간의 욕망을 자극하고 부풀리는 각종 상술과 광고가 최고로 발달한다. 경영 대학이 최고의 인기를 누리면서 유능한 인재들이 그쪽으로 몰린다. 새 모델의 자동차나 구 모델의 자동차가 질적으로는 큰 차이가 없지만, 온갖 고도의 상술과 광고는 결국 사람들로 하여금 구 모델에 싫증을 느끼게 하고 새 모델의 자동차를 사지 않고는 못 배기게 만든다. 또한, 새 모델의 자동차를 사람들이 자꾸 사 주어야만 자본주의 경제가 잘 돌아가게 되어 있다. 자본주의는 끊임없이 인간의 욕망을 자극하고 부풀리지 않을 수 없으며, 그 결과 사람들이 점점 더 탐욕스러워진다고 마르크스는 말한다.

물론, 새로운 욕망이 끊임없이 조장된다고 해서 문제가 될 것이 뭐냐고 말할 수도 있다. 새로운 욕망을 끊임없이 충족시켜 주면 그만큼 더 행복해진다고 주류 경제학자들은 주장할 것이다. 그러나 마르크스의 생각은 다르다. 인간의 욕망에도 격이 있다. 격이 높은 욕망의 충족은 깊고 긴 행복을 주는 반면 격이 낮은 욕망의 충족은 짧고 얕은 행복만 준다. 마르크스의 시각에서 보면, 자본주의는 격이 낮은 욕망을 자극하고 부풀림에 있어서 탁월한 능력을 가진 체제다. 자본주의 경제의 최대 장점은 대량 생산이라고 하는데, 심리학자들의 실험 결과는 대체로 대량 생산 상품들이 짧고 얕은 즐거움만을 준다는 것을 보여 주고 있다. 사치품이나 명품 역시 그렇다. 그래서 명품 제조사들은 끊임없이 새로운 상품을 만들어 낸다. 이와 같이 사람들이 격이 낮은 욕망의 충족에 빠져 있다 보면 격이 높은 욕망의 충족을 게을리하게 되며 결과적으로 행복해지지도 못한다.

또 한 가지 문제는, 기본 욕구조차 충족시키지 못하고 있는 극빈자들이 아직도 지구 곳곳에 즐비한데, 다른 한쪽에서는 과시욕과 같은 하찮은 욕망을 충족시키기 위해서 막대한 자원을 소모하고 있다는 점이다. 또한 그런 과시욕을 충족시키기 위한 상품의 생산과 소비는 단순히 지구촌의 자원을 고갈시킬 뿐만 아니라 많은 환경 오염 물질을 배출하고 있으니 더욱더 문제가 된다. 요컨대, 고도로 발달된 자본주의 사회에서는 인간의 많은 욕망이 사회·경제적으로 창출되므로 경제학은 인간의 욕망에 대한 연구로부터 시작되어야 한다는 것이 마르크스의 입장이다. 주류 경제학에서 상수常數로 간주되는 것이 마르크스 경제학에서는 변수變數로 간주된다.

마르크스는 인간의 욕망뿐만 아니라 인간성 그 자체도 사회의 영향을 많이 받는다고 보았다. 그는 변함없는, 항구적인 인간성을 부인했다. 인간성 중에서도 특히 이기심이 문제가 된다. 동물과 인간을 엄격히 구분하고 인격이라든가 인간다움, 인간의 잠재력 등을 유난히 강조했던 점에 비추어 보면 마르크스는 이기심이 인간다움과 거리가 먼, 동물적 성향이라고 보았던 것 같다. 인류의 역사를 보면, 원시 사회로부터 고대 사회를 거쳐 봉건 사회에 이르기까지 그 어느 사회나 개인의 이기심을 극도로 억제했다. 하지만 자본주의는 인간의 이기심을 사회 발전의 거름으로 활용하려는 체제라는 점에서 과거의 인류 사회와 근본적으로 다르다.

대체로 주류 경제학은 인간의 이기심이 자연스러운 것이라고 본다. 물론, 모든 인간은 어느 정도의 이기심을 가지고 있다. 하지만 마르크스에 의하면 그 이기심이 어느 정도 강한가는 사회 체제에 따라 다르다. 실제로 자본주의는 각 개인이 이기적으로 행동하게 조장하며, 그렇게 하지 않고는 살아남을 수 없게 만드는 사회다. 예를 들면, 직장에서의 치열한 경쟁이 직장인들을 더욱더 경쟁적이고 이기적으로 만든다는 것이다. 자본주의는 인간의 이기심을 찬양하고 고무함으로써 인간을 더욱더 이기적이고 탐욕스럽게 만든다. 그러니 사람들이 더욱더 이기적이지 않을 수 없다. 자본주의 경제가 잘 돌아가기 위해서는 국민이 탐욕스럽고 이기적이어야 한다. 그리고 늘 부족감을 느끼고 있어야 한다. 그래야 상품이 잘 팔리고 자본가 계급의 기득권이 잘 유지될 수 있다. 자본주의는 바로 그런 체제라고 마르크스는 주장했다. 이와 같이 인간성이나 인간관계가 시장의 영향을 크게 받는다고 보았다는 점이 주류 경제학과 구별되는 마르크스 시각의 큰 특징이다.

보이지 않는 손의 논리 vs. 죄수의 딜레마 논리

개인의 행동에 초점을 맞추는 주류 경제학의 밑바탕에 보이지 않는 손의 논리가 깔려 있다면, 인간관계와 집단행동에 초점을 맞추는 마르크스 경제학의 밑바탕에는 전혀 다른 논리가 깔려 있다. 우선, 마르크스 경제학은 보이지 않는 손의 논리, 즉 각 개인이 이기적으로 행동하더라도 그 결과는 사회적으로 이익이 된다는 주장은 지나친 과장이라고 본다.

복잡하게 생각할 필요도 없이 일상생활의 예를 들어 보자. 길거리에 좋은 구경거리가 벌어졌는데, 모두들 자기만 잘 보려고 발돋움하면 결국 모두가 잘 못 보게 된다. 아침 출근 시간 때에 모든 운전자들이 저마다 빨리 출근하려는 마음이 앞서서 신호등을 무시하고 교차로로 진입하면 차들이 띡처럼 엉켜서 결국 모두가 지각하게 된다. 모든 어부들이 자기 이익만 생각하고 강이나 바다에서 마구 물고기를 잡으면 씨가 마르면서 결국 모두가 피해를 입는다. 이와 같이 각자 자신의 이익만을 생각하는 이기적 행동이 결과적으로 모두에게 피해를 주게 되는 예는 우리 주위에 무수히 많을 뿐만 아니라 점점 더 늘어나는 경향이 있다.

우리의 가정도 마찬가지다. 부부가 각각 자신의 이익만 생각하고 제멋대로 행동한다면 가정은 파탄 나고 결국 모두가 손해를 보게 된다. 한때 우리나라의 이혼율이 세계 최고로 높았다는데, 대부분의 경우 배우자의 입장을 생각하지 않고 자기 이익만 너무 고집하기 때문에 가정 파탄이 난다고 말한다. 서로 조금씩 양보해서 상대방을 배려한다면, 원만한 가정을 유지하면서 가족 모두가 행복해질 수 있다는 것이다.

비슷한 예를 또 하나 들어 보자. 매년 홍수 피해를 입는 어떤 마을에서 그 대책으로 사람들이 모여서 제방을 쌓기로 했다고 하자. 다음과 같이 4가지 경우를 생각해 볼 수 있다. ① 마을 사람이 일치단결해서 제방 쌓기에 다 함께 열심히 일하면 모두가 이익을 얻지만, ② 이왕이면 나는 놀고 다른 사람들만 열심히 일해 준다면 '무임승차의 이익'을 얻으니 내 입장에서는 최고로 좋고, ③ 반대로 나만 열심히 일하고 다른 사람들은 가만히 앉아 놀기만 한다면 나는 '바가지'를 쓰게 되며, ④ 그렇다고 모두들 가만히 앉아 있으면 모두 홍수 피해의 손해만 본다. 집단행동을 하는 경우 이와 비슷한 상황을 누구나 많이 경험해 보았을 것이다. 이와 같이 집단행동에서 이 4가지 경우가 가능한 상황을 흔히 죄수의 딜레마 상황이라고 부른다. 죄수의 딜레마 상황의 가장 큰 특징은, '무임승차의 이익'이 무척 크면서 '바가지' 씀으로 인한 손해 또한 무척 크다는 점이다.

죄수의 딜레마 상황이 결국 위의 4가지 경우 중에서 어떤 경우로 최종 낙착되는가는 그 상황에 처한 사람들의 태도에 달려 있다. 만일 죄수의 딜레마 상황에 처한 사람들이 모두 똑똑하고 이기적이라고 한다면,

누구나 무임승차의 이익을 누리려고 하며 바가지 쓰기를 피하려고 할 것이다. 그래서 모두가 남을 배려하지 않고 자기 이익만 생각하고 행동한다면 모두가 무임승차하려고만 들 것이요, 그러다 보면 결국 네 번째 경우 즉, 모두가 손해를 보는 경우에 이르게 된다. 그러나 만일 모두가 다른 사람을 배려하는 심정에서 무임승차하려는 욕심을 자제한다면 첫 번째 경우 즉, 모두가 이익을 얻는 경우에 이를 수 있다.

요컨대, 죄수의 딜레마 상황에서는 사람들이 어떤 심보를 가지느냐에 따라 결과가 크게 달라지는데, 모두가 남을 생각하지 않고 이기적으로만 행동하면 결과적으로 모두가 손해를 보는 꼴을 당하게 된다는 것이다. 이런 결론은 이미 수학적으로 증명된 것이다. 물론, 관련된 사람의 수가 소수이고 자주 만나거나 이들 각각이 장기적 안목을 가지고 행동할 경우에는 모두가 서로 협조함으로써 모두에게 이익이 되는 결과가 나올 수도 있다. 그러나 사회적으로 문제가 되는 상황은 주로 다수의 이해관계가 걸려 있는 상황인데, 이런 상황에서는 각 개인의 이기적 행동이 전체의 손해를 초래할 가능성이 매우 높다.

마르크스 자신은 죄수의 딜레마라는 용어를 쓰지 않았지만, 자본주의에 대한 그의 예리한 분석의 밑바탕에는 이런 논리가 깔려 있음을 알 수 있다. 자본가들 사이의 관계를 예로 들어 보자. 이들 사이에는 대화와 접촉이 있을 수도 있고 그렇지 않을 수도 있다. 대화와 접촉이 있을 경우에는 늘 담합과 음모가 판을 친다. 이는 자본주의의 상징인 애덤 스미스가 한 말이다. 담합과 음모의 결과는 애덤 스미스가 그토록 우려한 독과점이다. 마르크스도 독과점이 자본주의를 파멸로 이끌어가는 요인이라고 보았다.

대화와 접촉이 없이 자본가들이 제각기 독자적으로 자신의 이윤만을 추구한다고 해 보자. 이 경우 이들의 독자적 행동들은 결과적으로 모두에게 손해가 되는 방향으로 낙착된다. 예를 들어서, 경기가 좋은 때에는 자본가들은 저마다 투자를 늘리기에 혈안이 된다. 그 결과 경제 전체로는 과잉 투자가 이루어지면서 오히려 이윤율이 전반적으로 떨어진다. 반대로 경기가 나빠지면 자본가들은 저마다 생산을 줄이고 노동자를 해고하기 바쁘다. 이 결과 경제 전체로는 상품에 대한 구매력이 떨어지면서 경기는 더욱더 나빠지게 된다. 국민의 대다수를 차지하는 노동자들의 소득이 감소하기 때문이다. 그 어느 경우든 죄수의 딜레마 상황에 처해서 자본가들은 모두에게 손해가 되는, 가장 나쁜 선택을 취하게 된다는 것이다. 요컨대, 자본주의 모순을 잘 극복하기 위해서는 사회 구성원들, 특히 자본가들과 노동자들이 서로 잘 협조해야 하지만, 이들이 각각 이기적이고 합리적으로 행동한다면 죄수의 딜레마 상황에 빠져서 결국 모두에게 손해되는 결과가 초래된다는 것이다.

6장

가격과 소득 분배에 대한 마르크스와 주류 경제학의 입장

recall
the economics

가격에 대한 이론

가격을 결정하는 궁극적이고 주도적인 요인

주류 경제학은 가치와 가격을 굳이 구분하지 않는다. 상품의 가치는 시장에서 얼마에 사고 팔리는가에 의해서 결정되기 때문에 가격이 곧 가치를 반영한다고 본다. 경제학 교과서는 가격이 수요와 공급 곡선이 균형을 이루는 수준에서 결정된다고 가르치고 있다. 수요 곡선은 해당 상품이 우리 인간의 욕망을 충족시켜 주는 정도를 반영하며, 공급 곡선은 생산비를 반영한다. 주류 경제학의 주장에 따른다면, 인간 욕망과 생산비가 가격을 결정하는 요인이 되는 셈이다.

그렇다면 이 두 가지 중에서 어느 것이 더 궁극적이고 중요한가? 앞 장에서 살펴보았듯이, 고전 경제학은 생산비가 궁극적인 요인이라고 보았고, 신고전 경제학은 인간의 욕망이 궁극적 요인이라고 보았다. 비록 오늘날의 주류 경제학은 겉으로는 수요와 공급에 의해서 가격이 결정된다고 설명하고는 있지만, 그 밑바탕에는 초기 신고전학파의 사고방식이 깊이 뿌리박고 있다. 즉, 인간의 욕망을 충족시켜 주는 정도, 달리 말하면 인간을 즐겁게 해 주는 정도가 상품의 가격을 결정하는 궁극적이고 주도적 요인이다. 나아가서 시장에서 거래되지 않는 재화의 가치를 평가할 때도 욕망을 충족시켜 주는 정도(달리 말하면, 지불 용의액)를 궁극적 잣대로 삼는다. 결국 상품은 우리 인간의 욕망을 충족시켜 주기 위한 것이 아닌가. 비록 생산비(공급 곡선)에 아무런 변화가 없어도 사람들이 많이 원하면 가격이 오르는 것은 당연하며, 반대로 아무리 공을 많이 들여서 만든 물건이라도 사람들이 원하지 않으면 가격은 0이 된다.

여름철 무더위가 기승을 부릴 때를 틈타서 두 배 이상 비싸진 휴양지의 각종 바가지요금에 일반 시민들이 눈살을 찌푸리지만 주류 경제학자들은 이를 당연하게 여긴다. 휴양지를 방문한 사람들이 그만한 돈을 지불할 용의가 있으니까 가격이 비싸지는 것은 당연하다고 이들은 설명한다. 폭설로 길이 막혔을 때를 틈타서 재빨리 눈삽의 가격을 두 배로 올리는 철물점 주인을 나쁜 사람이라고 대부분의 사람들이 욕을 퍼붓지만 주류 경제학자들은 오히려 그렇게 욕하는 사람들이 무식하다고 욕을 한다. 비싼 가격을 불러도 사람들이 사 주기 때문에 철물점 주인은 당연히 가격을 올리게 된다는 것이다. 휴양지의 상인들이나 철물점 주인에게 생산비는 전혀 관심 밖의 사항이다. 현장을 누비는 상인들은 사람들의 지불 용의액이야 말로 가격을 결정하는 궁극적 요인이라고 굳게 믿어 의심치 않는다. 시장은 우리 인간의 욕망을 가장 잘 충족시켜 주는 제도이며, 이것이 시장의 최대 장점이라는 주류 경제학자들의 상투적 주장은 우리 인간을 즐겁게 해 주는 상품의 능력이 곧 가격 결정에 있어서 가장 기본적인 요인임을 은연중에 시사한다.

시장에서 형성된 가격은 우리 인간의 욕망을 반영한 값이기 때문에 주류 경제학자들은 대체로 시장에서 자연스럽게 형성된 가격도 절대시하는 경향이 있다. 그래서 가격에 대하여 서민들이 시비를 걸거나 정부가 규제를 하면 몹시 못마땅하게 생각한다. 포퓰리즘이라는 고상한 단어를 써 가며 서민의 무식함을 힐난한다.

가격 규제에 뒤따르는 각종 부작용은 논외로 치자. 주류 경제학자들이 늘 하는 말은 인간이 합리적이라는 것이다. 가격이란 그런 합리적인 사람들이 시장에 모여서 자유스럽게 거래한 결과로 결정된 것이다. 말하자면, 합의된 사항이라는 것이다. 합리적인 사람들의 자발적인 합의를 존중해 주는 것이 민주주의 사회의 도리이기도 하기에 시장의 가격에 대해 정부가 간섭하는 행위는 우선 민주주의 원칙에도 어긋난다고 주류 경제학자들, 특히 시장주의자들이나 신자유주의자들은 강하게 반발한다. 하지만 이들의 태도는 뭔가 앞뒤가 잘 맞지 않는다. 이들은 한편으로는 대부분의 인간이 합리적이라고 가정하면서 또 다른 한편으로는 대다수의 일반 서민들이 시장의 원리를 잘 알지도 못하면서 불평만 늘어놓는 비합리적인 사람들이라고 비난한다.

그러나 주류 경제학자들이 시장에서 자연스럽게 형성된 가격을 신성시하는 태도는 일반 국민의 정서와 상당한 차이를 보인다. 예를 들면, 우리 국민의 대다수는 아파트의 가격이 터무니없이 비싸다고 아우성친다. 왜 그럴까? 이들이 마음속으로 적정하다고 생각하는 수준과 크게 다르기 때문일 것이다. 그 적정 수준은 과연 어느 정도일까? 대체로, 사람들이 많이 염두에 두는 것은 정상적인 생산비다. 생산비가 많이 든 상품은 그만큼 가치가 있다고 생각한다. 그래서 생산비가 많이 들어서 가격이 비싸다고 하면 대부분의 사람들이 수긍한다. 하지만 그렇지 않은데도 가격이 비싸면 사람들은 잘 승복하지 않는다. 특히, 이윤을 많이 붙였기 때문에 가격이 비싸졌다고 하면 승복은커녕 마구 욕을 해 댄다. 폭리를 용납하지 않는 것이 국민의 일반 정서다. 그래서 기업들은 가격 결정 내역을 공개하기를 극히 꺼려한다. 떳떳하다면 공개하지 못할 이유가 전혀 없지 않은가. 여름철 휴양지의 바가지 가격에 눈살을 찌푸리고 폭설을 틈타 곱절로 비싸진 눈삽의 가격을 부당하게 생각하는 이유도 장사꾼들이 정상적 생산비를 무시하고 폭리를 취하고 있다고 생각하기 때문일 것이다.

살기 좋은 사회 만들기에 기여하는 가격

가격에 대한 일반 서민들의 이런 정서는 인류 역사상 수천 년에 걸쳐 내려온 뿌리 깊은 것이며, 현대 경제학의 모태인 고전 경제학은 그런 정서를 정확하게 반영하고 있다. 가격에 대한 마르크스의 이론은 이런 뜻을 잘 살려서 발전시킨 이론이라는 점에서 고전 경제학에 가깝다고 할 수 있다.

마르크스는 주류 경제학보다 한 단계 높은 차원에서 가격의 문제를 바라보았다. 결국 가장 중요한 문제는 우리 모두가 골고루 인간답게 올바로 잘 사는 것이 아닌가. 그렇다면, 실제로 시장에서 수요와 공급에 의해서 결정된 가격이 과연 그런 삶에 도움이 되는 가격인가 아닌가도 깊이 생각해 보아야 한다. 아무리 수요와 공급에 의해서 시장에서 자연스럽게 결정된 가격이라고 하더라도 그것이 빈부 격차를 더욱더 심화시켜서 사회 갈등을 증폭시킨다거나, 수많은 서민들에게 큰 좌절감을 안긴다거나, 많은 사람들로 하여금 인간다운 올바른 삶을 살아가기 어렵게 한다든가, 2008년 미국에서 실제로 일어났듯이 한 나라의 경제를 망치고 나아가서 세계 경제의 안정을 위협한다면, 그런 가격을 묵과하는 것은 곤란하지 않은가? 마르크스는 수요와 공급의 힘에 따라 시장에서 자연스럽게 형성된 가격이 사회적으로 바람직하지 못한 결과를 초래할 가능성이 높다고 보았다.

인간의 욕망이 자본주의 시장에서 결정되는 가격에 점점 더 큰 영향을 미치는데, 마르크스는 인간의 욕망을 신성시하거나 절대시하지 않았다. 오늘날 많은 과학자들이 증명해 보였듯이 인간의 욕망은 대단히 경박하며, 특정인에 의해서 얼마든지 조작 가능하다는 사실을 잘 알고 있었기 때문이다.(제3장 구체적인 사례들 참조.) 현대 자본주의 사회에서는 성실하게 땀을 흘려서 돈을 벌기보다는 인간의 욕망을 교묘하게 자극하고 세인의 인기에 영합함으로써 돈을 벌어 보려는 풍조가 기승을 부리고 있다. 이와 같이 인간의 욕망이나 선호가 특정인, 특히 기업에 의해서 조작 가능하다면, 그런 욕망이나 선호를 신성시하고 절대시하는 것이 과연 옳은가? 그런 욕망을 반영하는 시장 가격을 과연 절대시해야 할 것인가? 마르크스는 단연 고개를 가로 저었다. 여기에서부터 주류 경제학과 마르크스의 경제학은 근본적으로 노선을 달리 한다. 그렇다면, 과연 어떤 가격이 우리 모두가 골고루 인간답게 올바로 잘 살 수 있게 만들어 주는 가격인가? 이 질문이 마르크스의 가격에 대한 이론의 출발점이다. 우리는 바로 이런 시각에서 마르크스의 가격에 대한 이론(노동 가치설)을 보아야 한다.

대체로 일반 서민들은 가격과 가치는 무언가 다르다고 생각한다. 마르크스도 가치와 가격을 엄격히 구분했다. 간단히 말하면, 가격은 시장에서 수요와 공급에 의해서 결정되는 것이고, 가치는 물건을 만드는데 흘린 인간의 땀과 수고를 반영하는 것이다. 마르크스의 표현에 의하면, 가치는 근원적이고 본질적인 것이며, 가격은 그것이 겉으로 드러난 것이다. 가치는 본질에 해당하고, 가격은 현상에 해당한다는 것이다. 가격과 가치의 이런 구분은 고전 경제학자들의 자연 가격과 시장 가격의 구분을 심화시킨 것이다.

　마르크스라고 하면 노동 가치설을 연상하는 경제학자들이 많은데, 사실 노동 가치설은 오늘날 주류 경제학자들이 아직도 할아버지처럼 떠받드는 옛날 경제학 대가들이 제창한 이론이다. 다만, 마르크스는 이들의 노동 가치설의 문제점을 찾아내고 수정함으로써 한 단계 높였을 뿐이다. 마르크스의 노동 가치설에도 여전히 엉성한 부분이 있는 것이 사실이지만, 또한 오해를 사고 있는 부분도 적지 않다.

학생: 상품을 생산하자면 노동자뿐만 아니라 기계도 있어야 하고, 컴퓨터도 있어야 하며, 공장도 있어야 하는데 순전히 노동자가 몇 시간 일했는가에 따라 상품의 가격이 결정된 다는 말은 이상하지 않습니까?

마르크스: 그러면, 기계나 컴퓨터, 공장은 누가 만든 것입니까? 어느 날 하늘에서 뚝 떨어진 것입니까? 결국 사람이 만든 것이요, 인간 노동의 결정체가 아닙니까?

학생: 예를 들어서 똑같은 수의 노동자가 일하더라도 기계가 있을 때와 없을 때 생산량에 큰 차이가 난다면, 그 차이는 기계가 생산에 기여한 것으로 봐야 하는 것 아닌가요?

마르크스: 주류 경제학자들은 그와 비슷하게 생각합니다. 그래서 기계의 생산성이니 노동의 생산성이니 하는 용어를 씁니다. 그러나 이런 용어는 마치 기계가 독자적으로 무엇을 생산하는 주체인 것처럼 착각하게 만들지요. 예를 들어서, 여러분 자신이 망치와 대패를 만든 다음 이것들을 이용해서 책상을 하나 만들었다고 해 봅시다. 그리고 그 책상을 시장에서 100만 원에 팔았다고 해 봅시다. 그렇다면, 이 100만 원을 어떻게 생각해야 합니까? 오직 여러분 자신의 노동으로 생산한 것이라고 생각하시

겠습니까, 아니면 그 일부만 여러분이 생산한 것이고 나머지는 망치와 대패가 생산한 것이라고 생각하시겠습니까? 주류 경제학은 마치 망치와 대패가 인간의 노동과는 별도로 독자적으로 상품을 생산하는 듯한 착각을 줍니다. 사실 그와 비슷한 착각이 우리 사회에 만연해 있습니다. 남에게 돈을 빌려 주어서 이자를 받으면 마치 돈이 이자를 만들어 내는 주체인 낸 것처럼 착각하고요. 이런 식의 사고방식이 바로 상품 물신숭배입니다. 기계와 돈을 숭배하게 된다는 것이지요. 이런 상품 물신숭배가 인간을 천시하고 물질적 풍요를 최고로 중요하게 생각하는 한심한 풍조를 더욱더 강화시킵니다.

학생: 오직 노동만이 생산에 기여하는 것처럼 생각하고, 상품의 가치를 계산한 다음 오직 노동에 대해서만 대가를 지불한다면 누가 기계를 생산하겠습니까? 기계에 대해서도 무언가 대가를 지불해야 하지 않을까요?

마르크스: 아마도 자본주의 경제에서는 그렇게 말할 수 있을 것입니다. 그러나 상식적으로 생각해 보십시다. 기계는 결국 인간이 만든 것이 아닙니까? 그렇다면, 기계를 만든 사람의 수고에 대하여 충분한 대가만 지불한다면 얼마든지 기계가 생산되지 않을까요? 굳이 기계 그 자체에게 돈을 주어야 할 필요는 없습니다. 물론, 기계를 이용해서 상품을 생산하다 보면 차츰 마모되면서 드디어 그 수명을 다하는 때가 옵니다. 따라서 새 기계를 구입하기 위해서 따로 돈을 마련해 두어야 하겠지요. 예를 들어서 100시간 노동을 해서 어떤 기계를 만들었다고 해 봅시다. 그리고 자동차 생산에 이 기계를 이용하면 1000대 생산했을 때 그 수명을 다한다고 해 봅시다. 그렇다면, 자동차 1000대가 이 기계 생산에 투입된 100시간의 노동을 소모해 버린 셈이니 자동차 한 대의 가격에 0.1시간의 노동에 대한 대가를 포함시킨다면, 1000대를 팔았을 때는

그 기계 한 대를 구입할 수 있는 돈이 마련됩니다. 이와 같이 기계나 도구가 사용되었을 때 마모된 부분에 대한 대가를 감가상각비라고 합니다.

인간의 탐욕이 잔뜩 묻어 있는 가격

시장이라고 하면 우리는 흔히 상품을 사고파는 장소라고 막연하게 생각하지만, 주류 경제학자들은 '가격을 중심으로 행위의 조정이 이루어지는 장소나 방법'이라고 좀 더 분명하게 정의하면서 가격이라는 단어에 특별히 힘을 실어 준다. 가격이 시장이라는 개념의 중추를 이루고 있다는 것이다. 아마도 마르크스처럼 가격의 위력을 절실하게 묘사함으로써 시장의 개념이 머리에 쏙 들어오게 잘 설명한 경제학자는 아마도 없을 것이다.

예를 들어 보자. 부동산 가격이 하늘 높은 줄 모르고 뛸 때 일반 서민들은 내 집 마련의 꿈이 사라지는 아픔을 겪지만, 모두들 끽 소리도 못하고 당할 수밖에 없다. 정부도 어쩌지 못한다. 주류 경제학자들은 아예 외면해 버린다. 기름값이 올라도 일반 서민들은 꼼짝없이 당할 수밖에 없다. 정부도 별 도리가 없다. 그저 에너지 절약 운동, 자동차 홀짝제의 실시 등 궁색한 대책으로 허둥댈 뿐이다. 주식 가격이 폭락하면 수많은 사람들이 기가 팍 죽고 자살하는 사람들이 속출한다. 그래도 개인이나 정부는 어쩌지 못한다. 경기 과열로 물가가 고공 행진을 하면 온 나라가 벌집 쑤신 듯이 아우성이고 정부도 금리 인상이니 통화 정책이니 해서 부산을 떤다. 이와 같이 가격이라는 것이 온 나라를 쥐락펴락한다. 마치 무도장에서 탱고곡이 곡이 울려 나오면 모든 사람들이 일제히 탱고 춤을 추고, 블루스가 연주되면 모든 사람들이 일제히 블루스 춤을 추듯이, 시장에서 일단 가격이 결정되면 모든 사람들이 이에 따라 울고 웃고 해야 한다. 사실 가격이 우리 일상생활의 구석구석을 지배하고 있다는 것을 생각해 보면, 가격의 위력을 새삼스레 느끼게 된다.

비록 가격 체계가 온 나라를 쥐락펴락한다고 하더라도 그 가격이 올바른 가격이요, 장기적으로 모든 국민을 골고루 행복하게 해 주는 가격이라면 그 위세에 대하여 우리가 특별히 삐딱하게 볼 필요는 없을지도 모른다. 그렇다면, 어떤 가격이 올바른 가격이고 장기적으로 우리 국민을 골고루 잘 살 수 있게 만들어 주는 가격인가? 주류 경제학이 주장하듯이 시장에서 수요와 공급에 의해서 결정된 가격인가 아니면 마르크스가 주장하듯이 우리 인간의 노력과 땀에 의해서 결정된 가격인가? 마르크스의 노동 가치설은 우리에게 많은 것을 생각하게 한다.

우선, 우리가 일상 보는 가격, 다시 말해서 시장에서 수요와 공급에 의해서 결정되는 가격의 역할부터 살펴보자. 주류 경제학은 가격이 자원의 효율적 배분을 위한 신호등의 역할을 한다고 가르치고 있다. 예를 들어서 라면에 대한 수요가 갑자기 늘어나서 라면 가격이 너무 오르면, 라면의 생산에 더 많은 인력과 자원이 투입되면서 공급이 늘어나게 되며, 날씨가 추워져서 아이스크림에 대한 수요가 감소할 기미를 보이면 인력과 자원이 아이스크림 생산으로부터 빠져나와 뜨끈한 우동의 생산으로 흘러들어 가면서 아이스크림 공급이 감소하고 우동의 공급이 증가한다는 것이다. 이와 같이 가격은 자원의 배분을 주도하는 매우 중요한 역할을 수행하지만, 그렇다고 시장에서 자연스럽게 결정되는 모든 가격이 타당하지는 않다는 점을 주류 경제학도 인정한다. 예를 들어서 독과점이 판치는 시장에서 결정된 가격에는 독과점 이윤이 묻어 있다. 주류 경제학자들도 독과점 이윤에 대해서는 부정적으로 생각한다. 그럼에도 불구하고 이들은 독과점을 예외적인 것으로 치부하거나 대수롭지 않게 보는 경향이 있다.

마르크스는 독과점이 자본주의 경제의 큰 병폐임에 틀림없지만, 가격에 관련된 문제가 여기에 그치지 않는다고 보았다. 앞에서 이미 설명했듯이 결국 상품에 대한 수요가 가격을 결정하는 궁극적 요인인데, 주류 경제학 교과서를 도배하고 있는 수요 곡선은 결국 인간의 욕망을 반영한 곡선이다. 예컨대, 명품이나 사치품에 대한 수요 곡선은 남들 앞에서 뻐기고 싶은 욕망을 반영하는 것이며, 따라서 이들의 가격에는 인간의 허영심이 잔뜩 묻어 있다. 여름철 휴양지의 바가지요금이나 폭설 때 곱절로 뛰어오른 눈삽의 가격은 상대방의 약점을 이용해서 돈을 벌어 보려는 탐욕으로 부풀려진 가격이다. 부동산에 대한 수요 곡선에는 투기 한 방으로 큰돈을 쥐어 보려는 탐욕이 실려 있으며, 따라서 부동산 가격에는 인간의 탐욕이 잔뜩 끼어 있다. 흔히 가격에 거품이 끼어 있다고 말하기도 하는데, 많은 학자들이 2008년 세계를 휩쓴 불경기가 바로 이런 인간의 탐욕에서 비롯된 것이라고 말하고 있다. 이와 같이 기업의 이윤 추구 상술에 의해서 부풀려지고 인간의 탐욕에 의해서 시장에서 잔뜩 부풀려진 가격이 한 나라의 경제를 좀 먹고 드디어 그 뿌리조차 흔든다고 하면, 과연 그런 가격이 올바른 가격인가?

노동 가치설에 의해서 가격이 결정되는 경제는 인간을 기업의 돈벌이를 위한 수단으로 이용하는 것을 허용치 않으며, 오직 각자가 노력한 만큼에 대해서만 대가를 요구하는 경제다. 노동 가치설이 적용되는 경제는 그야말로 건전한 경제다. 우선, 경제가 건전해야 사회도 건전해진다. 마르크스는 상품의 가치를 크게 사용 가치와 교환 가치로 나누어 보았다. 어떤 상품의 사용 가치는 간단히 말해서 그것의 유용성 혹은 그것이 우리를 즐겁게 해 주는 능력이고, 교환 가치는 그것을 시장에 들고 나가 팔았을 때 받을 수 있는 다른 상품의 양 혹은 화폐의 양이다. 사용 가치는 주류 경제학에서 말하는 효용에 해당하는 것이고, 교환 가치는 가격에 가까운 개념이다. 예컨대, 막걸리의 사용 가치는 막걸리를 마셨을 때 우리가 얻는 즐거움의 크기이고, 그것의 교환 가치는 시장에 가지고 나가서 팔았을 때 받을 수 있는 금액에 해당한다.

교환 가치와 사용 가치가 항상 일치하는 것은 아니다. 마르크스는 자본주의가 본격화되면서 필연적으로 사용 가치와 교환 가치 사이의 차이가 점점 더 벌어진다고 보았다. 요즈음 불량 식품을 고발하는 장면이 TV에 자주 등장하는데, 쥐가 들락날락거리고 바퀴벌레와 파리가 득실대는 불결한 장소에서 어묵이 대량 생산되는 장면이 여러 차례 방영되었다. 아마도 제조업체 사장이나 그 가족은 이렇게 만든 어묵을 절대 입에도 대지 않을 것이다. 사장의 입장에서 보면 그 어묵의 사용 가치는 0이다. 하지만 그 어묵을 시장에 내다 놓으면 비싸게 팔려 나간다. 그러므로 사장의 입장에서 보면 어묵의 교환 가치는 무척 높다. 시중 음식점의 대다수가 손님이 먹다 남긴 반찬을 다시 손님 밥상에 올린다고 하는데, 아마도 음식점 주인은 그런 음식을 절대 먹지 않을 것이다. 음식점 주인의 입장에서 보면, 손님이 먹다 남긴 음식의 사용 가치는 0이지만 그 교환 가치는 크다.

이와 같이 불량 식품이나 불량 상품이 횡행하는 주된 이유는 순전히 돈을 벌기 위해서 상품이 생산되기 때문이다. 라면 제조업체 사장은 자기 가족도 먹이고 다른 사람에게 팔아 돈도 벌기 위해서 라면을 생산하는 것이 아니라 순전히 돈을 벌기 위해서 생산한다. 다시 말해서 사용 가치는 도외시하고 오직 교환 가치만을 위해서 생산한다는 것이다. 자본주의 시장은 국민이 진정 필요로 하는 것을 생산하는 것이 아니다. 국민이 돈을 지불할 용의가 있는 것만을 생산한다. 돈벌이가 된다면 가짜 약도 얼마든지 생산한다. 그러다 보니 상품의 교환 가치와 사용 가치가 크게 달라진다.

왜 노동 가치설을 주장했나?

흔히 주류 경제학자들은 마치 마르크스가 수요-공급의 원리나 시장의 원리를 전혀 이해하지 못한 사이비 경제학자인 것처럼 선전하고 있지만, 사실 마르크스는 수요-공급의 원리를 잘 알고 있었다. 마르크스 경제학자들은 마르크스의 노동 가치설이 주류 경제학의 수요-공급 이론을 포함하는 포괄적 이론이라고 주장한다. 마르크스가 수요-공급의 원리를 잘 알고 있으면서도 굳이 노동 가치설을 개발하고 고집한 데에는 또 다른 이유가 있었다.

앞장에서도 언급했듯이, 마르크스의 주된 관심 사항은 사회 변화의 내용과 그 원인이었다. 우리 사회는 앞으로 어떻게 변할 것인지, 왜 그렇게 변할 수밖에 없는지, 어떻게 하면 좀 더 살기 좋은 사회로 변화시킬 수 있는지 등을 설명하고 이해하는 데에는 주류 경제학의 수요-공급 이론은 적절치 않다는 것을 마르크스는 알았고, 그래서 다른 이론을 찾아 나선 결과 노동 가치설이 가장 적절한 이론이라는 결론에 이르게 되었다.

사실 수요-공급 이론에서의 핵심은 수요와 공급이 균형을 이루는 상태에 대한 서술이다. 예를 들어서, 2007년에 그랬듯이 원유 가격이 갑자기 뛰었다고 하자. 이 결과 외환, 각종 상품, 노동 등에 대한 수요와 공급이 변하게 된다. 이 변화의 소용돌이 속에서 많은 공장이 문을 닫게 되고 수많은 노동자가 일자리를 잃게 된다. 변화의 소용돌이 그 자체가 일반 국민에게 엄청난 고통을 안겨 줄 수 있다. 그러나 주류 경제학은 그런 변화의 소용돌이 그 자체에 대해서는 별 관심이 없다. 다만, 그 소용돌이가 진정된 다음 각 시장별로 수요와 공급이 균형을 이루었을 때 결과적으로 각 시장별로 생산은 어떻게 되고, 환율은 어떻게 되며, 각종 상품 가격은 어떻게 되는지에만 관심을 가질 뿐이다. 이와 같이 주류 경제학은 변화의 과정 그 자체보다는 '모든 변화가 진정된 후의 결과'가 어떤 것인가를 설명하고 예측하는 데 치중하는 이론이다. '수요와 공급의 균형'에서 균형이란 더 이상 변화의 힘(균형으로부터 이탈하려는 움직임)이 작용하지 않는 상태를 말한다. 바로 이런 의미의 균형이 주류 경제학의 핵심 개념이며, 이런 의미에서 주류 경제학 이론은 상당히 정태적인 이론이다.

주류 경제학과는 달리 마르크스의 문제의식이 사회 변화의 원인과 과정에 초점을 두고 있다면, 이를 설명하고 이해함에 있어서 왜 수요-공급 이론이 아닌, 노동 가치설이 더 적합한가? 마르크스에 의하면 사회 변화의 주된 원인은 모순과 갈등인데, 노동 가치설이 자본가와 노동자 사이의 갈등, 나아가서 자본주의의 모순을 가장 잘 설명해 주기 때문이다. 마르크스의 노동 가치설을 이해함에 있어서 우선 긴요한 것은 노동과 노동력의 구분이다. 노동력이란 말 그대로 일할 수 있는 능력이며, 노동이란 그 노동력을 행사하는 것이다. 아무리 지능과 집중력(공부할 수 있는 능력)이 뛰어나더라도 공부를 하지 않으면 성적이 떨어지듯이, 아무리 우수한 노동력을 가지고 있어도 노동을 하지 않으면 상품을 만들어 낼 수 없다.

자본주의의 가장 큰 특징은 대규모 임금 노동자의 존재이다. 임금 노동자란 순전히 돈을 목적으로 일하는 사람인데, 마르크스에 의하면 자본주의 시장에서 상품화되는 것은 노동력이지 노동이 아니다. 날품을 파는 사람이 아닌, 거의 대부분의 노동자는 묵시적 혹은 명시적 계약에 따라 사전에 정해진 월급이나 연봉을 받고 취직한다. 그러나 일단 취직하고 나면, 노동 시간, 일거리, 일하는 방법 등은 전적으로 경영진이 결정한다. 다시 말해서 노동자가 자신의 노동력을 자본가에게 판매하고 나면, 그 노동력을 어떻게 사용할지, 즉 어떻게 노동할지는 전적으로 자본가가 결정한다는 것이다. 고대의 노예 사회에서는 사람 그 자체를 사고팔았지만, 인신매매가 금지된 자본주의에서 자본가가 노동자와 고용 계약을 할 때는 오직 일할 수 있는 능력, 즉 노동력만이 거래의 대상이 된다. 즉, 자본가와 노동자는 노동력을 사고판다.

　이와 같이 상품화되면 노동력 역시 교환 가치와 사용 가치를 가진다. 교환 가치란 시장 가격과 가까운 개념이기 때문에 노동력의 교환 가치는 임금이다. 노동력의 사용 가치는 이를 보는 사람의 입장에 따라 달라진다. 노동자의 입장에서 본 노동력의 사용 가치는 그 노동력을 자본가에게 팔지 않고 자신을 위해서 사용했을 때 얻을 수 있는 즐거움이나 만족감의 크기로 결정될 것이다. 예를 들면, 운동을 하거나 악기를 연주하거나 책을 읽거나 또는 기타의 방법으로 여가를 즐길 때 느끼는 만족감이나 즐거움의 크기가 곧 노동자의 입장에서 본 노동력의 사용 가치가 된다. 이런 사용 가치에도 불구하고 이를 포기하고 노동자가 임금을 받고 자신의 노동력을 자본가에게 팔았다는 것은 노동자의 입장에서 본 노동력의 사용 가치가 교환 가치(임금)보다 작기 때문이다. 사실, 실업 상태의 노동자는 여가 활동을 즐길 수 있는 경제적·심리적 여유를 갖지 못한다. 자본주의 사회에서는 여가라는 것도 돈이 있어야 즐길 수 있다. 당장 춥고 배고픈 상태에서는 노동자의 입장에서 본 노동력의 사용가치는 매우 낮을 수밖에 없고, 그래서 임금을 받고 노동력을 판매할 수밖에 없다.

노동력을 구매하는 자본가의 입장에서 본 노동력의 사용 가치는 그 노동력을 사용해서 만든 생산물의 가치, 즉 노동해서 만들어 낸 생산물의 가치로 측정된다. 자본가가 노동력을 구매하는 이유는, 이 사용 가치가 임금보다 더 크기 때문이다. 결과적으로 노동력의 거래를 둘러싸고 다음과 같은 부등식이 성립한다.

노동자가 본 사용 가치 〈 노동력의 교환 가치(=임금) 〈 자본가가 본 사용 가치

그러므로 노동력을 놓고 노동자와 자본가 사이에 거래가 성립되었다는 것은 이들 모두에 이익이 있었음을 시사한다. 노동력에 대한 자본가와 노동자 사이의 거래는 표면상 불평등 교환이 아니라는 말을 마르크스는 《자본론》 여러 곳에서 분명히 밝히고 있다. 그러나 내용적으로는 불평등 교환일 가능성이 높다. 왜냐하면, 자본가는 선택의 여지가 많은 상황에 있는 반면 대부분의 노동자는 선택의 여지가 없는 상황에 처해 있기 때문이다. 선택의 여지가 많은 사람은 항상 흥정에 있어서 우위에 있기 마련이다.

자본가가 생각하는 노동력의 사용 가치는 노동력을 어떻게 행사하게 만드느냐(즉, 어떻게 노동시키느냐)에 따라 그 크기가 달라진다. 예컨대, 12시간 일을 시켰을 때의 생산액이 6시간 일을 시켰을 때의 생산액보다 훨씬 더 클 것이다. 위에서 언급했듯이 노동자가 일단 노동력을 판

매한 다음에는 일의 종류, 노동 시간, 노동의 강도 등을 전적으로 자본가가 결정한다. 그러므로 일정 금액을 주고 일단 노동력을 구매한 자본가는 되도록이면 노동을 많이 시켜서 생산량을 극대화하려고 할 것이다. 달리 말하면, 노동력을 구입한 자본가는 잉여 가치를 가능한 한 많이 확보하기 위해서 노동 시간을 최대한 늘리고 노동의 강도도 최대한 높이려고 할 것이다. 노동자는 물론 이에 저항할 것이다. 여기에서 자본가와 노동자의 갈등이 시작된다.

기계와 달리 인간은 자기가 원하는 일을 자기가 원하는 방식으로 수행하려고 하는 강한 성향을 가지고 있다. 동물도 싫어하는 일을 억지로 시키면 거부한다. 비록 자본가가 계약에 의해서 노동력을 구매했다 하더라도 노동력을 인간으로부터 완전히 분리시킬 수는 없다. 따라서 기계를 부리듯이 노동자를 자본가 마음대로 움직일 수는 없다. 싫은 일을 억지로 시키거나 너무 오래 일을 시키면 노동자도 시큰둥한 마음으로 일하게 된다. 열과 성을 다해서 일할 때와 시큰둥한 마음으로 일할 때 그 결과는 판이하게 달라진다. 자본가는 그런 인간의 마음까지 자기 마음대로 주무를 수는 없다. 결과적으로 자본가는 자기가 구매한 노동력에 대하여 완전한 지배권을 행사하지 못한다. 비유적으로 말하면, 상품화된 노동력은 사실상 자본가와 노동자의 공동 소유의 상태에 놓이는 셈이다. 권력은 나누어 가질 수 없다고 흔히 말하는데, 노동력에 대한 지배에 관해서도 비슷한 말을 할 수 있다. 노동력을 둘러싼 이런 공동 소유의 성격에서 자본가와 노동자 사이의 끊임없는 대립과 갈등이 비롯된다. 이것이 자본주의의 보순의 한 단면이다. 마르크스는 "권리가 동등할 때에는 힘이 결정한다."라고 말하면서 어떠한 법적인 장치도 노동력의 이용에 관한 자본가와 노동자의 권리에 있어서 균형을 유지시킬 수는 없으며, 노동력을 둘러싼 갈등은 오직 정치적·독재적 성격을 가진 방법으로만 해결이 가능하다고 주장했다.[1]

2

분배의
문제

주류 경제학의 입장

자본주의가 물질적 풍요를 가져와 모두의 생활 수준을 크게 높였다고는 하지만, 자본주의 사회의 빈부 격차는 상상을 초월할 정도로 클 뿐만 아니라 정부의 온갖 재분배 정책에도 불구하고 이 격차가 점점 더 벌어지고 있다. 그 빈부 격차가 어느 정도인가를 적나라하게 보이기 위해서 어떤 교수는 자본주의 시장 경제의 발원지요 종주국이었던 영국에 대해서 다음과 같은 재미있는 실험을 해 보았다. 즉, 소득을 가진 모든 영국인들의 신장을 그의 소득에 비례하게 조정해 놓고 행진을 시켜 보는 것이다. 예컨대, 평균 소득을 버는 사람은 영국인 평균 신장을 가지게 하고, 평균 소득의 2배를 버는 사람의 키는 영국인 평균 신장의 2배가 되며, 반대로 평균 소득의 절반을 버는 사람의 키는 영국인 평균 신장의 절반으로 줄어든다. 이와 같이 키를 조정한 다음, 키가 작은 사람부터 행진하도록 하되 한 시간 안에 모든 사람의 행진이 끝나도록 각자의 행진 속도를 균일하게 한다.

과연 이 행진은 어떤 모습을 보일까? 처음에는 눈에 잘 보이지도 않는 모래알 같은 아주 작은 사람들의 행진으로부터 시작해서 10분쯤 지나면 키가 1미터 안팎의 난쟁이들이 나타나기 시작한다. 그래서 이 난쟁이들의 행렬은 40여 분간 계속된다. 한 시간짜리 행진에서 똑같이 생긴 난쟁이의 끊임없는 행렬을 40분 동안 본다는 것은 몹시 지루한 일임에는 틀림없다. 그러나 이것이 우리의 현실이다. 그래서 이 실험을 한 교수는 이 행진을 '난쟁이의 행진'이라고 불렀다.[2] 48분쯤 지나서야 비로소 평균 신장을 가진 보통 사람들이 나타나고 54분쯤 지나면 6척 장신들의 행렬이 등장하지만 이것도 잠깐이고, 그 2, 3분 후부터는 관람자들은 더 이상 행진하는 사람들의 얼굴을 볼 수가 없게 된다. 고층 빌딩보다 키가 더 큰 사람들을 비롯해서 머리가 구름위로 뚫고 올라가는 초거인들이 나타나기 때문이다.

이런 '난쟁이의 행진'은 영국에만 적용되는 현상이 아니라 제대로 잘 산다는 자본주의 나라에는 거의 어김없이 적용되는 현상이라고 할 수 있다. 분명히 바보와 천재의 차이는 종이 한 장이라고 했는데, 만일 이것이 사실이라면 이 믿기 어려운 빈부 격차에는 개인의 능력 이외의 다른 어떤 요인이 분명히 도사리고 있음을 생각해 볼 수 있을 것이다. 그렇다면, 현실적으로 자본주의 사회에 엄연히 존재하는 이 엄청난 소득 및 부의 불평등을 어떻게 설명하고 정당화할 것인가? 이 정당화 작업이 정의론正義論의 핵심적 내용이라고 할 수 있다.[3]

자본주의 사회에서 대부분의 소득은 시장에서 결정된다. 소득의 종류를 임금, 이자, 지대, 이윤 등으로 나누어 볼 때, 주류 경제학은 이 각각의 소득들이 다른 상품의 가격과 마찬가지로 시장에서 수요와 공급이 균형을 이루는 수준에서 결정된다고 본다. 임금은 시장에서 노동에 대한 수요와 공급이 균형을 이루는 수준에서 결정되는 가격이며, 이자율은 자금(혹은 화폐)에 대한 수요와 공급이 균형을 이루는 수준에서 결정되는 가격이고, 지대는 토지나 건물에 대한 수요와 공급이 균형을 이루는 수준에서 결정되는 가격이다. 그렇다면, 임금, 이자, 지대, 주가 등 개인 소득 관련 변수는 아이스크림이나 껌, 이쑤시개 등 일반 상품의 가격과 동일한 방식으로 시장에서 수요와 공급에 따라 결정되는 가격인 셈이다. 사실, 주류 경제학에서는 임금, 지대, 이자 등이 모두 일반 상품의 가격과 동일한 원리에 따라 결정되기 때문에 소득 분배의 문제는 가격 결정 이론에 묻혀 버린다.

앞에서 강조했듯이 시장에서의 수요와 공급은 시장에 참여한 개인의 손익 계산을 반영한 것이다. 그러므로 자본주의 시장에서 결정된 모든 소득은 결국 각 개인의 손익 계산 결과다. 그렇다면, 경제적으로 잘살고 못사는 것이 개인의 탓이라는 결론에 이르게 된다. 잘나고 부지런한 사람은 돈을 많이 벌어서 잘사는 반면, 못나고 게으른 사람은 가난하기 마련이라는 것이다.

개인이 소득을 올리는 방법에는 크게 두 가지가 있다. 그 하나는 노동을 해서 돈을 버는 것이다. 대부분의 사람들이 취직해서 소득을 얻는다. 주류 경제학 용어로 말하면, 기업에 취직한다는 것은 노동을 공급한다는 뜻이다. 노동을 많이 공급하면 이에 비례해서 소득이 늘어난다.

소득을 올리는 또 다른 방법은, 저축으로 목돈을 만들어서 이것을 잘 굴리는 것이다. 일하는 모든 사람들은 자신의 소득 중에서 얼마만큼을 소비하고 얼마만큼을 저축할 것인지를 결정해야 한다. 당장 흥청망청 돈을 쓰고 싶은 욕망을 자제하고(즉 현재의 소비로 인한 즐거움을 희생하고) 근검절약해서 저축을 많이 하면 이에 비례해서 큰 목돈을 마련할 수 있다. 각 개인은 이 목돈을 다른 사람들에게 빌려 주어서 이자를 받아 소득을 올릴 수도 있고, 사업을 해서 이윤을 얻을 수도 있다. 또한 땅이나 건물을 산 다음 임대해서 지대 소득을 올릴 수도 있으며, 주식에 투자해서 투기 소득을 올릴 수도 있다. 따라서 각 개인은 현재의 즐거움을 희생하는 고통과 목돈을 잘 이용했을 때의 이득을 비교해 가며 합리적으로 저축액을 결정해야 한다. 대체로 보면 낭비가 심한 사람은 미래보다는 현재를 중요하게 생각하는 사람이므로 저축을 덜 할 수밖에 없고, 따라서 가난할 수밖에 없다는 것이 주류 경제학의 설명이다.

요컨대, 주류 경제학에 의하면, 각 개인 소득의 높고 낮음이 결국 각 개인의 자발적이고 합리적인 결정의 결과이므로 개인의 책임이라는 것이다. 부자는 남보다 더 열심히 일해서 돈을 많이 벌거나 남보다 더 근검절약을 해서 모은 돈을 잘 굴린 사람들이며, 가난한 사람은 돈을 벌기보다는 여가를 더 많이 즐기기로 작정한 사람들이고, 미래를 생각하기보다는 현재를 즐기는 데 더 만족하는 사람들이다.

주류 경제학 학자들 중에서도 보수 성향 학자들은 시장에서 결정되는 모든 소득이 개인의 합리적 선택의 결과일 뿐만 아니라 사회적으로도 정당한 소득이라고 주장한다. 왜냐하면, 합리적인 사람들이 모여서 합의했기 때문이라는 것이다.[4] 대체로 보면, 주류 경제학은 마치 물이 아래로 흐르고 뜨거운 것이 식듯이 자유 경쟁 시장에서 결정되는 모든 가격은 자연스러운 것이라고 본다. 임금, 이자, 지대, 주가 등도 마찬가지다. 임금, 이자, 지대 등이 시장에서 결정된 결과 빈부 격차가 심해지더라도 이는 지극히 자연스러운 현상이라는 해석이 나온다. 자연스러운 것을 어기면 무리가 따르고 부작용이 발생한다. 시장에서 결정된 가격에 대해 가타부타 따지는 것이야 말로 자연스럽지 못한 것이라고 보수 성향 학자들은 말한다. 그래서 이들은 왜 정부가 나서서 가난한 사람들을 도와주어야 하는지를 잘 이해하지 못한다. 기업가와 부자들은 이런 보수 성향 학자들의 주장에 큰 박수를 치며 환호한다.

　자본주의 사회의 빈부 격차를 정당화하는 또 하나의 논리는 생산성에 입각한 논리인데, 이 논리는 초기 신고전 경제학으로 거슬러 올라간다. 초기 신고전학파는 임금, 지대, 이자, 이윤 등 시장에서 결정되는 모든 소득은 생산에 기여한 정도(생산성)를 반영한 것이라고 주장했다. 오늘날 (주류)경제학 교과서에 빠짐없이 소개되는 이른바 한계 생산 이론은 마르크스의 잉여 이론 및 착취 이론, 특히 헨리 조지의 지대 이론에 대한 방어 논리로 개발되었다는 의혹이 꾸준히 제기되었다. 초기 신고전 경제학의 기수이었던 클라크J. B. Clark는 이 의혹이 사실임을 솔직히 인정했다. 그는 토지가 생산적이라는 사실이 곧 지대가 불로 소득이 아니라 정당한 소득임을 의미하는 것이요, 자본이 생산적이라는 사실이 곧 자본가의 소득이 정당함을 의미하는 것이 아니냐고 반문했다. 그는 시장에서 결정되는 각종 소득이 생산에 기여한 정도를 반영할 뿐만 아니라 사회적 기여를 반영한다고 보았다. 따라서 완전한 자유 경쟁 시장(완전 경쟁 시장)에서 결정되는 소득은 도덕적으로도 정당한 소득이라고 외쳐댔다. 사실 오늘날에도 클라크식으로 자본주의 시장에서 결정되는 모든 종류의 소득에 도덕적 의미를 부여하는 경제학자들이 많이 있다. 이들의 주장은 모름지기 모든 종류의 소득은 생산에 기여한 정도(한계 생산)에 따라 결정되어야 한다는 '기여의 원칙'으로 요약된다.

　주류 경제학은 생산에 참여한 각 생산 요소에게 생산에 기여한 만큼씩 대가를 지불하고 나면, 생산물의 판매 수익이 모두 생산 요소에 대한 대가로 지불되어 버리기 때문에 잉여라는 깃이 없다고 본다. 잉여가 없으므로 착취도 있을 수 없다. 그렇다고 주류 경제학이 잉여나 착취의 가능성을 전혀 도외시하는 것은 아니다. 만일 현실적으로 잉여가 존재하고 착취가 이루어지고 있다면, 이는 시장에서의 경쟁이 자유스럽지 못한 탓이라고 주류 경제학은 말한다. 따라서 시장에서의 불완전 경쟁 요소를 제거함으로써 잉여라든가 착취의 문제도 없어지게 된다는 것이 주류 경제학의 기본적 입장이다.

마르크스가 말하는 착취

우선, 마르크스는 임금이나 이자, 지대, 이윤 등이 시장에서 수요-공급의 논리에 따라 그렇게 간단하게 결정되는 것이 아니라고 본다. 껌이나 이쑤시개의 가격은 시장에서 수요와 공급의 힘에 의해서 간단하게 결정된다고 말할 수 있다. 하지만 껌이나 이쑤시개의 가격을 임금이나 이자와 동일한 차원에 올려놓고 이야기하는 자체가 어불성설이다.

　마르크스는 임금, 이자, 지대, 이윤 등 개인 소득에 직결되는 변수들을 분배 변수라고 하고 별도로 취급했는데, 이 분배 변수들은 시장의 수요-공급의 힘뿐만 아니라 정치적 요인의 영향을 많이 받는다고 보았다. 예를 들어서 임금만 해도 그렇다. 해마다 벌어지는 노사 갈등에는 단순히 임금만 문제가 되는 것이 아니다. 노동자의 자존심이 걸려 있고 노동조합의 집단적 영향력이 걸려 있다. 정치가의 입장에서 보면 표가 걸려 있다. 그래서 임금에 관해서는 정치권도 가만히 있지 못한다. 장관이 움직이고 국회 의원들도 개입하고 심지어 대통령도 끼어든다. 그러다 보니 임금이 노동자의 생산성과 관계없이 결정된다고 민물 경제학자들도 볼멘소리를 한다. 이런 볼멘소리를 한다는 자체가 임금이 경제학 교과서대로 정해지지 않음을 시인하는 것이다. 금리의 결정에도 역시 한국은행을 비롯한 금융 정책 당국이 깊숙이 개입한다. 그러니 정부가 금리 결정을 잘 했느니 잘못했느니, 경제학자들의 시비가 끊이지 않는다.

마르크스는 오직 수요-공급의 틀, 한 가지만 가지고 모든 경제 현상을 설명하려는 주류 경제학의 단세포적 사고방식을 통렬히 비난했다. 수요-공급의 틀을 껌이나 이쑤시개의 가격뿐만 아니라 분배 변수에도 무차별적으로 적용함으로써 그 배경에 깔린 정치적 음모가 은폐되고 있음을 많은 국민이 깨달아 주기를 마르크스는 간절히 원했다. 우리의 최고 목표가 우리 모두 골고루 잘 사는 것이라면, 분배 변수야말로 시장의 원리를 초월해서 민주적으로 결정되어야 할 중대사다.

인류의 역사를 조감해 볼 때, 한 가지 두드러지게 눈에 띄는 분명한 현상은 인간의 생산력이 꾸준히 높아졌다는 점이다. 마르크스는 이 점을 유난히 강조했다. 원시 사회의 인간은 먹고살기에 급급했지만, 특히 자본주의 도래 이래 인류의 생산력이 급속히 높아지면서 국민 경제 전체적으로 보면 기본 생계유지에 필요한 것보다 훨씬 더 많이 생산하게 되었다. 예를 들면, 전 세계적으로 식량 생산이 급격하게 증가한 결과 이제 골고루 분배만 잘 한다면 이 지구 상에서 굶주리는 사람은 없어질 지경에 이르렀다.

굳이 마르크스가 강조하지 않더라도 인류의 생산력이 크게 높아졌다는 것은 우리 모두가 알고 있는 분명한 사실이다. 다만, 마르크스는 이런 명백한 사실로부터 상식적이면서 근본적인 질문을 이끌어 냈다. 예를 들어서 기본 생계 수단의 마련에 급급하던 과거에 비해서 1인당 생산량이 10배 증가했다고 해 보자. 이 말은 동일한 노력으로 과거에 비해서 10배 더 많이 생산할 수 있음을 의미하기도 하고, 또한 동일한 생산량을 10분의 1의 노력으로 생산할 수 있음을 의미하기도 한다. 달리 말하면, 국민이 먹고살기 위해서 과거에는 한 사람이 10시간 일해야 했지만 이제는 1시간만 일해도 족하다는 것이다.

이렇게 생산성이 높아지면, 여러 가지 선택의 길이 열린다. 한 가지 극단적 선택은, 모든 사람이 하루에 한 시간씩만 일하고 나머지 시간에는 놀기만 하는 것이다. 그래도 과거의 생활 수준은 유지된다. 백수의 왕자라는 사자나 호랑이는 하루에 한 번의 사냥으로 배를 채우고 나면 나머지 시간에는 내내 잠자거나 놀이를 하거나 산책하면서 지낸다. 사람이라고 그러지 못하란 법은 없다. 또 다른 극단적 선택은, 모두가 과거와 똑같이 하루에 10시간씩 일하면서 10배 더 많이 생산하는 것이다. 그러면 총생산은 기본 생계 수준을 훨씬 초과하게 되는데, 이 초과된 부분이 바로 마르크스가 말하는 잉여 가치다. 예컨대, 노동의 생산성이 10배로 높아져서 한 시간만 일해도 기본 생계를 유지할 수 있는데 10시간씩 일한다면 9시간 일해서 생산된 것은 잉여 가치가 된다. 인간의 생산력이 크게 높아졌다는 것은 잉여 가치가 크게 늘어났음을 의미한다.

그렇다면, 과거에 비해서 경제적으로 10배 더 잘 사는 방향으로 나갈 것인지, 아니면 경제적으로는 과거와 똑같지만 각자 자기 자신을 위한 여가를 더 많이 가지는 방향으로 나갈 것인지를 선택해야 한다. 물론, 이 두 가지 극단적 대안 중간에 무수히 많은 선택들이 놓여 있다. 이를테면, 모두들 오전 근무만 하고 점심 때 퇴근할 수도 있고, 월요일과 화요일에만 일하고 나머지 날에는 모두들 여가를 즐길 수도 있다. 이 경우 잉여 가치가 두 배 가까이 늘어나는 까닭에 물질적 생활 수준도 과거에 비해서 그만큼 높아질 것이다. 그러나 이래서는 노는 날이 너무 많다고 생각된다면, 월요일부터 수요일까지만 일하고 나머지 날은 휴일로 하는 제도를 택할 수도 있다. 이 경우 잉여 가치가 더 많이 늘어나기 때문에 물질적 생활 수준은 과거에 비해서 서너 배 높아지지만 여가는 약간 줄어든다.

기본적으로 먹고사는 문제가 해결된 다음에는 물질적이고 경제적인 것 못지않게 여가도 국민의 복지에 무척 중요하다. 따라서 진정 우리가 국민의 행복을 소중하게 생각한다면, 생산성이 현저하게 높아질 때마다 여가와 근로 시간의 비율을 사회적으로 재조정해야 한다. 각자가 몇 시간씩 일을 해서 얼마만큼의 잉여 가치를 남길 것인지, 무엇의 생산에 더 큰 비중을 둘 것인지, 창출된 잉여 가치는 어떻게 나누어 가질 것인지 등 국민 복지에 직결된 굵직한 사항에 대하여는 국민적 합의가 있어야 한다는 것이 마르크스의 기본 요구 조건이었다. 아마도 마르크스의 이런 생각에 원칙적으로 반대하는 사람은 이 세상에 없을 것이다. 그러나 우리의 현실을 돌아보면, 이 모든 것들을 거의 전적으로 자본가가 독단적으로 결정하고 있다. 노동자는 그저 임금이나 받을 뿐이지 근로 시간이나 일거리 등 근로 조건들, 그리고 노동 생산물을 얼마에 팔아서 어느 정도의 이윤을 올리며 그 이윤을 어떻게 처분했는지 등에 대하여 노동자는 아무런 발언권이 없다. 이런 것들에 대하여 노동자가 이의를 제기하면 경영권을 침해한다고 해서 회사에서 쫓겨난다. 자본주의 사회에서 기업의 경영권은 최고로 신성시된다. 이와 같이 국민적 합의가 필요한 중요한 경제 문제를 자본가가 일방적으로 결정하고 강요하는 현상을 마르크스는 착취라고 표현했다.

고전 경제학자들이 그랬듯이 마르크스 역시 시장에 내버려 두면 하위 노동자의 임금은 장기적으로 기본 생계비 수준에서 결정된다고 보았다. 여기에서 말하는 하위 노동자란 직접 생산을 담당하는 노동자로서 마르크스는 직접 노동자 혹은 생산석 노동자라고 불렀다. 직접 노동자를 지휘하고 감독하는 노동자를 마르크스는 비생산적 노동자라고 불렀다. 요즈음 흔히 말하는 경영진도 비생산적 노동자에 속한다. 경영진의 주된 역할은 자본가를 위하여 잉여 가치가 최대한 많이 창출되도록 여건을 조성하는 것이다. 노사 갈등이 점차 첨예화되면서 이들의 역할이 무게를 더해간다. 따라서 자본가들은 이들에게 매우 후한 보수를 주게 되는데, 이 보수는 자본가의 이윤에서 할애된다고 마르크스는 보았다. 달리 말하면, 본질적으로는 노동자이지만 경영진은 자본가와 이윤을 나누어 먹는 사이라는 것이다.

시장에서 장기적으로 직접 노동자들의 임금이 기본 생계비 수준에 묶이게 되는 가장 큰 이유는 적당한 수의 실업자들이 항상 시장에 존재하도록 자본가 계급이 여건을 조성하기 때문이다. 이 실업자들을 마르크스는 산업 예비군이라고 불렀다. 이 산업 예비군의 존재 때문에 노동자들은 한정된 수의 직장을 놓고 늘 서로 경쟁해야 한다. 그래서 설령 임금이 일시적으로 높아지더라도 장기적으로는 경쟁 때문에 생계비 수준으로 회귀하게 된다는 것이다.

마르크스가 말하는 기본 생계비란 단순히 입에 풀칠하는 수준이 아니라, 노동자가 자신의 건강을 유지하며, 가정을 꾸려 나가고, 그리고 인간으로서의 품위를 유지하는 데 필요한 최소 한도의 생활비를 의미한다. 경제가 발전함에 따라 노동자들의 기본 생계비 수준도 꾸준히 높아지기 때문에 임금도 높아진다. 하지만 여전히 변함없는 사실은 자본가가 일방적으로 노동 조건을 주도하고 있으며, 이 결과로 창출된 잉여 가치를 자본가가 차지하고 마음대로 처분한다는 것이다. 이것이 마르크스가 가장 빈번히 사용한 착취라는 단어의 의미다.

내포 계급(자본 분파)

노동자를 생산적 노동자와 비생산적 노동자로 구분했듯이 마르크스는 자본가도 생산적 자본가와 비생산적 자본가로 나누었다. 생산적 자본가란 잉여 가치의 창출을 직접 주도하고 이 잉여 가치를 제1차적으로 점유하는 자본가로서 소위 산업 자본가가 그 전형이다. 쉽게 말해서 산업 자본가는 운송과 보관을 포함한 넓은 의미의 제조업을 직접 주관하는 자본가들이다. 마르크스는 오직 이 넓은 의미의 제조업만이 잉여 가치를 낳으며, 이런 의미에서 오직 제조업만이 생산적이라고 보았다. 최근 우리나라 경제에서 서비스업의 비중이 크게 높아지면서 이것이 바람직한 방향이라고 생각하는 사람들이 늘어나고 있지만, 이를 우려하는 전문가들도 적지 않다. 이 세상에서 제조업이 없어진다면, 상업이나 금융업도 존재할 수 없다. 제조업은 한 나라 경제의 근간이며, 상업이나 금융업은 그 위에 세워진다. 싱가포르와 같이 작은 나라는 서비스업으로 먹고살 수 있을지 모르지만, 중국이나 우리나라, 일본과 같이 큰 나라가 서비스업만으로 먹고산다는 것은 생각하기 어렵다.

마르크스가 말하는 비생산적 자본가에는 상업을 주관하는 상업 자본가, 금융업을 주관하는 대부 자본가가 포함된다. 그는 상업이나 금융업은 비생산적인 활동이라고 보았다. 상업은 일단 생산된 상품의 성격을 바꾸지 않은 채 단지 소유권이 이전되게끔 여건만을 조성할 뿐이며, 이미 존재하는 가치가 실현되도록 하는 것, 즉 단순히 교환 가치의 실현 과정에 불과하다. 비생산적이라고 해서 중요하지 않다는 뜻은 아니다. 상업은 생산자와 소비자 사이의 연결을 원활하게 하여 자본의 회전 속도를 높임으로써 주어진 기간 동안 창출되는 잉여 가치의 총액을 크게 해 준다. 금융업도 산업 자본가가 사용할 수 있는 자본의 공급을 원활하게 함으로써 더 많은 잉여 가치가 창출되도록 도와준다.

결국, 자본주의 경제에서는 산업 자본가가 잉여 가치 창출과 분배의 제1차적 주체다. 마르크스는 잉여 가치를 절대적 잉여 가치와 상대적 잉여 가치로 나누어 보았다. 절대적 잉여 가치란 산업 자본가가 노동 시간을 연장하거나 노동의 강도를 높임으로써 추가적으로 획득한 잉여를 말하고, 상대적 잉여 가치란 노동 생산성의 제고, 실질 임금의 하락 등의 방법으로 추가적으로 획득한 잉여를 의미한다. 절대적 잉여 가치의 크기는 개별 산업 자본가의 재량권에 속한 사항이지만, 상대적 잉여 가치의 크기는 그렇지 않다. 왜냐하면, 상대적 잉여 가치의 크기는 예컨대 각종 연구 기관에 의한 기술 개발, 교육 기관을 통한 우수한 노동력의 양성, 기업 활동을 위한 정부의 각종 지원 등 개별 산업 자본가의 소관 밖에 있는 요인들에 의해서 좌우되기 때문이다. 쉽게 말해서, 상대적 잉여 가치는 대부분 다른 집단들이나 다른 부문의 도움 덕분에 개별 산업 자본가가 더 많이 획득할 수 있었던 부분이라고 할 수 있다. 그러므로 산업 자본가는 상대적 잉여 가치 창출을 직·간접적으로 도와준 집단들에게 잉여 가치의 일부를 할애하게 된다. 산업 자본가가 차지한 잉여 가치를 배분받는 사람들을 특별히 내포 계급(자본주의에서는 자본 분파)이라고 하는데, 상업 자본가, 지주 계급, 대부 자본가들이 굵직한 자본 분파다.

산업 자본가들이 점유한 잉여 가치를 놓고 산업 자본가와 내포 계급들이 구체적으로 어떻게 나누어 가지게 되는지에 관하여 마르크스는 《자본론》 도처에서 상당히 장황하게 설명하고 있다. 이들 사이의 잉여 가치 분배 과정을 수요-공급의 논리로 일반화할 수 있다면 주류 경제학처럼 분배의 양상을 간단하게 설명할 수 있겠지만, 그렇지 못하다고 보았기 때문에 장황하게 설명할 수밖에 없었을 것이다. 예를 들어서, 아들과 아버지가 같이 사업을 해서 돈을 벌었을 때 이 돈을 어떻게 나눌 것인가는 거의 전적으로 부자지간의 관계에 달려 있기 때문에 그 결과를 일반화하기 어렵다. 부부지간이나 부자지간, 그리고 친구지간과 같은 긴밀한 인간관계에는 수요-공급의 논리로 설명할 수 없는 부분이 매우 많기 때문이다. 부부 사이에 일어나는 그 많은 미묘한 일들을 어떻게 수요-공급의 논리로 설명할 것인가. 이와 마찬가지로 산업 자본가, 대부 자본가, 그리고 상업 자본가 사이의 관계는 공동 투자한 동업자들 사이의 관계와 같아서 일반적 법칙에 담을 수 없다고 마르크스는 주장했다. 물론, 자본 분파들 사이의 흥정에 수요-공급의 힘도 작용하겠지만 그것이 전부는 아니다. 예를 들면, 정부는 자본가들로부터 조세를 징수하고 그 돈으로 교육에 투자하여 고도의 생산적 노동자를 육성하며, 각종 공공재를 공급함으로써 산업 자본가들이 더 많은 상대적 잉여 가치를 차지할 수 있도록 여건을 조성하는데, 과연 얼마만큼의 조세를 징수하느냐는 단순히 수요-공급의 이론으로 설명하기 곤란하다.

분배의 정의

주류 경제학자들은 대체적으로 사회 정의나 분배의 정의에 관하여 노골적으로 이야기하기를 매우 꺼려하는데, 이 점은 마르크스도 마찬가지였다. 다만, 꺼려한 이유가 상당히 다르다. 경제학을 과학이라고 믿고 있는 주류 경제학자들은 자신들이 과학자임을 자부한다. 과학은 가치 중립적이어야 한다. 사회 정의나 분배 정의는 가치 판단에 속한 사항이므로 과학의 범주를 벗어난 것이요, 따라서 자신들과 같은 과학자가 다룰 사항이 아니라는 것이 주류 경제학자들의 입장이다.

　마르크스의 입장에서 보면, 주류 경제학자들의 이런 과학자인 척하는 태도는 가증스러운 것이다. 사회 과학으로서 경제학은 사회 현상을 연구 대상으로 삼는다. 그러므로 가치 중립적이기 위해서는 우선 세상을 있는 그대로 보고 객관적으로 판단해야 한다. 그러나 자연 과학자들이 많은 실험을 통해서 증명했듯이, 세상을 객관적으로 본다는 것 자체가 무척 어려운 일이다. 개 눈에는 뭐만 보인다는 말이 있듯이 우리의 머릿속에 무엇이 들어 있느냐에 따라 우리 눈에 비치는 세상의 모습이 사뭇 달라진다. 보수주의자들은 체제나 기득권에 유리한 것들은 의미 있게 받아들이고 불리한 것들은 대수롭지 않게 생각하는 경향이 있다. 체제나 기득권에 불리한 정보를 심각하게 받아들이면 머릿속이 아주 복잡해지면서 골치가 아프다. 그러니 무시해야 속이 편하다. 반대로 진보 성향의 사람들에게는 체제의 취약점들이 눈에 아주 잘 띈다.

요컨대 과학자들에 의하면, 이 세상을 볼 때부터 사람들은 이와 같이 은연중에 가치관의 영향을 받거나 혹은 세상을 자기 위주로 해석하는 성향이 있다는 것이다. 어떻든 그렇다 치고, 어차피 우리가 가치 판단을 피할 수 없다면, 무엇이 옳고 무엇이 그른지를 공개적으로 정정당당하게 이야기하는 것이 옳다. 마르크스도 이런 입장을 취했다.

표면적으로는 가치 중립을 외치면서 사실 주류 경제학자들은 이른바 '기여의 원칙', 즉 각자에게 생산에 기여한 바에 따라 소득을 나누어주는 분배 정의의 원칙을 은근히 치켜세운다. 주류 경제학자들은 기여의 원칙이 확립되어야만 자본주의 시장 경제가 제대로 작동할 수 있다고 굳게 믿고 있다. 만일, 평등주의 원칙에 따라 모든 사람들이 똑같이 나누어 가진다면 누가 열심히 일할 것인가? 평등주의 원칙은 자본주의의 활력을 제거함으로써 모두를 가난하게 만든다는 것이다.

주류 경제학자들은 한발 더 나아가서 시장이 매우 공정한 제도라고 생각한다. 시장은 사람을 차별 대우하지 않고 누구나 공정하게 대우한다고 본다. 시장에서는 똑같은 라면을 강원도 사람이라고 해서 싸게 팔고 충청도 사람이라고 해서 비싸게 팔지 않는다. 노동 시장에서는 능력이 같은 한 못생긴 노동자든 잘생긴 노동자든, 또는 경상도 사람이든 전라도 사람이든 똑같은 보수를 받는다. 흔히 직장에서 남녀 차별이 있다고 말하지만, 현실적으로 벌어지는 남녀 차별은 대부분 관습이나 편견 탓이지 시장의 탓은 아니다. 남녀가 똑같은 능력을 가졌으면 시장은 결코 차별 대우하지 않는다고 주류 경제학자들은 주장한다. 하지만 이들은 시장이 돈 없는 사람을 철저히 배제한다는 사실, 시장에서는 사람들이 돈에 비례해서 권리(?)를 행사한다는 사실을 깜박 잊고 있다.

마르크스가 사회 정의나 분배 정의에 대하여 강하게 발언하기를 꺼려했던 가장 큰 이유는 마치 정의로운 사회가 최고로 좋은 사회인양 떠드는 것처럼 보일 우려가 있으며, 정의롭지 못하다는 점이 자본주의의 유일한 맹점인 것처럼 오해하게 만들 우려가 있기 때문이었다. 우리 사회가 정의롭지 못한 사회가 되어서는 안 되겠지만, 그렇다고 정의로운 사회가 전부는 아니다. 인정이 넘치면서 모두가 인간으로서 보람을 느끼며 살 수 있는 사회, 이것이 마르크스가 꿈꾸는 사회다. 많은 사람들이 정의로운 사회, 원칙이 잘 지켜지는 사회를 외치고 있지만, 그런 사회는 별로 재미는 없는 사회요, 오히려 숨 막히는 사회가 될 가능성이 높다.

예를 들어 보자. 명품 시계의 수출로 유명한 스위스의 국민은 정확하고 원칙을 잘 지키기로 유럽에서도 정평이 나 있다. 지금도 로마 교황청을 지키는 군대는 스위스 용병이다. 그러나 스위스 국민은 유럽에서도 가장 인기가 없는 사람들이다. 너무나 정확해서 인정머리가 없으며, 남의 잘못에 대하여 가혹하다는 것이다. 우리 주위를 보더라도, 예컨대 5만 원어치 대접을 받으면 곧장 5만 원어치로 되갚는 정확한 사람과는 사업을 같이 할 수는 있어도 친구로 삼고 싶은 마음은 별로 나지 않는다. 스위스에서는 누가 조금만 잘못해도 곧장 경찰에 밀고한다. 길거리에 쓰레기를 버리면 밀고를 받은 경찰이나 공무원이 어느새 달려온다. 스위스에 살다 온 사람들은 정나미 떨어지는 숨 막히는 사회라고 이구동성으로 말한다. 스위스에서 살다가 독일에만 가도 사람 사는 곳 같이 느껴지고, 프랑스에 가면 더 살맛이 난다고 느끼게 되며, 이탈리아에 가면 아주 즐거워진다는 말이 있을 정도다.

마르크스의 생각에, 사회 정의를 요구하고 정의 사회 구현을 소리 높이 외치는 사회는 구조적으로 문제가 있는 사회다. 어떤 사회가 그런 사회인가? 구린 데가 많고, 사람들 사이의 다툼이 심한 곳이 바로 그런 사회다. 마치 병으로 골골하는 국민이 많은 사회에 병원도 많고 의사도 많으며 의과 대학이 최고로 인기를 끌듯이 국민들 사이에 싸움이 잦고 송사가 많은 나라에는 변호사도 많고 판검사도 많으며 법과 대학이 최고로 인기를 끈다. 미국이 바로 그런 나라다. 툭하면 싸우고 소송을 걸기 때문에 변호사의 수가 세계에서 가장 많고 법과 대학이 최고로 인기를 끈다. 미국과 같은 나라야말로 사회 정의와 분배의 정의가 절실히 필요한 나라다. 마르크스가 보기에 미국은 절대 좋은 사회가 아니다.

그러면 왜 미국과 같은 사회에서는 사람들 사이에 법적 다툼이 잦고 변호사가 많아지는가? 마르크스의 논리에 따르면, 이기적이고 물욕과 소유욕이 강한 사람들이 너무 많기 때문이다. 실제로, 2008년 전 세계를 덮친 미국발 경제 위기도 미국인의 탐욕에서 비롯된 것이라고 하지 않는가. 미국까지 갈 것 없이 우리의 주위를 둘러보라. 이기적이고 욕심이 강한 사람들은 늘 주위 사람들과 다툰다. 자본주의 사회에는 그런 사람들이 유난히 많다. 그럴 수밖에 없다. 왜냐하면, 자본주의는 인간의 이기심을 사회 발전의 원동력으로 삼는 체제이기 때문에 자연히 이기심을 찬양하고 조장하게 된다. 이뿐만 아니라 이윤 추구의 노예가 된 자본가는 끊임없이 많이 생산하고 많이 팔아먹기 위해서 광고나 각종 교묘한 상술로 소비자의 물욕과 소유욕을 끊임없이 부추기고 저급한 욕망을 창출한다. 그러니 자연히 국민들 사이의 다툼이 심할 수밖에 없다. 자본주의 사회야말로 사회 정의의 확립을 가장 절실히 필요로 하는 사회다.

정의에 대하여 강하게 말하기를 꺼려했기 때문에 마르크스는 정의에 대하여 체계적인 이론을 제시하지 않았다.[5] 그렇다고 마르크스가 전혀 정의관도 없고 정의의 원칙도 가지고 있지 않았다는 것은 아니다. 다만, 산발적으로 조심스럽게 정의에 대한 자신의 견해를 피력했을 뿐이다. 마르크스는 사회에 따라 분배 정의의 원칙이 달라진다고 보았던 것 같다. 사회주의 단계에서 적용되는 원칙은 '각자의 능력에 따라 걷고 각자의 생산에 따라 분배'한다는 원칙이다. 즉, 각자는 각자의 노동을 통해서 생산한 것 중에서 일정 부분을 공제한 나머지를 분배받는다. 그러나 공산주의(사회주의가 고도화된 단계)에서 적용되는 정의의 원칙은 '능력에 따라 걷고 필요에 따라 분배'하는 원칙, 즉 '필요의 원칙'이라고 주장했다. 즉, 각자가 필요한 만큼씩 가지게 하자는 것이다.

마르크스가 필요의 원칙을 이야기했을 때 많은 사람들이 비웃었다. 필요의 원칙을 적용한다는 것은 각자가 필요하다고 요구하는 것을 다들어 준다는 뜻인데, 아무리 물자가 풍부한 사회라도 그것은 불가능하다는 것이다. 각자 필요하다고 여기는 것이 끝도 없이 많을 터인데 그것을 어떻게 다 받아 줄 수 있겠냐고 비난했다. 마르크스의 이념적 동지가 될 심한 사회주의자들도 이렇게 비웃었다.[6]

그러나 너무나 당연한 것을 말하면 사람들은 때로는 웃는다. 필요의 원칙은 실제로 우리 사회의 밑바닥에서 오래전부터 가장 광범위하게 실천되어 온 원칙이며, 대부분의 정상적인 사람들이 필요의 원칙 밑에서 자라났음을 깜박 잊고 있다. 가정은 사회의 기본이다. 가정에서 대부분의 정상적인 어머니들은 필요의 원칙에 따라 자녀들에게 용돈이나 물건을 나누어 준다. 많이 필요한 아이에게는 많이 주고 조금 필요한 아이에게는 조금 준다. 말로는 모든 아이들에게 똑같이 대한다고는 하지만 사실은 그렇지 않다. 약한 아이나 부족한 아이한테 더 많은 신경을 쓰고 더 많이 베푸는 것이 보통이다. 장애아를 가진 가정에서는 부모가 그 아이한테 너무 신경을 쓰다 보니 오히려 정상적인 다른 아이가 홀대를 받기도 한다. 공부 잘하고 가정에 보탬이 되는 자식만 귀여워하고 무능한 자식을 내팽개치는 부모는 정상적인 부모가 아니다. 이런 부모는 사회의 지탄을 받는다.

자녀들 각자에게 무엇이 얼마나 필요한지를 어머니가 어떻게 일일이 알 수 있느냐고 반문할 수도 있다. 그러나 사랑이 넘치는 어머니는 자녀들의 눈빛만 봐도 무엇을 원하는지 금방 알아낸다. 10년 동안 식물인간으로 누워 있는 아들을 돌보는 어느 어머니는 "나는 저 아이와 눈을 마주칠 때마다 수많은 대화를 나누는데 왜 사람들은 저 아이가 식물인간이라고 말하는지 모르겠다."고 푸념했다. 원래 어머니 마음이란 다 그런 것이 아니겠는가. 이런 부모의 마음이 가정뿐만 아니라 사회 구석구석에 스며 있는 사회, 그것이 마르크스가 그린 이상적 사회의 본보기다.

학교에서도 비슷하다. 공부 잘하는 아이만 감싸고 도는 것은 참된 교육이 아니다. 못난 아이들을 더 잘 가르쳐서 공부를 더 잘하게 만드는 것이 진정한 교육이다. 머리 좋고 공부 잘하는 우수한 아이들만 뽑아 공부시켜서 좋은 직장에 보내고 출세시키는 것이 뭐가 그리 대단한 교육인가. 이런 점에서 서울대학교는 그리 자랑스러운 교육 기관은 아니다. 가정과 학교뿐만 아니라 지역 사회나 동창회에서도 약자 보호가 당연시되며, 배려를 많이 필요로 하는 사람에게 더 많이 배려해 주어야 마땅하다고 사람들은 생각한다.

그러나 자본주의 사회에서는 필요의 원칙이 설 자리가 점차 좁아지고 있는 것도 사실이다. 생산력이 부쩍 높아진 결과 물질적으로는 무척 풍부해졌다고 하는데, 과거와는 달리 이제는 남자 혼자의 힘으로는 가정을 꾸려 나가기 어렵게 되었다. 그래서 맞벌이 부부가 늘어나고 있다. 어머니가 직장 생활까지 하느라 너무 바빠서 자녀들을 손수 챙길 수가 없으니, 필요의 원칙을 적용할 여지도 점차 적어지고 있다. 학교는 경쟁 사회가 되었고 지역 사회나 동창회는 시들해지고 있다. 여기에서도 필요의 원칙이 적용될 영역이 좁아지고 있다.

사회 체제에 따라 필요의 원칙이 적용될 여지가 달라지는데, 마르크스는 자본주의 사회야말로 필요의 원칙이 적용되기 가장 어려운 사회라고 보았다. 사람들이 점점 더 이기적이고 탐욕적으로 변하기 때문이다. "양보하면 남고 다투면 모자란다."는 말도 있지만, 자본주의의 생산력이 아무리 높은들 사람들이 점점 더 이기적이고 탐욕스러워진다면 국민은 항상 부족에 시달리게 되며, 따라서 많은 국민들이 다툼과 송사에 휘말리게 된다. 그런 까닭에 자본주의 사회는 정의니 권리니 하는 법적인 개념에 절대적으로 의존하지 않을 수 없다. 그만큼 구조적인 문제를 안고 있는 사회이므로 우선 그런 문제부터 해결함으로써 아예 정의가 필요 없는 사회를 추구해야 한다는 것이 마르크스가 우리에게 전달하려는 핵심 메시지다.

7장

경기 변동 이론과 경제 성장에 대한 마르크스와 주류 경제학의 시각

recall
the economics

경기 변동과
경제 위기

수요–공급 논리에 갇혀 있는 주류 경제학의 시각

경기가 나빠질 때면 TV나 신문에 경기 침체니 불황이니 공황이니 하는 용어들이 뻔질나게 나오지만, 어떻게 다른지는 헷갈린다. 대중에게 인기가 높았던 미국의 레이건 대통령은 어느 기자와의 면담에서 배우 출신답게 명쾌한 답을 해 주었다.

기자: 경기 침체란 무엇입니까?

레이건 대통령: 당신의 친구가 실업자가 되는 것을 말합니다.

기자: 불황은 어떤 것입니까.

레이건 대통령: 당신의 이웃이 실업자가 되는 것을 말합니다.

기자: 그렇다면 공황은 무엇입니까?

레이건 대통령: 아, 네. 그것은 바로 당신이 실업자가 되는 것을 말합니다.

2008년 미국발 경제 불황의 바람이 전 세계적으로 거세게 불어닥쳤고 우리 경제도 크게 흔들리면서 마이너스 경제 성장을 기록하기에 이르렀다. 기업들이 줄줄이 도산하면서 국민 경제 전체의 총생산량이 급격히 감소하고, 실업자가 대량 발생하면 경제 위기가 왔다고 말한다. 한창 경기가 나쁠 때에는 자본주의 종말을 우려하는 소리까지 나왔다.

경제 위기와 관련해 우리가 가장 자주 듣는 주요 용어는 총생산, 고용, 물가, 통화량 등이다. 이 총량적 변수들을 거시 경제 변수라고 한다. 경제 성장이나 금융 문제에 대한 관심이 높아지면서 거시 경제학이 별도의 경제학 과목으로 인기를 끌고 있다고는 하지만, 주류 경제학의 거시 경제학 교과서 역시 처음부터 끝까지 수요 곡선과 공급 곡선들로 잔뜩 도배되어 있기는 마찬가지다. 마치 엿의 가격과 생산량을 설명하듯이 주류 경제학자들은 여전히 똑같은 수요-공급의 틀을 이용해서 총생산, 고용, 물가, 통화량, 금리 등이 어떻게 결정되고 어떻게 변동하는지를 엿장수처럼 설명한다. 경제 위기는 이런 거시 경제 변수들이 급격하게 변동함으로 인한 문제다. 사실, 경제 위기라는 단어는 경제학 교과서에는 잘 나타나지 않는다. 자본주의 시장이 원활하게 잘 작동하기만 하면 경제 위기란 있을 수 없다고 대부분의 주류 경제학자들은 굳게 믿고 있기 때문에 이들은 이를 잘 인정하지 않는다.

자본주의 시장이 잘 돌아가기 위한 가장 기본적이고도 중요한 조건은 기업이 생산한 상품이 제때에 잘 팔려 나가야 한다는 것이다. 그래야 일자리가 늘어나고 소득도 늘어난다. 만일 상품이 잘 팔리지 않아서 재고가 수북이 쌓이면 기업가들은 의욕을 잃고 생산을 줄이게 된다. 이런 상태가 오래 계속되어 경제 전체로 파급되면 경제 위기로 발전한다. 마치 제방에 조그마한 구멍이 생겼을 때 즉시 메우지 않으면 이 구멍이 갑자기 커지면서 순식간에 제방이 무너지듯이 소수 기업가들의 생산 감축으로 인한 파급 효과가 갑자기 경제 전체로 퍼지면서 순식간에 수많은 은행과 기업체들이 줄줄이 도산하게 된다. 실제로 이런 비상사태가 역사적으로 드물지 않게 나타났다.

상품이 잘 팔리기 위해서는 사람들이 많이 사 주어야 한다. 달리 말하면, 상품에 대한 수요가 충분히 일어나야 한다. 한 나라 안에서 생산된 모든 상품에 대한 수요를 통틀어서 총수요라고 부른다. 경제 전체로 볼 때 굵직한 수요자는 소비자, 기업, 정부, 그리고 외국인이다. 소비자는 주로 소비재를 구매하며, 기업은 도구, 기계, 장비 등 주로 생산에 필요한 것(자본재)들을 구매한다. 기업의 이런 구매를 흔히 투자라고 한다. 그러므로 총수요는 소비자의 지출, 기업의 투자, 정부의 지출, 그리고 수출을 합친 것이다.

마치 엿의 가격이 비싸지면 엿에 대한 수요가 감소하듯이 총수요 역시 물가 수준에 따라 달라질 것이다. 물가가 올라가면 사람들이 지갑 열기를 꺼려하기 때문에 총수요는 감소하고, 반대로 물가가 떨어지면 총수요는 증가할 것이다. 총수요와 물가 사이의 이런 관계를 나타내는 곡선이 총수요 곡선이다.

기업체들의 입장에서 보면, 물가가 오른다는 것은 이들이 생산한 상품의 가격이 오른다는 것을 의미하며, 이는 이윤의 증가를 의미한다. 따라서 물가가 오르면 기업체들이 더 많이 생산할 것이다. 한 나라 안에 있는 기업들이 생산한 상품의 총량을 총공급이라고 부른다. 마치 라면 가격이 오르면 라면 생산이 늘어나듯이 물가가 오르면 총공급은 증가하고, 반대로 물가가 떨어지면 총공급은 감소할 것이다. 그러므로 물가와 총공급 사이의 관계를 나타내는 총공급 곡선은 개별 상품의 공급 곡선과 비슷한 성격을 가진다. 개별 상품의 공급 곡선이 생산비를 반영하듯이, 총공급 곡선 역시 생산비를 반영하기 때문에, 예컨대 원유 가격이 오르거나 임금이 오르면 총공급 곡선 역시 위쪽으로 이동하게 된다.

거시 경제학 교과서에서 우리가 흔히 보는 총수요 곡선과 총공급 곡선의 모양은 〈그림 7-1〉과 같다. 개별 상품의 경우처럼, 총수요 곡선과 총공급 곡선이 교차하는 점에서 총수요와 총공급이 맞아떨어지면서 균형 물가 수준이 결정되고 이에 대응해서 국민 경제 전체의 균형 생산량(균형 국민 소득)이 결정된다. 예를 들어서 한 나라의 총수요 곡선과 총공급 곡선이 〈그림 7-1〉과 같다면, 이 두 곡선의 교차점인 E에서 균형 물가 수준은 P가 되고 이때 국민 총생산은 Y가 된다. 이 균형 총생산량이 결정되면 이에 상응해서 경제 전체의 고용량도 결정된다. 과연 이 고용량이 완전 고용에 해당하는지 아닌지에 대해서는 주류 경제학 안에서도, 특히 민물 경제학자들과 짠물 경제학자들 사이에서 격론이 계속되고 있다.

경제는 유동적이기 때문에 균형 상태가 오래 지속될 수는 없다. 예

그림 7-1 | 국민 총생산량(국민소득)과 물가수준의 결정

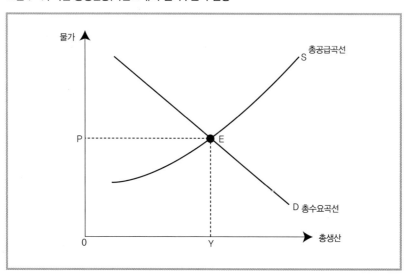

를 들어서 소비자의 취향이나 기업가들의 전망이 바뀌거나, 정부의 지출이나 수출이 갑자기 변하는 등 총수요 구성 요소들의 변동을 초래하는 교란 요인들이 발생하면, 〈그림 7-2〉에서 보듯이 총수요 곡선이 위나 아래로 이동하면서 원래의 균형이 깨지고 새로운 균형이 형성된다. 반면에 원유 가격이 오르거나, 노동조합이 격렬한 임금 인상 투쟁을 벌이거나, 생산비를 절감하는 신기술이 개발되는 등 생산비의 변동을 초래하는 교란 요인들이 발생하면 〈그림 7-3〉에서 보듯이 총공급 곡선이 위나 아래로 이동하면서 원래의 균형이 깨지고 새로운 균형이 형성된다. 교란 요인들이 자잘한 것들이라면 별 문제가 없지만, 때로는 엄청난 경제적 파급 효과를 수반하는 교란 요인이 발생할 수도 있다. 이 결과 총공급 곡선이 큰 폭으로 위쪽으로 이동하거나 총수요 곡선이 큰 폭으로 왼쪽으로 이동하면 총생산과 고용이 급감하면서 경제 위기가 오게 된다.

예를 들어서, 1970년대 초반에 그랬듯이 원유 가격이 전 세계적으로 폭등하면 총공급 곡선이 큰 폭으로 위쪽으로 이동한다. 〈그림 7-3〉에서 폭등 이전의 총공급 곡선이 AS였고, 폭등 이후의 총공급 곡선이 AS'였다면, 폭등 이후 국민 경제의 새로운 균형점은 E'가 될 것이다. 이 결과 국민 총생산은 Y'로 급감하고 물가는 P'로 뛴다. 이에 따라 고용도 크게 감소하고 국민 소득도 많이 줄어들 것이다. 그래서 실제로 전 세계적으로 경제 위기가 초래되었다.

하지만 그냥 내버려 두면 경제 위기는 시장에서 저절로 해소된다고 많은 주류 경제학자들이 주장한다. 총생산이 크게 감소하면 원유 수요도 크게 줄어든다. 게다가 비싸진 원유 가격은 각종 에너지 절약 행태와 기술을 촉진한다. 따라서 에너지 수요는 이중 삼중으로 감소한다. 이 결

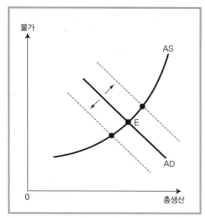

그림 7-2 | 총수요곡선의 이동

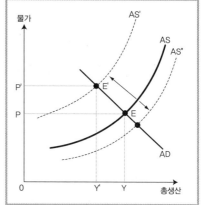

그림 7-3 | 총공급 곡선의 이동

과 원유 가격이 떨어지면서 국민 경제는 자연스럽게 원래의 균형 상태
인 E 근처로 복귀하게 된다. 요컨대, 원유 가격 급등과 같은 외적 충격
이 우리 경제에 떨어지더라도 시장은 신속하게 이에 적응함으로써 그
충격을 완화한다고 민물 경제학자들은 굳게 믿고 있다.

그러므로 1-2년 내지 2-3년 정도만 참으면 경제 위기가 시장에서 자
연스럽게 해소될 수 있음에도 불구하고 이를 참지 못하여 국민이 못살
겠다고 아우성치고 여기에 정치가들이 편승하여 정부를 향해 손가락질
을 해 대면, 정부도 경기 부양을 위한 모종의 액션을 취할 수밖에 없게
된다. 가장 전형적인 경기 부양책은 정부의 지출을 늘림으로써 총수요
곡선을 오른쪽으로 이동시키는 것이다. 그러나 문제는, 정부가 액션을
취하는데 상당히 오랜 시일이 걸린다는 점이다. 사태를 파악하는 데 몇
달 걸리고, 대책을 마련하는 데 몇 달 걸리며, 대책을 집행하는 데 또
몇 달이 걸린다. 국회의 동의라도 받아야 하는 날이면 그야말로 부지하
세월이다. 설령, 이 모든 것이 신속하게 이루어져서 막상 경기 부양책

이 집행된다고 하더라도 그 효과가 실제로 나타나기까지는 또 많은 세월을 기다려야 한다. 예컨대, 지금 당장 환율을 내리더라도 그 효과는 대략 1년 후에야 나타난다. 그러니 경제 위기에 대응해서 정부가 신속하게 경기 부양책을 실시한다고 해도 실제로 그 효과가 발생하기까지는 1-2년 내지 2-3년은 기다려 봐야 한다는 이야기다.

이렇게 정책 실시에 상당한 시간이 걸리기 때문에 섣부른 정부의 액션은 자칫 '뒷북'을 치기 십상이고, 그러다 보면 역효과를 내게 된다. 하지만 일단 정부의 정책이 실시되면 이미 화살이 활시위를 떠난 셈이니 사태를 돌이킬 수 없다. 예를 들어서, 정부가 경기 부양책을 썼다면, 그 약발이 경기가 나쁠 때에 딱 맞추어서 나타나야 한다. 그러나 시차 때문에 시장이 이미 자연스럽게 회복기를 거쳐 스스로 상승 기류를 타고 있을 무렵 그 약발이 나타나기 시작하면, 이제 막 타오르려는 모닥불에 기름을 붓는 꼴이 된다. 순식간에 불길이 퍼지듯이 경제 전체가 확 타오르면서 과열로 치닫게 된다. 정부의 경기 부양책이 엉뚱한 때에 효과를 발휘하면서 오히려 경제를 망치게 된다는 것이다. 경기 과열에 당황해서 이번에는 정부가 과열을 진정시키기 위한 경제 안정화 대책을 취한다고 해 보자. 그러나 시차 때문에 시장이 자연스럽게 안정될 무렵 정부의 경기 안정화 대책이 힘을 발휘하게 된다면, 적절히 가라앉고 있는 불길에 얼음을 확 부어 버리는 격이다. 서서히 연착륙하려던 경기가 도리어 완전히 죽어 버리면서 불황이 오고 경제 위기가 온다.

이와 같이 경제가 냉탕과 온탕을 번갈아 오락가락하는 현상을 보고 경기 변동이라고 한다. 민물 경제학자들은 자연적인 요인과 정부의 잘못된 개입이 경기 변동 및 경제 위기의 주된 요인이라고 한 목소리를 낸다. 달리 말하면, 경기 변동은 주로 시장 내부의 요인이 아닌, 시장 밖의 요인 탓이라는 것이다. 그렇다고 정부의 개입이 전혀 필요 없다고 주장하는 것은 아니다. 정부가 시장의 원리를 존중하면서 적절한 경기 대책을 수행한다면 자본주의 경제에 심각한 경기 변동이나 경제 위기는 없을 것이라는 데에는 대체로 주류 경제학자들 사이에서 어느 정도 폭넓은 공감대가 형성되어 있었다. 2008년 세계 경제 위기 이전만 해도 그랬다.

마르크스의 시각 : 성공의 요인이 곧 실패의 요인

마르크스는 정부의 적절한 대응이 다만 일시적으로만 경기를 살리는 미봉책에 불과하다고 보았다. 그에 의하면, 자본주의가 안고 있는 근본적인 모순을 치유하지 않고는 자본주의 경기 변동이나 경제 위기는 불가피하다. 왜냐하면, 자본주의 경제를 성공으로 이끄는 바로 그 요인이 또한 경제 위기를 초래하는 요인이 되기 때문이다. 성공의 요인이 동시에 실패의 요인이라는 것이다. 개인도 마찬가지다. 성공한 사람들은 우쭐대기 마련이다. 성공에 도취해서 과욕을 부리다가는 망하게 되는 것이 세상의 이치다.

마르크스는 이와 같이 우리 누구나 상식적으로 알고 있는 세상의 이치에 입각하여 경제 위기를 설명하고 있다. 우선, 국민 총생산, 고용, 물가, 금리 등에 대한 마르크스의 거시 경제 이론은 어떤 의미에서 주류 경제학의 그것보다 내용상 더 복잡하다. 왜냐하면, 주류 경제학이 명시적으로 비중 있게 다루지 않는 두 가지 중요한 변수가 추가되기 때문이다. 소득 분배의 양극화를 반영한 변수가 그 하나이고, 한 경제 안에 축적된 자본의 총량이 또 다른 하나다.

주류 경제학은 국민 소득 중에서 노동자가 차지하는 몫(임금 총액)과 자본가가 차지하는 몫을 굳이 구별하지 않지만, 마르크스는 이를 명시적으로 구분했다. 통상 소비자들의 지출(소비 지출)이 총수요에서 가장 큰 부분을 차지하는데, 주류 경제학은 국민 전체의 소득 수준이 높아지면 이 소비 지출의 크기도 무조건 늘어나는 것처럼 간단하게 생각하는 반면 마르크스는 그렇게 간단하지 않다고 보았다. 마르크스는 노동자계급의 총소득(임금 총액)과 자본가의 총소득이 각기 다른 방법으로 소비 지출에 영향을 미친다는 점에 주목했다. 약간 수학적으로 말한다면, 통상 주류 경제학은 소비 지출의 규모가 한 가지 변수, 즉 국민 소득의 함수라고 보는 반면, 마르크스는 두 가지 변수, 즉 임금 총액과 자본가 계급의 총소득의 함수라고 보았다는 것이다. 이때의 임금 총액은 생산 현장에서 발로 뛰는 하위 노동자(마르크스의 표현으로는 직접 노동자)의 임금을 모두 합친 금액으로, 경영진과 같은 비생산적 노동자의 임금은 포함되지 않는다.

이와 같이 마르크스가 계급별 소득 분배를 명시적으로 고려한 한 가지 큰 이유는 당시 사회주의자들 사이에 유행하던 과소 소비설을 자신의 이론에 포함시키기 위함이었다. 과소 소비설이란 일반 서민(하위 노동자)의 궁핍화가 불황을 초래하는 요인이라고 보는 이론이다. 노동자들은 돈을 버는 족족 쓰기에 바쁜 사람들이다. 이들이 국민의 대다수를 차지하고 있으므로 이들의 소비 지출이 총수요의 큰 버팀목인데, 이들의 돈지갑이 얄팍해지면 기업이 생산한 상품이 잘 팔리지 않게 될 것이니 자연히 불황이 초래된다는 것이다. 그렇다면 어떻게 할 것인가? 노동자들의 소비 성향은 부자들에 비해서 현저하게 높다. 그러므로 부자로부터 하위 노동자들에게 소득을 적극적으로 재분배해야만 경제 전체의 소비 지출이 늘어나면서 불황을 방지할 수 있다는 것이 과소 소비설의 한 결론이다. 주류 경제학자들 중에서도 이 과소 소비설과 비슷한 취지의 주장을 펴는 학자들도 적지 않았다.

마르크스는 과소 소비설의 무게를 어느 정도 인정은 했지만 너무 현실을 단순하게 보고 있다고 생각했다. 자본가의 소비 지출뿐만 아니라 투자 지출도 경제에 큰 영향을 주는데, 단순히 노동자와 자본가의 소비 성향만을 1 대 1로 비교해서는 곤란하다는 것이다. 대체로 보면, 경제 전반의 문제(거시 경제 문제)를 이야기할 때 주류 경제학자들이 일반 국민의 소비 성향이나 소비 함수에 대한 장황한 설명으로 말문을 여는 반면, 마르크스는 자본가의 지출 성향, 그리고 이것이 경제에 미치는 영향에 대한 긴 설명을 앞세운다.

자본가의 투자 지출도 총수요의 중요한 일부다. 어떤 자본가가 투자를 한다는 것은 도구, 기계, 장비 등 다른 자본가들이 생산한 자본재를 사 준다는 뜻이다. 따라서 자본가들이 적극적으로 투자를 하면 총수요가 늘어나고, 이어서 고용이 늘어나며, 소득도 높아진다. 하지만 문제는 자본가들이 항상 적극적으로 투자를 한다는 보장이 전혀 없다는 것이다. 오직 이윤이 충분히 보장될 때에만 투자를 하기 때문이다. 애덤 스미스와 데이비드 리카도를 비롯한 경제학의 원조들처럼 마르크스 역시 자본가들의 이윤이야말로 자본주의 경제를 움직이는 원동력임을 크게 부각시켰다. 자본주의에서 생산의 목적은 이윤이다. 따라서 이윤이 보장되지 않으면 자본가들은 투자를 하지 않는다. 그러면 생산도 줄고 고용도 줄면서 자본주의 경제는 바람 빠진 풍선처럼 활기를 잃고 주저앉는다.

예를 들어서, 어떤 자본가가 앞으로 돈벌이가 신통치 못할 것이라고 전망했다고 하자. 그는 투자를 중단하고 생산도 줄일 것이다. 그러면 그에게 자본재를 팔아먹던 다른 특정 자본가들은 팔아야 할 것을 팔지 못하므로 그들의 창고에 재고가 쌓인다. 팔아야 할 것을 팔지 못했으니 이들은 쓸 돈이 없고 따라서 이들 역시 투자를 중단하게 된다. 그러면 또 다른 자본가들이 팔아야 할 것을 팔지 못하게 된다. 이런 식으로 팔아야 할 것을 팔지 못하는 자본가들이 꼬리에 꼬리를 물고 이어지면서 경제 전체로 확산되면 불황이 오게 되고 경제 위기가 닥치게 된다. 마르크스는 이런 논리, 그리고 기타 여러 가지 논리를 동원해가면서 "공급이 수요를 창출한다."는 세이의 법칙을 전면 부정했다.

2

경기 변동 및 경제 위기에 대한
마르크스의 이론

기계화와 대량 생산 그리고 자본가의 몸집 불리기

물론, 이윤율이 높아져서 자본가들이 신바람을 낼 때도 있다. 그러면 투자도 늘어나고 생산도 늘어나면서 경제는 호황으로 치닫게 된다. 그래서 불황과 호황이 반복된다. 하지만 정부가 적절한 대책으로 조심스럽게 개입한다면 호황과 불황의 폭을 크게 줄임으로써 장기적으로 안정적 경제 성장을 이룰 수 있다는 데에 대다수의 주류 경제학자들이 입을 모은다. 실제로 2차 세계 대전 직후부터 30년 가까이 미국을 위시한 서구 선진국들이 비교적 안정적 경제 성장을 이루었다. 이런 결과는 많은 주류 경제학자들로 하여금 경제학이 쓸모 있는 학문임을 새삼 느끼게 했으며 학자로서의 자부심을 가지게 해 주었다.

그러나 마르크스는 주류 경제학자들의 그런 안일한 태도와 자부심을 질타했다. 주류 경제학자들은 자본 축적량(한 경제에 축적된 자본재의 총량)이 경제에 미치는 영향을 간과했고, 마르크스는 이 약점을 정확하게 찔러 갔다. 마르크스는 기계화에 의한 대량 생산을 자본주의 생산의 가장 큰 특징으로 꼽았다. 그는 자본주의 경제에서 노동자 한 사람당 도구, 기계, 장비 등 자본재의 양(노동자 1인당 장비율)이 꾸준히 증가했음을 주목하고 이를 기계화의 정도를 나타내는 지표로 삼았다. 이 지표를 '자본의 유기적 구성'이라고 표현했는데, 어떻든 그에 의하면 산업 혁명 이래 자본주의 경제에서 가장 눈에 띄는 현상은 이 자본의 유기적 구성이 지속적으로 높아졌다는 것이다.

마치 어떤 상품을 생산할 때 노동자의 수만 계속 늘린다면 1인당 생산성이 점차 떨어지듯이, 자본재의 양만 계속 늘린다면 그 생산성도 점차 떨어질 수밖에 없다. 주류 경제학의 표현으로는 자본의 생산성(자본의 한계 생산)이 지속적으로 감소한다는 것이다. 자본의 생산성이 떨어지면 이윤도 감소하게 된다. 자본의 유기적 구성이 지속적으로 높아진다는 것은 한 경제 안에 축적되어 있는 자본재의 총량이 꾸준히 증가함을 뜻하기 때문에 결국 장기적으로 경제 전체의 전반적 이윤율도 감소하게 될 것이다. 자본주의 경제에서 장기적으로 이윤율이 전반적으로 하락하는 경향이 있다는 점은 이미 애덤 스미스도 지적한 바 있고, 데이비드 리카도는 그럴 수밖에 없는 사유를 논리적으로 소상하게 밝혔다. 마르크스 생존 당시까지만 해도 이런 이윤율 저하 이론은 주류 경제학에서 정설로 자리 잡고 있었다. 다만, 그 이유를 리카도는 경제 외적 요인(예컨대, 비옥한 토지의 부족)의 탓으로 돌린 반면 마르크스는 경제적 요인의 탓으로 보았다는 점에서 근본적인 차이가 있을 뿐이다.

마르크스는 이윤율 저하의 경향이 왜 나타나는지를 《자본론》의 이곳저곳에서 산만하게 이야기하고 있어서 학자들의 불평을 샀다. 그가 횡설수설한 것은 아마도 이윤율 저하의 경향이 여러 가지 요인들의 복합적 작용으로 나타난다고 보았기 때문이었을 것이다. 그 여러 가지 요인들 중에서 마르크스가 가장 큰 관심을 가지고 설명했던 요인은 노동자 1인당 자본재의 양이 늘어나는 현상, 즉 자본의 유기적 구성 고도화 현상이다.

위에서 말했듯이 자본의 유기적 구성이 고도화되는 가장 큰 이유는 생산의 기계화다. 개별 자본가의 입장에서 보면 생산의 기계화는 자신의 이윤율을 높이는 아주 매력적인 대안이다. 우선, 기계화는 대량 생산을 가능하게 한다. 대량 생산을 할 수 있어야만 시장 점유율을 높이고, 그럼으로써 이윤율을 높이거나 또는 이윤의 총액을 늘릴 수 있다. 대량 생산 체계는 주류 경제학자들이 강조하는 이른바 규모의 경제(규모가 커질수록 생산 단가가 낮아지는 현상)를 가능하게 함으로써 생산 원가를 떨어뜨린다. 따라서 기계화는 경쟁 기업들을 제압하고 시장 지배력을 높이는 효과적인 수단이 된다.

개별 자본가들이 기계화를 선호하는 또 다른 중요한 이유는 껄끄러운 노동자들을 잘라 버릴 수 있다는 점이다. 거드름 부리는 숙련 노동자나 임금 인상을 요구하는 경성 노동자들은 자본가들에게 아주 껄끄러운 노동자들이다. 이런 노동자들 대신에 기계를 이용하면 속도 편하고 더 많은 이윤을 낼 수 있다. 특히 경기가 좋을 때 자본가들이 기계화를 서두르는 경향이 있다. 왜냐하면, 호황기에는 이윤이 많이 남아서 자금 운용에 한결 여유가 있기도 하지만, 기업마다 일손이 모자라 쩔쩔매는 틈을 노리고 노동자들이 임금 인상을 강하게 요구하기 때문이다.

이런 저런 이유로 자본가들은 경쟁적으로 생산의 기계화에 매달리게 되고 몸집 불리기에 여념이 없다. 이들은 자신의 이익만 생각할 뿐 자신의 행동이 경제 전체에 미치는 영향 따위는 아랑곳하지 않는다. 개별 자본가들의 경쟁석 기계화와 몸집 불리기는 결과적으로 경제 전체에 축적되는 자본재의 양을 크게 증가시키면서 과잉 설비 및 과잉 축적의 문제를 낳는다. 이 과잉 축적이 경제 전반에 걸친 평균 이윤율을 끌어내리는 결정적 요인이 된다. 전반적 이윤율 하락은 자본주의 경제가 활력을 잃는다는 것을 의미한다.

요컨대, 오직 자기 자신의 이윤율에만 신경을 곤두세우는 개별 자본가들의 이기적이고 근시안적 행태가 경제 전반의 평균 이윤율을 끌어내리는 결정적 요인이 된다는 것이다. 무분별한 자본의 과잉 축적 결과 자본가 계급 전체가 곤경에 처하게 되고, 자본주의 경제는 마치 미끄럼을 타듯이 점점 더 깊은 위기의 수렁으로 빠지게 된다는 것이 이른바 자본의 유기적 구성 고도화 이론의 핵심적 메시지다. 자본의 유기적 구성 고도화 이론이 마르크스의 경제 위기 이론에 있어서 중심적 위치를 차지하는 이유는, 개별 자본가들의 이윤율을 높여 주는 바로 그 과정이 또한 자본가 계급 전체에게 전반적 이윤율 하락이라는 멍에를 지우는 자본주의 모순을 가장 분명하게 보여 주고 있기 때문이다.

생산력은 기하급수적으로 증가, 시장은 산술급수적으로 증가

비록 '자본의 유기적 구성 고도화' 이론이 경제 위기에 대한 마르크스 이론의 중심을 차지하고는 있지만, 마르크스는 단 하나의 요인만으로 자본주의 경제 위기가 온다고 보지는 않았다. 그와 그의 추종자들은 위에서 잠깐 언급한 과소 소비설을 좀 더 일반화시킨 이론도 줄기차게 주장했다. 자본주의 경제에서 "생산력은 기하급수적으로 증가함에 반해서 시장은 산술급수적으로 증가한다."는 말로 요약되는 소위 '가치 실현 실패 이론'이 그것이다. 이 말은 《자본론》을 편집한 엥겔스가 제1권의 서문에 남긴 것인데, 마르크스주의자들 사이에 명언으로 자주 오르내린다.

보수주의자들이 늘 자랑하듯이 자본주의의 최대 강점은 높은 생산력이다. 이를 부정하는 사람은 없을 것이다. 마르크스 역시 이점을 매우 높이 샀다. 하지만 아무리 많이 생산하고 잘 생산한들 시장에서 팔리지 않는다면 무슨 소용인가. 상품이 팔리지 않는다는 것은 상품이 돈으로 바뀌지 않는다는 뜻이다. 시장에서 상품이 돈으로 바뀌지 않는 것을 마르크스는 '가치 실현의 실패'로 표현했다. 자본가가 원하는 것은 돈이다. 순전히 돈을 벌기 위한 생산이 자본주의의 특징이다. 시장에서 가치가 실현되지 않는다는 것은 곧 자본가가 돈을 벌지 못한다는 뜻이요, 이는 충분한 이윤을 올리지 못한다는 뜻이다.

생산과 수요 사이의 격차가 자본주의 경제 불황의 원인이라고 보았다는 점에서 케인스와 마르크스는 비슷하지만, 그 격차를 설명함에 있어서 케인스는 거의 전적으로 수요의 부족에 치중하는 반면 마르크스는 수요와 공급 측면 모두를 강조하면서도 공급 측면(즉, 높은 생산력의 측면)을 더 강조하고 있다는 인상을 준다. 시장의 수요가 도저히 뒤따라가지 못할 정도로 자본주의 기업의 생산력이 워낙 높다는 것, 다시 말해서 시장에서 소화될 수 있는 것보다 훨씬 더 많은 상품이 쏟아져 나올 수밖에 없다는 것, 바로 이것이 마르크스가 지적한 자본주의의 고질적 문제다. 이런 고질적 문제로 인해서 시장에서 가치가 충분히 실현되지 못하면 전반적으로 이윤율이 하락할 수밖에 없다는 내용이 가치 실현 실패 이론의 요지다.

질 좋은 상품들이 계속 개발되고, 소비자들의 마음을 움직이는 고도의 상술이 동원된다. 그러나 여기에도 한계가 있다. 아무리 고도의 상술을 동원해서 소비자로 하여금 지갑을 열게 해 봐야 그 속에 돈이 없다면 헛일이 되고 만다. 지난 수년간 우리가 여러 차례 경험했듯이 경제 성장이 그런대로 잘 되고 있고 수출도 호조여서 무역 수지 흑자가 계속 쌓인다고 하는데 일반 서민들이 실제로 느끼는 경기는 썰렁하기만 했다. 소득 분배의 양극화로 인해서 일반 서민들의 궁핍화가 계속되는 가운데 소수의 부자들만 흥청댔기 때문이다. 결국 국민의 대다수를 차지하는 노동자 계층의 지갑이 두둑해져야만 기업들이 생산한 상품들이 시장에서 소화될 수 있는데, 실제로는 빈부 격차가 점점 더 벌어지면서 노동자 계층이 상대적으로 빈곤해지고 있으니 결국 시장이 자본주의의 높은 생산력을 따라가지 못하는 고질적 문제가 발생할 수밖에 없다.

물론, 일반 서민의 소비 지출뿐만 아니라 자본가의 지출도 총수요의 중요한 한 부분을 차지한다. 자본가의 투자 지출이 충분히 커지면 총수요도 늘어나면서 생산과 고용이 활발해질 수 있다. 그러나 문제는 장기적으로 볼 때 자본가의 투자 지출은 기업의 생산력을 높이기도 한다. 다시 말하면, 자본가의 투자 지출은 한편으로는 총수요를 늘리지만 다른 한편으로는 생산력을 높이는 이중의 역할을 한다. 그러므로 자본가의 투자로 인한 생산력 증가가 총수요를 앞지른다면 자본주의 경제는 여전히 가치 실현 실패의 문제에서 헤어날 수가 없다.

이윤 압착 이론

경기 변동에 대한 마르크스 《자본론》의 상세한 설명 중에는 마치 2008년 미국발 세계 경제 위기를 예견하는 듯한 말도 보인다. 호황기가 불황기로 넘어갈 무렵 투기가 만연하고 임금이 가파르게 높아진다는 것이다. 실제로 2008년 경제 위기 직전 미국에서 부동산 투기가 만연했고, 이어서 파생 금융 상품에 대한 투기가 극성을 부렸다는 것은 이미 잘 알려진 사실이다.

호황기는 기업마다 일손이 딸리는 때이다. 비록 기계화로 임금 인상

압박에 효과적으로 대처할 수 있다고는 하지만, 기계화에는 많은 시간이 필요하다. 그래서 수요가 갑자기 늘어날 때는 자본가들이 어쩔 수 없이 노동자들을 찾게 된다. 문제는, 개별 자본가들이 오직 자신의 이윤 추구에만 정신이 팔려서 경쟁적으로 노동자를 마구 끌어오다 보면 임금 수준이 전반적으로 급속하게 높아진다는 점이다. 마치 각 개별 자본가들이 자신의 기계화가 경제 전반에 미치는 악영향을 보지 못하듯이 이들 각각은 자신들의 경쟁적 노동자 유치가 자본가 계급 전체에 미치는 악영향을 보지 못한다. 그렇다고 불황기가 왔을 때 이미 올라갔던 임금이 다시 큰 폭으로 떨어지느냐 하면 전혀 그렇지 않다. 후에 케인스를 비롯한 많은 주류 경제학자들도 강조했듯이 한 번 올라간 임금은 잘 떨어지지 않는 경향이 있다. 즉, 임금은 하방 경직성을 갖는다. 임금 수준이 노동 생산성을 앞질러 전반적으로 높아지고, 또한 그런 높은 수준이 계속 유지되다 보면 정작 자본가의 손에 떨어지는 이윤은 감소한다. 다시 말해서 임금 상승 탓으로 이윤이 압착된다는 것이다. 이 결과 경제 침체가 오게 되고 이것이 심해지면 경제 위기가 된다는 마르크스의 주장을 발전시킨 이론이 이른바 '이윤 압착 이론'이다.

이 이론은 앞에서 소개한 자본의 유기적 구성 고도화 이론과 가치 실현 실패 이론에 떨어지는 비판에 답하기 위한 이론이기도 하다. 앞에서도 말했듯이 자본의 유기적 구성이 고도화된다는 것은 노동자 1인당 장비율이 높아짐을 의미하며, 이는 생산성의 전반적 상승을 의미한다. 생산성 상승은 이윤(잉여 가치)의 증가를 의미한다. 따라서 자본의 유기적 구성이 높아진다고 해서 무조건 이윤율이 전반적으로 하락한다고 장담할 수는 없지 않은가. 이런 비판이 자본의 유기적 구성 고도화 이론에 흠집을 남겼다. 이런 비판에 대하여 이윤 압착 이론을 지지하는 학자들은 비록 생산성이 크게 높아진다고 하더라도 임금 수준이 생산성보다 빠른 속도로 높아진다면 결국 이윤은 감소할 수밖에 없다고 반박한다. 주류 경제학자들은 과거 오랫동안 생산성보다 빠른 임금 상승이 경제 성장의 발목을 잡고 있다고 늘 주장해 왔으며, 이런 주장은 통계적으로도 어느 정도 근거를 가지고 있다.

가치 실현 실패 이론 역시 비판을 받으며 흠집을 노출했다. 이 이론은 은연중에 노동자 계급의 궁핍화를 전제한다. 그러나 자본주의 경제의 임금 수준이 꾸준히 높아졌음을 보이는 수많은 통계 자료에 비추어 볼 때, 과연 노동자 계급이 궁핍화되었다고 말하기는 곤란하다. 그래서 가치 실현 실패 이론 역시 현실성을 결여하고 있다는 비판을 받는다.

그러나 이윤 압착 이론을 지지하는 학자들은 이런 비판이 현실을 호도하고 있다고 맞받아친다. 문제는, 설령 임금 수준이 높아졌다고 하더라도 모든 노동자들이 그렇다는 것은 아니라는 점이다. 특히 경영진과 경영 전문가들이 받는 보수의 수준이 상대적으로 크게 높아졌다고 하는데, 만일 이들의 보수도 임금에 포함시킨다면 자본주의 경제의 임금 수준은 확실히 빠른 속도로 높아졌다고 할 수 있다. 물론 경영진과 경영 전문가들도 명목상으로는 노동자들이다. 마르크스는 이들을 비생산적 노동자라고 불렀다. 그러나 내용상으로 보면, 이들은 자본가 계급에 속하는 한 분파라고 할 수 있다. 따라서 임금이라는 범주 속에 이들의 보수를 포함시킬 것인가 아닌가하는 것은 아주 까다로운 문제다. 대체로 보면, 이윤 압착 이론은 경영진과 전문 경영인의 보수도 임금의 범주에 포함시키고 있다.

어떻든 실제로 통계 자료에 의하면, 지난 수십 년 동안 경영진, 특히 고위 경영진의 임금 수준은 입이 딱 벌어질 정도로 급속히 높아졌다. 이런 현상은 특히 미국의 경우 두드러지는데 예를 들면, 최고 경영자의 평균 보수가 1976년에는 일반 직원의 36배였지만, 1993년에는 131배로 늘어났다. 한 가지 재미있는 사실은, 최고 경영자들의 이런 보수 급상승을 비난하는 여론이 들끓고, 일부 경제학자들도 여기에 가세하자, 이를 자제시킨다는 뜻에서 이들의 보수를 공개하는 조치를 취했는데, 오히려 역효과를 냈다는 것이다. 과연 2007년 최고 경영자의 평균 보수는 일반 직원 평균 보수의 369배로 치솟았다.[1] 심리학자들은 왜 이런 역효과가 나타나게 되었는지를 설명해 준다. 즉, 보수가 공개되면 다른 사람과의 비교가 더 뚜렷해지면서 보수를 인상해 달라는 요구가 더욱더 거세지기 때문이라는 것이다.

일반 시민이 들으면 놀라 자빠질 고액 보수를 받음에도 불구하고 고위 경영진이 경영에 실패하여 회사가 망하더라도 이에 대하여 책임을 물을 효과적인 방법이 없다. 예를 들면, 2009년 미국에서는 회사들이 줄줄이 망했는데도 이 회사 고위 경영진은 엄청난 봉급에다가 보너스까지 두둑하게 챙겼다고 해서 비난의 여론이 들끓었고, 드디어 미국 대통령까지 나서서 그 들의 부도덕성을 질타하기에 이르렀다. 실패에 대하여 책임을 질 필요가 없는 경영은 부실을 낳을 수밖에 없다. 그러니 경영진에 대한 보수의 급증은 오히려 자본주의 경제의 활력을 떨어뜨린다고 우려하는 경제학자들이 나타나게 된다.

마르크스는 경영진이 급부상한다든가 이들이 엄청난 보수를 챙기는 현상은 자본주의 경제에서 필연적이라고 보았다. 날로 경쟁이 치열해지고 노사 갈등이 심해지는 상황에서 자본가들은 전문 경영자들을 방패막이로 앞장세울 수밖에 없으며, 따라서 자연히 이들에게 큰돈을 쥐어 주게 된다는 것이다. 경영진을 포함한 비생산적 노동자의 몫이 급격하게 늘어나면, 정작 자본가의 손에 떨어지는 순이윤은 감소할 수밖에 없다. 그러므로 경영진을 포함한 비생산적 노동자의 보수도 임금의 범주에 포함시킨다면 이윤 압착 이론에도 일리가 충분히 있다.

그러나 마르크스가 말하는 임금은 주로 하위 노동자(생산적 노동자)들이 받는 임금을 말한다. 이 임금에는 경영진의 임금은 포함되지 않는다. 사실, 자본가 계급이나 경영진에게 귀속되는 소득의 증가 추세와 비교해 볼 때 하위 노동자의 경제적 지위는 오히려 상대적으로 떨어졌다는 연구 자료도 있다.[2] 이 자료가 사실이라면, 노동자 궁핍화를 전제로 한 가치 실현 실패 이론에도 일리가 있다.

어떻든 여러 마르크스 경제학 대가들이 이윤 압착 이론을 지지하고 있기는 하지만, 이 이론에도 미흡한 점이 있다. 설령, 임금 수준이 꾸준히 상승했다고 하더라도 이윤을 압박할 정도의 현저한 임금 상승은 항상 있는 것이 아니라 주로 호황기에 국한된다. 마르크스가 주장하는 전반적 이윤율 저하 이론 그리고 경제 위기 이론은 단순히 호황기나 불황기를 설명하는 이론이 아니라 자본주의 경제의 장기 추세를 설명하는 이론이다. 이윤 압착 이론은 어떤 특정기의 이윤율 저하 경향을 설명하기에는 적합할지 모르지만, 마르크스가 의도한 장기적 이윤율 하락 추세를 설명하기에는 미흡하다는 평가가 내려진다.

결국, 자본주의의 경제 위기를 초래하는 장기적, 전반적 이윤율 저하 추세는 이상의 세 가지 이론(자본 구성 고도화 이론, 가치 실현 실패 이론, 그리고 이윤 압착 이론)이 지적하는 요인들이 복합적으로 작용한 결과라고 보는 것이 적절할 것이다. 다만, 자본 구성 고도화 이론은 자본주의 생산 과정에 초점을 맞춘 이론이요, 가치 실현 실패 이론은 상품 유통 과정에 초점을 둔 이론이며, 이윤 압착 이론은 분배의 측면에 초점을 둔 이론이라고 할 수 있다. 이렇게 보면, 생산, 교환, 분배의 전 과정에 자본주의 경제 위기를 초래하는 요인이 도사리고 있음을 알 수 있다.

물론, 전반적 이윤율 저하 추세에 자본가 계급이 속수무책으로 가만히 앉아 있지는 않는다. 특히 자본가 계급의 이익을 대변하는 정부는 적극적으로 나서서 각종 정책을 편다. 마르크스에 의하면, 자본주의 사회에서 정부는 자본가의 이익을 옹호하고 대변하기 위한 위원회에 불과하기 때문에 정부의 경제 개입은 필연적이다. 자본가들의 자구 노력, 그리고 정부의 지원 정책이 이윤율을 끌어올리는 효과를 나타내면서 경기가 상승 국면을 탈 수 있다. 그러나 그것은 일시적일 뿐이다. 왜냐하면 자본주의의 근본적인 모순은 여전히 남아 있기 때문이다. 따라서 자본가의 자구 노력과 정부 정책의 약발이 떨어지면 다시 경기는 하강 국면으로 떨어진다. 그래서 마르크스는 자본가들의 자구 노력과 정부의 경기 대책을 장기적 이윤율 저하 추세에 대한 일시적 반작용이라고 보았다. 달리 말하면, 자본주의 체질 개선을 위한 자본가 계급과 정부의 몸부림이다. 그러나 자본주의 모순이 완전히 해소되지 않는 한 그런 몸부림은 전반적 이윤율 저하 추세라는 대세를 거스르지는 못한다. 그래서 단기적으로나 중기적으로 보면 자본주의 경제는 이 큰 추세선을 따라 오르락내리락하는 것으로 보이지만, 장기적으로는 완만한 미끄럼을 타듯이 결국은 추락한다는 것이다. 결코 날개 없이 추락하는 것은 아니다. 그러나 날개는 경기를 일시적으로 올리는 역할만 할 뿐이다.

3
경제 성장에 대한
두 경제학의 시각

경제 성장에 관하여 자주 제기되는 질문들

경제 성장에 대하여 주류 경제학이 흔히 제기하는 질문은 다음과 같은 것들이다. 첫째, 경제 성장의 원동력은 무엇이며, 왜 어떤 나라는 다른 나라보다 더 빠르게 성장하는가? 둘째, 경제 성장의 과정은 안정적인가 아니면 불안정한가? 셋째, 경제 성장의 열매가 국민들에게 골고루 분산되는가? 넷째, 장기에 걸친 지속적 경제 성장은 가능한가? 마르크스는 여기에 '경제 성장이 국민에게 참된 행복을 가져다주는가?'라는 한 가지 질문을 더 추가한다.

어떻게 보면, 마르크스가 추가한 이 마지막 질문이 보통 사람들에게도 가장 큰 의미를 가진 질문이라고 할 수 있다. 그럼에도 불구하고 주류 경제학자들은 그런 질문을 아예 제기하지도 않을 뿐만 아니라 아주 어리석은 질문이라고 생각한다. 경제 성장의 덕분에 소득 수준이 높아지면 행복은 당연히 따라온다는 고정 관념에 사로잡혀 있기 때문이다. 그러나 마르크스는 그런 고정 관념을 타파했다. 먹고살기 힘들 정도로 가난할 때에는 경제 성장이 소득 수준을 높임으로써 국민을 크게 행복하게 해 주지만, 먹고사는 문제가 일단 해결된 다음부터는 소득 수준의 향상만으로는 국민을 크게 행복하게 만들어 줄 수 없다는 것이다.

이미 앞에서 여러 차례 언급했듯이, 오늘날 많은 학자들이 과학적 증거에 입각해서 '행복의 역설'을 이야기하고 있는데, 한 세기 전에 마르크스가 이미 행복의 역설과 비슷한 주장을 했다는 것은 한편으로는 놀라우면서도 다른 한편으로는 그의 천재성을 여실히 느끼게 한다. 그에 의하면, 자본주의는 인류에게 물질적 풍요를 가져다줌으로써 먹고사는 문제를 대부분 해결해 주었다. 그러나 더 이상 인류의 행복을 증진할 여력도 명분도 이제 다해 가고 있다. 그럼에도 불구하고 기득권 세력이 온갖 술수로 이 순리를 방해하고 있다는 것이 마르크스가 세인들에게 간곡히 호소하고 싶은 말이다.

다섯 번째 질문은 그렇다 치고 나머지 질문에 대한 주류 경제학의 견해와 마르크스의 견해를 비교해 보자. 우선, 주류 경제학은 기업의 투자가 경제 성장의 주된 원동력이라고 주장한다. 기업가들이 투자를 많이 해야 경제 성장이 빨라진다는 것이다. 더 구체적으로 말하면, 노동자 1인당 자본재의 양(자본-노동 비율)이 경제 성장의 정도를 좌우하는 주된 요인이라는 것이다. 자본-노동 비율이 커지면 생산성도 높아지기 때문에 1인당 소득 수준도 높아진다. 그러므로 투자가 활발한 나라는 그렇지 않은 나라에 비해서 더 빠른 경제 성장을 이룰 수 있을 것이다. 마르크스 역시 주류 경제학의 이런 견해에 대체로 동의한다. 따라서 첫번째 질문에 관해서는 주류 경제학과 마르크스 경제학 사이에 큰 견해의 차이는 없는 셈이다.

두 번째 질문인 경제 성장의 안정성에 관해서는 주류 경제학자들 사이에 대체로 공감대가 형성되어 있다. 즉, 임금과 금리를 포함한 주요 가격들이 신축성 있게 잘 변동해 준다면 대체로 자본주의 경제는 큰 혼들림 없이 순조로운 경제 성장을 이룰 수 있다는 것이다. 예를 들어서 실업자가 많을 때는 임금 수준이 즉각적으로 떨어져 주고 경기가 나빠질 때 시중 금리가 척척 떨어져 주는 등 가격이 충분히 신축적으로 변해 주면 어떤 외부의 충격이 가해지더라도 안정적 경제 성장이 가능해진다는 것이다. 다만, 실제에 있어서 그 가격들이 과연 얼마나 신축적인가에 대해서는 주류 경제학자들의 견해가 엇갈리고 있을 뿐이다. 하지만 위에서 살펴보았듯이 마르크스는 자본주의 경제의 성장이 필연적으로 불안정한 과정이라고 보고 있다. 자본주의에 내재한 모순을 둘러싸고 작용과 반작용이 끊임없이 반복되기 때문이다.

세 번째 질문의 핵심인 분배의 문제에 대해서도 주류 경제학자들은 대체로 긍정적 대답을 준다. 장기적으로 보면 경제 성장은 국민 모두의 생활 수준을 전반적으로 끌어올리는 경향이 있다는 것이다. 물질적으로 보면 오늘날 자본주의 사회의 노동자는 과거 중세 시대의 왕보다 더 잘 살고 있다고 보수 성향의 경제학자들은 늘 자랑스레 말한다. 물론, 경제 성장 단계별로 빈부 격차가 크게 벌어질 수도 있다. 과거 우리나라가 그랬듯이 경제 성장 초기 단계에는 우수한 인재나 자원이 성장 거점으로 몰리게 되는데, 그러다 보면 경제력이 한쪽으로 쏠리면서 빈부 격차가 크게 벌어진다. 그러나 경제 성장이 상당한 정도로 진척된 다음부터는 마치 빗물이 위에서부터 아래로 흐르면서 땅을 골고루 적시듯이, 경제 성장의 혜택이 위에서부터 아래로 스며내려 가면서 빈부 격차도 줄어들게 된다는 것이다. 이런 효과를 이른바 '낙수 효과'라고 하는데, 주류 경제학자들은 낙수 효과의 논리를 즐겨 편다.

분배 문제에 대한 마르크스의 수많은 산발적 견해를 보면, 자본주의 경제 성장의 열매가 결코 국민들에게 골고루 퍼지지 않는다고 그가 생각했던 것은 분명하다. 다른 계층에 비해서 노동자 계층이 상대적으로 궁핍화되는 경향이 있다고 그는 주장했고, 자본가들의 치열한 경쟁의 결과 승자 독식 현상이 만연하면서, 한편으로는 수많은 중소 자본가들이 노동자로 전락하며, 다른 한편으로는 자본의 독점화가 심해지는 경향이 있다는 주장도 폈다. 그러나 앞에서도 언급했듯이 마르크스가 의도적으로 빈부 격차의 문제를 강하게 부각시키지 않았다는 점에도 유념할 필요가 있다. 빈부 격차 문제를 자꾸 이야기하다 보면, 마치 빈부 격차 확대가 자본주의와 결부된 근본적 문제점인 것처럼 오도할 우려가 있기 때문이다.

발전을 옥죄는 제도

아마도 네 가지 질문에 대한 대답 중에서 가장 특이한 것은 네 번째 질문에 대한 마르크스의 대답일 것이다. 이미 선진국은 물론이고 우리나라도 저성장의 시대에 접어들고 있는데, 자본주의 경제 성장이 과연 앞으로도 마르고 닳토록 지속될 수 있을 것인가? 다른 질문에 대해서는 틀리든 맞든 비교적 논리적으로 똑 부러지게 대답하던 주류 경제학자들이 이 질문에 관해서만은 별로 그렇지 못하다. 사실, 앞에서도 지적했듯이 지금의 주류 경제학자들이 할아버지로 모시는 애덤 스미스나 리카도는 자본주의 경제 성장의 지속성에 대하여 매우 회의적이었다.

그러나 마르크스 이후에 나타난 주류 경제학자들은 대단히 낙관적인 방향으로 태도를 바꾸었다. 인간은 합리적이며 그런 사람들이 활동하는 시장은 사회 문제를 해결함에 있어서 가장 효과적인 방법이기 때문에 자본주의 시장이 잘 돌아가는 한 경제 성장은 앞으로도 무한히 계속될 것이라고 이들은 주장하고 있다. 마치 자본주의가 인류가 도달할 수 있는 최고의 단계인양 이야기하는 학자도 있다. 주류 경제학자들의 이런 낙관적인 주장은 자본주의 시장에 대한 굳은 신봉을 밑바탕에 깔고 있어서 논리적인 주장이라기보다는 다분히 희망 사항이라는 인상을 주기도 한다.

반면에, 마르크스의 주장은 나름대로 상당히 논리적이고, 역사적이고, 현실적이다. 결과적으로 보면 인류의 생산력은 꾸준히 높아져 왔다. 주류 경제학자들이 주장했듯이 특히 자본주의 시대에 들어와서 인류의 생산력이 만발한 듯한 인상을 준다. 인간은 보다 더 잘 살려고 하는 열망과 능력을 가지고 있기 때문에 인류의 생산력은 계속 높아지는 성향이 있다고 마르크스는 생각했다. 하지만 그것은 어디까지나 성향일 뿐 실제는 아니다. 인류의 긴 역사에서 보면, 생산력이 크게 높아지면서 경제가 지속적으로 성장한 때도 있었고 전혀 그렇지 않은 때도 있었다. 오히려 퇴보한 적도 있었다. 그러면 어떨 때에 인류의 생산력이 높아지고 경제 성장이 지속되는가? 제도의 뒷받침이 중요하다. 적절한 제도적 뒷받침이 있을 때에만 인간의 생산력이 높아질 수 있음을 마르크스는 힘주어 강조했다. 사실, 생산을 효과적으로 지원하는 각종 제도가 잘 갖추어져 있어야만 생산력이 최대한 달성되면서 지속적 경제 성장이 이루어질 수 있다는 것은 상식이다. 만일 그 제도가 잘못된 것이라면 생산력이 높아지기는커녕 오히려 떨어지면서 경제 성장이 멈추어질 수도 있다. 이와 같이 경제 성장의 지속성 여부를 제도 및 체제와 결부시켜서 역사적으로 살펴보고 있다는 점이 주류 경제학과 구별되는 마르크스 이론의 큰 특징이다.

제도 중에서 특히 중요한 것은 소유권 제도를 핵심으로 하는 생산관계다. 앞에서 언급했듯이, 생산관계는 역사적으로 변천해 왔다. 고대 사회를 비롯해, 봉건주의 시대, 자본주의 시대 각각 지배적인 생산관계가 있다. 마르크스에 의하면, 서구 봉건주의를 지배하는 생산관계는 직접 생산자가 모든 생산 수단을 소유하는 제도이며, 자본주의를 지배하는 생산관계는 자본가가 모든 생산 수단을 소유하고 노동자는 노동력을 자본가에게 판매하는 제도이다.

어느 시대 어느 사회에서나 인간은 자신들에게 부여된 생산력을 최대한 활용하려는 성향을 가진다. 생산 관계가 달라지면, 생산력의 활용 정도가 달라진다. 생산력의 활용을 잘 지원하는 제도가 있는가 하면 그렇지 못한 것이 있다. 생산력을 최대한 살려 주는 생산관계가 바람직하지만, 그러기 위해서는 끊임없이 높아지는 생산력에 부응해서 생산관계도 적절히 변해 주어야 한다. 그러나 제도란 그렇게 쉽게 변하는 것이 아니다. 특히 생산관계는 신축성 있게 변하지 않는 속성을 가지고 있다. 비단 생산관계뿐만 아니라 어떤 제도든지 일단 정착되고 나면 이를 둘러싸고 이해관계가 형성되기 때문이다.

예를 들어서, 일단 국회 의원의 숫자가 제도적으로 정해지면 이것을 줄이기는 무척 어렵고, 소선거구 제도가 일단 정착되면 이것을 중선거구 제도나 대선거구 제도로 바꾸기는 매우 어려우며, 지방 의회 의원들에게 연봉을 지급하는 제도가 정착되면 이 제도를 없애기는 아주 어렵다. 왜냐하면, 이미 정착된 제도의 혜택을 즐기는 무리들이 제도 변경을 완강하게 거부하기 때문이다. 바로 이런 이해관계가 제도를 경직화시킨다.

역사적으로 보면, 생산관계가 생산력의 활용을 증진하는 방향으로 이끌어가는 시기가 있고, 반대로 오히려 생산력의 발전을 저해하는 시기가 있다. 끊임없이 발전하는 생산력에 맞추어 생산관계도 계속 바뀌어야 한다. 그러나 기존의 제도로부터 혜택을 누리는 계층이 시대에 맞지 않는 생산관계를 고수하기 때문에 결과적으로 생산관계가 생산력의 발전을 저해하게 된다. 생산관계가 시대에 맞지 않아서 생산력의 발전을 옥죄는 현상을 마르크스는 '족쇄'로 표현했다. 생산관계가 생산력에 대한 족쇄가 된 결과 이 둘 사이에 큰 괴리가 발생하면, 새로운 생산관계의 도입을 요구하는 계층이 대두하기 마련이다. 달리 말해서 제도의 개혁을 요구하는 세력이 나타난다는 것이다.

역사책에는 수많은 왕조의 흥망성쇠 이야기가 실려 있다. 흥망성쇠의 밑바탕에는 바로 이 생산력과 생산관계 사이의 역학이 작용하고 있다. 구체제를 무너뜨리고 새롭게 등장하는 왕조는 새로운 생산관계의 도입을 요구하는 신흥 세력을 등에 업고 개혁을 단행한다. 이 개혁의 핵심은 낡은 제도의 타파, 그리고 그 사회가 안고 있는 생산력을 최대한 활용할 수 있는 각종 새로운 제도의 도입이다. 이 신흥 왕조는 교육과 홍보를 통해서 새로운 제도의 정당성을 널리 국민에게 알림으로써 국민의 지지를 얻어 낸다. 새 제도가 정착되면서 신흥 왕조가 주도하는 사회는 발전의 궤도를 달리게 된다. 생산이 늘어나고 인구도 늘어나면서 경제적으로 풍요해지면서 문화도 융성한다. 그러나 세월이 지남에 따라 그 제도는 점차 굳어지면서 생산력의 발전을 따라가지 못하고 오히려 족쇄가 되기 시작한다. 그럼에도 불구하고 기득권자들은 보수 세력으로 뭉치면서 낡은 제도를 옹호하고 고수한다. 이 보수 세력의 저항 때문에 개혁을 하지 못하면 드디어 왕조는 서서히 몰락의 길을 걷는다. 이것은 피할 수 없는 역사의 이치다.

마르크스는 이런 이치를 체제의 변화에도 적용했다. 예를 들면, 봉건주의 말기에 이르러 봉건주의 생산관계가 생산력에 대한 족쇄가 되면서

부터 이의 타파를 외치는 자본가 계급이 등장했다. 이 신흥 계층은 종전의 생산관계보다 생산력을 더 잘 활용하는 자본주의 생산관계의 도입을 요구하고 나왔다. 이 새로운 제도가 도입될 경우 생산력에 대한 지배권을 장악하게 될 자본가 계급은 진보적 인사들의 지지를 등에 업고 구체제의 추방을 대중에게 호소하기 시작한다. 이들은 새로운 생산관계를 정당화하는 새로운 도덕률, 새로운 이념, 새로운 법, 새로운 정치 제도 등을 선전한다. 마르크스의 말로는, 새로운 이데올로기를 퍼뜨린다는 것이다. 애덤 스미스와 데이비드 리카도 등 주류 경제학의 창시자들은 자본주의 발흥기에 새로운 이데올로기를 만들어 내고 전파한 주역들이었다.

이와 같이 새로운 이데올로기로 무장한 신흥 계층이 대두되면서 구체제와 신체제 사이의 마찰과 갈등이 증폭되고 사회 전체에 걸쳐 사회 불안이 고조되며 드디어 체제의 위기가 온다. 마르크스에 의하면 봉건주의가 이런 과정을 거쳐 붕괴되었다. 붕괴되었다는 표현보다는 발전적으로 해체되었다고 말하는 것이 마르크스의 뜻에 더 부합할 것이다. 자본주의 또한 그러한 필연의 법칙에 따라 해체되어 더 우월한 체제로 발전할 것이라고 마르크스는 단언했다. 모든 대규모 정치적·사상적 갈등은 생산 양식을 둘러싸고 구지배 계급과 신흥 계급 사이의 충돌이 구체화된 것이다. 이렇게 보면, 계급 투쟁은 생산관계를 생산력에 알맞게 적응시키는 메커니즘이라고 할 수 있다.

위에서 언급했듯이 생산관계는 상부 구조의 기반을 이룬다. 마르크스에 의하면, 현재의 지배적인 생산관계가 용인되는 이유는 이것이 생산력의 활용과 발전을 촉진시키는 역할을 해 주기 때문이며, 현재의 지배적인 상부 구조가 용인되는 이유는 이것이 경제 구조(토대)를 안정화시키는 역할을 해 주기 때문이다. 그러면 역사적으로 보았을 때, 생산력의 발전을 속박하는 생산관계(즉, 족쇄)가 존재하는 이유는 무엇인가? 현재의 상부 구조를 통해서 영향력을 행사할 수 있는 위치에 있는 계층이 현 생산관계에 결부된 기득권을 고수하려고 하기 때문이다. 역사적 임무가 끝났다고 해서 곧장 무대에서 퇴장하는 것은 아니다.

누구나 인정하듯이 자본주의의 최대 장점은 그 높은 생산력을 바탕으로 물질적 풍요를 가져다준다는 것이다. 그러나 1인당 국민 소득이 2, 3만 달러대에 이르면 그 다음부터는 물질적 풍요만으로는 국민의 행복 지수를 더 높일 수 없는 단계에 이르게 된다. 자본주의 최대 장점이 서서히 빛을 잃게 된다. 그럼에도 불구하고 자본주의 체제로부터 큰 혜택을 받는 보수 계층은 이런 사실을 완강히 부인할 뿐만 아니라 물질적 풍요가 꼭 필요하다고 틈만 나면 강조해 댄다. 마르크스에 의하면 바로 이런 세력들이 국민 모두를 위한 자본주의의 발전적 해체를 가로 막는 근본적 장애가 된다.

8장

케인스의
재림

recall
the economics

1
케인스
혁명

시시한 경제학과 절실한 경제학

나이가 좀 든 분들은 늘 파란만장한 인생을 걸어 왔다고 말한다. 태어나면서부터 줄곧 잔잔한 호수와 같은 인생을 살아온 사람은 아마도 거의 없을 것이다. 호수가 항상 잔잔할 수만은 없다. 강풍이나 모진 비바람에 수시로 일렁이기 마련이다. 경제도 마찬가지다. 평온할 때도 있지만, 호황과 불황으로 경제 전체가 요동칠 때도 있다. 경제가 요동치면 정치도 흔들거리고 온 나라가 시끄러워진다. 그러므로 경제에 조금이라도 관심을 가지고 있는 사람이라면 왜 경제가 그렇게 좋았다 나빴다 하는지 궁금해 할 것이다.

그렇다면, 경제를 전문으로 연구하는 경제학자들은 당연히 그런 궁금증을 풀어 주어야 한다. 상식적으로 생각하면, 평온할 때(평상시)를 설명해 주는 이론이 있고 요동칠 때(비상시)에 그 이유와 대비책을 이야기해 주는 이론이 있을 법하다. 그런데 이상하게도 과거 주류 경제학이나 오늘날 경제학의 주류라고 할 수 있는 민물 경제학에는 평상시에 대한 이론은 널브러져 넘치는데 비상시에 대한 이론은 사실상 없다고 할 수 있다. 왜 그런가? 원래 주류 경제학이라는 학문이 기본적으로 잔잔한 호수와 같이 평온한 상태만을 연구하게 짜여져 있다. 전문 용어로 말하면, 균형 상태(수요와 공급이 균형을 이루는 상태)를 주로 연구한다는 것이다.

비상시국은 일시적이기 때문에 잠깐만 참고 기다리면 곧 끝나는데, 경제학이라는 학문이 그런 일시적 현상에 목을 걸 필요는 없다고 주류 경제학자들은 생각한다. 1930년대 대공황은 10년 이상 계속되지 않았냐고 이들에게 물으면, 그것은 수십 년에 한두 번 나타날까 말까한 희귀 현상에 불과하다고 대꾸할 것이다. 그러나 역사적으로 보면, 2-3년 혹은 그 이상 계속되는 불황이 즐비했다. 1년도 참기 어려운 실업자에게 2-3년이 잠깐이라고 말할 수 있을 것인가.

일상생활인에게는 평온할 때를 설명해 주는 이론은 시시하다. 사실이지 일상생활인들은 경제가 왜 평온한지를 굳이 알 필요가 없다. 그냥 평상시대로 그럭저럭 살아가기만 하면 된다. 하지만 비상시국에는 바짝 긴장해야 한다. 까딱하다가는 직장을 잃고 온 가족이 길바닥으로 내몰릴 수도 있기 때문이다. 비상시국에 사람들이 위기의식을 느끼지만, 그렇다고 각 개인으로서도 어찌하지 못하는 일이다. 어느 날 날벼락처럼 떨어지는 불황을 개인의 힘으로 어떻게 막을 것이며, 주가 폭락이나 부동산 가격 폭락을 개인의 힘으로 어떻게 방지할 것인가. 결국, 국가가 적극 나서서 비상시국에 잘 대처해 주기를 기대할 수밖에 없다. 그럼에도 불구하고 경제학자들은 가만히 앉아서 잠깐만 참고 기다리면 된다며 마치 강 건너 불구경하듯 뒷짐만 지고 있으니 답답한 노릇이다.

그런 답답함을 시원하게 풀어 주는 괴물 경제학자가 세계 대공황 직후 혜성과 같이 나타났다. 영국이 낳은 세기의 경제학자인 케인스(1883-1946)가 바로 그 사람이다. 200여 년의 경제학 역사에서 가장 유명한 경제학자를 두 사람 꼽으라고 하면, 아마도 애덤 스미스와 케인스가 빠지지 않을 것이다. 케인스는 비상시국에 대한 경제 이론을 제시함으로써 잔잔한 호수와 같았던 경제학계에 큰 회오리바람을 일으켰다. 이 회오리바람을 흔히 케인스 혁명이라고 부른다.

케인스의 경제 이론은 여러 나라의 경제 정책에 큰 영향을 주었으며, 세계 경제 질서의 개편에도 크게 기여했다. 케인스는 영국인이었지만, 그의 이론을 적극적으로 받아들이고 이를 전 세계에 전파한 나라는 미국이었다. 미국 하버드 대학은 한때 케인스 이론을 미국에 전파하는 본거지였다. 실업 해소를 위한 정부의 적극적 역할을 강조했던 케인스의 뜻이 미국에서는 1946년 고용법The Employment Act으로 구체화되었는데, 이 법은 완전 고용의 달성을 국가의 책임으로 규정했다. "우리 모두가 케인스주의자다."라는 미국 닉슨 대통령의 발언은 아직도 자주 인용되고 있다. 흔히 세계 2차 대전 후부터 1960년대 말까지를 케인스의 시대라고 말하기도 한다. 케인스 경제 이론은 전 세계에 걸쳐 한 시대를 주름잡은 이론이다.

하지만 1980년대 초 전 세계적으로 신자유주의 바람이 불면서 케인스는 차츰 잊혀져 가는 듯했다. 그러던 그가 2008년 세계 경제 위기를 계기로 다시 많은 사람들의 입에 오르내리게 되었다. 학계에서는 케인스에 대한 재평가가 활발해졌다. 그러면서 케인스에 대하여 잘못 생각하고 있는 부분이 많았다는 반성도 일었다. 케인스의 경제 이론을 신봉하는 경제학자들을 흔히 케인스학파라고 하는데, 이들조차도 케인스의 경제 이론을 수박 겉핥기식으로 읽었다는 비판이 나왔다.

대안을 제시할 줄 아는 당대 최고의 논객

케인스가 1936년에 펴낸《고용, 이자, 화폐에 대한 일반이론》은 매우 자주 인용되기 때문에 그냥 짧게《일반이론》이라고 불러도 경제학자들은 다 안다. 민물 경제학자들은 케인스를 매우 삐딱하게 여기는데, 어떤 학자는 책 제목부터가 틀려먹었다고 트집을 잡았다. 케인스의 경제 이론이 주로 비상시국에 관한 특수한 이론이지 보통 상황에 대한 일반적인 이론이 아닌데 왜 책 제목이《일반이론》이냐고. 케인스의 경제 이론을 제대로 읽었다면 아마도 그런 트집은 나오지 않았으리라. 케인스에 의하면 비상시국을 초래하는 요인이 평상시에도 늘 잠재해 있다. 그렇기 때문에 큰일이 터진 다음에 우왕좌왕하기보다는 평상시부터 조심하고 미리 대비하는 것이 더 긴요하다고 케인스가 분명히 강조했음에도 불구하고 대부분의 경제학자들은 이를 귀담아 듣지 않았다. 케인스의 경제 이론이 일반 이론이 아니라는 오해는 아마도 평상시에 대한 케인스의 주장이 민물 경제학의 주장과 큰 차이가 없었기 때문일 것이다. 평상시 정부의 중요한 역할이 화폐의 안정적 공급을 통해 물가를 안정화시키는 것임을 케인스도 분명히 지적했다.

케인스는 상아탑에 갇힌 고고한 학자가 아니었다. 이런 점에서 그는 리카도와 흡사하다. 리카도 못지않게 케인스도 사업으로 많은 돈을 벌었으며, 공무원에서부터 대학 강단에 서기까지 다양한 직장 생활을 거쳤다. 그러나 이 두 거물 경제학자에게는 크게 다른 점도 있다. 리카도가 탁월한 이론가였다면, 케인스는 철저한 현실주의자였다. 케인스는 가장 돈을 많이 번 경제학자로 자주 꼽히고 있지만, 그도 여러 차례 사업 실패의 쓰라림을 겪었다. 특히 대공황 직전에는 주식 투자에 크게 실패해서 아끼던 소장 예술품들을 경매에 내놓을 정도로 완전히 빈털터리가 되어 버린 적도 있었다. 이렇게 산전수전 다 겪은 투자자 및 실무가, 그리고 행정가로서의 풍부한 현장 경험이 케인스 경제 이론의 수준을 높였고, 또한 그의 경제 이론은 자신의 사업에 도움을 주기도 했다. 말하자면 케인스의 경제학에는 이론과 현실이 선순환을 이루고 있다는 것이다. 마치 오늘날 거물 투기꾼인 조지 소로스나 워런 버핏이 큰소리치듯이 당시 성공한 투자가로서 케인스는 기업가들에게도 큰소리를 땅땅칠 수 있었다.

케인스가 살던 당시나 지금이나 자본주의에 대한 비판자나 독설가는 수없이 많지만, 케인스는 단순히 말로만 떠들지 않았다. 그는 대안을 제시할 줄 아는 당대 최고의 논객이었다. 마르크스가 너무 이상적인 대안을 제시했다면, 케인스는 대단히 현실적인 대안을 제시했다. 바로 이런 점에서 케인스는 아주 높은 점수를 땄다. 사실, 케인스의 경제 이론은 그 논리의 정교함보다는 현실적 유용성 때문에 환영받는 경우가 오히려 더 많았다. 사회의식을 가진 경제학자들은 실업 문제를 비롯한 경제 현안에 한마디 떠들기 위해서, 기업가들은 사회주의의 준동을 막기 위해서, 우익 정치가는 세금 삭감이나 국방비 증액을 위해서, 그리고 좌익 정치가는 더 많은 사회복지 지출을 위해서 케인스의 경제 이론을 받아들였다.

공부가 능사는 아니다

케인스는 영국의 명문가에서 태어났다. 그의 아버지도 꽤 알려진 경제학자였고 어머니는 정치가였다. 학계의 거물급 경제학자를 아버지로 두었다는 점, 그러나 아버지의 학문적 노선을 철저하게 거부했다는 점에서, 케인스는 밀과 아주 비슷하다. 밀의 아버지가 당대 최고의 경제학자였던 리카도의 친구였듯이, 케인스의 아버지는 근대 경제학의 창시자인 마셜의 친구였다.

고등학교 시절부터 유난히 수학을 잘했던 케인스는 명문 케임브리지 대학에서 처음에는 수학을 전공했다. 특히 확률 이론을 열심히 공부했던 모양이다. 그래서 젊었을 때에는 확률에 대한 책을 쓰기도 했다. 당연히 그는 수학적인 머리로 통계 자료를 능숙하게 다루었다. 하지만 그는 경제학자들의 지나친 수학과 통계 놀음을 준엄하게 꾸짖었다. 통계는 단지 현실에 대한 느낌을 얻기 위한 도구에 불과하다. 통계 자료를 고문하면 그 어떤 자백이라도 받아낼 수 있다는 것을 케인스도 잘 알고 있었음에 틀림없다. 그러기에 철학을 가지지 못한 사람의 손에 있는 통계 자료는 현실을 오도하는 위험한 장난감이 되기 십상이라고 케인스는 경고했다.

수학에 능통했으면서도 경제학의 지나친 수학화를 경계했다는 점에서 케인스는 그의 스승, 마셜을 꼭 닮았다. 경제학의 내용은 보통 사람들도 얼마든지 이해할 수 있는 것들이어야 하며, 평범하지만 격이 높은 언어로 설명되어야 한다고 케인스는 늘 강조했다. 이 말도 그의 스승이 자주 뇌이던 것이다. 하지만 오늘날의 많은 경제학자들이 마셜과 케인스의 이런 권고도 무시하고 있다.

경제학과의 인연은 마셜의 경제학 강의를 들으면서 시작되었다. 마셜의 칭찬에 케인스가 크게 고무되었다고 한다. 사실, 케인스는 경제학뿐만 아니라 철학, 문학, 연극, 미술 등 다방면에 아주 조예가 깊었으며 재기가 넘치는 인물이었다. 심지어 무용에도 큰 관심을 보였다는데 관심이 너무 깊었던 탓이었는지 그는 마흔이 넘은 불혹의 나이에 러시아 출신 발레리나와 결혼했다.

다방면에 관심이 많았던 케인스는 어릴 적부터 노는 데에도 아주 열심이었다. 그렇게 공부 안 하고 노는 데 정신이 팔려 돌아다녔으면서도 세계적으로 유명한 경제학자가 된 사람은 케인스가 역사상 처음일 거라고 어느 학자가 비꼬기도 했는데, 이는 은근히 케인스를 경박한 학자로 폄하하는 말처럼 들린다. 하지만 이 말이 옳다면, 결국 케인스는 최소의 노력으로 최대의 효과를 올린 셈이다. 경제학의 목표는 최소의 노력으로 최대한 효과를 달성하는 것이다. 그렇다면, 돈을 많이 벌었다는 점이나 경제학의 목표를 몸소 실천했다는 점에서 케인스야 말로 진짜 경제학자라는 평을 듣기에 손색이 없다.

케인스에게서 우리가 배워야 할 것은, 무작정 공부만 열심히 하는 것이 능사가 아니라는 점이다. 올바른 문제의식을 가지는 것이 긴요하고, 무엇을 왜 연구해야 하는지를 아는 것이 중요하다. 밤낮 연구실에 틀어박혀서 열심히 공부하는 경제학자들은 예나 지금이나 수없이 많다. 허나, 유독 놀기를 좋아했던 케인스만이 오늘날까지 그토록 찬란한 빛을 발하는 이유는 그가 위대한 문제의식과 높은 수준의 인문학 지식, 그리고 현실에 대한 탁월한 통찰력을 가졌기 때문이다.

케인스를 사회주의자라고 욕하는 사람들도 적지 않았다. 하지만 그는 사회주의자와는 거리가 멀었다. 그는 공산주의를 극렬이 비난했다. 그는 자본주의가 많은 문제를 안고 있음에도 불구하고 우리가 택할 수 있는 최선의 대안이라고 굳게 믿었다. 비유한다면, 자본주의 시장은 창의력이 높은 말썽꾸러기 어린아이와 같다. 내버려 두면 말썽꾸러기 어린아이는 충동에 따라 제멋대로 행동하다가 큰 사고를 치기 십상이다. 창의력이 높을수록 더욱더 그렇다. 자본주의 시장도 내버려 두면, 1930년대 세계 대공황과 2008년 세계 경제 위기에서 보듯이 극단으로 치닫는 경향이 있다. 극보수 인물인 미국 부시 대통령조차도 "뉴욕 금융가가 술에 만취했다."고 말했다지 않는가. 마치 부모가 잘 보살펴 주어야만 어린아이가 자신의 창의력을 최대한 발휘할 수 있듯이, 자본주의 시장도 정부가 잘 통제해 주어야만 술에 곯아떨어지지 않고 높은 생산력을 달성할 수 있다. 이것이 자본주의 시장에 대한 케인스의 기본 생각이었다.

경제학의 4가지 잘못된 고정 관념

경제학의 목적에 관한 고정 관념

교과서에 늘 소개되는 케인스 경제 이론의 핵심 주장은 다음 두 가지로 요약된다. 첫째, 경제가 균형 상태에 있어도 장기적 실업은 얼마든지 존재할 수 있다. 둘째, 극심한 경기 변동으로부터 경제를 안정화시키고 완전 고용을 달성하기 위해서는 정부의 적극적이고 효과적인 개입이 필요하다.

그러나 이 두 가지 주장 그 자체만으로는 케인스의 경제 이론을 '혁명'이라고 평하기에는 약간 미흡한 면이 있다. 이와 비슷한 주장을 편 경제학자가 과거에도 있었다. 케인스가 높이 추켜세운 맬서스도 그중의 한 사람이다. 거시 경제학이라는 새로운 분야를 개척했다는 점이 흔히 케인스의 가장 위대한 학문적 업적으로 꼽히는데, 그것만이라면 케인스는 개척자이지 혁명가는 아니다. 혁명가로서 케인스의 진면목은 경제학이라는 학문을 뿌리부터 뒤흔들었다는 데에서 찾아야 할 것이다. 케인스는 과거 오랫동안 경제학자들이 굳게 믿어 왔던 4가지 고정 관념들을 싹 쓸어버리고 그 위에 자신의 경제 이론(거시 경제학)을 구축했다.

그 첫 번째 고정관념은 경제학이라는 학문의 목적에 관한 것이다. 경제학 교과서를 펼치기만 하면 맨 먼저 눈에 들어오는 문구는 '무한한 인간의 욕망', 그리고 '한정된 수단'이다. 인간의 욕망은 무한한데 이를 충족시키기 위한 자원이 한정되어 있기 때문에 인간은 늘 부족의 문제 혹은 희소성의 문제에 시달린다는 것이다. 경제학은 바로 이 문제를 연구하는 학문이라는 정의가 교과서마다 천편일률적으로 나온다. 희소성의 문제는 인류의 숙명이라는 말도 나온다. 그렇다면, 경제학은 인류의 숙명을 다루는 영원한 학문인 셈이다. 이런 점에서 경제학자들은 큰 자부심을 느끼는 것 같다. 그래서 그런지 경제학자들은 학문적으로 아주 거만하다는 말을 다른 사회 과학자들로부터 자주 듣는다. 케인스는 경제학자들의 그런 맹목적 자부심에 일침을 가했다.

케인스는 우선 인간의 욕망이 무한하다는 말부터가 지나친 과장이라고 보았다. 인간의 욕망에도 여러 가지가 있다. 어떤 것은 말 그대로 무한하고 어떤 것은 상당한 정도로 유한하다. 예를 들어서, 허기를 채우고 싶어 하는 욕망은 한정되어 있다. 아무리 배가 고팠더라도 끽해야 밥 세 그릇 정도 먹고 나면 더 이상 먹고 싶은 마음이 없어진다. 대부분의 사람들은 하루 세 끼로 만족한다. 월급이 세 배로 올랐다고 해서 하루 세 끼를 먹다가 아홉 끼를 먹는 사람은 없다. 대체로 보아, 기본 생계에 관한 인간의 욕망은 유한하다.

그렇다면, 인간의 욕망 중에서 어떤 것이 무한한가? 남에게 과시하려는 욕망이나 우쭐대고 싶은 욕망은 무한하다. 사치는 바로 이런 욕망에서 우러나온 것이다. 그래서 사치에 대한 욕망 역시 무한하다. 어느 사회에서나 국민 내부분의 먹고사는 문제가 어느 정도 해결된 다음부터는 사치품 산업이 가장 빠른 속도로 성장한다. 인간의 욕망 중에서도 케인스가 특별히 관심을 가진 대상은 돈에 대한 욕심이다. 사람들의 돈에 대한 욕심도 무한하기 때문이다. 이에 대해서는 뒤에서 다시 이야기하기로 하자.

설령, 희소성의 문제나 부족의 문제가 인류의 영원한 숙명이라는 말이 틀린 것은 아니라고 하더라도 그것이 어느 정도로 심각한가는 상황에 따라 다를 것이다. 만일 경제학의 정의대로 인간이 늘 부족에 시달리고 있다면, 사람들은 돈을 버는 즉시 상품을 구매함으로써 그 부족을 해소하려고 할 것이다. 상품은 시장에 나오는 즉시 팔려 나갈 것이다. 수요가 부족해서 상품이 잘 안 팔리는 일은 이 세상에 있을 수 없다. 사실, 우리나라의 경우에도 3-40년 전에는 그랬다. 그때는 워낙 물자가 부족했던 까닭에 생산만 해 놓으면 시장에서 불티나게 팔려 나갔다. 심지어 불량품도 잘 팔렸다.

상품이 잘 팔리면 기업가들이 돈을 많이 벌게 되고, 노동자들의 월급도 올라가게 되니 일반 서민들의 지갑도 두둑해진다. 부족에 시달리고 있는 서민들은 돈을 벌기가 무섭게 시장에 나가 당장 쓰기가 바쁠 것이다. 즉, 생산을 많이 하면 사람들의 소득도 많아지기 때문에 소비도 늘어난다는 것이다. 고전 경제학자들이 주장했듯이 그야말로 공급이 수요를 창출한다. 다시 말해서 세이의 법칙이 성립한다. 3-40년 전 우리 사회가 바로 세이의 법칙이 딱 적용되는 사회였다.

이와 같이 상품이 시장에 나오기 무섭게 팔려나가는 상황, 다시 말해서 세이의 법칙이 성립하는 상황에서는 좋은 상품을 충분히 많이 생산하는 것만이 유일한 경제 문제가 된다. 왜냐하면, 생산하기만 하면 즉시 팔려나가서 자동적으로 인간의 욕망을 더 많이 충족시키기 때문이다. 수요 부족의 문제는 생각해 볼 필요가 없다. 그러므로 경제학은 우리 인간의 욕망을 최대한 충족시키기 위해서 무엇을 어떻게 생산할 것인가를 연구하는 것으로 족하다. 즉, 생산의 효율성을 높이는 방법을 연구하는 학문이 된다는 것이다. 애덤 스미스에 의하면, 자유 경쟁 시장이 바로 그 효율성을 가장 잘 담보해 주는 제도다.

그러나 1990년대에 들어서면서 선진국처럼 우리나라의 시장에도 질 좋은 상품이 넘쳐나기 시작했다. 이제는 단순히 물건을 잘 만들었다고 해서 잘 팔린다는 보장이 없다. 워낙 잘 만든 상품들이 장바닥에 널려 있기 때문이다. TV, 냉장고, 자동차, 세탁기, 청소기 등 요즈음의 가전 제품들은 정말 고품질이다. 그렇다고 척척 팔려 나가지는 않는다. 척척 잘 팔려 나간다면 가전제품 회사들이 굳이 엄청난 돈을 줘가며 유명 연예인들을 광고에 동원할 필요가 없다. 이제는 물건을 잘 만들 뿐만 아니라, 소비자들의 지갑을 열게 하는 상술이 아주 중요해졌다. 그런 상술을 전문적으로 연구하는 경영 대학이 최고의 인기를 끌고 있다.

이제 상품의 질도 좋고, 상술도 최고로 발달하고, 소비자들이 돈도 많이 가지고 있다. 허나, 아무리 그런들 경기가 나빠진다는 소문이 돌거나 부동산 가격이 폭락하거나 북한이 군사적 도발을 하면, 소비자들은 겁을 먹고 갑자기 지갑을 닫아 버린다. 사업을 하는 사람들도 투자를 중단한다. 그래서 창고에 재고가 막 쌓이고 문 닫는 점포들이 줄을 잇는다. 집과 은행에 돈이 수북이 쌓여 있어도 사람들이 돈 쓰기를 꺼려한다. 마치 사람들이 갑자기 욕망을 잃은 것처럼 행동한다. 경제학 교과서에 말하듯이 인간의 욕망이 정말 그렇게 무한한지를 의심케 하는 이런 상황이 실제로 자주 나타난다. 특히 선진국에서는 더욱더 그렇다. 시장에 상품이 철철 넘쳐흐르고 사람들이 돈을 쥐고 있으면서도 물건을 사 주지 않는 이런 상황을 놓고 과연 부족의 문제니 희소성의 문제를 들먹거릴 수 있느냐고 케인스는 되묻는다.

사람들이 지갑을 닫는 상황이 오래 계속되면 불황이 되고 경제 위기가 된다. 선진국에서는 경제 위기가 심심치 않게 찾아오며, 한 번 올 때마다 2, 3년간 지속됨에도 불구하고 주류 경제학자들은 여전히 경제학이 희소성 문제를 다루는 학문이라는 고정 관념에서 헤어나지 못하고 있다. 그러다 보니 비상시국에 대한 경제 이론이 제대로 개발될 수가 없었다. 대공황과 같은 비상시국에서도 경제학자들은 희소성의 시대에나 알맞을 법한 한가한 대책을 정부에 건의했다. 케인스는 대공황이 빈곤의 위기가 아니라 풍요의 위기라고 갈파했다.

화폐를 본격적으로 다룬 최초의 경제학자

경제학은 희소성을 연구하는 학문이라고 경제학자들이 늘 외치고 있음에도 불구하고 일반인들은 경제학이 돈벌이에 대한 학문이라고 생각한다. 그래서 경제학자는 틀림없이 돈을 잘 벌거라고 믿는다. 하지만 경제학이 돈벌이와 관계없는, 너무나 깨끗한 학문이라는 것은 아마도 경제학자들의 마누라들이 가장 잘 알 것이다. 돈 이야기만 나오면 극보수 경제학자를 제외한 대부분의 경제학자들은 마누라 앞에서 기가 죽는다. 사실, 케인스 이전에만 해도 경제학에는 화폐라는 단어가 잘 나오지 않았다. 오죽하면 케인스가 화폐를 본격적으로 다룬 최초의 경제학자라는 말을 들을까.

제2장에서도 살펴보았듯이 경제학의 창시자였던 애덤 스미스 자신부터가 부富를 화폐와 동일시했던 중상주의를 몹시 경멸했다. 화폐는 단지 시장에서 거래를 편하게 해 주는 수단일 뿐이다. 돈 그 자체는 아무런 쓸모가 없다. 그저 종잇조각일 뿐이다. 애덤 스미스에 의하면, 사람들이 돈을 버는 목적은 오직 이를 쓰기 위해서다. 맛있는 음식을 사 먹

고 예쁜 옷을 사 입으며, 좋은 차를 굴릴 수 있기 때문에 우리가 돈을 원하는 것이지 돈 그 자체가 좋아서 돈을 버는 것은 아니다. 금고에 돈이 쌓이는 것을 보고 마냥 즐기기 위해서 악착같이 돈을 모으는 사람은 참으로 어리석은 사람이다.

이상하게도 애덤 스미스의 후예들은 그의 이런 화폐관을 적극적으로 받아들였다. 이 결과 돈의 위력을 아주 우습게 보는 사고방식이 경제학계의 오랜 전통이 되어 버렸다. 돈이 아무리 많아 봐야 나라가 부유해지는 것은 아니다. 돈이 많아야 나라가 부유해진다면 정부가 돈을 마구 찍어 내면 될 일이 아닌가. 하지만 그래 봐야 시중에 유통되는 돈이 많아지면서 물가만 올라갈 뿐 나라가 부유해지지는 않는다(화폐 수량설). 통화량이 두 배로 늘어나면 물가만 두 배로 뛴다. 요컨대, 화폐는 단순히 실물 경제를 가리고 있는 베일에 불과하다는 이야기인데(화폐 장막설), 그렇다면 화폐라는 베일을 걷어 내야만 우리 경제의 실제 움직임을 잘 볼 수 있으며, 따라서 화폐는 우리 경제를 이해함에 있어서 거추장스러운 방해물이 된다는 인상을 준다. 어떻든 이런 인상을 주는 화폐 장막설과 화폐 수량설은 한 짝을 이루면서 케인스 이전의 주류 경제학을 오랫동안 지배했다. 아직도 민물 경제학자들은 이 두 이론을 믿고 있다. 화폐가 실물 경제에 아무런 영향을 주지 않는다는 생각은 경제학자들의 고정 관념이 되어 버렸다.

화폐 그 자체는 아무런 유용성이 없기 때문에 돈을 벌면 사람들은 가능하면 빨리 돈을 처분해 버리려고 애를 쓴다고 해 보자. 시장에 상품이 나오기 부섭게 사람들이 다투어 사갈 것이다. 그러면 수요 부족의 문제는 없어지므로 시장에서는 모든 부문에 걸쳐 수요와 공급이 척척 맞아떨어지게 된다.

케인스는 화폐에 대한 이런 전통적 고정 관념을 전면 부정했다. 화폐의 기능이 단순히 시장 거래를 편하게 해 주는 데에만 그치지 않는다. 예를 들어 보자. 농사꾼들이 가을에 과일을 수확했을 때, 이것을 몽땅 창고에 넣어 두었다가 매달 조금씩 꺼내 팔아서 생활비를 조달하는 미련한 짓을 하지 않는다. 과일은 오래 놔두면 상하거나 썩기 때문이다. 가능하면 과일을 몽땅 팔아서 돈으로 바꾼 다음 이것을 은행에 넣어 두려고 한다. 그러면 정기적으로 생활비로 꺼내 쓸 수도 있고 다음 해에 자녀들의 등록금이나 혼사에 신속히 대비할 수도 있다. 이때 돈은 과일의 경제적 가치를 오랫동안 유지하게 해 준다. 그래서 화폐는 가치 저장 기능을 가지고 있다고 말한다.

어떻든 사람들은 통상 여러 가지 이유로 일상 거래에 필요한 양보다 더 많은 돈을 보유하려고 한다. 미래의 불상사에 대비하기 위해서 혹은 적시에 부동산이나 주식 투자를 하기 위해서 여윳돈을 집안의 금고나 은행에 넣어 둔다. 불경기가 심해지고 물가가 계속 떨어질 때에도 사람들은 지출을 꺼려하며 돈을 움켜쥐고만 있다. 케인스의 표현을 빌리면, 마치 화폐 그 자체를 사랑하는 듯이 사람들은 일상 거래에 필요한 것보다 더 많은 돈을 껴안고 있다. 화폐 그 자체에 대한 사랑을 케인스는 '화폐 애착love of money'이라고 표현했다. 뒤에서 자세히 살펴보겠지만, 그는 자본주의 경제가 심심치 않게 요동치는 이유도 이 화폐 애착에 있음을 설명해 보였다. 그래서 케인스가 화폐의 개념을 경제학의 본격적인 연구 주제로 삼은 최초의 경제학자라고 일컫게 되었다.

최근의 실험 경제학이나 행태 경제학은 케인스가 말하는 화폐 애착이 실제로 일상생활에서 보편적으로 나타나고 있다는 증거를 풍부하게 제공하고 있다. 돈은 소비를 통해서 간접적으로 우리를 행복하게 해 줄 뿐만 아니라 직접적으로 우리를 즐겁게 해 준다는 것이다. 예를 들어서, 주식 투자로 큰돈을 번 사람들은 뛸 듯이 기뻐한다. 왜 그럴까? 그 돈으로 삼겹살을 더 많이 사 먹고, 옷도 더 많이 사 입고, 술도 더 많이 마실 수 있기 때문이라고 경제학자들은 말하는데, 과연 그래서 기뻐하는 사람이 얼마나 될까. 신경 과학자들의 연구 결과에 의하면 큰돈이 생겼다는 그 자체가 큰 즐거움이다. 반대로, 먹고살 걱정이 없는 사람들도 주식 투자로 큰돈을 날리면 자살 충동을 느낄 만큼 상심하는데, 단순히 소비가 줄어들었다고 해서 그렇게 충격을 받았다고 말할 수 있을 것인가.

파블로프의 조건 반사 실험에서는 음식을 주지 않고 종만 쳐도 개가 군침을 질질 흘리는 반응을 보였다. 이처럼 인간 역시 돈만 봐도 기분이 좋아진다. 돈 그 자체에 대하여 이와 같이 애착심을 가지고 있다면, 반대로 돈이 호주머니에서 나갈 때는 일단 아까운 마음에 기분이 언짢아질 것이다. 다시 말해서 돈을 쓰는 그 자체가 사람들에게 심리적 부담을 준다는 것이다. 기업은 이런 심리를 교묘하게 돈벌이에 이용한다.

예를 들면, 카지노에서는 현금을 쓰지 않고 칩을 사용한다. 현금을 걸 때보다는 칩을 걸 때 심리적 부담이 작아지기 때문에 도박꾼들이 훨씬 더 대담해진다. 일상의 거래에서도 사람들은 현금을 이용할 때보다는 신용 카드를 이용할 때 상품을 훨씬 더 많이 구매한다는 것도 밝혀졌다. 백화점은 이런 인간의 심리를 잘 이용하고 있다. 신용 카드의 사용이 미국인의 저축률을 0%로 끌어내린 중요한 요인이라는 연구 결과도 있다. 여행사들은 사람들이 여행 비용을 일괄해서 선불로 지불하는 편을 더 선호하는 경향이 있다는 점을 잘 이용한다. 항공료, 숙박비, 음식비, 교통비, 선물비 등을 일일이 현금으로 지불하는 것은 불편도 하려니와 돈을 지불할 때마다 느끼는 심리적 부담도 적지 않다. 하지만 모든 비용을 아예 선불해 버리면 여행 기간 내내 속 편히 즐길 수 있다.

태풍이 지나가면 다시 잠잠해질 터이니 걱정할 필요 없다?

중동 원유 가격 급상승, 미국발 금융 위기, 북한의 도발 등 악재가 터지면, 우리 경제가 꽁꽁 얼어붙는다. 하지만 시간이 지나면 언제 그랬냐는 듯이 평온 상태로 복귀한다. 고전 경제학은 이와 같이 외부의 충격에 신속히 적응하여 평온 상태로 복귀하는 하는 힘, 즉 자동 조절 능력이 시장에 존재한다고 굳게 믿었다. 여기에서 말하는 평온 상태란 시장별로 수요와 공급이 척척 맞아떨어지고 완전 고용이 달성되는 상태를 의미한다. 오늘날의 민물 경제학자들도 이 힘을 굳게 믿을 뿐만 아니라 그 신비함에 너무 매료되어 헤어나지 못하고 있다는 인상을 준다. 자본주의 시장의 자동 조절 기능에 대한 굳은 신봉은 민물 경제학의 트레이드마크이자 고정 관념이다.

케인스는 자본주의 시장의 자동 조절 기능을 믿지 않았다. 10년 이상 계속된 대공황의 와중에서 그 자신이 이것을 뼈저리게 느꼈다. 그는 시장의 자동 조절 기능이 왜 작동하지 않는지, 그 이유를 곰곰이 생각해 보았다. 그 결과 화폐 애착과 화폐 착각이 그 한 원인임을 밝혀냈다. 이점은 케인스 경제 이론을 이해함에 있어서 매우 중요하기 때문에 뒤에서 다시 살펴보기로 한다. 설령, 시장에 자동 조절 기능이 내재해 있다고 해도, 문제는 대단한 느림보라는 것이다. 불황이 왔을 때, 물론 2,3년 참으면 불황이 끝나겠지만, 우리 모두 죽은 다음에 문제가 해결되면 무슨 소용이 있느냐고 물으면서 케인스는 다음과 같은 유명한 말을 남겼다. "장기적으로는 우리 모두 죽어 있을 것이다."

케인스가 보기에 시장의 자동 조절 기능이 느릿느릿 작동하는 과정에서 온갖 삐걱거리는 소리, 신음, 그리고 발작적 경련이 일어난다. 그런데도 고전 경제학이나 민물 경제학자들은 이런 진통을 무시했다. 이들은 평온 상태를 깨뜨리는 일시적 힘보다는 평온 상태로 복귀하는 힘에만 관심을 쏟았다. 태풍으로 폭풍우가 몰아쳐서 배가 뒤집히고 집이 무너지는 긴박한 상황에서, 조금만 참고 기다리면 다시 모든 것이 잠잠해질 것이니 걱정하지 말라고 경제학자들이 국민에게 말한다면, 이들은 너무나 안일한 사람들이요 결국 쓸모없는 사람들이다. 케인스는 경제학자가 치과 의사만큼이나 쓸모 있는 인물이 되기를 원했다.

비현실적 가정에 대한 경제학자의 고집

경제학자들이 어떤 주장을 하면, 흔히 우리는 그것이 항상 성립하는 법칙인양 착각한다. 너무나 당당하게 말하기 때문이다. 하지만 그들의 주장 모두가 어떤 특수한 상황에서만 성립하는 것들이다. 왜냐하면, 특수한 가정을 전제한 것이기 때문이다. 예컨대, 인간은 합리적으로 행동하는 존재라고 가정한다든가, 기업은 이윤 극대화를 추구하고 소비자는 효용 극대화를 추구한다고 가정한다든가, 소비자와 기업이 완전한 자유경쟁 시장에서 거래하고 있다고 가정한다든가 등등. 이렇게 여러 가지 이상한(?) 가정들을 앞세운 다음 경제학자들은 구체적인 상황에서 사람들이 어떻게 행동하는 것이 합리적인지를 수학적으로 밝혀낸다. 예를 들어서 라면 가격이 올라가면 합리적인 사람들은 어떻게 행동하며, 원유 가격이 올라가면 합리적 기업과 개인은 어떻게 행동하고, 환율이 높아지면 합리적 개인과 기업은 어떻게 행동하는지 등. 이렇게 수학적으로 추론해 낸 결과를 정리한 것이 경제 이론이다.

그러나 경제학자가 전제하는 그런 기본 가정들이 너무나 비현실적이며 그래서 경제학이 현실과 동떨어진 이야기만 하고 있다는 비판이 끊임없이 제기되었고 지금도 계속되고 있다. 현장의 수많은 기업들을 조사해 본 학자들은 기업이 이윤을 추구한다는 가정이 현실에 맞지 않는다고 주장한다. 대부분의 기업들은 그저 많이 팔 생각만 한다. 정작 이윤이 어떤 것인지 잘 알지도 못할 뿐만 아니라 설령 안다고 해도 제대로 계산하지도 못한다.

보통 사람들은 경제학이라는 학문이 그런 이상하고 비현실적인 가정을 전제로 한 것임을 잘 모른다. 경제학자들이 가정은 이야기하지 않고 결론만 줄기차게 외쳐 대기 때문이다. 그래서 실상을 듣고 나면 의아해한다. 엉터리 같은 가정을 전제한 것이라면 거기에서 나온 이론 역시 엉터리에 가까운 것이 아니냐고 생각하는 사람들이 적지 않다. 그런 그 수많은 비판에도 불구하고 경제학자들은 비현실적 가정들을 계속 고집하고 있다. 왜 그런가?

물론 경제학자들은 그 가정들이 그리 엉터리가 아니라고 주장한다. 왜냐하면, 우리의 일상 경험을 바탕으로 수많은 경제학자들이 정리한 것이기 때문이다. 경제학자들은 기업이 이윤을 추구한다는 가정도 고수하고 있다. 이윤 극대화를 위해서 노력하지 않는 기업은 결국 시장 경쟁에서 도태되고 말기 때문이라고 둘러댄다. 실제에 있어서는 수많은 기업들이 경쟁을 아주 싫어하기 때문에 되도록이면 서로 경쟁하지 않고 돈을 벌기 위해서 별의별 꼼수를 다 동원하고 있다는 점이나 불공정 행위가 많다는 점을 경제학자들은 잘 인정하지 않는다. 설령, 불공정 행위가 있더라도 그것은 사소한 것이라고 변명한다. 하지만 역사적으로 보면 불공정 행위가 경제 불황이나 경제 위기의 서곡이 되는 경우가 많았다는 사실은 외면하기 일쑤다.

설령, 가정이 좀 엉터리라고 해서 거기에서 나온 이론도 엉터리라고 말할 수는 없다고 경제학자들은 강변한다. 가정이란 어디까지나 이론을 끌어내기 위한 징검다리에 불과하다는 것이다. 예컨대, 지하수를 펌프로 퍼 올릴 때, 우선 마중물을 부어야 하는 것과 같은 이치다. 결국 중요한 것은 가정의 현실성이 아니라 결과로 얻은 이론의 현실성이다. 아무리 엉터리 같은 가정에서 나왔다고 하더라도 이로부터 나온 이론이 우리의 현실을 잘 설명한다면 그만이 아니냐고 경제학자들은 주장한다.

물론, 경제학의 기본 가정들 중에서 일부가 상당히 비현실적이라는 점을 경제학자들도 인정한다. 예를 들면, 경제학이 가정하는 완전한 자유 경쟁 시장(완전 경쟁 시장)은 이 세상에 없다. 우리의 현실과 거리가 먼 것임을 경제학자들도 잘 알고 있다. 그러나 이들이 생각할 때 완전 경쟁 시장은 우리가 지향해야 할 이상적 상황이다. 경제학은 그런 이상적 상황에서 합리적 소비자와 기업이 어떻게 행동할 것인가를 연구한다. 그러므로 경제학 교과서에 나온 갖가지 주장들은 우리의 현실을 그 이상적 상황으로 끌어올리기 위한 지침이 된다. 따라서 가정의 비현실성은 그리 큰 문제가 되지 않는다는 것이 경제학자들의 기본 인식이요, 일종의 고정 관념이 되었다.

그러나 케인스는 이런 태도를 못마땅하게 생각했다. 과연 경제학이 우리 현실을 잘 설명하고 잘 예측하느냐에 대해서 그는 매우 회의적이었다. 앞에서 여러 차례 살펴보았듯이 경제학은 우리 현실의 많은 문제에 대하여 제대로 설명도 예측도 못했다. 1930년대 대공황도 예측 못했고 2008년 세계 경제 위기도 예측하지 못했다. 설령, 현실을 어느 정도 설명한다고 해도 경제학은 시시껄렁한 것만 잘 설명할 뿐 정작 중요한 것은 잘 설명하지 못했다.

그러면 왜 경제학이 현실을 잘 설명하지도 못하고 예측도 형편없을까? 한마디로 말하면 현실에 있지도 않을 것을 연구하기 때문이다. 예를 들어서, 경제학이 가정하듯이 사람들이 정말 합리적이고 시장의 경쟁이 정말 자유롭고 완전하다고 해 보자. 그렇다면, 경기가 나빠질 때 노동자들은 임금 삭감을 선선히 받아들일 것이며, 따라서 노동 시장에서 임금이 떨어질 것이다. 경기가 좋지 않을 때에는 기업들은 투자를 꺼려하기 때문에 금융 시장에서 금리도 떨어질 것이다. 이와 같이 경기가 나빠지면 시장에서 임금과 금리가 저절로 뚝뚝 떨어지게 되어 있기 때문에 경기가 곧 회복될 수밖에 없다고 경제학자들은 주장한다. 현실의 필요에 따라 임금과 금리를 비롯한 가격들이 위 아래로 재빨리 변해 준다는 것은 곧 시장의 자동 조절 기능이 잘 작동함을 의미한다. 물론, 시장의 자동 조절 기능이 이와 같이 제대로 작동해 준다면 경기 변동이나 경제 위기가 최소화될 수 있다는 주장에 케인스도 굳이 반대하지 않는다.

그러나 문제는, 시장의 자동 조절 기능이 제대로 작동하지 않는 것이 우리의 엄연한 현실이다. 실제에 있어서는 필요할 때 임금과 금리를 비롯한 가격들이 그렇게 척척 변해 주지 않는다. 예를 들어서 경기가 나빠졌다고 해서 노동자들이나 노조가 임금 삭감을 선선히 받아들일 거라고 믿는 사람이 과연 얼마나 될까? 흔히 임금은 올라가기만 할 뿐 떨어지지는 않는다고 말한다. 그렇다면, 임금과 금리가 왜 그렇게 경직적인지, 그 이유를 밝혀내는 것이 긴요하다. 그럼에도 불구하고 경제학자들은 임금과 금리를 비롯한 모든 가격이 현실의 필요에 따라 위아래로 고무줄 같이 변한다고 고집하고 있으니 실업이나 불황을 설명할 수 없음은 뻔하다. 물론, 2, 3년 혹은 4, 5년 참고 기다리면 드디어 시장에서 임금과 금리가 떨어지면서 경기가 회복될지도 모른다. 하지만 수많은 사람들이 죽거나 폐인이 된 다음에 경기가 회복된다면 무슨 소용인가.

완전한 자유 경쟁 시장을 이상적 상황으로 보는 경제학자들의 의식도 문제다. 경제학자에게 철학이 없다는 케인스의 비판도 그런 일차원적 의식을 겨냥한 것이다. 완전한 자유 경쟁 시장이 우리에게 가져다 줄 혜택은 기껏해야 자원의 효율적 이용, 그리고 이로 인한 높은 생산성이다. 경제학자들은 효율과 생산성에 너무 집착한 나머지 더 높은 가치를 잊고 있다는 것이 케인스의 비판이다. 백 보를 양보해서 설령 자원의 효율적 이용을 위해서 완전한 자유 경쟁 시장이 필요하다고 해 보자. 이 이상적인 시장의 상황과 우리 현실 사이의 갭을 어떻게 줄일 것인가? 민물 경제학자들은 각종 규제를 완화하고 시장의 활동을 활성화함으로써 우리의 현실을 그 이상적 상황으로 끌어올려야 한다고 주장한다. 그러나 케인스의 정신을 이어받은 케인스학파는 그 갭의 상당한 부분을 정부가 메워 주어야 한다고 본다.

케인스가 보기에 기존 경제학의 가장 큰 문제점은 화폐의 위력을 너무 우습게 보았다는 점이다. 화폐 수량설과 화폐 장막 이론을 바탕으로 한 경제학은 케인스가 보기에 결국 화폐가 없다고 가정하는 것이나 진배없다. 케인스는 화폐의 위력이 생각보다 훨씬 더 크다는 점을 역설했다. 현실적으로 화폐의 위력이 대단히 큼에도 불구하고 사실상 화폐가 없는 상황을 가정한 경제 이론이 과연 우리의 현실을 제대로 설명하고 예측할 수 있겠는가? 이것이 케인스의 가장 기본적 물음이었다.

3

불확실성

위험과 불확실성

케인스의 경제 이론을 이야기할 때는 그가 원래 수학을 전공했으며 경제학 책을 쓰기 전에 확률에 대한 책을 썼다는 사실을 상기할 필요가 있다. 케인스 경제 이론이 기존의 경제학과 구별되는 가장 근본적인 특징을 하나 꼽으라고 한다면, 아마도 불확실성의 문제를 이론의 출발점으로 삼고 있다는 점일 것이다. 이렇게 말하면 경제학도 불확실성 문제를 많이 다룬다고 이의를 제기하는 사람도 있을 것이다.

이런 말을 하는 사람은 위험risk한 것과 불확실uncertainty한 것을 혼동하고 있다. 사실 많은 사람들이 이 두 가지를 혼동하고 있다. 그러나 케인스의 경제 이론을 이해함에 있어서는 이 둘을 분명하게 구분하는 것이 상당히 중요하다. 전문가들이 흔히 리스크risk라고 부르는 위험은 어느정도 확률이 알려진 것을 말한다. 반면에, 아예 확률조차 모르는 것은 불확실한 것이다. 예를 들면, 교통사고로 죽거나 다칠 확률은 잘 알려져 있다. 따라서 이런 것은 위험이다. 교통사고뿐만 아니라 화재, 질병, 도난등이 발생할 확률도 잘 알려져 있다. TV를 켜기만 하면 이런 종류의 위험에 대한 보험 회사들의 광고가 줄을 잇는다. 개인의 입장에서 보면, 이런 위험에 대한 합리적 대처 방안은 보험을 들어 두는 것이다.

이 세상은 위험 투성이지만, 확률조차 짐작할 수 없는 불확실한 것도 너무나 많다. 오늘날 지구 온난화가 범지구적 문제로 떠오르고 있는데, 이것이 초래할 재앙의 구체적인 내용은 아직까지는 불확실하다. 그저 온갖 억측이 무성하고 따라서 효과적인 범지구적 대책을 세우지도 못하고 있다. 남북통일이 언제 이루어질지도 불확실하다. 다음에 누가 대통령이 될지, 일본과 중국의 정권이 어떻게 바뀔지도 불확실하다. 확률이 잘 알려져 있지 않기 때문에 보험 회사도 불확실한 것들은 잘 다루지 않는다.

위험과 불확실성이 이론상으로는 분명히 구분되지만, 현실적으로는 그렇지 못하다. 그래서 어떤 것이 어느 정도로 불확실한지에 대하여 말이 많을 수밖에 없다. 케인스는 경제에 관련된 수많은 주요 변수들이 불확실한 것이라고 보았다. 예를 들면 앞으로 경기가 좋아질지 나빠질지는 경제학자들도 확실하게 대답하지 못하는 경우가 너무나 많다.

경제 변수들 중에서도 케인스가 가장 주목한 것은 기업의 투자다. 왜냐하면, 기업의 투자는 한 나라의 경제를 움직이는 견인차요, 경기 변동의 핵심 변수이기 때문이다. 경제학 교과서는 투자 수익률이 기업의 투자에서 핵심 고려 사항이라고 가르치고 있다. 그러나 투자 수익률이야말로 온갖 불확실한 것들에 아주 민감하다. 북한의 군사적 도발, 미국 경제의 흐름, 중국의 미래, 일본의 위상, 중동 사태 등 갖가지 국제 정세들이 투자 수익률에 적지 않은 영향을 준다. 국내적으로 보더라도, 앞으로 어떤 정부가 들어설지, 규제가 완화될지 강화될지, 사람들의 취향이 앞으로 어떻게 바뀔지 등이 모두 투자 수익률에 결정적인 영향을 준다. 하지만 이 모든 것들에 대해서 아무도 확실한 이야기를 하지 못한다. 앞으로 젊은이들의 영향력이 점점 더 커질 거라고는 말하지만, 우리나라 젊은이들의 취향은 럭비공 같아서 어디로 튈지 도무지 감을 잡을 수가 없다. 그러니 기업들도 답답하지 않을 수 없다.

그러나 수학과 통계학 그리고 컴퓨터 기법이 고도로 발달한 오늘날 대부분의 경제학자들은 케인스가 불확실하다고 말한 것들을 잘 인정하지 않는다. 심지어 케인스학파조차도 불확실성에 대한 케인스의 주장을 진지하게 받아들이지 않았다는 비판을 받고 있다. 경제학자들이 이렇게 불확실성을 대수롭지 않게 보는 데에는 나름대로 이유가 있다. 과거의 추세와 현재의 상황을 종합하면 상당한 정도로 미래를 정확하게 예측할 수 있다고 자신하기 때문이다. 미래는 과거와 현재의 그림자에 불과하다는 생각이 이런 태도의 밑바탕에 깔려 있다. 물론, 미래를 잘못 예측할 수도 있다. 하지만 인간은 실패로부터 교훈을 얻을 줄 아는 합리적 존재다. 과거의 수많은 실패로부터 그 원인을 알아냄으로써 미래를 좀 더 정확하게 예측하는 이론들이 꾸준히 개발되었다. 실패한 이론은 자연 도태되고 결국 매장되기 마련이므로 현재까지 살아남은 이론은 미래를 상당히 정확하게 예측한다고 많은 경제학자들이 자부하고 있다.

그러나 이런 자부심에 타격을 가함으로써 경제학자들을 크게 망신시킨 일대 사건이 터졌다. 2008년 세계를 덮친 미국발 금융 위기가 바로 그것이다. 잘 알려져 있듯이 미국 금융 시장 붕괴의 직접적 원인은 부동산을 바탕으로 한 각종 금융 상품(이른바 파생 금융 상품)의 대량 개발 및 유통이었는데, 이 파생 금융 상품들은 금융 전문가들이 개발한 위험 관리 이론에 의거해서 만들어진 것들이었다.

결과적으로 이 금융 전문가들은 제 꾀에 제가 넘어가는 실수를 저질렀다. 금융 기관에 대한 고객의 신뢰나 부동산 투기자들의 심리는 상당

한 정도로 불확실한 것들임에도 불구하고 이들은 이제까지 알려진 통계
자료를 바탕으로 금융 상품의 위험을 관리하는 이론들을 개발했다. 이
런 이론을 개발한 전문가들은 미국에서도 소문난 금융 귀재들이었으며
이 중에는 노벨 경제학상을 받은 전문가도 있었다. 특히 민물 경제학을
신봉하던 이들은 미래가 과거와 현재의 그림자에 불과하다는 주장을 굳
게 믿고 도저히 보험을 들 수 없는 불확실한 것까지 위험의 범주 속에
억지로 꾸겨 넣은 이론을 개발했다. 하지만 워낙 고도의 수학과 통계학
그리고 컴퓨터 기법을 이용한 정교한 이론이라서 겉으로 보기에는 아주
멀쩡했다. 마침 그때 미국 금융가에는 수많은 탐욕스런 금융 회사들이
돈벌이 감을 찾아 두리번거리고 있었다. 돈벌이에 눈이 멀어 버린 이 회
사들은 그 위험 관리 이론을 덥석 물었다. 그리고는 이 이론을 믿고 각
종 파생 금융 상품들을 마구 개발하여 사고팔게 되었으며, 짭짤하게 돈
도 벌었다.

그러나 그것도 잠깐이었다. 부동산 가격이 떨어지면서 그토록 고도
로 계산된 각종 파생 금융 상품들이 어느 날 갑자기 휴지 조각이 되어
버렸다. 왜냐하면, 그 금융 상품들은 부동산 가격이 계속 오른다는 것
을 전제로 만들어졌기 때문이다. 세계적으로 내로라하는 거대 금융 기
관들이 2008년 줄줄이 도산하면서 미국의 금융 시장도 와르르 무너졌
다. 2008년 금융 대란이 터지기 전까지만 해도 미국의 금융 전문가들
은 미국의 금융 제도에 대단한 자부심을 가지고 있었다. 1990년대 일
본의 금융계가 부동산 거품 붕괴로 휘청거릴 때 이들은 미국식 금융 제
도를 도입하라고 강권하기까지 했다.

미국의 금융 전문가들이 그토록 믿었던 위험 관리 이론이 엉터리가
되어 버린 이유, 그리고 그토록 자랑하던 금융 시장이 하루아침에 허무

하게 무너져 내린 이유를 캐고 들어가 보면 불확실한 것을 단순히 위험한 것으로 처리한 경제학자들의 지적 오만에서 찾을 수 있다. 요컨대, 케인스의 경고를 무시한 탓이었다고 할 수 있다. 물론, 경제학자만 탓할 일이 아니다. 금융 회사 간부들에게도 책임은 있다. 공공의 이익을 위해서 이들은 위험을 잘 관리해야 할 의무가 있음에도 불구하고 이들 중에서 그 금융 전문가들이 개발한 위험 관리 이론을 제대로 이해하는 간부는 극히 드물었다고 한다. 오히려 자신들 스스로 이 이론을 굳게 믿었을 뿐만 아니라 다른 업자들에게 설득하기까지 했다.

경제학 교과서와 다르게 행동해야 돈을 벌 수 있다

경제학자들의 주장대로 모든 사람들이 미래를 잘 예측하고 적절히 대처한다면, 불황이나 경제 위기란 있을 수 없다고 주장할 수 있다. 그러나 케인스는 이런 주장들이야말로 교과서에만 있는 전형적인 헛소리라고 일갈했다. 그렇게 현실과 동떨어진 생각만 하고 있기 때문에 경제학이 계속 헛소리만 해대고 있다는 것이다. 미래에 발생할 경제적 이익과 손실은 온갖 불확실성을 싸여 있어서 확률조차도 알 수 없다. 예컨대, 지금으로부터 10년 후 철도 산업의 수익률, 중국 항로의 수익률, 서울시 고층 건물의 수익률 등을 추정할 만한 지식이나 정보는 현재로서는 거의 없다고 보아야 한다. 특히 기업가들은 늘 이런 불확실한 상황에서 중요한 경제적 결정을 내려야 한다. 확률을 알 수 없는 상황에서 억지로 확률을 계산하려고 애를 쓰다가는 아무런 행동도 취할 수 없다.

비록 고도의 수학과 통계학, 그리고 컴퓨터 기법 덕분에 경제 변수에 대하여 확률 계산이 가능하다고 하더라도 일선 현장에서 활동하는 대부분의 기업가들은 이를 무시하기 일쑤다. 이들은 확률 계산을 시간 낭비라고 생각한다. 우리나라에도 잘 알려진 미국의 잭 웰치J. F. Welch는 세계적으로 가장 성공한 최고 경영자라고 평가받고 있지만, 그는 확률이니 통계 분석이니 하는 숫자 놀음을 무시했을 뿐만 아니라 그런 것은 별로 중요하지 않다고 강조했다.[1] 심지어 철저한 손익 계산이 요구되는 주식 시장에서도 경제학 교과서가 주문하는 행태는 찾아보기 힘들다. 금융 시장의 귀재로 알려진 소로스G. Soros 역시 확률 따위를 아예 믿지 않았다.[2] 대체로 보아 성공한 기업가는 확률 따위나 계산하는 그런 쩨쩨한 사람이 아닌 것 같다.

현실은 그렇다 치고, 이제 이론적으로 따져 보자. 만일 민물 경제학자들의 말대로 사람들이 확률을 비교적 정확하게 계산하고, 이에 따라 철저한 손익 계산을 한다면, 소로스나 버핏처럼 금융 시장에서 큰돈을 버는 사람은 있을 수 없다.[3] 예를 들어서 어떤 사람이 싼 값에 주식을 산 다음, 가격이 올랐을 때 되팔아서 떼돈을 벌었다고 하자. 그렇다면 애당초 이 사람에게 주식을 판 사람은 떼돈 벌 기회를 날려 버린 바보였다는 이야기가 된다. 경제학 교과서에 의하면 그런 바보들은 과거에 이미 자연 도태되어 없어졌어야 했다. 그런데 왜 금융 시장에는 예나 이제나 변함없이 돈 번 사람들과 돈 날린 사람들의 이야기가 늘 넘쳐날까? 결국 확률 계산의 범위를 벗어나는 것들이 너무 많거나 또는 대부분의 사람들이 확률을 계산할 만큼 합리적이지 못하기 때문일 것이다. 그래서 결과적으로 경제학 교과서의 가르침에 어긋나는 행동들이 금융 시장에 항상 넘쳐 난다는 것이다.

금융 시장의 큰 손들은 이런 비합리적 행태를 역이용해서 돈을 버는 사람들이다. 금융 시장에서 돈을 벌기 위해서는 상식과 정반대로 행동해야 한다는 말도 있다. 성공한 큰 손들은 상식적으로 생각하지 않는 사람들이다. 이들이 많이 이용하는 방법은 저평가된 주식을 매입해서 높은 가격에 되파는 것이다. 주식 시장 이야기가 나올 때마다 경제학자들은 주가가 현재와 미래의 가치를 정확하게 반영한다고 늘 외쳐 댄다. 사람들이 합리적으로 행동한다면 그럴 수밖에 없다는 것이다. 그러나 지난 40년간 워런 버핏이 그렇게 떼돈을 벌었다는 것은 금융 시장에 저평가된 주식이 늘 널려 있었다는 이야기다. 버핏처럼 금융 시장에서 돈을 번 사람이 어디 한두 사람인가. 물론, 웃는 사람도 많지만 눈물 흘리는 사람은 더 많은데, 이렇게 희비가 늘 엇갈린다는 사실 자체가 금융 시장이 경제학 교과서대로 움직이지 않음을 단적으로 증명한다는 결론이 나온다.

주식 시장이나 부동산 시장에서는 워낙 확률 계산이 어렵기 때문에 이를 무시하는 행동이 별로 이상할 것이 없다고 봐 주겠지만, 행태 경제학자들의 연구에 의하면 확률이 비교적 잘 알려진 상황에서도 많은 사람들이 확률에 의거해서 행동하지 않는다. 그러다 보니 경제학적으로 볼 때 앞뒤가 잘 맞지 않는 이상한 행동들이 일상생활에서도 아주 흔히 나타난다. 예를 들면, 많은 사람들이 복권을 사지만, 이것이야말로 미련한 짓이다. 복권은 애당초 당첨될 가능성이 거의 없게끔 치밀하게 계산해서 만들어진 상품이다. 그러므로 극히 예외적인 사람을 빼고는 대다수의 사람들은 수없이 돈만 날리게 되어 있다. 경제학적으로 말하면, 기대 이익이 복권 가격보다 훨씬 작다는 것이다. 따라서 복권을 사는 행위는 합리적이라고 볼 수 없다.

복권의 경우에는 사람들이 무모하게 모험을 감행하면서도, 이와는 대조적으로 어떨 경우에는 미련할 정도로 모험을 기피한다. 노벨 경제학상을 받은 한 유명한 미국의 경제학자가 동료 교수들에게 동전 던지기 놀음을 제안했다. 동전을 던져서 앞면이 나오면 15만 원을 따고 뒷면이 나오면 10만 원 잃는 게임이다. 경제학적으로 손익 계산을 해 보면 분명히 이익이 되는 게임이다. 확률은 반반이지만, 이익이 손실보다 훨씬 크다. 따라서 합리적인 사람은 이 놀음에 선선히 응해야 한다. 하지만 실험 결과에 의하면 대부분의 사람들이 그런 게임을 거부한다. 이겼을 때 이득이 졌을 때 손실의 최소한 두 배 이상 되어야만 놀음에 응한다. 사람들이 이익보다는 손실에 대하여 더 민감하기 때문에 이런 이상한 일이 발생한다. 좀 더 정확하게 말하면, 이익으로 인한 만족의 강도보다 손해로 인한 불만족의 강도가 더 크기 때문에 사람들이 손실 가능성이 있는 모험을 회피하는 성향이 있다는 것이다.

불확실한 상황(정확하게 말하면 위험한 상황)에서 사람들의 이런 이상한 행동에 특히 주목한 두 명의 심리학자가 있었다. 이들을 자신들의 연구 결과를 이른바 '전망 이론prospect theory'으로 발전시켰고, 그 공로로 노벨 경제학상을 수상함으로써 많은 사람들을 깜짝 놀라게 했다. 경제학자도 받기 힘든 상을 경제학자가 아닌 심리학자들이 받았기 때문이다. 요컨대 이 이론에 의하면 불확실한 상황에서는 많은 사람들이 경제적 교과서가 이야기하는 것과 사뭇 다른 행동 양태를 보인다는 것이다.

예를 들어 보자. 2010년 남아공 월드컵 대회 제1차 예선에서 우리나라 축구팀은 강호로 알려진 아르헨티나 팀과 그리스 팀을 상대하게 되었다. 이 두 강호를 모두를 이길 가능성은 그 어느 한 팀을 이길 가능성보다 낮다는 것은 수학적으로 분명하다. 그럼에도 불구하고 이 두 팀을 모두 이길 확률이 그 어느 한 팀만 이길 확률보다 높다고 말하면, 아마도 누구나 이상하게 생각할 것이다. 이런 잘못된 생각을 결합의 오류라고 하는데, 실제로는 이 결합의 오류를 범하는 사례가 일상생활에서 의외로 많다.

결합의 오류에 대한 가장 유명한 실험의 예는 소위 '린다의 역설'로 알려져 있다. 우선 피실험자들에게 젊고 성실하고 사람들과 잘 어울리며 계산을 잘 하는 여성을 구체적으로 서술하고 나서 이 여성이 다음 중 어떤 사람일 가능성이 가장 높으냐고 물었다. ① 은행 여직원; ② 여성 운동을 하는 은행 여직원, ③ 전업 가정주부. 실험 결과, 대다수가 이 여성이 여성 운동을 하는 은행 여직원일 가능성이 가장 높다고 대답했다. 보통 사람들뿐만 아니라 교육 수준이 상당히 높은 사람들 중에서도 이렇게 대답하는 사람이 많았다. 여성 운동가이면서 동시에 은행 여직원일 확률은 단순히 은행 여직원일 확률보다 낮지 않으냐고 반문하면 그제서야 고개를 갸우뚱한다.

9장

케인스의
교훈

recall
the economics

1
현실과
이론의 차이

야성적 충동

케인스에 의하면, 미래는 결코 과거와 현재의 단순한 그림자가 아니다. 온갖 불확실성 때문에 현실의 시장은 경제학 교과서와 아주 다르게 움직인다. 경제학 교과서에 나오는 기업가들은 불확실한 것도 위험한 것으로 단순화시키지만, 현장에서 뛰는 기업가들은 그와는 반대로 마치 모든 것이 불확실한 양 생각하고 행동한다. 그러면 이런 불확실한 상황에서 실제로 기업가들은 어떻게 행동할까? 케인스가 관찰한 바에 의하면, 현장의 기업가는 주로 자신의 직감과 주먹구구에 따라 행동한다. 케인스 자신부터가 그랬다.

실제 기업가들의 행태를 조사한 연구들은 케인스의 이런 주장을 뒷받침해 주고 있다. 투자의 귀재로 알려진 조지 소로스나 워런 버핏 등도 오직 직감에 따라 중요한 경영상의 결정을 내렸다고 토로한 바 있다.[1] 확률에 대한 케인스의 초기 저술에서는 이런 기업가의 행태를 '변덕 caprice'이라고 표현했는데, 《일반이론》에서는 이 단어가 '야성적 충동 Animal Spirits'이라는 표현으로 바뀌었다. 모든 것이 너무나도 유동적이고 불확실함에도 불구하고 어떤 결정을 내렸다면, 그것은 야성적 충동의 결과라고밖에 볼 수 없다고 케인스는 주장한다.

케인스가 말하는 야성적 충동은 상당히 포괄적이고 막연한 개념이다. 케인스는 경제학 교과서의 가르침과 다르게 행동한 것은 모두 야성적 충동에 따른 행동으로 간주했던 것으로 보인다. 즉, 손익 계산을 바탕으로 합리적으로 행동하지 않고 다른 방법으로 행동했다면, 야성적 충동에 따라 행동했다고 본다는 것이다. 예를 들면, 성공한 투자가들은 때가 무르익었다고 느끼는 순간 본능적으로 성공할 수 있다는 확신을 가지고 즉각적으로 행동하는데, 이들의 그런 자신감이나 확신이 케인스가 가장 주목한 야성적 충동이다. 자신감이란 자기 자신에 대한 믿음이 매우 강할 때 느끼는 감정이다. 도대체 무슨 근거로 그런 확신이나 자신감을 가지느냐고 묻는다면, 대부분의 경우 이들은 그냥 자신의 소신이라는 막연한 대답만 하지 구체적이고 분석적인 대답을 하지 못한다.

금융 기관이나 제도에 대한 사람들의 믿음이나 신뢰도 야성적 충동의 일종이다. 은행은 고객의 신뢰에 의지해서 장사를 한다. 어떤 은행이 약간이라도 이상한 행동을 해서 고객들의 의심을 사는 순간 예금 인출이 쇄도하면서 그 은행은 곧장 망할 뿐만 아니라 다른 은행들도 위태로워진다. 그렇다고 고객들의 의심이 확고한 통계적, 과학적 근거에서 나오는 것인가 하면 그렇지도 않다. 대부분 막연한 느낌에서 나온다. 하지만 고객들의 의심이 소문에 소문을 타고 퍼지면 한 나라의 경제를 둘러엎을 정도의 엄청난 파괴력을 행사하게 된다.

정의감이나 공정성에 대한 사람들의 의식도 우리의 현실에 상당히 큰 영향을 주는 야성적 충동의 일종이다. 앞에서도 자세히 살펴보았듯이 실제 노동 현장에서 임금을 결정할 때에는 공정성이 대단히 중요한 고려 사항이다. 어떤 회사의 임금이 공정하지 못하다고 다수의 노동자들이 생각하게 되면, 그 회사는 오래 버티기 힘들다. 그렇다고 해서 노동자들이나 사용자들이 주장하는 '공정한 임금'이 확고한 과학적 근거를 가지고 있느냐 하면, 대부분의 경우 귀에 걸면 귀걸이, 코에 걸면 코걸이 식이다. 서로 공정하다고 느끼는 임금이 곧 공정한 임금이다. 느낌이라는 것이 첫째이고, 합리적이냐 아니냐는 둘째 문제다. 예컨대, 사용자가 성실하고 인간답다는 인상을 강하게 주면 노동자들은 얼핏 보아 비합리적인 주장도 받아들이는 반면, 사용자가 비열하다는 인상을 주면 노동자들은 합리적인 제안도 거부한다.

별 생각 없이 남 따라 행동하려는 충동도 케인스가 주목한 야성적 충동의 일종이다. 예를 들어서 극장이나 백화점에서 누가 "불이야!"하고 소리쳤을 때 대부분의 사람들은 충동적으로 그냥 남 따라 한쪽으로 우르르 몰려 나가는데, 이것 역시 야성적 충동에 따른 행동이라고 할 수 있다. 그렇다고 해서 이런 행동을 비합리적이라고 단정할 수는 없다. 그런 급박한 상황에서 정말 불이 났는지, 났다면 어느 정도인지 파악하고 나서 어떤 대응 방안이 가장 이익인지를 계산하다가는 오히려 죽을 수도 있다.

서로 남의 눈치를 보다가 별 생각 없이 남 따라 우르르 집단행동을 하는 현상을 흔히 '떼 짓기herding'라고 하는데, 가장 냉정해야 하는 주식 시장이나 부동산 시장에서도 이런 행태가 자주 연출된다. 특히 주식 가격이나 부동산 가격이 급변할 때 떼 짓기가 유난히 심하다. 평생 금융 시장에서 활약했던 조지 소로스는 금융 시장에서 반복되는 주가의 급락과 급등이 상당한 정도로 떼 짓기 탓이라고 말한다.[2] 그에 의하면, 금융 시장에는 잘못된 계산들이 성행하며 이것들이 서로 상승 작용을 일으키면서 결과적으로 주가가 계속 치솟거나 혹은 반대로 계속 추락하는 쏠림 현상이 나타난다. 달리 말하면, 떼 짓기 때문에 균형 상태로부터 멀어지려는 관성이 작용한다는 것이다.

일상생활에서 보면, 많은 사람들이 별 생각 없이 관습이나 관례에 따라 행동하는데, 이것도 떼 짓기의 일종이라고 할 수 있다. 경조사가 발생할 때 대부분의 사람들은 별 생각 없이 관례에 따라 인사하고 대략 정해진 축하금이나 부의금을 내놓는다. 왜 그러느냐고 물으면 대부분의 사람들은 그저 막연한 대답만 할 뿐이다. 기업가들도 관례나 관습에 따라 행동하는 경우가 많다. 사태가 매우 유동적이고 불확실한 상황에 직면해서 어쩔 수 없이 결정을 내려야 할 때, 특출하게 유능한 사람들은 자신의 직감을 믿고 행동하겠지만 보통 사람들은 통상 주변 사람들의 의견이나 권고에 따른다. 다수가 소수보다는 더 많은 정보를 가지고 있으므로 다수의 생각이 소수의 생각보다는 옳을 가능성이 더 높다고 많은 사람들이 생각한다. 관례나 관습에 따른 행동은 넓은 의미에서 주변의 권고에 따른 행동이라고 할 수 있다. 관례나 관습에는 오랜 기간 많은 사람들이 배우고 익힌 지혜가 요약되어 있기 때문에 나름대로 합리적인 구석이 있다. 케인스는 불확실한 상황에서 많은 사람들이 관례나 관습에 따라 미래를 예측한다고 보았다. 어떻든, 관례와 관습을 준수하는 것도 불확실성에 대한 자연스런 대응 방안이라고 할 수 있다.

착각에 따른 행동도 야성적 충동의 범위에 넣는 학자도 있다. 행태 경제학자들은 사람들이 명목적 가치와 실질 가치(실질 구매력)를 잘 구별하지 못한다는 사실을 밝혀냈다. 예를 들면, 물가가 10% 올랐을 때, 임금이 7%만 오르거나, 혹은 인플레가 전혀 없을 때 임금을 3% 깎으면, 그 어느 경우에나 실질 구매력은 똑같이 3% 감소한다. 만일 노동자들이 합리적이라면, 이 두 경우 똑같은 반응을 보여야 한다. 하지만 실제에 있어서는 노동자의 반응이 전혀 다르다. 임금이 7% 오를 경우에는 노동자들이 대체로 큰 불만을 제기하지 않는 반면 임금을 3% 삭감하는 경우에는 극렬하게 반발한다. 이와 같이 명목 가치에 집착한 나머지 실질 가치를 생각하지 못하는 현상을 경제학자들은 흔히 화폐 착각이라고 한다. 경제학적으로 보면, 화폐 착각은 바보 같은 짓이요 비합리적인 현상이다. 다분히 감정적인 것이다.[3] 대체로 보면, 인플레가 심할 때조차도 임금이 물가 상승률에 정확하게 비례해서 올라가는 경우는 드문데, 케인스는 화폐 착각이 이런 기현상의 한 원인이라고 보았다.

과거 오랫동안 경제학자들은 화폐 착각이 만연하고 있다고 생각했다. 현대에 와서도 이름만 대면 알 만한 저명한 경제학자들이 인간에게 화폐 착각의 성향이 있다고 굳게 믿었다. 하지만 인간의 합리성을 굳게 믿는 오늘날의 경제학자들, 특히 민물 경제학자들은 화폐 착각을 잘 인정하지 않는다. 설령 화폐 착각이 있다 해도 그것은 극히 일시적 현상이라고 본다. 하지만 의외로 화폐 착각을 본격적으로 검증하는 연구들이 그리 많지 않다. 그나마도 현실적으로 화폐 착각이 만연하고 있음을 보이는 연구들이 태반이다.

야성적 충동의 요술

이와 같이 야성적 충동은 자신감(자기 자신에 대한 신뢰), 제도에 대한 신뢰, 정의감, 공정성에 대한 국민의 의식, 남 따라 하려는 충동, 화폐 착각 등 여러 가지 요소들을 포괄하는 개념이다. 케인스가 변덕이라고 표현했듯이 야성적 충동은 분위기에 약한 여자의 마음과 같이 변덕이 심하다. 사회적 분위기에 따라 야성적 충동이 크게 일렁이면서 역사적 사건을 만들어 내는 사례는 무척 많다.

우리나라의 경우, 박정희 대통령은 우리 국민의 야성적 충동을 성공적으로 불러일으킨 탁월한 정치가였다고 할 수 있다. 1960년대 초만 해도 우리나라는 아프리카의 가나보다도 못할 정도로 세계에서 가장 가난한 나라 중의 하나였다. 그렇게 지독하게 가난한 나라가 그토록 짧은 기간에 한때나마 세계 10대 경제 대국으로 부상한 나라는 인류 역사상 처음이다. 이런 점에서 보면, 대한민국은 아주 이상한 나라다.

그러면 어떻게 그런 기적을 이룰 수 있었을까. 경제학 교과서에 나옴직한 합리적인 방법으로는 그런 기적을 이룰 수 없다. 합리적인 것을 초월하는 비정상적인 방법이 동원되어야 했다. 그 한 가지 방법은 국민의 마음에 불을 지르는 것이다. 물론 쉬운 일이 아니지만 박 대통령은 결국 이것을 해 냈다. 강한 카리스마를 갖춘 그는 "우리도 한번 잘 살아보세.", "우리도 할 수 있다.", "하면 된다." 등의 구호를 외치고 새마을 노래까지 지어가며 사회 분위기의 일신에 혼신의 힘을 다했다. 이 분위기 잡기로 박 대통령은 국민으로 하여금 우리도 할 수 있다는 자신감과 의욕을 가지게 함으로써 똘똘 뭉쳐서 밤낮 없이 열심히 뛰게 만들었다. 결국 이것이 한강의 기적을 이룬 밑거름이 되었다. 오늘날 돌이켜 보면 무모하다고 생각할 만큼 자신감으로 꽉 찬 저돌적 기업가들이 줄지어 나타났고, 이들로부터 퍼져 나간 기업 성공담은 우리나라 경제 성장의 큰 활력소가 되었다. 만일 이들이 경제학 교과서에 따라 합리적으로 계산하면서 행동했다면, 잘 해야 싸전이나 철공소 주인으로 평생을 썩었을 것이다.

이렇게 보면 박 대통령은 야성적 충동을 아주 성공적으로 충동질함으로써 수많은 기업가들이 합리적 계산을 초월해 저돌적으로 활동할 수 있도록 사회적 여건을 조성한 위대한 지도자였다고 할 수 있다. 사실 박 대통령 자신부터가 야성적 충동으로 충만한 인물이었던 것 같다. 그가 심혈을 기울였던 경부 고속 도로 건설은 당시 미국의 유수한 연구 기관이 타당성 없는 사업으로 공식 판정을 내렸다. 합리적으로 계산한다면 이 판정은 당연한 것이다. 그러나 박 대통령은 그런 합리적 계산을 묵살하고 자신의 야성적 충동에 따라 이 사업을 강행했다. 그리고 그가 충동질한 사회 전반의 야성적 충동이 이 사업을 대단히 경제성 높은 것으로 둔갑시켰다. 만일 박 대통령이 우리 국민의 야성적 충동을 크게 불러일으킬 만한 인물임을 알았다면, 미국의 그 연구 기관도 경부 고속 도로 건설이 경제적 타당성이 없는 사업이라고 단정하지 못했을 것이다.

일본군 출신이었던 박 대통령은 일본 명치유신을 우리나라에 재현하고 싶어 했다고 한다. 일본의 근대화 시기에는 유키치 후쿠자와라는 인물이 나타나서 "서구 선진국을 본받아 우리도 근대화를 이루자."는 구호를 외치며 일본인에게 꿈을 심어 주었으며 일본인의 자신감과 자존심을 고취했다. 그는 현대 일본 정신의 토대를 조성한 역사적 인물로 평가되고 있다. 오늘날 세계 굴지의 자동차 제조업체로 꼽히는 도요타자동차 회사도 후쿠자와가 조성한 사회적 분위기를 타고 급성장한 회사다. 이 회사의 설립 당시만 해도 일본에는 자동차 연관 산업이 거의 없는 불모 상태였다. 그래서 일본에서 자동차 생산은 무모한 일로 간주되었다. 합리적으로 생각하고 행동했다면 아마도 도요타자동차 회사의 창업자들은 방직 공장 사장으로 끝났을 것이다.

그러나 도요타자동차 회사의 창업자나 경영진 그리고 노동자들 모두 자동차 생산 그 자체에 큰 의미를 부여했다. 창업자의 충만한 자신감 그리고 회사에 대한 노동자들의 확고한 신뢰 등이 어우러지면서 이 회사는 결국 기적 같은 일을 해 내고 말았다. 이 모두가 합리적 계산을 초월해서 야성적 충동에 따라 행동한 덕분이다. 과거 오랫동안 일본 사회에서 노동자는 회사를 평생직장으로 인식했으며, 따라서 회사의 성공을 노동자 개인들의 성공과 동일시하는 분위기가 조성되어 있었다. 그만큼 노동자에 대한 세심한 배려가 있었다. 그래서 일본에서는 노동조합의 활동이 외국에 비해서 그리 활발하지 못하다는 평을 받고 있다.

지난 1970년대 멕시코가 누린 경제 번영도 한 정치가가 불러일으킨 야성적 충동 덕분이었다고 한다.[4] 당시 로페즈 포르티요 대통령은 원래 소설가였다. 그는 멕시코 신화에 나오는 영웅이 재림하여 멕시코의 국운이 열리게 된다는 내용의 소설을 썼는데, 이 소설이 멕시코 국민에게 꿈과 자신감을 심어 주었다. 때마침 멕시코의 유전이 발견되자 포르티요 대통령의 이야기는 더욱더 탄력을 받으면서 급속도로 퍼졌고, 멕시코 국민의 낙관적 태도와 자신감은 최고조에 달하게 되었다. 이 낙관과 자신감은 곧장 경제 번영으로 이어졌고, 포르티요가 집권한 6년 동안 멕시코의 국내 총생산은 55%나 증가했다.

물론, 야성적 충동은 사회적 분위기에 따라 솟구치기도 하지만 때로는 한없이 추락하기도 한다. 경제학적으로는 이해할 수 없는 사소한 사건이 기업가들의 자신감에 찬물을 끼얹고 국민의 불신을 자극하기도 한다. 케인스가 불확실성과 야성적 충동을 그토록 강조한 이유는 이 두 가지가 극심한 경기 변동이나 경제 위기를 설명해 주는 중요한 열쇠라고 보았기 때문이다.

케인스는 불확실성에 대한 사람들의 느낌이 고무줄처럼 늘었다 줄었다 한다고 보았다. 어떨 때는 미래에 대한 낙관과 자신감으로 사람들이 들떠 있고, 또 어떨 때는 비관과 의욕 상실로 의기소침해진다. 제도에 대한 사람들의 신뢰도 종잡을 수 없이 변한다. 불공정 거래에 대한 사람들의 분노나 정의감 역시 어느 날 확 타올랐다가 푹 꺼진다. 물론, 야성적 충동의 이런 여러 요소들은 서로 상승 작용을 하는 경우가 많다. 예를 들면, 기업의 부정부패 스캔들이 입소문을 타고 퍼지면서 많은 사람들이 분노하게 되면 기업에 대한 국민의 신뢰도 따라서 추락한다. 국민들, 특히 기업가들의 자신감이 높을 때는 경제가 번성하며, 자신감이 낮을 때에는 경제가 침체한다.

요컨대, 불확실한 상황에서는 일반인이나 기업인들은 자연스럽게 야성적 충동에 따라 행동하게 되는데, 이 충동은 아주 변덕이 심하기 때문에 경제가 극에서 극으로 치닫는 경향이 있게 된다는 것이다. 이런 야성적 충동이 경제를 요동치게 만드는 주된 요인이라는 것이 케인스 경제 이론이 던지는 핵심적 메시지다.

야성적 충동과 경기 변동

역사적으로 잘 알려진 경제 불황이나 경제 위기를 세밀하게 분석한 여러 연구들을 살펴보면, 케인스가 주장하는 야성적 충동의 위력을 분명히 느낄 수 있다. 우선, 불경기나 불황의 시발은 예외 없이 신뢰의 붕괴 및 기업가의 자신감 상실이다. 1890년대 서구 선진국의 장기 경제 불황은 은행에 대한 대규모 예금 인출 쇄도로부터 시작되었다. 예금 인출 쇄도에 대비해서 급전이 필요했던 은행들은 기업들에게 빌려 준 대출금을 회수하기 시작했고, 그 결과 단기 금리가 급등하자 뒤이어 수많은 기업들이 도산했다. 드디어 주식 시장이 붕괴하면서 불황이 본격화되었다. 하지만 사람들이 왜 갑자기 은행을 불신하게 되었는지, 경제 불황이 왜 그토록 장기화되었는지, 그 이유에 대해서는 이론이 분분하다. 어떻든 1890년대 불황 이후 그 원인에 대하여 많은 이야기가 있었고 재발 방지를 위한 대책이 강구되었다. 그중에 가장 눈에 띄는 것은 대규모 예금인출 사태를 막기 위하여 미국에서 중앙은행 제도가 만들어졌다는 점이다. 오늘날 보는 미국연방준비위원회가 바로 그것이다.

하지만 그런 중앙은행도 1930년대 대공황 전야의 엄청난 경기 과열에 적절히 대처하지 못했다. 표면상으로는 크게 이상한 징후가 보이지 않았다. 주가와 부동산 가격은 많이 올랐지만, 소비자 물가는 비교적 안정적이었다. 경제 성장도 착실하게 진행되었으며, 전반적으로 평화로운 가운데 사회 활동도 활발했다. 그러나 경기 과열의 이면에는 야성적 충동이 경제 전반에 걸쳐 꿈틀거리고 있었다. 사회 전체에 낙관적인 분위기가 감도는 가운데 호황에 대한 이야기들이 퍼졌다. 전대미문의 대공황이 불과 2, 3년 앞으로 다가왔음에도 불구하고 사람들이 모인 곳에서 주식 시장이나 부동산 시장 혹은 경제 전망에 대하여 회의적이거나 비관적 발언을 하면 오히려 핀잔을 듣는 분위기가 퍼져 있었다. 이런 가운데 주식과 부동산에 대한 투기 열풍이 불었다. 주식 시장의 과열이 수년간 지속되었음에도 불구하고 정책 당국도 감히 손을 대지 못하는 분위기였다.

그러던 어느 날 주식 시장이 갑자기 이상해졌다. 미국을 필두로 세계 여러 나라에서 주가가 곤두박질치기 시작했다. 미국에서는 1929년과 1932년 사이에 주가 지수가 90% 이상 폭락하면서 두 명의 증권가 큰손이 손을 맞잡고 뉴욕의 엠파이어스테이트 빌딩 100층에서 뛰어내려 자살하는 사건이 터졌다. 주식 시장의 붕괴에 이어서 물가도 급락하면서 기업의 채산성도 크게 떨어졌다. 기업에 대한 신뢰가 급속히 떨어졌으며, 아주 비관적인 경제 전망이 사회 전반을 짓눌렀다. 은행은 대출하지 않고 거액을 그대로 쌓아두고 있었으며, 금리가 비정상적으로 낮았음에도 불구하고 자신감을 상실한 기업들은 새로운 투자를 꺼려했다. 이것이 대량 실업의 원인이 되었다.

미국에서는 실업률이 1930년에 10%대로 올라가더니 1933년 5월에는 25.6%까지 올라갔다. 영국에서는 1929년 주식 시장의 폭락이 있었던 달에 실업률이 10%대였는데, 1931년 1월에는 25.6%로 올라갔으며, 1937년 4월까지 10% 이하로 내려간 적이 없었다. 독일에서는 실업률이 1929년 10월에 10%를 넘어섰고, 1930년 10에는 33.7%에 이르렀으며, 1935년 6월까지 10% 이하로 내려간 적이 없었다. 경제 불황은 북미와 유럽에만 국한되지 않았다. 예를 들면, 호주에서는 실업률이 1928년 12월에 10%를 넘어서더니 1931년 9월에는 28.3%에 이르렀고 1937년 1월까지 10% 이하로 내려간 적이 없었다. 이런 대량 실업은 자본주의 제도 그 자체에 대한 불안감을 가중시켰다.

경제학 교과서에 의하면, 이럴 때 임금이 척척 떨어져 주어야 하지만 실제에 있어서는 전혀 그렇지 못했다. 불황이 깊어지면서 큰 폭의 임금 삭감이 있었다고 하지만, 물가 하락폭에 크게 미치지 못했으므로 실질 임금은 떨어지지 않았다. 당시에도 화폐 착각이 만연했음을 여러 연구들이 보이고 있다.

1890년대의 불황 때도 그랬지만, 1930년대 대공황 때에도 노사 관계의 불공정성을 놓고 도처에서 시비가 크게 벌어졌고, 이것이 전 세계적 노동 운동으로 발전했다. 잘 알려져 있듯이 대공황 시기는 공산주의가 전성기를 구가하던 시기이기도 하다. 기업과 금융 기관의 자신감 상실, 제도권에 대한 신뢰의 붕괴, 공정성 시비로 인한 임금의 경직, 화폐 착각, 자본주의 제도에 대한 불안감 등 야성적 충동의 여러 요소들이 복합적으로 작용하면서 세계 여러 나라들이 10년 이상 불황의 긴 터널을 벗어나지 못했다.

굵직한 경제 불황이 주식 시장의 붕괴로부터 시작한다는 데에는 대부분의 경제학자들이 동의하지만, 1890년대 장기 경제 불황이나 1930년대 대공황 때 왜 주식 시장이 그렇게 갑자기 곤두박질쳤는지에 대해서는 아직도 경제학자들은 분명한 답을 주지 못하고 있다. 그러나 야성적 충동에 주목하는 학자들은 여러 가지 단서를 제시한다. 그중의 하나는 업계의 부정부패다. 케인스가 강조했듯이 불황이나 경제 위기의 씨앗은 이미 이에 앞선 호황기나 경기 과열 시기에 배태된다. 이 호황기나 경기 과열 시기의 한 가지 공통된 특징은 업계에 각종 부정부패가 만연한다는 것이다. 예를 들면, 장부 조작으로 주식이나 채권의 가격을 부풀려서 팔아먹는 수법, 회사 돈을 빼돌리는 수법, 회계 장부를 조작해서 거덜난 회사를 팔아치우는 수법 등 다양한 사기 행각이 판을 친다. 물론, 호황기나 경기 과열 시기에는 부정부패뿐만 아니라 부실 투자도 성행한다. 이 시기에는 기업가들이 과도한 자신감에 차 있어서 공격적으로 투자를 하기 때문이다.

아이스크림이나 라면과 같은 일상 소비 상품의 경우에는 그 가격이 비교적 정확하게 가치를 반영한다고 볼 수 있다. 그러나 주식, 채권 등 금융 상품의 가격은 그렇지 못하다. 금융 상품의 참된 가치는 본질적으로 알기가 매우 어렵다. 미래의 온갖 불확실한 것에 민감하기 때문이다. 예를 들어서 미국 경제가 기침만 해도 우리나라의 주식 가격은 요동친다고 하는데, 그런 가격이 참된 가치를 반영한다고 볼 수 있을 것인가. 미국 경제가 언제 기침할지 누가 알 것인가.

물론, 주가나 채권의 가격이 기본적으로 회사의 가치나 생산성을 반영한다고는 하지만, 회사의 가치는 회계 장부를 어떻게 작성하느냐에 따라 얼마든지 달라질 수 있다. 기업들이 마음먹기에 따라 가치가 크게 부풀려진 사기성 금융 상품을 얼마든지 유통시킬 수 있다. 일반 소비재나 가전제품의 경우에는 불량품으로부터 소비자를 보호하기가 그리 어렵지 않지만, 금융 상품의 경우에는 전혀 그렇지 못하다. 기업과 금융 시장의 건전성과 투명성이 그토록 강조되는 이유도 바로 이 때문이다.

특히 호황기나 경기 과열 시기에 회계 부정이 많고 불량 금융 상품이 유통되기 쉽다. 미래에 대한 낙관적 분위기, 그리고 개인의 자신감 등으로 사람들이 들떠 있어서 불량품을 팔아먹기 쉽기 때문일 것이다. 그러나 경제학자들은 회계 부정이나 불량 금융 상품 거래를 무시하는 경향이 있다. 그런 것들이 있다고 해도 결코 오래 지속될 수 없는 일시적 현상에 불과하다고 본다. 비리를 계속 저지르다 보면 소문이 퍼지기 시작하면서 사람들이 외면하게 되고 그래서 결국 망해 버리기 때문이다. 달리 말하면, 시장이 그런 비리를 저지르는 기업을 도태시킨다는 것이다. 그래서 업계의 부정부패를 자세히 다루는 경제학 교과서는 찾아보기 어렵다. 하지만 야성적 충동에 주목하는 학자들이 연구한 바에 의하면, 업계의 부정부패가 자연 도태되기는커녕 호황기가 올 때마다 극성을 부린다.

물론, 경제학자들의 말대로 기업의 비리가 소문나면 그 회사는 망한다. 그것으로 끝이라고 경제학자들은 생각한다. 그 스캔들이 기업 및 제도권에 전반에 대한 국민의 불신에 불을 지핌으로써 결국 경제 전체를 불황 및 경제 위기의 나락으로 떨어뜨릴 수 있다는 점을 그들은 미처 생각하지 못한다. 허나, 현실에서는 부정부패 스캔들이 남기는 바로 이 불신이 정말 무서운 것이다. 야성적 충동에 주목하는 학자들은 부정부패나 부실 투자에 관한 대형 스캔들이 거의 예외 없이 경기 침체나 불황의 발단이 되었다는 증거를 수없이 내놓고 있다.

그 대표적인 예가 저 유명한 미국 엔론Enron사의 비리 스캔들이다. 이 회사는 회계 장부 조작과 유령 회사의 설립을 통해서 온갖 비리를 저지르다가 파산하고 말았는데, 문제는 이것으로 끝나지 않았다는 것이다. 엔론사의 비리는 빙산의 일각에 불과하며 다수의 다른 회사들도 가짜 금융 상품을 팔고 있다는 소문이 파다해지면서 기업에 대한 국민의 신뢰가 갑자기 무너졌다. 주식 시장의 붕괴와 경기 침체는 정해진 그 다음의 수순이다. 4%대를 유지하던 경제 성장률이 2001년 상반기에 0.8%로 떨어졌다. 엔론사 비리 스캔들은 결국 2000대 초반의 경기 침체를 초래한 기폭제가 되었다.

그 10년 전, 1990년 초반의 경기 침체 역시 기업의 부정부패가 한 발단이 되었다. 이때는 한 공기업을 중심으로 회계 조작, 임원들의 회사 돈 빼돌리기, 적대적 기업 합병 등 온갖 비리가 자행되었다. 통상 경제학자들은 적대적 기업 합병으로 큰 이익을 볼 수 없다고 생각했는데, 이때 이른바 정크 본드의 황제라고 불리는 인물이 나타나서 경제학의 이 통념을 무참히 짓밟아 버렸다.

2008년 세계 경제 위기와 야성적 충동

저차원의 투기 열풍

2008년 미국발 세계 경제 위기의 발단은 사실 2000년 이전부터 시작되었다고 할 수 있다. 업계의 부정부패로 인한 1990년대와 2000년대 초반의 주식 시장 붕괴는 기업과 주식 시장에 대한 국민의 불신을 고조시켰다. 자연히 돈을 가진 사람들이 대안을 찾기 시작했는데, 그때 이들의 눈에 쏙 들어온 것이 부동산이었다. 주식이나 채권은 종잇조각에 불과하지만, 주택은 눈으로 볼 수 있고 만질 수 있는 실물이기 때문에 사람들이 더욱더 든든하게 생각할 수 있었다. 게다가 금리마저 크게 떨어졌다. 2000년대 초반의 경기 침체로 고심하던 미국 부시 정부가 금리 인하를 단행했다. 2000년 초반에 6%이던 금리가 2002년 11월에는 0.75%로 떨어졌다. 우리나라에서도 그동안 수없이 보았듯이 금리가 인하되면 부동산 가격은 오르게 되어 있다.

부동산 가격 상승이 지속되면서 미국에서는 경제학적으로 설명할 수 없는 이상한 일이 벌어졌다. 1990년 일본의 부동산 거품 붕괴 이전 실로 오랫동안 일본 사회를 지배해 왔던 부동산 신화가 미국에서도 재현되었던 것이다. "부동산 가격은 절대 떨어지지 않는다."는 신화가 그것이다. 우리나라 강남 불패와 비슷한 신화를 많은 미국 사람들이 믿기 시작했다는 것이다. 부동산 가격의 상승이 수년간 지속되면, 이상하게도 사람들은 앞으로도 계속 오른다는 착각에 빠져 버린다. 물론, 행태경제학자들은 우리 두뇌의 구조상 그런 착각이 지극히 자연스러운 것이라고 해명하고 있지만, 어떻든 경제학적으로는 이해하기 힘든 현상이다. 미국의 경우 과거에는 특정 지역에서만 부동산 가격이 올라갈 뿐 대부분의 지역에서 아주 완만한 상승세를 보이거나 심지어 떨어지는 지역도 적지 않았다. 그런데 사람들이 갑자기 이런 사실들을 잊어버린 듯이 행동한다. 사실 부동산 신화는 부동산 붐이 불지 않을 때에는 찾아보기 어렵다.

부동산이 아주 좋은 투자 감이라고 사람들이 생각하게 된 데에는 화폐 착각도 한 몫 한다는 지적이 있다. 대체로 사람들은 주택 구입 당시의 가격만은 잘 기억한다. 그리고 이것을 현재 가격과 비교한다. 그러면 주택 가격은 늘 오르는 것처럼 느껴진다. 이 기간 동안 물가나 다른 상품의 가격도 올랐다는 사실을 깜박한다. 예를 들면, "30년 전 내가 이 집을 샀을 때 9000만 원이었는데, 지금은 5억 원으로 올랐다."고 혀를 차는 사람은 그 사이에 물가도 5배 올랐다는 사실을 잘 생각하지 못한다. 미국의 경우 부동산 투기 열풍이 불기 전에만 해도 물가 상승률을 고려하면 부동산이 수지맞는 투자 감이라고 기대할 만한 합리적 근거는 없었다.

그런데도 미국인들이 부동산 신화를 너무 확신하고 있는 상황에서는 경제학자가 다른 이야기를 해 주어도 한쪽 귀로 듣고 곧 다른 쪽으로 흘려 버리기 일쑤였다. 왜 그런 확신을 가지고 있느냐고 물으면 나름대로 아주 그럴듯한 이유를 댄다. 땅은 한정되어 있는데 인구는 늘어나고 경제 활동도 늘어나기 때문에 부동산 가격은 자연히 올라가게 된다는 것이다. 조금만 깊이 생각해 보면, 이런 주장이 반드시 옳지만은 않다는 것을 알 수 있는데도 이에 개의치 않는 사회적 분위기가 이미 조성되어 있었다.

2000년 이후 부동산 가격 상승이 지속되고 부동산 신화가 퍼지면서 부동산을 좋은 투자 대상으로 보는 태도가 본격적으로 미국인의 마음속에 자리 잡게 되었다. 부동산 투자에 대한 책이 인기를 끌었고, 이에 대한 신문 기사도 눈에 뜨이게 늘었다. 그러면서 미국 역사상 최고의 부동산 투기 붐이 일었다. 때마침 미국 경제가 호황기로 접어들면서 투기 열풍은 더욱더 거세졌다. 이럴 때 늘 나타나는 현상은 사람들마다 희망과 자신감에 들떠 있다는 것이다. 2000년 초부터 2006년 초까지 짧은 기간 동안 주택 가격은 2/3가 상승했다. 사람들은 기회를 놓칠세라 다투어 부동산 구입에 나섰다.

여기에서 케인스가 말하는 야성적 충동의 전형을 볼 수 있다. 즉, 부동산 시장에 떼 짓기가 극성을 부린다는 것이다. 경제학에 의하면 투자가들은 정부의 정책을 비롯한 모든 구득 가능한 정보를 바탕으로 미래를 예측한 다음 합리적 계산 과정을 거쳐서 투자를 결행하게 되어 있다. 남들이 투자한다고 해서 무작정 덩달아 투자하는 일은 결코 합리적인 행위라고 볼 수 없고, 따라서 경제학 교과서에 떼 짓기라는 단어가 없다.

그러나 실제 장바닥의 부동산 투자 행태를 조사하고 분석한 결과에 의하면, 의외로 많은 투자가들, 심지어 전문가라는 사람들도 주먹구구식으로 판단하고 투자한다. 주로 이용되는 판단 근거는 최근 수년간의 부동산 가격에 대한 자신의 기억 그리고 다른 투자가들의 움직임, 그리고 여기에 본인의 직감이 가미된다. 최근 수년간 부동산 가격이 계속 올라갔다고 생각되면, 많은 사람들이 이런 추세가 미래에도 계속된다고 믿으면서 부동산 시장에 눈독을 들인다. 이런 상황에서 부동산 투기로 재미를 본 사람들의 성공담이 퍼지면 덩달아 투기에 뛰어드는 사람들이 속출한다. 그래서 수많은 사람들이 우르르 부동산 시장으로 뛰어가게 된다. 부동산 시장에서는 합리적인 손익 계산보다는 신화와 성공담이 더 큰 위력을 갖는 경우가 많다. 우리나라와 일본에서 흔히 보던 떼 짓기 현상이 미국에서도 실제로 재현되었다.

고차원의 투기 열풍

그러나 2000년대 미국의 투기 열풍에는 단순히 그런 떼 짓기만 작용한 것이 아니었다. 이런 점에서 과거 일본이나 한국의 투기 열풍과는 차원이 달랐다. 놀라운 것은 미국의 경우 각종 금융 기관이 부동산 투기 열풍에 가세하면서 이를 부추겼을 뿐만 아니라 그 격을 한 차원 높였다는 점이다. 미국발 세계 경제 위기를 이야기할 때는 보통의 투기 열풍과 고차원의 투기 열풍을 구별할 필요가 있다.

부동산 투기 열풍이 불기 이전 미국에서 보통 사람들이 주택을 마련하는 전형적인 방법은 매입하려는 주택을 담보로 잡히고, 금융 기관으로부터 돈을 빌려서 이것을 산 다음 연차적으로 원금과 이자를 갚아가는 방법이다. 원래 이런 주택 담보 대출 제도는 2차 세계 대전 종전 후 외국에서 귀국하는 미국 제내 군인들의 주택 마련을 도와주기 위한 취지로 출발하여 차츰 서민들의 주택 구입을 손쉽게 하는 제도로 정착되었다. 이런 전통적인 주택 담보 대출의 경우, 대출해 준 금융 기관이 담보물을 계속 보유하고 있다가 만일 채무자가 부채를 갚지 못하면 그 담보물을 팔아서 대출금을 회수한다.

2000년대에 들어와서 주택 가격이 고공 행진을 계속하자 애당초 좋은 의도로 시작된 주택 담보 대출 제도가 서서히 변질된다. 주택이 투기 대상으로 인식되면서 돈을 빌려서 주택을 구입하려는 사람들이 크게 증가했는데, 이들을 금융 기관(정확하게 말하면 소위 담보 대출 회사)에 연결시켜 주고 수수료를 받아 챙기는 중개업자(소위 모기지 중개업자)가 크게 늘어났다. 주택 가격은 계속 오르고 그래서 주택 담보 대출을 원하는 사람들이 급속하게 늘어나면 자연히 신용 등급이 점점 더 낮은 사람들을 상대로 한 주택 담보 대출도 크게 늘어날 수밖에 없었다. 신용도가 아주 낮은 사람들을 상대로 한 담보 대출이 바로 2009년 언론 매체를 통해서 우리 국민이 귀가 따갑게 들어온 서브프라임 담보 대출Sub-prime Mortgage 이다. 신용도가 낮은 사람들에게는 보통 사람들보다 더 높은 대출 금리를 적용하기 때문에 담보 대출 회사는 나름대로 더 높은 수익을 올릴 수 있었으며, 중개업자는 더 많은 중개료를 챙길 수 있었으니 이들 사이의 관계는 그야말로 '누이 좋고 매부 좋은' 관계가 되었다. 물론, 처음에는 낮은 고정 금리가 적용되지만, 2-3년 지난 다음부터 소위 변동 금리가 적용되면서 높은 이자를 내야 한다는 사실을 많은 서민들이 잘 모르거나 대수롭지 않게 생각했다.

중개업자들은 고객의 신용도를 잘 파악해서 필요한 서류를 담보 대출 회사에 제출함으로써 부도 위험이 있는 사람들을 사전에 걸러내는 데 협조해야 함에도 불구하고 그러지 않았을 뿐만 아니라 그럴 필요도 없었다. 신용도가 낮은 사람들을 알선해 주어도 담보 대출 회사가 잘 받아주었기 때문이다. 과거에는 대출금을 확실히 돌려받을 수 있다는 완벽한 보장이 있을 때만 금융 기관이 대출해 주었지만 투기 열풍이 불면서 그런 관례나 규제가 느슨해졌다. 그러다 보니 중개업자들이 대출 신청자의 소득액을 불리거나 자격을 허위로 작성하여 담보 대출을 신청하는 사례도 크게 늘어났다. 돈을 쉽게 벌어 보려는 분위기가 확산되는 가운데 갖가지 비리가 활개 치기 시작했다.

신용도가 낮은 사람들에 대한 대출은 원천적으로 위험하다. 그래서 부도 사고(채무 불이행)가 실제로 많이 일어났다. 채무 불이행에 대한 불안이 점점 더 가시화되자 담보 대출 회사가 한 가지 꾀를 생각해 냈다. 자기들이 보유한 담보물을 다른 사람들에게 팔아넘기는 것이다. 즉, 자신들이 보유한 담보물에 대하여 증서를 만들고 이를 다른 금융 기관에 팔아넘기는 수법이다. 이 증서를 매입한 회사는 당초의 담보 대출 회사 대신에 채무자를 상대로 권리를 행사하게 된다. 이 증서를 전문가들은 담보 대출 증권MBS: Mortgage Backed Securities이라고 부른다. 물론, 이 증권에는 신용 보증 회사의 보증서가 붙어 있었다. 문제는 이 신용 보증 회사들도 채무 불이행 가능성을 꼼꼼히 챙기지 않았을 뿐만 아니라 그럴 필요가 없었다는 것이다.[5] 부동산 가격이 늘 상승하는 상황에서는 부도날 염려는 거의 없기 때문이다.

이 담보 대출 증권의 발행은 미국 금융 시장의 성격을 크게 바꾸는 계기가 되었다. 과거에는 주택을 담보로 대출해 준 금융 기관이 그 담보물을 계속 보유했지만, 이제는 대출을 시작한 기관과 담보물을 보유한 기관이 달라졌다. 채무자와 채권자 사이의 관계가 느슨해졌다. 이렇게 증권을 만들어서 팔았다고 해서 애당초의 채무 불이행 위험이 줄어드는 것은 아니다. 단지 그 위험을 다른 사람에게 전가했을 뿐이다. 위험의 정도는 대출받은 사람들의 신용도에 따라 크게 다르다. 신용도가 아주 낮은 사람들에 대한 대출은 위험도가 매우 높지만 그 대신 수익률은 아주 높은 반면, 신용도가 높은 사람들에 대한 대출은 그 반대다.

담보 대출 증권이 이렇게 위험도와 수익률이 아주 큰 것으로부터 낮은 것까지 다양할 때, 금융 기관들이 생각해 낸 또 하나의 꾀는 이것들을 적절히 섞는 것이다. 마치 닭고기를 가슴살, 닭다리, 날개 등 부위별로 쪼개서만 팔기보다는 이것들을 적절히 섞어서 내놓으면 더 많이 팔 수 있듯이 여러 가지 담보 대출 증권들을 대량 매입한 금융 기관(주로 거대 투자 은행)들은 위험도와 수익률을 고려해서 마치 가슴살, 날개, 뒷다리를 적절히 조합하듯이 이 증권들을 적절히 섞어서 다양하게 재포장했다. 그러고는 이 2차 증권에 펀드라는 이름을 붙여서 일반인들에게도 대량 판매했다.

이 2차 증권에 대해서는 신용 평가 기관이 보증해 주었기 때문에 이를 매입하는 다른 금융 기관이나 일반인도 안심할 수 있었다. 하지만 이 신용 평가 기관 역시 무책임한 태도를 취했다. 이들은 최근의 주택 가격 동향을 바탕으로 부도 가능성을 추정했기 때문에 자연히 2차 증권에 대해 높은 점수를 줄 수밖에 없었다. 설령 부동산 가격 하락 가능성을 고려해야 한다고 생각했더라도 그랬다가는 밥줄이 끊어진다. 모두들 투기 열풍을 이용해서 돈을 버는 상황에서 이들로부터 수수료를 받아 먹고사는 신용 보증 회사나 신용 평가 회사가 쓸데없는 짓을 해서 투기 열풍에 찬물을 끼얹을 필요는 전혀 없었다.

어떻든 담보 대출 증권을 가공해서 재포장한 제2차 금융 상품을 흔히 부채 담보부 증권CDO: Collateral Debt Obligation이라고 부르며, 이 두 가지 증권을 합쳐서 파생 금융 상품이라고 한다. 이와 같이 가공해서 재포장하는 방법은 위험을 분산시킴으로써 증권의 평균 위험도를 낮추는 것이지 위험을 원천적으로 제거하는 것은 아니다. 설령, 파생 금융 상품을 구입한 사람이 그 위험도를 확인하고 싶어도 사실상 그럴 수가 없었다. 왜냐하면, 파생 금융 상품이 여러 가지 담보 대출 증권을 섞어서 재포장한 것이기 때문에 특정 파생 금융 상품을 뒷받침하고 있는 담보물들이 한두 가지가 아니라 여러 가지이기 때문이다. 따라서 파생 금융 상품을 구매한 사람은 자신이 무엇을 구매했는지도 모르게 되는데, 정체도 알 수 없는 상품의 위험도를 어떻게 파악할 것인가? 따라서 일반인들은 금융 기관을 믿을 수밖에 없었고, 금융 기관은 신용 평가 기관을 믿을 수밖에 없었다. 사실, 그것이 잘못된 믿음이었음이 후일 판명되었지만, 금융 기관이나 펀드에 가입한 일반 투자가들은 그런 믿음을 바탕으로 안심하고 거래를 하면서 한때나마 큰 재미를 볼 수 있었다.

이들뿐만 아니라 집을 가진 사람들도 큰 이익을 볼 수 있었다. 주택 가격이 계속 올라가면, 주택의 담보 가치도 그만큼 올라가기 때문에 이미 담보 대출을 받은 사람들도 집값의 나머지 부분에 대하여 추가 대출을 받을 수 있었기 때문이다.[6] 미국 주택 시장이 호황을 누리며 가격이 상승하는 기간에 주택 담보 대출을 받은 수많은 사람들이 저마다 이 추가 대출을 받아 자동차도 사고 가전제품도 사면서 흥청망청 돈을 썼다.

거품의 붕괴

그러나 그런 빚잔치가 계속될 수는 없었다. 그린스펀 미연방준비위원회 전 위원장은 '비이성적 과열irrational exuberance'이 주택 가격을 너무 끌어올려서 이제 한계에 이르렀다고 경고하기에 이르렀다. 마침내 미국 주택 경기는 2005년 상반기에 정점을 찍었다. 이제 내리막길이 기다리고 있었다. 이렇게 거품이 꺼질 것을 그린스펀을 비롯한 일부 금융 전문가들이 우려했지만, 잔치에 도취한 미국의 금융계 사람들은 들으려고 하지 않았다. 더욱이 이들은 시장의 원리에 충실한 미국의 금융 제도를 굳게 신봉하면서 18년 전 일본의 금융 붕괴를 비웃던 사람들이 아닌가.

주택 시장이 과열되는 기미를 보이자 일본에서 그랬던 것처럼 드디어 미국 정부가 개입하기에 이르렀다. 미연방준비위원회는 2004년 6월 이후 17차례에 걸쳐 금리를 인상한 결과 금리가 1%대에서 2006년 말에는 5.25%까지 올랐다. 2000년대에 미국의 금융정책은 냉탕과 온탕을 왔다 갔다 한 꼴이 되고 말았다. 어떻든 금리 인상에 이어 주택 가격이 일단 가라앉으면 이제까지와는 정반대로 모든 악재가 확대 재생산되는 과정이 시작된다. 우선, 주택 담보 대출을 받은 사람들, 특히 서브프라임 담보 대출을 받은 수많은 사람들이 높아진 금리로 인한 부담을 견디지 못하고 채무 불이행 상태에 빠지게 되었다. 서브프라임 등급에 속한 사람들은 원래 채무 이행 능력이 부족한 사람들인데다가 서브프라임 담보 대출은 낮은 고정 금리로부터 시작해서 2년이 지나면 높은 변동 금리도 바뀌게 되어 있었다. 그렇기 때문에 금리가 오르면 채무자의 금전적 부담이 부쩍 커질 것은 뻔하다. 여기에 주택 가격까지 떨어지기 시작하면 주택의 담보 가치가 감소하면서 담보 초과 상태, 즉 집값보다 갚아야 할 대출 잔고가 더 커지는 상태에 빠지게 된다. 2007년까지 초과 담보 상태에 처한 채무자의 수가 900만 명에 달한다는 보고가 나왔다.[7]

주택 가격의 거품이 빠지면서 서브프라임 담보 대출을 받은 수많은 채무자들이 무더기로 대출금을 갚지 못하는 상황이 도래하면서부터 미국발 금융 위기는 본격적으로 시작되었다. 미국 도시 곳곳에서 주택이 압류되는 사태가 벌어졌다. 2005년 8월 멕시코 연안을 덮친 최악의 태풍 카트리나로 30만 세대가 집을 잃었다고 하지만, 2006년에 습격한 주택압류 사태는 미국의 200만 세대의 집을 날려 버렸다. 압류 당한 빈집은 절도나 범죄의 온상이 되기 때문에 동네에 압류 당한 집이 생기면 그 동네 집값도 전반적으로 하락한다.

미국의 주택 가격은 하락을 거듭했다. 2007년 3월부터 2008년 3월까지 1년 동안 미국의 기존 주택가격은 7% 내지 15% 하락했다. 주택 가격의 급속한 하락은 주택의 담보 가치가 급격하게 떨어짐을 의미하며, 따라서 대출금을 회수할 가능성도 크게 낮아진다. 더욱이 압류 당한 주택은 시세보다 30% 이상 낮은 가격에 팔리기 때문에 대출금을 회수하기가 더욱더 어려워진다. 이와 같이 대출금을 회수하기 어려워진다는 것은 주택 담보 대출을 기반으로 하는 채권이나 증권의 부실을 의미한다. 특히 동일한 담보물에 대하여 추가 대출을 담당했던 은행이 부실을 고스란히 떠안고 맨 먼저 주저앉게 된다.

2008년 미국발 세계 경제 위기 역시 과거의 불황과 마찬가지로 과잉 자신감과 신뢰가 갑자기 과잉 불신과 자신감 상실로 이어진 결과다. 이 과정에서 부동산 가격은 절대 떨어지지 않는다는 신화가 큰 역할을 했다. 야성적 충동에 대한 이와 비슷한 이야기가 극심한 경기 변동 때마다 반복된다. 사람들이 합리적으로 행동함을 전제로 하고 야성적 충동을 무시했던 경제학이 미국발 세계 경제 위기를 제대로 설명할 수 없었던 것은 어찌 보면 당연하다.

2008년 미국발 세계 경제 위기를 돌이켜 보면서 그 원인을 이야기할 때, 일부 금융 전문가들은 파생 금융 상품의 위험을 제대로 관리하지 못한 탓으로 돌렸다. 이들의 주장은 금융 기관들이 위험을 좀 더 잘 분산시키고 잘 관리한다면 세계 경제 위기와 같은 사태를 막을 수 있다는 뜻으로 들린다. 예를 들면, 앞으로 더 우수한 위험 측정 기법과 위험 관리 대책을 개발한 다음 이를 금융 기관에 적용하며, 위험에 대하여 더 많은 그리고 더 좋은 시장이 창출되도록 허용해야 한다는 것이다. 그러므로 파생 금융 상품을 무작정 규제하기보다는 오히려 위험을 좀 더 효과적으로 분산시키는 방향으로 양질의 파생 금융 상품이 개발되도록 장려해야 한다고 이들은 주장한다. 말하자면, 금융 시장을 좀 더 활성화함으로써 위험을 줄이자는 것이다. 마치 자전거가 쓰러지지 않기 위해서는 오히려 계속 페달을 밟아 주어야 한다는 식이다. 이들의 논리는 다양한 파생 금융 상품이 위험을 분산시킴으로써 경제에 미치는 충격을 완화하는 기능을 가지고 있다는 믿음에 바탕을 둔다.

케인스가 살아 있었다면, 아마도 그는 금융 전문가들의 이런 논리를 전면 부정했을 것이다. 2008년 미국발 세계 경제 위기가 여실히 보이고 있듯이 분산된 위험들이 서로 상승 작용을 일으키면서 전체적으로 오히려 위험이 증폭될 가능성을 무시한 논리이다. 좀 더 근원적으로 캐고 들어가 보면 위험한 것과 불확실한 것을 구분하지 못하고 있다는 것이 문제다. 파생 금융 상품은 단순히 위험한 것이 아니라 너무나 많은 불확실성으로 싸여 있는 상품이다. 금융 시장이 단순히 위험의 문제만 안고 있는 것이 아니라 불확실성의 문제를 안고 있다는 것이다. 이 불확실성의 문제를 오직 금융 기관에만 맡겼다가는 야성적 충동 탓으로 금융 시장이 오히려 더 불안해진다.

케인스는 국가가 야성적 충동의 변덕으로부터 경제를 보호하기 위한 역할을 수행하여야 한다고 주장한다. 아마도 그는 금융 기관에 대한 규제를 강화함으로써 야성적 충동의 변덕을 적절히 조절하는 대책을 촉구했을 것이다. 예컨대, 공공성이 강한 금융 기관(일반인의 예금을 받는 은행)은 파생 금융 상품을 다루지 못하게 한다거나, 대출 금액에 상한선을 엄격하게 제한한다든가, 거래 규모도 제한한다든가, 신용 보증 기관이나 신용 평가 기관의 책임을 강화하는 등을 생각해 볼 수 있다. 물론, 무작정 금융 기관의 활동을 규제하자는 것은 아니다. 케인스가 제시하는 원칙이 있다. 우선, 위험과 불확실성을 엄격히 구분한 다음, 위험에 관한 것은 시장에 맡기며(즉, 위험에 대하여 기업 스스로 선택하게 하고 그 결과에 스스로 책임지게 하며), 정부는 공익을 위하여 불확실성으로 인한 악영향을 최소화하도록 노력해야 한다는 것이다.

불확실성과 임금

이상에서 살펴본 바와 같이 야성적 충동이 자본주의 경제에 대하여 많은 것을 이야기해 주고 있지만, 케인스가 말하는 야성적 충동은 그가 그토록 강조한 불확실성에 대한 대응이라는 점을 잊지 말아야 한다. 흔히 케인스가 거시 경제학이라는 새로운 지평을 열었다는 사실은 잘 알려져 있지만, 심지어 경제학자들도 이 거창한 이론이 야성적 충동이라는 개념 위에 세워졌으며, 한발 더 깊이 들어가면 불확실성을 바탕으로 하고 있다는 점을 잘 알지 못한다.

과거 케인스학파는 임금 및 금리의 경직성이 경기 침체나 불황의 원인이라고 주장했지만, 케인스는 이 경직성도 불확실성 때문이라고 설명했다. 우선 임금의 경직성부터 살펴보자. 경제학자들은 늘 노동 시장의 유연성을 강조하지만, 그것이 그렇게 쉬운 일이 아니다. 경기가 좋지 않다고 해서 무작정 해고하거나 임금을 삭감한다가는 노동자의 완강한 저항을 받게 된다. 경기가 좋아지면 일손을 다시 늘려야 하지만, 이때는 업체 간 경쟁이 심해지기 때문에 갑자기 사람을 구하기가 쉽지 않다. 그러므로 경기에 따라 고용자의 수와 임금을 신축성 있게 조정한다는 것은 가능하지도 않을 뿐만 아니라 대단히 번거롭고 돈도 많이 든다.

경기란 수시로 변하며, 또한 앞으로 어떻게 변할지 아무도 모른다. 그러므로 장기적으로 보면, 고용 수준을 어느 정도 안정적으로 유지하는 것이 노동자와 사용자 모두에게 이익이다. 특히 불경기 때 임금을 크게 삭감하거나 노동자를 대량 해고하는 것이 장기적으로 큰 손해가 될 수 있다는 것을 일선 경영자들은 경험으로 잘 알고 있다. 그래서 현명한 사용자들은 해고와 임금 삭감을 매우 주저하게 된다. 케인스에 의하면 고용 계약 제도는 불확실성에 대비하여 고용을 안정적으로 유지하기 위한 하나의 방편이다.

일단 노동 계약이 맺어지면 이에 따라 임금이 지급되는데, 이론상으로 보면 이 계약 임금은 물가에 연동되어야 한다. 즉, 물가가 오르면 이에 비례해서 임금도 오르고 반대로 물가가 떨어지면 임금도 삭감되어야 한다. 그러나 현실에서는 이와 같이 임금을 물가와 연동시키는 고용 계약이 거의 없다는 조사 결과에 경제학자들도 놀란다.[8] 설령, 임금을 물가에 연동시켰다고 하더라도 1 대 1로 연동시키는 것과는 거리가 멀었다. 고용 계약이 물가의 변동을 정확하게 반영하지 못한다면 임금은 경직될 수밖에 없다.

설령, 경제 상황의 변동에 따라 임금이 원활하게 오르락내리락한다고 하더라도 이것이 반드시 바람직한 것은 아니라고 케인스는 말한다. 예컨대, 경기가 나쁠 때 이에 맞추어 임금도 푹 떨어진다고 하자. 임금이 떨어진다는 것은 근로자의 소득이 감소함을 의미한다. 국민의 대부분이 근로자다. 국민 대부분의 소득이 감소하면 이들의 지출도 감소한다. 경기가 나쁠 때 경제를 살리기 위해서는 시장에서 상품이 잘 팔려야 하는

데, 국민의 대다수가 지출을 줄인다면 경기는 살아나기 어렵다.

불확실성과 화폐 애착

자본주의 사회가 비교적 자본이 풍족한 사회임에도 불구하고 시중의 실제 금리는 필요 이상 높은 수준을 유지하는 경향이 있을 뿐만 아니라 어느 수준 이하로는 잘 떨어지지 않는 경향이 있다고 케인스는 주장했다. 즉, 시중의 금리가 자본의 유용성 혹은 생산성(자본이 생산에 기여하는 정도)보다 더 높은 수준을 유지하는 경향이 있다는 것이다. 시중의 금리가 필요 이상 높다고 하면, 그만큼 생산과 고용은 위축될 것이다. 시중 금리가 높은 수준을 유지하는 이유, 그리고 금리가 신축적이지 못한 이유를 케인스는 화폐 애착에 의거해서 설명했다.

케인스는 화폐 애착의 주된 원인 역시 미래에 대한 불안이라고 보았다. 화폐는 고전학파 경제학자들이 생각했듯이 시장의 거래를 편리하게 해 주는 단순한 수단이 아니라 미래의 불확실성에 대비하기 위한 효과적이고 현실적인 수단이라는 것이다. 언제 실직할지, 언제 병들지, 언제 재난을 당할지 아무도 모른다. 그래서 사람은 누구나 다 불안하다. 불확실한 미래에 대비하는 한 가지 효과적인 방법은 현금을 거머쥐고 있는 것이다. 만일 미래를 확실히 알고 있다면 쓸데없이 큰돈을 손에 쥐고 있을 필요가 없다. 예를 들어서, 불치의 암으로 앞으로 1년밖에는 살 수 없다는 확정 판결을 받은 사람은 은행에 돈을 넣어 두려고 하지 않을 것이며, 새로 부동산을 사려고 하지도 않을 것이다. 아마도 있는 돈, 없는 돈 다 긁어모아서 미련 없이 몽땅 쓰고 가려고 할 것이다. 미래가 온통 불확실하기 때문에 사람들은 일상 거래에 필요한 것보다 훨씬 더 많은 돈을 보유하려고 한다.

케인스는 화폐가 이와 같이 현재와 미래를 연결하는 미묘한 수단임을 강조했다. 더욱이 자본주의 사회는 매우 역동적이라서 불확실한 것이 더욱더 많아지는 경향이 있다. 옛날에는 한 직장에서 정년을 맞는 일이 보통이었지만, 기업 내의 경쟁 분위기가 높아지면서 요새는 40세를 넘으면 언제 직장에서 떨려날지 불안하기 짝이 없다. 치열한 경쟁의 와중에서 망하는 기업과 흥하는 기업이 수시로 바뀐다. 그래서 이제는 평생 의지할 만한 든든한 회사가 점점 줄어들고 있다. 옛날에는 한 번 결혼하면 평생 같이 살았지만, 요새는 언제 이혼 당할지 알 수 없다. 옛날에는 자식과 친척의 떠받들기 속에 노년기를 보낼 수 있었지만, 요새는 자식이나 친척들 모두 자신들의 앞가림하기도 바쁘니 안심하고 이들에게 몸을 의탁할 수도 없다. 그래서 노인들은 마지막 죽는 순간까지 현금을 꼭 쥐고 있어야 한다고 말한다. 이와 같이 불확실성이 점점 더 늘어나기 때문에 자본주의 사회에서는 현금을 거머쥐고 있을 필요성이 더욱더 절실해진다.

더욱이 자본주의 사회에서는 특히 돈의 위력이 대단히 크다. 돈만 있으면, 안 되는 것이 없는 사회다. 돈이 있으면 권력도 사고 명예도 살 수 있다. 돈의 위력을 사람들이 실감하다보니 자연히 돈의 유용성을 필요 이상 크게 느끼게 된다. 즉, 구매력 이상으로 화폐의 가치를 높게 평가하는 태도가 현대인의 몸에 배어 있다는 것이다. 그래서 돈은 많으면 많을수록 좋다는 생각이 자본주의 사회를 지배하게 된다.

케인스는 자본주의 사회에서 화폐 애착이 무한하다고 보았다. 미래의 불확실성에 대한 두려움이 점점 더 커지고 있기도 하지만, 화폐는 남보다 더 잘 살고 싶은 욕망이나 남 앞에서 뻐기고 싶어 하는 욕망을 충족시켜 주는 아주 좋은 수단인데 이 욕망이 무한하기 때문이다. 화폐 애착은 두 가지 성향으로 나타난다고 케인스는 말한다. 그 하나는 무한정 부를 추구하는 성향이며 또 다른 하나는 필요 이상 많은 돈을 보유하려는 성향이다.

화폐 애착과 금리

케인스는 이 두 가지 성향 사이에는 일종의 모순이 있다고 보았다. 무한정 부를 추구하는 성향은 좋은 점도 있다. 사람들이 돈에 대한 욕심을 가지고 있어야 열심히 일하려고 하며, 또한 그래야 자본주의 경제도 잘 돌아갈 수 있다. 말하자면, 사람들의 돈에 대한 욕심이 자본주의 경제의 활력소가 된다는 이야기다.

설령 그렇다고 치더라도, 사람들이 아무리 돈에 대한 욕심이 많고 그래서 열심히 일해서 돈을 벌고 싶어도 경기가 나빠서 일자리가 없다면 그런 의욕이 무슨 소용인가. 여기에서 주목되는 것은 케인스가 화폐 애착의 두 번째 성향을 경기 변동과 연결시켰다는 점이다. 즉 필요 이상 많은 돈을 보유하려는 성향이 경기 침체 및 불황의 한 원인이라는 것이다. 돈을 쓰지 않고 한쪽 구석에 쌓아 두기만 하는 현상을 경제학자들은 흔히 화폐 퇴장hoarding이라고 부른다. 짠물 경제학자들은 이 현상에 주목하지만 민물 경제학자들은 화폐 퇴장이 어리석은 짓이라고 보아 무시하는 경향이 있다.

어떻든, 케인스는 왜 화폐 애착의 두 번째 성향이 경기 침체 내지는 불황의 원인이라고 주장했을까? 가령, 경기가 나빠진다고 하자. 만일 민물 경제학의 주장대로 이 경우 임금과 금리가 적절히 떨어져 준다면, 생산 원가가 떨어지기 때문에 기업은 종전보다 더 싸게, 그리고 더 많이 생산할 수 있으므로 경기가 다시 살아날 수 있다. 하지만 케인스가 강조한 것은, 임금이 하방 경직성을 가지고 있듯이 금리가 떨어지는 데에도 한계가 있다는 것이다. 이 하방 경직성으로 인해서 경기 회복에 필요한 수준 이하로 시장에서 임금과 금리가 떨어져 주지 않는다면 경기 침체가 장기화되고 불황으로 발전할 수 있다.

예를 들어서 전쟁 위험, 기업과 정부에 대한 불신 등으로 국민들이 미래에 대하여 몹시 불안하게 생각하면, 이들은 돈을 쓰지 않고 되도록이면 현금을 많이 보유하려고 한다. 즉, 막대한 현금이 퇴장되어 버린다. 시중에 돈이 많이 돌아야만 금리가 떨어지는데, 정부가 아무리 돈을 찍어 내도 국민들이 이 돈을 받아서 계속 뒷전에 쌓아 놓고만 있으면 시중에 돈이 돌지 않으니 금리가 떨어지지 않는다.

시중에서 금리가 어느 수준 이하로 떨어지지 않게 되는 데에는 약간 다른 종류의 심리적 요인도 작용한다. 예를 들어서 경기를 살리려고 정부가 금리를 6%에서 5%로 내렸다가, 다시 4%로 내리고, 드디어 2%까지 내렸더니 이제 금리가 바닥을 쳤다고 대다수의 국민이 생각하게 되었다고 하자. 금리가 바닥을 쳤다는 것은 앞으로 오를 일만 남았다는 뜻이다. 금리가 앞으로 오른다는 것은 부동산 가격과 주가가 앞으로 떨어진다는 뜻이다. 부동산 가격이나 주가를 떠받치는 기본 요인은 미래의 수익을 할인한 현재 가치인데, 금리가 높으면 미래 수익을 많이 할인하기 때문에 현재 가치가 떨어진다. 그러므로 금리가 바닥을 쳤다고 느끼는 순간 대다수의 국민은 부동산 가격과 주가가 앞으로 떨어진다고 생각하기 때문에 부동산과 주식을 기피하게 된다. 이미 보유하고 있던 부동산과 주식도 팔아 지우려고 애를 쓸 것이다. 그래서 대다수의 국민이 부동산과 주식 대신 현금을 더 선호하게 된다. 국민들이 소비 지출을 꺼리더라도 열심히 주식이나 부동산이라도 사 주면 그

나마 시중에 돈이 돌면서 금리가 떨어지겠지만, 주식 시장과 부동산 시장마저 꽁꽁 얼어 버리면 아무리 정부가 돈을 풀어도 시중에서 금리는 2% 이하로 내려가지 않는다. 마치 금리가 함정에 빠지기라도 한 것처럼 꿈쩍도 않는다는 것이다. 케인스는 이 함정을 '유동성 함정'이라고 표현했다.

이런 여러 가지 요인 탓으로 만일 시중 금리가 이 유동성 함정에 빠져 있을 때에는 정부가 아무리 시중에 돈을 풀어도 경기를 살리기 어렵다. 즉, 정부의 통화 정책만으로는 경기 침체나 불황에 대처하기에는 역부족이라는 것이다. 따라서 다른 방법을 동원해야 한다. 정부가 나서서 직접 정부의 돈으로 상품을 많이 구입할 뿐만 아니라 각종 공공사업을 적극적으로 일으켜서 고용을 창출해야 한다. 이런 케인스의 주장이 거의 빠짐없이 경제학 교과서에 소개되지만, 화폐 애착의 개념을 바탕으로 그런 주장을 폈다는 말은 교과서에 잘 나오지 않는다. 왜냐하면, 대부분의 경제학자들, 특히 민물 경제학자들은 화폐 애착과 같은 야성적 충동을 무시하기 때문이다.

현대판 고리대금

윤리학에 관심이 많았던 탓인지 케인스는 여느 경제학자들과는 달리 가격의 공정성에 대하여 많은 말을 했다. 그런데 한 가지 재미있는 것은, 화폐를 본격적으로 연구한 최초의 경제학자로 알려진 그가 시장에서 자연스럽게 형성되는 금리를 불공정한 가격이라고 보았다는 점이다. 경제학 교과서에 의하면, 시중에서 금리는 돈을 빌려 주는 사람과 돈을 빌리는 사람들 사이의 타협에 의해서 결정된다. 즉, 화폐에 대한 수요와 공급에 의해서 결정된다는 것이다. 우선, 돈을 빌려 주는 사람의 입장에서 생각해 보자. 남에게 돈을 빌려 주면, 그만큼 자신의 소비를 줄여야 한다. 시장에서 구매해야 할 상품의 양을 줄여야 한다는 것이다. 바로 이 소비를 줄인 데 대한 아쉬움을 충분히 보상해 주지 않으면 돈을 가진 사람은 돈을 빌려 주지 않는다. 이 소비 희생의 아쉬움에 대한 보상이 경제학에서 말하는 기회비용이다.

한편, 돈을 빌리는 사람은 그 돈으로 사업을 했을 때의 수익률(자본의 생산성)을 바탕으로 이자를 지불하려고 한다. 시중의 금리가 화폐에 대한 수요와 공급에 의해서 결정된다는 경제학 교과서의 가르침은, 결국 소비 희생의 아쉬움에 대한 보상(기회비용)과 자본의 생산성이 균형을 이루는 수준에서 결정된다는 이야기다. 이런 논리는 기본적으로 화폐를 단순히 상품 교환을 편리하게 해 주는 수단에 불과하다는 애덤 스미스의 사고방식에서 크게 벗어나지 못하고 있다.

허나, 케인스가 수없이 강조했듯이 사람들은 화폐를 단순히 상품 교환의 수단으로만 보지 않는다. 그 이상으로 본다. 사람들은 화폐에 대하여 특별한 애착심을 가지고 있기 때문에 남에게 돈을 빌려 주었을 때 느끼는 심리적 부담은 단순히 시장에서 상품을 덜 구매(소비 희생)해서 느끼는 아쉬움보다 더 크다. 즉, 화폐 액착 때문에 돈을 빌려 줄 때의 심리적 부담이 경제학에서 말하는 기회비용보다 더 크다는 것이다. 따라서 사람들이 돈을 빌려 줄 때에는 소비 희생으로 인한 기회비용에 대한 보상뿐만 아니라 여기에 더해서 화폐 애착으로 인한 심리적 부담에 대한 보상까지 요구한다. 이렇게 프리미엄을 추가로 요구할 때, 돈을 빌리는 사람은 이것을 거절히기 어렵나. 대체로 보면, 돈을 빌려 주는 사람은 경제적으로 여유가 있는 반면에 돈을 빌리는 사람은 절박한 상황에 있기 때문이다. 달리 말하면, 많은 경우 돈을 가지고 있는 사람이 돈을 빌리려는 사람보다 흥정에 있어서 우위에 있다는 것이다.

경제학 교과서에서 말하는 것과는 달리 시중 금리는 소비 희생의 아쉬움에 더해서 화폐 애착으로 인한 프리미엄을 얹은 값이다. 경제학 교과서에 의하면 금리는 소비 희생의 아쉬움과 자본의 생산성이 일치하는 수준에서 결정되지만, 케인스에 의하면 실제 시중 금리는 이를 초과한다. 시장에서 흥정의 우위 덕분에 자본의 생산성을 초과한 금리를 받고 있다고 하면, 내용상 그것은 고대 사회에서부터 사회적 지탄을 받아온 고리대금이나 다름없다고 케인스는 주장한다.

어떻든 시중 금리가 자본의 생산성을 초과한다는 것은 기업가들이 적당하다고 생각하는 수준보다 금리가 더 높음을 의미한다. 그렇다면 기업가들은 그만큼 투자를 덜 하게 될 것이며, 따라서 충분히 많은 일자리를 제공하지 못하게 된다. 요컨대, 시중의 금리가 완전 고용의 달성에 필요한 금리보다 더 높은 수준에 있다는 뜻이다. 그래서 실업의 문제가 자본주의 사회의 고질적인 문제가 된다.

그렇다면 완전 고용을 달성하기 위해서는 어떻게 해야 할까? 필요 이상 높은 시중 금리의 원인이 화폐 애착에 있으며 더 근원적으로 캐고 들어가 보면 불확실성에 있다. 불확실한 상황에서는 일반 국민이나 기업인들은 야성적 충동에 따라 행동하게 되고 그러다 보면 경제가 극과 극을 오락가락하는 경향이 있다. 그러므로 불확실성을 완화하기 위해서는 정부가 적극적으로 나서야 한다. 예를 들어서 기업을 가장 불안하게 하는 것이 매출 전망이라면 정부가 나서서 국민들로 하여금 지갑을 열게 만든다든가 하다못해 정부가 직접 상품을 구매해 주는 대책을 동원함으로써 기업의 불안을 덜어 줄 수도 있다. 케인스는 소득 재분배를 통해 서민들의 지갑을 두둑하게 해줌으로써 높은 소비 수준을 유지하는 방안도 제시하고 있다. 기업이 원가 상승을 불안해한다면, 정부가 재정 지출을 통해서 사회 간접 자본을 조성하고 교육의 질을 높임으로써 기업의 우려를 덜어 줄 수 있다.

정부가 시장의 공정 거래를 확립함으로써 기업에 대한 국민의 신뢰를 높인다면, 주식 시장도 좀 더 활성화될 것이다. 실업의 불안을 덜어 주고 사회 안전망을 확충함으로써 미래에 대한 일반 서민들의 불안을 완화한다면, 이들의 화폐 애착도 완화될 것이며, 정부가 적절한 통화 정책을 통해서 시중의 금리를 낮게 유지할 여지도 커진다. 오늘날 대부분의 자본주의 사회에서 고리대금을 금지하는 법이 없지만, 케인스는 정부의 신중한 저금리 정책이 중세 고리대금 금지법을 현대에 적용하는 한 가지 방편이라고 주장했다. 이 모든 것이 불확실성을 완화하기 위해서 정부가 해야 할 일들이다.

케인스가 말하는 '행복의 역설'

이와 같이 케인스는 화폐 애착의 두 번째 성향(필요 이상 현금을 많이 보유하는 성향)을 경기 변동과 연결시켜서 이야기한 반면, 첫 번째 성향(무작정 부를 추구하는 성향)을 자본주의의 고질적 병폐와 연결시켰다. 그는 자본주의 사회의 가장 큰 특징으로 화폐 애착을 꼽았다. 자본주의 사회에서는 화폐 애착이 무한하다고 케인스가 점잖게 표현했지만, 막말로 하면 자본주의 사회는 돈에 미친 사회라는 것이다. 사람들이 너무 금전적 욕구에 매몰된 결과 참된 삶의 목표를 상실하고 있다는 것이 자본주의 사회에 대한 케인스의 우려였다. 그가 보기에 오늘날 자본주의 사회는 수단과 목적이 전도된 사회다.

결국, '좋은 삶good life'이 우리의 궁극적 목표라고 보고 케인스는 '현명하고, 흡족하게, 잘wisely, agreeably and well' 사는 것이 좋은 삶이라고 정의했다. 자원의 효율적 이용이나 경제 성장은 좋은 삶을 위한 하나의 수단에 불과하다. 그런데도 많은 사람들이 이를 망각하고 있다. 사람들이 화폐 애착으로 돈벌이에 정신이 빠져서 좋은 삶을 망각하고, 그래서 더 높은 수준의 행복을 달성하지 못하게 된다고 케인스는 경고했다.

오늘날까지도 경제학자들은 케인스의 이 경고를 잘 이해하지 못하고 있다. 경제학자들은 자원의 효율적 이용을 통하여 경제 성장을 달성하고, 그 결과 국민의 소득 수준이 높아지면 자동적으로 '좋은 삶'이 이루어진다고 굳게 믿는 것처럼 보인다. 그러다 보니 경제학자들은 효율과 경제 성장 그 자체가 목적인양 여기에 온통 매달리고 있다.

그러나 케인스는 경제학자들의 이런 태도를 개탄했다. 자본주의 경제가 완숙 단계에 올라서서 물질적 풍요가 어느 정도 달성되면, 그 다음부터는 경제 성장만으로는 국민이 참된 '좋은 삶'을 영위하는 데 한계가 있다고 그는 생각했다. 현실에 대한 날카로운 통찰력을 가지고 있었던 케인스는 70여 년 전에 오늘날 수많은 과학자들이 증명해 보이고 있는 '행복의 역설'을 이미 감지하고 있었음이 분명하다. 이런 점에서 케인스는 마르크스와 뜻을 같이 하고 있다.

아마도 케인스는 요즈음 심리학자들이 말하는 '디딜방아 이론'을 염두에 두었던 것으로 보인다. 화폐 애착이 무한하다는 것은 이미 벌어놓은 것에 만족하지 못하고 더 많은 것을 얻기 위해서 끊임없이 뛴다는 뜻이다. 방 2칸짜리 집을 사면, 방 3칸짜리 집을 사고 싶고, 새 자동차를 사면 좀 더 크고 멋진 자동차를 사고 싶고, 가죽 옷을 사면 밍크코트를 사고 싶고, 말 타면 경마 잡히고 싶고…. 이렇게 새로운 욕망이 끊임없이 부풀어 오른다. 전문 용어로는 새로운 포부aspiration가 형성된다고 말한다.

　포부 형성은 일상적인 현상이기 때문에 이에 대하여 실증 분석한 연구도 많이 있다. '바람직한 생활'에 관해 1978년부터 1994년 사이 16년에 걸쳐 수행된 설문 조사 결과를 분석한 한 연구에 의하면, '가진 것'이 늘어나면 '가지고 싶은 것'도 비례해서 늘어난다. 즉, '가진 것'이 늘어나는 비율과 '가지고 싶은 것'이 늘어나는 비율이 대체로 같다는 것이다.[9] 이런 연구 결과는 보편적으로 사람들이 이미 설정한 물질적 목표를 달성하면 새로운 포부를 형성함을 시사한다. 새로운 포부가 형성된다는 것은 현재에 만족하지 못하고 있다는 뜻이다.

　상품뿐만 아니라 소득에 관한 포부 형성을 다룬 연구도 있다. 이 연구는 36년이라는 긴 세월에 걸쳐서 설문 조사한 결과를 분석했다. 설문 조사에서는 바람직한 생활을 위해서 필요하다고 생각하는 소득 수준이 얼마인가를 물었다. 그리고 이 '필요 소득' 수준과 실제 소득 수준을 비교하여 보았다. 그랬더니 실제 소득 수준이 높아지면 이에 거의 정비례해서 필요 소득 수준도 높아진다는 것을 알아낼 수 있었다.[10] 달리 말하면, 실제 소득 수준의 변화율과 필요 소득 수준의 변화율이 거의 같아진다. 경제학 용어로 말하면 탄력성이 1이라는 이야기다. 그러므로 예를 들면, 소득 수준이 10% 높아지면, 여기에 만족하지 않고 대부분의 사람들은 또 다시 10% 더 높은 소득을 향해 달린다는 것이다.

　연봉이 크게 올랐다고 하자. 그러면 일단 행복 지수는 높아질 것이다. 그러나 잠시 후 이 연봉에 만족하지 못하고 더 높은 연봉에 대한 포부가 형성되면서 행복감은 사라진다. 그러다가 또 다시 연봉이 올라가면, 행복 지수는 올라갔다가 잠시 후 다시 원래의 수준으로 복귀한다. 소득이 매번 증가할 때마다 행복감은 잠시 올라갔다가 다시 원래 상태로 돌아오기를 반복한다. 마치 디딜방아의 발판을 아무리 밟아 봐야 계속 제자리걸음을 하는 것과 같다. 그래서 적응 및 포부 형성으로 인해서 행복감이 원래의 수준으로 계속 되돌아가는 현상을 디딜방아treadmill 효과라고 부르며 적응 및 포부 형성에 대한 이론을 디딜방아 이론이라고 부르기도 한다.

화폐 애착 그리고 이로 인한 목적과 수단의 전도, 이것이 앞으로 자본주의 사회가 극복해야 할 근본적인 문제라고 케인스는 주장했다. 그렇다고 그가 경제 성장이 필요 없다고 주장한 것은 아니다. 실업과 빈곤 문제에 각별한 관심을 가졌던 점에 비추어 볼 때 아마도 그는 선진국의 경우 부자를 더 부자로 만드는 경제 성장에는 별로 찬성하지 않겠지만, 실업과 가난의 퇴치에 역점을 둠으로써 국민의 행복 지수를 실질적으로 끌어올리는 경제 성장은 적극 지지했을 것으로 보인다. 실업은 불행의 가장 큰 원인이다. 물론, 가난한 사람들 중에도 행복한 사람들이 적지 않지만, 행복을 전문적으로 연구하는 학자들에 의하면 1인당 국민 소득이 2만 달러 이하일 때에는 소득 수준이 높아지면 행복 지수도 높아진다. 평균 1인당 국민 소득이 2만 달러를 넘는 선진국이라고 하더라도 연간 2만 달러를 벌지 못하는 극빈자가 많다면, 이들의 소득을 2만 달러대로 끌어올림으로써 국민의 행복 지수를 크게 높일 수 있다.

우리나라도 1인당 국민 소득이 2만 달러대에 이르렀으니 이제부터 서서히 경제 성장의 약발이 떨어질 때가 되었다. 1인당 소득 수준의 향상만으로는 더 이상 국민의 행복 지수를 크게 높일 수 없는 단계에 와 있다는 것이다. 따라서 앞으로 우리나라도 실업과 빈곤의 퇴치에 역점을 두는 '행복 친화적' 경제 성장을 추구해야 할 것이다.

경제학 교과서가 리콜되지 않으려면

케인스가 특히 강조한 것은 우리의 현실을 직시해야 한다는 것이다. 실제 시장은 경제학 교과서가 이야기하는 것처럼 움직이지 않는다. 왜냐하면, 현실의 시장에서는 사람들이 경제학 교과서가 이야기하듯이 그렇게 손익 계산에 의거해서 합리적으로 행동하지 않기 때문이다. 이 불확실한 세상에서 손익 계산을 해가며 합리적으로 행동할 여지는 별로 많지 않아 보인다. 따라서 기업가를 포함한 많은 사람들이 야성적 충동에 따라 행동하게 된다. 불확실성과 야성적 충동이 극심한 경기 변동과 경제 위기를 초래하는 주된 원인이요, 대량 실업의 주된 원인이라는 것이 케인스 경제 이론의 핵심적 메시지다.

케인스 이전의 경제학이나 오늘날의 경제학은 인간의 합리성에 너무 집착한 결과 불확실성과 야성적 충동을 무시했기 때문에 경기 변동이나 경제 위기를 예측하지도 못했을 뿐만 아니라 사후적으로나마 제대로 설명하지도 못했다. 불확실성과 야성적 충동을 고려하지 못한 탓으로 시장의 실상을 직시할 수 없었다. 공정성에 대한 사람들의 강한 의식, 화폐 애착, 신뢰의 붕괴 등이 엄연히 시장에서 가격의 신축적 변동을 저해하는 요인이 되고 있는데도, 경제학은 계속 가격의 신축성을 전제한 이론을 떠들고 있다. 불공정 거래, 회계 장부 조작, 부정부패 등이 경제에 대한 사람들의 신뢰를 떨어뜨리는 기폭제이며, 이 결과 경제 위기가 올 수 있는데도 경제학은 이를 무시하고 있다.

앞으로 현실의 시장이 어떻게 작동하는지를 제대로 이해하고 이를 바탕으로 경제 문제의 해결에 실질적으로 기여하기 위해서는 경제학자들은 불확실성과 야성적 충동에 주목하여야 한다. 사실, 케인스가 말하는 불확실성과 야성적 충동에 큰 관심을 가지고 연구해 온 일군의 학자들이 있다. 행태 경제학자들이 그들이다. 앞으로 경제학이 제2의 케인스 혁명을 성공적으로 이루기 위해서는 행태 경제학의 통찰력을 적극 수용해야 할 것이다.

정부의 역할도 재정립되어야 할 것이다. 케인스의 뜻에 따르면, 정부의 역할은 야성적 충동이 창조적으로 활용될 수 있는 여건을 조성하는 것이다. 야성적 충동을 내버려 두면, 경제는 극심한 쏠림 현상을 보일 것이다. 때때로 대량 실업이 발생하며, 금융 시장은 혼란에 빠질 것이다. 이런 점에서 우리는 대공황의 교훈을 잊지 말아야 한다. 정부가 적절한 규칙을 정하고 심판의 역할을 철저하게 수행해야만 자본주의 시장이 최선의 결과를 가져온다는 것이다.

과거의 위대한 경제학자들이 늘 그랬듯이 케인스 역시 철학을 많이 공부한 학자였다. 케인스에 대한 전기傳記를 써서 학술상까지 받은 어느 학자는 케인스를 경제학자이자 철학자로 소개하고 있다. 케인스가 영국의 대주교에게 보낸 편지에는 "마셜은 윤리학을 통해서 경제학을 공부하게 되었다고 늘 주장했는데, 이런 점에서 나는 그의 제자라고 자신 있게 말할 수 있다."라는 구절이 있다.[11] 중년을 넘긴 케인스는 젊은 경제학자들에게 철학이 없음을 크게 개탄했다. 폭넓은 교양 교육을 받지 못한 탓이다. 케인스는 경제 성장이 궁극적으로 무엇을 위한 것이며, 경제학은 어떤 학문이 되어야 하며, 우리 삶의 궁극적 목표가 무엇인지를 끊임없이 묻고 생각했다. 그리고 그의 생각을 경제학과 연결시켰다. 그러나 요즈음 경제학자들에게는 그런 근원적 성찰이 없다는 것이다. 앞으로 우리에게 진실로 필요한 경제학은 철학이 담긴 경제학이다.

어떤 사람을 잘 이해하기 위해서는 그 사람의 장단점을 고루 알아야 한다. 그래야 그 사람을 더 잘 도와줄 수 있고, 그 사람의 도움을 더 많이 받을 수 있으며, 그 사람과 더 잘 어울릴 수 있다. 경제학도 마찬가지다. 경제학의 장점뿐만 아니라 그 약점과 한계를 명확하게 알아야 경제학을 진정 잘 이해할 수 있다.

경제학에도 치명적 약점이 있다. 그것도 한두 가지가 아니라 여러 가지다. 2008년 미국 발 세계경제위기를 경제학자들이 전혀 예측하지 못했던 이유도 이 치명적 약점 때문이었다. 경제학이 자본주의 시장을 주된 연구 대상으로 삼고 있음에도 불구하고 그 치명적 약점 때문에 경제학자들이 우리의 현실을 직시하지 못했고 그래서 제대로 설명할 수도, 예측할 수도 없었다. 경제학자들의 주장이 공허하게 느껴지고 일반 국민들의 정서와 동떨어진 것으로 느껴지는 이유도 바로 그 치명적 약점에 기인하는 바가 적지 않을 것이다.

약점과 한계를 잘 알아야 경제학을 온전히 이해할 수 있음에도 불구하고 대체로 경제학자들은 우리에게 이것에 대해서는 자세히 말해주지 않는다. 경제학에 대한 세인들의 관심이 부쩍 높아졌다고는 하지만, 경제학 교과서들을 보면 천편일률적으로 각종 그래프와 수학방정식 그리고 통계숫자들만 줄줄이 나열되어 있을 뿐 경제학의 약점이나 한계에 대한 진솔한 설명은 별로 없다. 2008년 미국 발 세계경제위기를 경제학자들이 예측하지 못했다는 사실은 언론매체를 통해서 많은 사람들이 알고 있지만, 왜 예측하지 못했는지에 대한 이유는 잘 알려지지 않았다.

그러면 경제학자들은 경제학의 약점과 한계에 대해 왜 자세한 설명을 하지 않는 것일까? 정작 장기나 바둑을 두는 사람보다는 곁에서 훈수드는 사람들이 수를 더 잘 보는 것처럼 경제학자들 자신이 그 약점과 한계를 잘 모르고 있는 것이 아닐까? 경제학 게임에 너무 몰두하다 보면 경제학의 약점과 한계를 잘 보지 못할 수도 있다. 그래서 그런지 아직도 많은 경제학자들이 2008년 미국 발 세계경제위기를 금융시장의 사소한 기술적 문제 정도로 생각하고 있다. 한국경제학회 회장도 꼴뚜기 한 마리가 어물전 망신을 시킨 사건쯤으로 보고 있다.

우리나라의 많은 경제학자들, 특히 보수성향의 경제학자들은 여러 가지 고정관념에 사로잡혀 있다. 경제학자들은 입만 벙긋하면 자원의 효율적 이용을 강조한다. 그들은 자원을 효율적으로 이용해야만 한정된 자원으로부터 더 많은 것을 생산할 수 있고 그래야 경제성장이 가능해지고 우리의 소득이 늘어난다고 말한다. 사실, 우리에게 가장 중요한 것은 소득 그 자체가 아니라 각자의 행복이다. 그런데도 경제학자들은 행복에 대해서는 언급하지 않는다. 소득이 늘어나면 행복은 저절로 굴러들어온다고 경제학자들이 믿고 있기 때문이다.

하지만 먹고사는 문제가 어느 정도 해결된 다음에는 소득수준의 향상만으로 국민의 행복지수를 끌어올리기가 무척 힘들다는 사실(행복의 역설)을 많은 과학자들이 통계적 · 과학적으로 증명하고 있음에도 우리나라 대부분의 경제학자들은 이를 외면하고 있다. 우리나라도 1인당 국민소득이 2만 달러를 넘어섰다. 그러면 이제 우리도 왜 경제성장을 추구해야 하며, 어떤 경제성장을 추구해야 하는지, 어떻게 해야만 우리가 더 행복해질 수 있는지, 근본적인 물음을 제기할 때가 되었다. 그런데도 우리나라의 위정자들은 구태의연한 불도저식 경제성장을 밀어붙이기에 정신이 없고, 경제학자들은 추임새 넣기에 바쁘다.

경제학은 기본적으로 '돈 = 행복'이라는 방정식 위에 세워진 학문이다. 과학자들이 밝혔듯이 만일 이 방정식이 틀린 것이라면, 많은 경제학자들이 허탈감에 빠지게 될 것이다. 할 일이 없어지기 때문이다. 사실, 돈 많이 벌라는 말 이외에 경제학자가 행복에 관하여 우리에게 해줄 수 있는 얘기는 별로 많지 않다. 만일 '돈 = 행복'이라는 방정식이 틀린 것이라면 자본주의 시장의 타당성도 상당한 정도 흔들리게 된다. 자본주의 시장의 가장 큰 장점으로 경제학자들은 늘 효율과 물질적 풍요를 첫 번째로 꼽는데, 그것이 우리의 행복을 위한 것이 아니라면 무슨 소용인가?

경제학자들은 자원이용의 효율에 너무 집착한 나머지 이 효율의 밑바탕을 이루는 인간관계가 어떠하냐에 따라 달성되는 효율의 정도도 크게 달라진다는 사실을 종종 망각한다. 이를 테면 인간관계에 어떠하냐에 따라 1000만 원이 소요될 일을 단돈 100만 원으로도 달성할 수 있다는 사실을 말이다. 또한 빈부격차로 비롯된 사회적 갈등이 증폭되면서 경제가 무너지고 나라가 망하는 현상이 인류역사를 통해서 수없이 반복되어 왔음에도 경제학자들은 빈부격차나 사회적 갈등을 너무 가볍게 보는 경향이 있다. 효율을 위해서는 어쩔 수 없다며 빈부격차를 정당화하는 경제학자도 적지 않다. 경제가 무너지고 나라가 망한 다음에 효율이 무슨 소용인가. 행복의 역설이 우리에게 시사하는 것은, 어느 정도 먹고사는 문제가 해결된 다음에는 자원이용 효율의 중요성이 다른 사회적 가치에 비해서 상대적으로 떨어진다는 것이다.

물론, 인간관계나 빈부격차, 사회적 갈등의 문제는 경제학이 다룰 문제가 아니라고 경제학자들은 변명할 것이다. 그러나 경제학이 이런 근본적이고 중차대한 사항을 도외시하고 경제현상(효율)만 다룬다면 경제학은 결국 지엽적이고 피상적인 것만 다루는 셈이다. 이렇게 된다면 경제학자들은 아주 겸허하고 낮은 목소리로 경제현안의 기술적 측면만 살짝 얘기하고 말아야 한다. 하지만, 다수의 경제학자들, 특히 이념적 성향이 강한 경제학자들은 소득분배의 문제로부터 자본주의 체제의 정당성, 자유의 문제, 정의의 문제, 이념의 문제에 이르기까지 각종 묵직한 주제들에 대하여 큰소리치기 일쑤다. 심지어 일반국민이 경제 원리에 어긋나는 말을 하면 '포퓰리즘'이라고 맹렬히 비난한다.

그러면 구체적으로 경제학의 약점 및 한계는 무엇인가? 한 가지 놀라운 점은 경제학의 역사에 큰 발자국을 남긴 과거 경제학 대가들이 이에 대하여 이미 자세히 설명했으며, 오늘날 경제학자들이 귀담아 들어야 할 경고성 발언 또한 빼놓지 않았다는 것이다. 경제학의 창시자로 추앙받고 있는 애덤 스미스, 경제학을 이론적 반석 위에 올려놓은 데이비드 리카도, 자본주의 시장의 정체를 근원적으로 파고든 카를 마르크스, 거시경제학의 지평을 연 존 메이너드 케인스 등이 바로 그들이다. 이 책의 첫번째 목적은 이 대가들의 주장들을 알기 쉽게 정리하여 소개함으로써 독자들로 하여금 경제학이라는 학문의 성격을 올바로 이해하도록 도와주는 것이다. 이들의 이야기를 들어보면 경제학자들이 2008년 미국 발 세계경제위기를 왜 예측하지 못했는지를 더 명확하게 알 수 있을 것이다.

불세출의 대가들이 경제학의 약점과 한계를 명확하게 볼 수 있었던 한 가지 중요한 이유는 그들이 경제학을 초월한 고차원 경제학자였기 때문이다. 철학과 역사 등 경제학의 이웃 분야에 대하여 깊은 지식을 가지고 있었다는 점이 경제학 대가들의 공통점이다. 그래서 케인스가 경제학자들에게 철학과 인문학을 공부하라고 호통 쳤던 것이 아닐까? 하지만 오늘날의 많은 경제학자들은 철학과 인문학을 우습게 여기고 경제학에만 몰두하고 있다. 아니, 수학에 빠져 있다고 말하는 것이 더 정확할지도 모른다.

이 책에서는 그 대가들 중에서 특히 카를 마르크스를 약간 더 길게 소개했다. 여기에는 몇 가지 이유가 있다. 마르크스는 그 어느 누구보다도 근원적으로 그리고 구체적으로 정통 경제학(주류경제학)의 약점과 한계를 파헤친 사상가로 꼽히고 있다. 그래서 좀 더 자세히 소개했다. 아마도 지식인들이 가장 많이 인용하는 사상가는 마르크스일 것이다. 그럼에도 불구하고 또한 마르크스는 가장 잘못 알려진 사상가이기도 하다. 그 동안 영향력 있는 보수성향의 인사들이나 경제학자들이 마르크스를 터무니없이 매도하는 것을 볼 때마다 어처구니가 없었다. 그래서 그를 제대로 알려야 하겠다는 생각이 필자의 마음을 떠나지 않았다. 사실 마르크스의 경제이론을 제대로 소개하자면 책 한 권으로 턱 없이 부족하지만, 이 책에서는 특히 오해를 많이 사는 부분만 간략하게 소개했다. 언젠가 기회가 오면 마르크스만을 자세히 소개하는 책을 써야겠다고 마음속으로 다짐하고 있는데, 아무쪼록 이 책이 조금이나마 마르크스에 대한 오해를 불식하는데 도움이 되기를 바란다.

필자는 앞으로 경제학이 새롭게 태어나야 하며 또한 필히 그렇게 되리라고 믿고 있다. 최근 학계에서는 행태경제학 및 행복경제학이 급부상하고 있다. 경제학이 새롭게 태어날 경우 이 두 분야가 경제학의 탈바꿈에 많은 자양분을 제공하리라고 본다. 물론, 아직까지는 우리나라 대부분의 경제학자들이 이 두 분야를 잘 모르고 있거나 알아도 외면하고 있다. 분명히 이 두 분야는 오늘날 첨단과학 분야의 발견을 바탕으로 뻗어가는 새로운 분야임이다. 또 한 가지 놀라운 것은 이 책에서 소개하는 경제학 대가들이 이 두 분야에서 다루는 내용의 상당 부분을 이미 언급했다는 사실이다. 이것은 결코 우연이 아니라고 본다. 그래서 이 대가들의 입을 빌려서 행태경제학 및 행복경제학의 주요 내용을 소개하고 싶은 심정이 이 책을 쓰게 된 또 하나의 중요한 동기다.

김영사에서 이 책이 출간되도록 주선해 준 우석훈 박사와 김윤성 박사에게 우선 감사의 말을 전하고 싶다. 그리고 이 책의 출간에 큰 관심을 보여준 제자들에게도 고마움을 표하고 싶다. 삶의 보람을 새삼 느끼게 해주는 제자들이기에 이들에게 늘 고마운 마음을 가지고 있다. 수년 전 서울대학교 경제학과에서 경제학사를 강의할 기회를 마련해 준 홍기현 교수께도 감사의 말을 전하고 싶다. 이 책에 나오는 내용의 일부는 그 때에 정리한 것이다. 이 책의 출간을 위해서 수고해 주신 김영사의 관계자 여러분께도 감사드린다.

경제학자로서 이정전 선생님은 나한테 두 번의 감동과 한 번의 섭섭함을 주었다. 첫 번째 감동은 정부 프로젝트를 받지 않는다는 것이었다. 어떤 정부가 들어오든, 정부에 줄서서 연구 프로젝트 받으려고 하는 사람들이 대부분인데, 그러지 않는 학자가 있다는 데 놀라웠다. 두 번째 감동은, 정년퇴임하면서 제자들이 은퇴 기념 논문집을 출간해준다는 데도 그걸 거부하셨을 때였다. 이 일로 점잖고 훌륭하신 분이다, 이렇게 뇌리에 강하게 남게 되었다. 한 번의 섭섭함은 노무현 정부 때 모란장이라는 훈장을 거부하지 못하시고 그냥 받는 걸 볼 때였다. 총리실 새만금 위원회의 경제학자로서 새만금을 강력 추진한 정부의 훈장을 거부하면 참 멋있을 것 같다는 생각을 했다.

이정전 선생님의 이론을 형성하는 큰 줄기는 환경과 토지이다. 그리고 하나의 보조 줄기가 마르크스 경제학이다. 대체적으로 주류 경제학 이론에 경제학 고전 그리고 마르크스 이야기들이 이정전 이론에서 틀을 형성하는데, 이런 종합적인 경제학자는 외국에서도 잘 등장하지 않는다. 이정전 선생님은 이 책을 통해 '고장 난 축음기'처럼 감세만 하면 모든 것이 잘 될 것이라고 주구장창 외치고 있는 한나라당 비밀당원 같은 경제학자들에게 "어이, 그건 아니잖아." 하며 죽비를 쳐들었다. 그의 튼튼한 고전 독해는 그가 이 시대에 이 정부에 하고 싶은 이야기들을 애덤 스미스, 리카도, 케인스 등의 목소리 위에 실을 수 있게 해준다. 땅 투기 정권이 토건질하면서 경제학자들을 병풍으로 내세울 때, "어이, 고전에는 그런 말이 없다네." 하는 이야기가 《경제학을 리콜하라》에 넘친다. "땅 투기로 나라 흥한 적, 그런 적이 없다고 리카도가 이미 말했다니까 그러시네."와 같은 이야기는 흥미를 넘어 쾌감이 된다. 내가 경제학 책을 읽으면서 이렇게 전율을 느껴본 게 도대체 얼마만인가!

로버트 라이시라는 아주 훌륭한 경제학자가 있다. 비판적 경제학자이면서 동시에 클린턴 시절 노동부 장관을 역임하기도 한, 그러면서도 아직까지 많은 존경을 받고 있는 사람이다. 왜 한국에 로버트 라이시 같은 비판적이면서도 동시에 행정능력까지 갖춘 좋은 경제학자가 등장하지 않을까, 이런 생각을 하는 와중에 《경제학을 리콜하라》는 책을 읽게 되었다. 그렇다. 우리에게는 경제학자 이정전이 있었다.

독자 여러분에게 경제학 책이 얼마나 재밌을 수 있는지 이 책을 통해 증명하고 싶다. 재미없다면? 아마 제목처럼 진짜로 리콜해 주실지 모른다. 혹, 경제학에 큰 관심이 없더라도 일독을 권한다. 우리나라에 녹색 경제라는 개념을 처음 접하게 해준, 우리 시대 대표 경제학자의 인생 역작을 볼 수 있을 것이다. 또한 한때 세상을 풍미했던 '경세제민'의 학문이 여전히 얼마나 우리의 삶에 큰 영향을 미치고 있는가를 알 수 있을 것이다. 덤으로 전세든 월세든, 집 없는 절반 정도의 국민의 삶을 개선할 경제적 방안을 가질 수 있게 된다.

우석훈 (2.1 연구소 소장)

들어가는 말

1) Radnitzky & p.Bernholz ed. Economic Imperialism, New York: Paragon House Publishers, 1987

2) 복거일, "아침 논단: 경제학을 위한 변명", 조선일보, 2008년 10월 12일

3) 이영탁, "시대에 뒤처진 경제학 교과서를 리콜하라", 중앙일보, 2010년 2월 6일

4) 안국신, "시대에 뒤처진 경제학 교과서를 리콜하라?", 한국경제학회, 《한국경제포럼》 제3권, 제1호(2010년 봄)

5) Skidelsky, R.(2009), Keynes, New York: Public Affairs, p.7

6) 구체적으로 다음과 같은 규제 완화가 있었음. ① 1933 America's Glass-Steagall Act(retail bank는 증권 매입 및 판매와 같은 투자 행위를 하지 못하게 하는 법)의 1999년 철폐 ② 클린턴 정부의 신용 부도 스와프(credit-default swap) 규제 완화 ③ 레버리지 비율을 10 대 1에서 30 대 1로 완화하기로 허용한 미국 Securities and Exchange Commission의 2004년 결정.

7) 김경수(2010), "글로벌 금융 위기의 교훈", 한국경제학회, 「한국경제포럼」 제3권, 제1호

8) 조선일보, 2010년 10월 26일

1장

1) 이정전(2008), 《우리는 행복한가》, 서울: 한길사

2) Layard, R.(2005), Happiness, New York: The Penguin Press, chap.11

3) Buchanan, J. M. & G. Tullock(1965), The Calculus of Consent, Ann Arbor: The University of Michigan Press, p.304

4) 후쿠야마 교수에 의하면, 남자는 생물학적으로 가족에게 헌신하고 싶어 하면서도 동시에 가족을 버리고 도망치고 싶은 욕구를 갖고 있다. 이처럼 모순된 남성의 생물학적 동기로 인해 이 세상에는 다양한 가족형태가 존재하게 됐으며 핵가족제도도 등장하게 되었다고 후쿠야마 교수는 말한다. 프랜시스 후쿠야마(2001), 《대붕괴 신질서》(한국경제신문 국제부 옮김), 서울: 한국경제신문사, 165쪽

5) 장영숙(1998), 《결혼 경제와 시장 경제》, 대구: 대구대학교 출판부, 29쪽

6) 이 불량아의 정리(Rotten Kid Theorem)에 대한 자세한 내용은 다음 문헌 참조: Becker, G.S.(1981), A Treatise on the family, Cambridge, Mass: Harvard University Press.

7) 여기에서 말하는 국제연구소란 IPCC임. 자세한 내용은 다음 문헌 참조: Ackerman, F. & L. Heinzerling, Priceless, New York: The New Press, 2004

8) Akerlof, G. A. and R. J. Shiller(2009), Animal Spirits, Princeton: Princeton University Press, chap.8

9) 실제로 자살하는 사람의 수는 통계청 자료보다 훨씬 많다고 한다. 통계청 자료는 주로 신고 된 자살을 바탕으로 하고 있어서 신고 되지 않은 자살이 누락되어 있기 때문이다.

10) 2002년 10월 대금업법이 제정되었다.

11) Sandel, M. J.(2009), Justice, London: Penguin Books Ltd. chap.1.

12) Lane, R. E.(1989), "Market choice and human choice," in J. W. Chapman and J. R. Pennock ed., Market and Justice, New York: New York University Press. p.243

13) 김종현(1987), 《경제사》, 서울: 경문사, 34쪽

14) 김종현(1987), 《경제사》, 서울: 경문사, 34쪽

15) Spiegel, H. W.(1983), The Growth of Economic Thought, Durham, North Carolina: Duke University Press

16) 슈테판 클라인(2002), 《행복의 공식》(김영옥 옮김), 서울: 웅진지식하우스, 51쪽

17) 자세한 내용은 다음 문헌 참조: 이정전(2008), 《우리는 행복한가》, 서울: 한길사, 제8장

18) 자세한 내용은 다음 문헌 참조: 이정전(2008), 《우리는 행복한가》, 서울: 한길사

2장

1) 토드 부크홀츠(1994), 《죽은 경제학자의 살아 있는 아이디어》(이승환 옮김), 서울: 김영사

2) 다음 문헌 참조: 이창우(2009), "FTA 시대의 글로벌 교육 방향", 중·고등학교 사회과 교사: 경제 교과 과정 종합 교재(KDI 2008년도 동계 교사 직무 연수), KDI경제정보센터 김연용(2009), "기업과 기업가 정신", 중·고등학교 사회과 교사: 경제 교과 과정 종

합 교재(KDI 2008년도 동계 교사 직무 연수), KDI경제정보센터

3) Smith, Adam,(1873), An Inquiry into the Nature and Causes of the Wealth of Nations(E. Cannon ed.) New York: Random House Inc.

4) Spulber, D. F.(1989), Regulation and Markets, Cambridge, Mass.: The MIT Press, p.94

5) 예를 들면, 1920년대에 이미 스라파(Sraffa)가 지대 추구를 연구한 바 있다. 스라파 역시 경쟁을 회피하려는 기업의 노력이 지대 추구로 나타남을 보였다.

6) 박원암(1995), "경제왜곡과 DUP", 양운철 편,《렌트추구행위의 사회적 비용》, 세종 연구소

7) 정영승·유항근(1995), "렌트추구와 소득불평등", 양운철 편,《렌트추구행위의 사회 적 비용》, 세종연구소

8) Tullock, G.(1995), "렌트추구의 사회적 비용", 양운철 편,《렌트추구행위의 사회적 비용》, 세종연구소. 23-24쪽

9) 존 겔브레이스,《경제학의 역사》(장상환 옮김), 서울: 책벌레, 2002

10) 자본주의 시장이 본격화되기 이전에는 이윤을 목적으로 한 국제 무역은 대단히 발 달했지만, 특정 지역을 중심으로 이루어졌다. 이 특정 지역을 제외한 국내 시장은 별로 활성화되지 못했다. 이에 대한 자세한 논의는 다음 문헌 참조: 이정전(2002), 《시장은 정말 우리를 행복하게 하는가》, 서울: 한길사

11) Sowell, T.(1977), Classical Economics Reconsidered, Princeton, New Jersey: Princeton University Press chap.1

12) 뇌물이 긍정적 역할을 한다고 생각하는 경제학자들도 많이 있다. 예를 들면 교통 규칙 위반자가 교통경찰한테 바치는 뇌물도 결국 교통 규칙 위반에 대한 일종의 벌금이므로 교통 위반을 줄이는 효과를 수반하기 때문에 굳이 뇌물을 나쁘게만 볼 필요는 없다는 것이다. 이런 주장은 결국 검은 고양이든 흰 고양이든 쥐만 잡으면 그만이라는 사고방식에 입각하고 있다.

13) 이에 대한 자세한 논의는 다음 문헌 참조: 이정전 외,《위기의 부동산》, 서울: 후마 니타스, 2009

14) Adam Smith, An Inquiry into the Nature and Causes of the Wealth of Nations (E. Cannon edited), New York: Random House, Inc. 1837, p.39

15) Landreth, H.(1976), History of Economic Theory, Boston: Houghton Mifflin Co. p.52

16) Adam Smith, An Inquiry into the Nature and Causes of the Wealth of Nations (E. Cannon edited), New York: Random House, Inc. 1837, p.6

17) 이에 대한 자세한 내용은 다음 문헌 참조: 시오자와 요시노리, 《왜 복잡계 경제학인가》(임채성 외 "기술과 진화의 경제학 연구회" 옮김), 서울: 푸른길, 1999, 제3장

3장

1) 어떤 학자는 효용 함수의 개념에 대응해서 '선호에 대한 선호'를 반영하는 함수를 초월(super) 효용 함수라고 부르기도 한다. 초월 효용 함수에 대해서는 다음 문헌 참조: Hahn, F.(1982), "On some difficulties of th utilitarian economics", in A. Sen & B. Williams editted, Utilitarianism and beyond, Cambridge: Cambridge University Press.

2) 제1차 선호와 제2차 선호에 대해서는 다음 문헌 참조: Sunstein, C. R.(1989), "Disrupting Voluntary Transactions", in J. W. Chapman and J. R. Pennock editted, Market and Justice, New York: New York University Press.

3) Camerer, C., G. Loewenstein, and D. Prelec(2005), "Neuroeconomics: How Neuroscience Can Inform Economics", Journal of Economic Literature, XLIII.

4) Burnham, T.(2008), Mean Market and Lizard Brain, Hoboken, New Jersey: John Wiley & Sons, Inc. p.6

5) Burnham, T.(2008), Mean Market and Lizard Brain, Hoboken, New Jersey: John Wiley & Sons, Inc. p.5

6) Burnham, T.(2008), Mean Market and Lizard Brain, Hoboken, New Jersey: John Wiley & Sons, Inc.

7) 이지순(2000), 《거시경제학》, 서울: 범문사, 446쪽

8) 자세한 내용은 다음 문헌 참조: Frank, R. H.(1999), Luxury Fever, Princeton: Princeton University Press, chap.12

9) 이에 대한 자세한 논의는 다음 문헌 참조: 이정전(2008), 《우리는 행복한가》, 서울: 한길사

10) Rowley, C. K.(1987), Democracy and Public Choice, Oxford, UK: Basil Blackwell Inc.

11) Smith, Adam(1790), The Theory of Moral Sentiments(6th edition), Sao Paulo: MetaLibri, p.53

12) 이에 대한 자세한 논의는 다음 문헌 참조: 이정전(2002), 《시장은 정말 우리를 행복하게 하는가》, 서울: 한길사, 제6장

13) Heap, S. H.(1989), Rationality in Economics, New York: Basil Blackwell Inc.

14) 이에 대한 구체적 내용은 다음 문헌 참조: Heap, S. H.(1989), Rationality in Economics, New York: Basil Blackwell Inc.

15) 그래서 H. Simon이 말하는 합리성을 J. Elster는 satisficing rationality이라고 불렀고 G. M. Hodgson은 제한적 합리성(bounded rationality)라고 불렀다. 다음 문헌 참조: Elster, J.(1986), "Introduction" in Rational Choice(edited by J. Elster) New York: New York University Press: Hodgson, G. M.(1993), "Calculation, habits and action", in The Economics of Rationality(edited by Bill Gerrard), New York: Routledge.

16) 미첼 월드롭(1995), 《카오스에서 인공생명으로》(김기식·박형규 옮김), 서울: 범양사출판부

17) 이에 관해서는 다음 문헌 참조: 이정전, 《경제학에서 본 정치와 정부》, 서울: 박영사, 2005

18) 댄 애리얼리(2008), 《상식 밖의 경제학》(장석훈 옮김), 서울: 청림출판

19) 이 예는 다음 문헌에서 인용한 것임. 댄 애리얼리(2008), 《상식 밖의 경제학》

20) 최인철(2009), 《프레임》, 경기도 파주: 21세기북스

21) 토드 부크홀츠(1994), 《죽은 경제학자의 살아있는 아이디어》(이승환 옮김), 서울: 김영사, 63쪽

4장

1) Ricardo,D.(1951), Principles of Political Economy and Taxation, in the Works and Correspondence of David Ricardo, Vol. I, editted by Sraffa, London: The Cambridge University Press, p.74

2) 이준구·이창용(1997), 《경제학 원론II》, 서울: 법문사, 418쪽

3) Ricardo,D.(1951), Principles of Political Economy and Taxation, in the

Works and Correspondence of David Ricardo, Vol. I, editted by Sraffa, London: The Cambridge University Press, p.74

4) Smith, Adam(1837), An Inquiry into the Nature and Causes of the Wealth of Nations, E. Cannon editted, New York: Random House, Inc. p.49

5) Ricardo, D.(1951), Principles of Political Economy and Taxation, in the Works and Correspondence of David Ricardo, Vol. I, editted by Sraffa, London: The Cambridge University Press, p.73

6) Ricardo, D.(1951), Principles of Political Economy and Taxation, in the Works and Correspondence of David Ricardo, Vol. I, editted by Sraffa, London: The Cambridge University Press, p.77

7) 토드 부크홀츠(2002), 《죽은 경제학자의 살아있는 아이디어》, 서울: 김영사

8) 리카도는 사회가 발전함에 따라 이 노동의 자연 가격은 상승하는 경향이 있다고 했는데, 그 이유는 생계비의 주요부분을 차지하는 식량의 상대가격이 수확체감현상으로 인해서 상승하는 경향 탓이라고 했다. 구체적 내용은 다음 문헌 참조: Ricardo, D.(1951), Principles of Political Economy and Taxation, in the Works and Correspondence of David Ricardo, Vol. I, editted by Sraffa, London: The Cambridge University Press, p.97

9) 물론 이런 논리는 리카도에 의하면 수확 체감 법칙의 적용 대상인 농업 부문에 국한되지만 완전 경쟁 시장을 가정하면 농업 부문에서의 이윤율 저하는 비농업 부문으로 자본 이동을 지속적으로 유발하여 장기 균형 상태에서는 모든 부문의 이윤율이 균등하게 될 것이다.

10) Ricardo, D.(1951), Principles of Political Economy and Taxation, in the Works and Correspondence of David Ricardo, Vol. I, editted by Sraffa, London: The Cambridge University Press, p.121

11) Landreth, H.(1976), History of Economic Theory, Boston: Houghton Mifflin Co.

12) 1973년부터 1994년에 걸쳐 수행한 조사임. 여기에서 말하는 일반사회조사란 미국 NORC의 General Social Survey를 말함. 자세한 내용은 다음 문헌 참조: Lane, R. E.(2000), The Loss of Happiness in Market Democracies, New Haven: Yale University Press. chap.2

13) 이에 대한 자세한 논의는 다음 문헌 참조: 이정전(2008), 《우리는 행복한가》, 서울: 한길사

14) Gilder, George(1981), Wealth and Poverty, New York: Basic Books, p.42

15) George, H.(1879), Progress and Poverty, New York: The Modern Library, p.469

16) George, H.(1879), Progress and Poverty, New York: The Modern Library, pp.532-533

17) George, H.(1879), Progress and Poverty, New York: The Modern Library, pp.405-406

18) George, H.(1879), Progress and Poverty, New York: The Modern Library, p.398

5장

1) Fromm, E.(1966), Marx's Concept of Man, New York: The Ungar Publishing Co.

2) Fromm, E.(1966), Marx's Concept of Man, New York: The Ungar Publishing Co. p.1

3) Skidelsky, R.(2009), Keynes, New York: Public Affairs, p.56

4) Robinson, J.(1942), An Essay on Marxian Economics, New York: St. Martin's Press, p.95

5) Skidelsky, R.(2009), Keynes, New York: Public Affairs, p.78

6장

1) Marx, Capital I, p.225

2) Pen, J.(1971), Income Distribution, New York: Praeger Publishers, . pp.48-59

3) Barry, Brian(1989). Theories of Justice, Berkeley: California University Press, p.3

4) 이에 대한 자세한 주장은 다음 문헌 참조: 이승훈(2011), "정당한 몫과 인간답게 살 권리", 2011 경제학 공동학술대회, 제1전체회의(한국경제학회 주관)

5) 설헌영(1990), "분배 정의와 맑스주의", 哲學, 제33집, 62쪽

6) 설헌영(1990), "분배 정의와 맑스주의", 哲學, 제33집, 69쪽

7장

1) 댄 애리얼리(2008), 《상식 밖의 경제학(Predictable Irrationality)》(장석훈 옮김), 서울: 청림출판사

2) 이정전(1993),《두 경제학 이야기: 주류 경제학과 마르크스 경제학》, 서울: 한길사, 제4부 제4장

8장

1) Akerlof, G. A. and R. J. Shiller(2009), Animal Spirits, Princeton: Princeton University Press, p.143
2) Skidelsky, R.(2009), Keynes, New York: Public Affairs, chapt. 2.
3) Burnham, T.(2008), Mean Markets and Lizard Brains, New Jersey: John Wiley & Sons, Inc. chap.3

9장

1) Akerlof, G. A. and R. J. Shiller(2009), Animal Spirits, Princeton: Princeton University Press, chap.1
2) Skidelsky, R.(2009), Keynes, New York: Public Affairs, chapt. 2.
3) Akerlof, G. A. and R. J. Shiller(2009), Animal Spirits, Princeton: Princeton University Press, chap.4
4) Akerlof, G. A. and R. J. Shiller(2009), Animal Spirits, Princeton: Princeton University Press, chap.5
5) 속칭 모노라인(monoline)이 그런 회사다. 모노라인이란 소정의 수수료(보증료)를 받고 채권의 원금과 이자의 지급을 보증해주는 채권보증업체를 지칭한다.
6) 이 추가대출을 홈 이쿼티 론(home equity loan)이라고 한다.
7) 부르스 핸더슨과 조지아 가이스,《서브프라임 크라이시스》(김정환 옮김), 랜덤하우스, 2008, 126쪽
8) Akerlof, G. A. and R. J. Shiller(2009), Animal Spirits, Princeton: Princeton University Press, chap.4.
9) Easterlin, R. A.(2005), "Building a Better Theory of Well-Being", in Bruni, L. and p.L. Porta(2005) eds. Economics & Happiness, Oxford: Oxford University Press.
10) 이에 대한 자세한 내용은 다음 문헌 참조: 이정전(2008), 우리는 행복한가, 서울: 한길사
11) Skidelsky, R.(2009), Keynes, New York: Public Affairs, chap.6